엄현희 연극평론집

연극비평과 연극경험

엄현희 연극평론집

연극비평과 연극경험

초판 1쇄 인쇄 2020년 11월 23일
초판 1쇄 발행 2020년 11월 30일

지은이 엄현희
펴낸이 김지훈
펴낸곳 도서출판 어젠다

출판등록 2011년 7월 26일 (제2015-000263호)
주　소 서울시 마포구 양화로 7길 61-6(서교동)
전　화 (02)333-5897 | 팩스 (02)333-8460
이메일 agendabooks@naver.com

ISBN 978-89-97712-34-2 03680

이 도서의 국립중앙도서관 출판예정도서목록(CIP)은 서지정보유통지원시스템 홈페이지(http://seoji.nl.go.kr)와 국가자료공동목록시스템(http://www.nl.go.kr/kolisnet)에서 이용하실 수 있습니다.(CIP제어번호: CIP2020050053)

* 이 책은 경기도, 경기문화재단의 후원을 받아 제작되었습니다.

엄현희 연극평론집

연극비평 과 연극경험

어젠다

머리말

경험은 사전적으로 '앎과 함께 하는 인지적 행위'를 뜻한다. 어떤 사건이나 현상을 단지 겪은 것만으로 경험이 될 수 없다. 겪은 일에 대한 느낌이나 판단이 뒤따라야 비로소 '경험했다'라고 말할 수 있다.

두 번째 연극평론집을 펴내며 제목에 대해 고심했다. 결국 고민은 '왜 평론을 하는가'까지 가닿아 우습게도 '나는 평론에 대해 여전히 제대로 알지 못한다'는 무지에 대해 알게 됐다. 10여 년 넘게 다양하게 평론을 써 왔지만 여전히 '평론이 무엇인지'에 대해 제대로 직면하지 못한 듯하다. 무엇인가를 쓰고 싶은 욕망에서 출발했고, 무형의 생각이 언어란 형태로 만들어지는 것이 즐거워 단지 지속하고 있는 것이 아닐까. 이토록 안일하게 두 번째 책을 펴내고 있는 것을 깨달으니 아득해졌다.

연극평론의 기능과 역할에 대한 고민이 전혀 없었던 것은 아니다. 오히려 일찌감치 그런 방향의 고민으로 '정극' 위주로 치우쳐 있는 현재의 평론계에서 상대적으로 주목받지 못한 장르에 대한 관심을 지속해 왔다. 거리예술, 축제, 아동청소년극, 장르를 이름붙이기 어려운 작거나 큰 규모의 여러 형태의 실험들…. 그들은 어느새 나의 평론의 주요 대상이자 중요한 목록으로 자리 잡았다. 그러면서도 나는 왜 평론을 하는가, 평론의 목표는 무엇인가, 그래서 궁극적으로 평론이 무엇이 되기를 원하는가 라는 질문에는 둔감했다. 혹은 은연중에 답을 미루고 있었는지도 모르겠다. 생각이 간결하게 정리되지 않았기 때문이다.

우연히 '경험'이란 단어를 만났고, 들여다볼수록 지금처럼 흰 종이를 검은 활자로 빼곡히 채우고 싶어 하는 나의 욕망의 기저와 통하는 것 같았다. 나는 작품과 만난 사건을, 그 시간을, 몸의 감각을, 감정들의 들끓음을, 뇌세포가 반짝였던 것들을 흘려버리기 싫어하며 아까워한다. 알알이 흩어지려는 그들을 그러쥐어 언어로 된 그물을 짜서 잃어버리지 않으려 한다. 경험으로 만들고자 하는 것이다. 평론은 나에게 작품을 관람한 이후의 인지적 행위이다. 나는 여러 작품들을 만나면 만날수록 그 욕망이 커졌고, 그 흐름에 따라 10여 년이 넘어 지금에 이른 것 같다.

그러면 작품을 보고 난 이후의 나의 경험인 평론쓰기는 타인에게 어떤 영향을 미칠까. 나는 나의 평론을 읽으며 사람들 역시 그들의 경험을 만들어가는 데 보탬이 되기를 바란다. 사람들에게도 공연이 일정의 경험으로 남기를 바란다. 공연을 보지 않았던 사람들에게 장르에 대한 관심을 유도하며 스스로의 무관심을 자극시켜 주거나, 공연을 보았던 사람이라면 나의 경험으로 인해 그들의 경험이 더 풍성해지며 새로운 발견과 변화를 안겨주기를 희망한다. 평론에 대해 무지하며 평론을 해 온 평론가의 바람치고는 상당히 욕심이 많은 이야기일 것이다.

그렇지만 그러한 경험의 연쇄 고리가 이어질 때야말로 '사회 속 연극의 가치'가 확장되는 순간이다.

평론을 해 오며, 늘 베일에 싸인 채 궁금했던 영역이 있다. 바로 관객의 영역이다. 작품을 들여다보고 예술가의 머릿속을 헤매고 집착하다 보면, 정작 작품이 어떻게 수용될지에 대해선 무지할 때가 많다. 하지만 작품을 선택하는 것은 궁극적으로 관객이다. 보는 이에 의해, 의미는 의미 있게 되는 것이며, 보는 이에게 일정한 경험을 남기는 작품이 작품으로서의 가치를 인정받는 것이다. 나의 평론이 궁극적으로 관객의 영역, 그 '미지의 영역'에 손을 내미는 하나의 강렬한 동작이었음 한다. 작품이 사람들의 경험으로 치환되는 것을 거들어, 예술과 사회가 굳건히 연결되는 순간을 만들고 싶다.

〈연극비평과 연극경험〉은 네 개의 챕터로 구성돼 있다. Ⅰ. 주제비평 : 새로운 영역으로 확장하는 공연예술의 경험을 위해, Ⅱ. 연극비평 : 연극의 기호와 관객의 경험, Ⅲ. 거리예술, 축제, 아동청소년극 비평: 공연예술의 확장된 경험, Ⅳ. 예술가 경험 : 극작가, 연출가 인터뷰 외 로 이뤄져 있다. 이 책의 출판을 통해 처음으로 발표하는 글들이 몇 편 있다. 그 외 대개의 글들은 2018년부터 2020년 사이에 여러 전문지에 발표한 글들을 펴낸 것이다. 따라서 이 책은 거의 최근의 공연들을 대상으로 하는 연극평론집이다.

모든 글의 처음에는 일종의 해시태그를 흉내 내어 글을 이해하기 위한 키워드들을 뽑아내었다. 독자에게 다가가기 위한 작은 노력이다. 예를 들어 글 「평론의 현실을 바꿀 '작은 변화'에 관해서」란 글에는 '#평론의 위기 #평론가의 자기반성 #메타비평 #연극생태계의 활성화를 위한 비평 활동'이라는 키워드들이 달려 있다. 또한 공연 작품들의 리뷰의 경우에는 일시와 장소를 해시태그 안에 포함해 기록으로 남겼다. 「왜 어떤 죽음들은 특별한 의미를 남기나 〈7번국도〉」는 '#젊은작가와연출가 #사회적참사 #삼성반도체노동자 #군대의문사 #2019.04.17.~2019.04.28. 남산예술센터드라마센터 #인간다움 #배우의연기술에대한논쟁' 이란 키워드들을 뽑았다.

책의 첫 번째 쳅터인 'Ⅰ. 주제비평 : 새로운 영역으로 확장하는 공연예술의 경험을 위해'는 개별 작품들을 대상으로 하는 리뷰가 아닌 일정한 주제에 관한 글들이다. 짧은 글부터 호흡이 긴 글까지 다양한데, 메타비평, 지역성과 연극, 공연의 영상화, 거리예술의 공공성, 아동청소년극의 지향점 등의 다루는 주제 역시 다양하다. 책의 두 번째와 세 번째 쳅터는 'Ⅱ. 연극비평 : 연극의 기호와 관객의 경험', 'Ⅲ. 거리예술, 축제, 아동청소년극 비평: 공연예술의 확장된 경험'이다. 이들은 충실한 작품 리뷰들이다. 한 작품을 파고들거나, 혹은 여러 작품을 대상으로 하는 등의 변화를 시도하고 있다. 마지막 쳅터인 'Ⅳ. 예술가 경험 : 극작가, 연출가 인터뷰 외'는 예술가에게 좀 더 다가간 글쓰기이다. 인터뷰 및 인터뷰를 기반으로 한 작가론들을 실었다. 책의 두 번째와 세 번째 챕터가 평론가로서의 가장 기본적인 작품을 대상으로 하는 평론 활동을 보여주고 있다면, 첫 번째 챕터는 주제를 심화시킨 접근, 마지막 챕터는 예술가의 입장에 서 보며 평론가의 기본적인 역할의 확장을 보여주고 있는 셈이다.

2020년 올해는 '코로나 블루의 시대'라 할 만큼 세계적으로 우울한 가운데 변화에 직면한 시간이었다. 개인적으로도 큰일들을 겪었다. 가족 중에 죽음을 맞이하거나 큰 병에 걸린 이들이 있었다. 그러한 일들은 슬픔 속에서 확실히 다른 시선을 열어준다. 삶을 다른 각도에서 바라보게 되는 계기들을 만들어 주었다. 아니면 자연스럽게 새로운 장이 열릴 시기가 된지도 모르겠다. 그리고 딸과 남편에 대한 사랑과 감사는 첫 번째 연극평론집에서와 마찬가지로 이어진다. 그들은 언제나 나의 제일의 지지자들이며, 남편은 특히 내 글의 매서운 첫 번째 독자이기도 하다. 그의 맘에 쏙 드는 글을 쓰고 싶어 계속 쓰고 있는 것인지도 모른다는 비밀스런 고백과 함께 〈연극비평과 연극경험〉의 머리말을 마친다.

2020년 10월 28일

차례

4 머리말

◆ 주제비평

새로운 영역으로 확장하는 공연예술의 경험을 위해

19 평론의 현실을 바꿀 '작은 변화'에 관해서

24 경기지역의 거리예술 작품들에 나타난 '지역성'에 대한 비평적 시각
'안산리서치'의 〈물질 2 물질하다가〉, 인천아트플랫폼의 〈트레져스피커_베테랑편〉, 광명문화재단의 〈안녕, 광명〉을 대상으로

50 새로운 매체와 연극 ; '포스트 코로나 시대의 공연예술'에 관한 즐거운 상상?

59 거리예술의 '공공적 가치'는 무엇인가

67 경기도문화의전당의 '베리어 프리 공연'의 시도 ; 〈별〉 리뷰

70 공연 공간의 확장 : 사람들은 왜 도시의 유휴공간에 모여드는 것일까

79 학전의 아동극이 갖는 의의

80 성장이 주는 공포와 통증을 말하는 올해의 청소년극
국립극단의 〈사물함〉, 안산 B성년페스티발의 〈너.임.마〉, 〈모든 영광은〉, 청소년연극축제의 〈미스터리엑스-지옥행열차를 멈춰라〉

◆◆ 연극비평

연극의 기호와 관객의 경험

101 왜 어떤 죽음들은 특별한 의미를 남기나

〈7번국도〉

109 전쟁폭력의 종언을 독특하게 지지하는 이야기들

〈THE MAJORITY : SOUTH KOREA〉, 〈스푸트니크〉

114 모든 것이 뒤집힌 세상

〈맨 끝줄 소년〉

122 드랙(drag) ; 새롭고 뜨거운 세상으로의 모험

〈조지아 맥브라이드의 전설〉

126 글자가 살아나 움직이는 세상

〈퍼포논문〉

130 새로운 탄생은 파괴와 함께 찾아오는가?

〈염소 혹은 실비아는 누구인가?〉

135 '그래서, 그 이후는?'에 관한 조심스러운 상상

〈포스트 아파트〉

140 오래된 악행들을 말하다

2019 권리장전 원조적폐

145 흐름을 바꾸려는 '전태일기념관'의 목소리

〈섹스 인 더 시티〉, 〈개천의 용간지〉

153 중요한 것은 말하지 않는다

〈해주미용실〉

158 대중의 기호에 대한 흥미로운 시도

〈리처드 3세〉, 〈아마데우스〉

165 냉혹한 세상에 던져진 힘없는 존재들
– 〈어떤 접경지역에서는〉, 〈대한민국난투극〉

171 순수함은 반드시 패배한다
– 〈강철왕〉

174 그 가족 이야기 : 사랑과 미움, 분노 그리고 질문이 계속되는 관계에 관해
〈듀랑고〉

182 5. 18 광주 민주화 운동, 경험에서 기억으로
〈나는 광주에 없었다〉

189 얼어붙은 마음을 녹여달라는 외침
〈사물함〉

195 '광대들이 들려주는 판타지'의 흥미로운 질주
〈환상동화〉

200 재난으로 길을 잃다
〈버닝필드〉

205 컨베이어 벨트 속의 당신과 나, 무엇을 해야 할까.
〈동시대인〉

210 '빅 브라더'는 모두를 지켜보고 있다
〈그라운디드〉

215 루마니아 연극제와 젊은 평론가 세미나 참관기

223 일상, '참을 수 없는' 가벼움의 시공간?
〈과학하는 마음–발칸동물원편〉

230 엄현희의 재밌는 무대 이야기 1 〈한여름 밤의 꿈〉
2 〈위대한 개츠비〉
3 〈전쟁터의 소풍〉
4 〈유리 가가린〉
5 〈로테/운수〉

◆◆◆ 거리예술, 축제, 아동청소년극 비평

공연예술의 확장된 경험

245 도시의 속살이 드러나다
〈안녕, 광명〉

253 야외 이동형 공연, '날것 그대로'의 삶 속으로
〈인간장수를 모집합니다〉 〈망각댄스_4. 16편〉

263 기매리 연출가가 만드는 놀라운 순간들
〈트레져스피커_베테랑편〉

269 '선동'은 여전히 유효한 행위일까
〈구호의 역사 1945-2015〉

273 타인의 외로움에 다가가는 방법
〈연극 같은 내 인생〉

277 제목대로의 섬뜩한 '날것'
〈인간장수〉

288 지역성을 드러내는 장소특정적인 두 작품
〈물질 2 물질하다가〉, 〈여기는 아니지만 여기를 통하여〉

289 장애와 비장애 사이에는 숨겨진 이야기가 많다
〈미션 루즈벨트〉, 〈친밀한 공간〉

298 한국-베트남 국제 교류 작업 참관기
〈기억하는 사물들-베트남 하노이 롱비엔 역〉

305 새로운 거리예술축제로 태어난 수원연극축제
2019 수원연극축제 '숲속의 파티'

317 도시, 축제로 숨 쉬다
2018 안산국제거리극축제

325 ‘안산국제거리극축제’ 예술감독 선임사태의 현재

333 거리극, 관객에게 한 발 더 가까이 다가가는 연극의 변화

340 제20회 민족극 한마당 축제 참관기

353 어린이 뮤지컬, 어떠한 작품들이 있나

358 판타지 아동극 세상 속으로
예술의 전당 어린이 가족 페스티벌 〈아빠닭〉, 〈댄싱뮤지엄〉, 〈루루섬의 비밀〉

365 어린이가 직접 만든 연극 세상이 주는 ‘투명한 떨림’
제 27회 전국 어린이연극잔치

370 화제작을 보여주는 아동청소년 대상의 공연예술축제
제29회 아시테지 국제여름축제

378 창작 어린이 음악극, 어떠한 작품들이 있나
〈출동! 슈퍼윙스 파라오를 찾아서〉, 〈버드나무에 부는 바람〉, 〈십이야〉 외

385 인형극, 들여다보면 ‘사람의 얼굴’이 떠오른다
〈빅토리아의 100번째 생일〉, 〈피노키오〉

◆◆◆◆예술가 경험

극작가, 연출가 인터뷰 외

395 깨어난 감각으로 말하다
극작가 배해률 인터뷰

404 일제강점기를 포착하다
극작가 신은수 인터뷰

414 진한 인간의 이야기를 쓰고 싶다
극작가 이시원 인터뷰

423 자본을 중심으로 회전하는 '지금, 여기'에서 연극하기
작가론 : 극작가 이미경

430 희곡 〈가을비〉에 나타난 폭력의 여러 가지 의미
작가론 : 극작가 정소정

434 부산에서 활동하며 '반전의 기술'을 보여주다
작가론 : 극작가 김지숙

439 진정한 꿈을 꾸는 자는 헛된 꿈을 꾸지 않는다
연출가 기국서 인터뷰

449 연극은 더 공동체로 나가야
연출가 원영오 인터뷰

457 모순에서 빨려 들어가는 환영의 순간들
연출가 윤종연 인터뷰

465 늘 모험하는 아티스트 그룹 '창작그룹 노니'
연출가 김경희 인터뷰

주제비평

새로운 영역으로 확장하는 공연예술의 경험을 위해

평론의 현실을 바꿀 '작은 변화'에 관해서

#평론의 위기 #평론가의 자기반성 #메타비평
#연극생태계의 활성화를 위한 비평 활동

평론/가의 역할과 전망이란 주제로 청탁을 받았을 때 어려운 주제이지만, 평론에 대한 성찰의 자리, 즉 비평에 대해 비평하는 '메타비평'에 대한 기회라 생각돼 글을 쓰기로 결심했다. 그런데 자료를 찾아보니, 이미 『연극평론』을 중심으로 동시대의 연극 평론의 지형에 대해 성찰하며 앞으로의 길을 찾으려 했던 여러 시도들을 찾을 수 있었다.* 평론가들 스스로 자기 약점과 단점을 드러내는 행위는 힘들고 어려운 글쓰기라 생각돼 이렇게까지 지속적으로 논의를 끌어온 것은 상당히 큰일이었다 생각한다. 자료를 살펴보니, 평소에 생각하거나 평론

* 2009년의 「연극평론계에 메타비평은 존재할 수 있는가」란 주제로 기획대담이 열렸으며, 연출가와 평론가의 치열한 갑론을박을 함께 다루고 있다. 평론가들의 평론에 대한 성찰은 계속 이어졌다. 「범람하는 해외초청공연을 바라보는 비평의 한 관점」(2006), 「비평적대시대의 비평」(2011), 「인터넷은 관객 비평의 바다인가」(2011), 「전문비평과 공연전문잡지의 현주소」(2011) 등 국내의 평론가들의 글들뿐 아니라, 여기에 해외 평론가들의 자국의 평론에 대한 성찰까지 더해진다.

에 대해 외부에서 흔히 갖는 부정적 견해들인 평론/가의 불안한 입지, 다양성의 부재, 문화 권력의 가능성 등을 이미 진지하게 다루며 고민하고 있던 것이 확인된다.

평론가들은 사실 스스로의 문제 및 한계에 대해 대부분 잘 알고 있다. 동시대 연극 평론의 문제적 지형을 만들어 오거나 혹은 침묵하며 수용해 온 가장 큰 이유는 사실 문제를 몰라서라기보다는, 현실적으로 문제에 대해 타개 및 해결을 할 수 없었기 때문이라 생각된다. 그러한 점에서 또 다른 문제제기에 불과할 가능성이 짙은 논지에 대해 이어가는 점이 부담스럽기도 하다. 7,8년 전에 이뤄졌던 자기반성이 여전히 되풀이되는 평론의 현실은 패배감과 무력감을 지울 수 없게 만든다. 그럼에도 현실적인 변화를 이끌어낼 수 있다고 여겨지는, '작은 변화'의 몇몇 지점들을 중심으로 논의를 펼치고자 한다.* 평론가 내부에서의 관심과 의지, 태도의 전환을 통해 새로운 길을 모색할 수 있을 것이다.

1) 먼저 평론가의 핵심적인 행위인 비평쓰기의 관점이 변해야 한다고 생각한다. 현재 리뷰는 활발히 생산되고 있다. 그러나 대부분의 리뷰의 관점, 혹은 지향점이 작품의 미적 완성도에 대한 가치 평가가 주를 이루고 있다. 이러한 리뷰는 대개 개별 작품의 잘한 점 혹은 부족한 점을 논하게 되며, 평론가 개인의 미적 취향과 판단에 크게 좌우될 수밖에 없다. 개별 작품에 대한 이러한 리뷰쓰기는 분명히 나름의 가치를 갖겠지만, 글의 영향력과 파급력이 떨어지게 된다. 평론가의 개인

* 글쓰기에 앞서 평론/가의 역할과 전망에 대해 김일송(공연 컬럼니스트), 이주영(연극평론가), 전강희(드라마터그)와 짧게 이야기를 나눠 도움을 받았다.

적인 취향일 뿐, 리뷰의 목적이 불분명하게 다가오는 것이다. 한 편의 공연에 대한 잘했다, 혹은 잘하지 못했다는 견해는 최근의 현장(창작진과 대중 관객 양측 모두)에서 '네, 당신은 그렇게 생각하는군요.'정도로 수용된다. 창작진은 리뷰가 긍정적인 이야기를 하느냐만 예민해할 뿐이며, 그렇지 않다면 무시한다. 그나마 속도가 늦어 관객의 공연 선택에도 영향을 주지 못한다. 대부분의 리뷰는 활발한 생산에 비해 읽혀지지 않으며, 어떤 가치를 생산해내는지 의문스러워 보인다.

2) 비평쓰기의 관점의 변화에 이어 관점의 다양화가 필요하다고 생각한다. 작품의 미적 완성도에 대부분 쏠려있는 관심을 해당 작품의 위치, 즉 연극 장르 안에서의 역할이나 기여도를 분석하는 등으로 전환한다면, 비평쓰기를 통해 작품의 가치 판단에 대한 새로운 기준들을 만들어낼 수 있을 것이다. 이것은 연극 장르의 활성화를 비평행위의 지향점으로 설정하는 일이기도 하다. 평론이 모두가 하나의 목표를 향해 가도록 독려하기보다는, 각자의 방향성과 목적성을 설정하는 것을 돕는 것도 새로운 접근이다. 사실 연극 현장은 진작부터 그러한 방향으로 움직이고 있었는지도 모른다. 하지만 현장이 점점 복잡해지는 반면에, 이들에 대한 비평적 도구는 제한적이다. 평소에 너무 많은 평론가들이 특정 예술가 및 특정 예술 주제의 한 방향에 쏠려 관심을 갖는다고 여겼다. 이것은 가치 판단의 잣대가 부족하기 때문이다. 따라서 이러한 관심 현상은 충분히 이해가 가지만, 전체의 지형과 맥락을 살핀다면 또 다른 접근이 가능하리라 생각한다.

3) 비평행위의 대상이 글의 잠재적 독자인 관객 쪽으로 향해야 한다고 생각한다. 현재의 비평행위는 지나치게 창작진을 향해 있다. 물론 그것은 대중 관객이 접할 수 있는 지면의 부족(일간지 지면의 부재) 때문

에 생긴 현상이기도 하다. 게다가 공연이 시작된 지 시간이 한참 흐른 후에야 지면에 실리는 리뷰가 대중의 관객을 상대로 하기는 어렵다. 그러나 창작진을 향한 비평행위는 결과적으로 글의 독자를 오히려 줄이는 행위이다. 필자는 그동안의 평론 작업을 모아 공개하는 개인 블로그를 열고 있다. 블로그에 수록된 각각의 글들은 '조회수'가 기록된다. 그런데 비평의 목적이 창작진을 향한 주제나 작품의 경우, 아무리 인지도가 뛰어난 창작진의 작업일지라도 오히려 글의 조회수는 낮은 것을 발견했다. 게다가 짧은 기간 동안 신작을 발표하는 것이 대부분인 최근의 연극 현장에서 이들 작업에 대한 글들은 사실 정보의 가치도 떨어질 수밖에 없다. 사람들 사이에서 개별 작품에 대한 기억이나 관심도를 유지하기 어려운 현실에서, 이들 창작진을 다룬 글들이 지속적인 생명력을 갖기 어려운 것이 당연하다.

4) 비평행위의 대상을 관객으로 향하는 것에 이어, 평론이 작품과 관객 사이의 매개의 역할을 해야 한다 생각한다. 작품이 관객과 어느 지점에서 만날 수 있는지에 관해 짚어내는 비평적 도구들이 필요하다. 작품의 가치 평가의 잣대에 비해 이 영역은 잘 이뤄지지 못하고 있는 것 같다. 여기에서 에세이스트로서의 평론 등 평론의 스타일을 다양하게 해야 한다는 논의도 가능하다. 그러나 글의 외형적 스타일의 문제보다 중요한 것은 평론이 권위자로서 관객에게 다가가는 것이 아닌, 작품과 관객 사이의 연결고리의 태도를 갖는 것이다. 이것은 또한 반드시 작품에 대한 긍정적 평가만을 전제로 하지 않는다. 동시대의 사람들에게 어떤 의미를 가질 수 있는지, 다른 예술 장르나 혹인 비예술적 체험 사이에서의 의미나 위치를 파악해 생각을 확장하는 방향으로 관심을 갖는 것을 의미한다.

연극 장르의 활성화를 위한 방향으로

평론/가의 역할과 전망에 관한 이상의 견해는 평론가 스스로 바꿀 수 있는 내부적인 '작은 변화'에 관한 것이다. 사실 이것은 새로운 것이라기보다는 비평행위라는 기존의 고전적인 평론의 역할에서 크게 벗어나지 않는 것으로, 평론가 각 개인이 이미 자신의 현실에서 작게나마 실천하고 있는 움직임인지도 모른다. 또한 이것은 올해 연극계가 맞닥뜨린 뜨거운 이슈 및 문제적 현황과는 다소 거리가 먼, 내부의 근본적인 변화와 연관된 문제제기일 수도 있다. 문제적 현황을 위한 노력들은 당연히 필요하다. 그러나 여러 가지 자성적 목소리와 더불어 작품의 레퍼토리화를 비롯해 궁극적으로 작품을 통해 관객과 만나며, 연극 생태계의 활성화 및 연극 장르의 활성화의 방향으로 궁리할 필요가 있다. 현실적인 해결책을 찾아야 한다. 결국 시장이 형성되지 못한 것이 문제라는 생각이 든다. 시장을 형성하지 못한 평론뿐 아니라, 연극 장르 또한 마찬가지이다. 생존을 위해 선택할 수 있는 방법이 몇몇뿐인 세계에서 삶은 고단하며 말라갈 수밖에 없다.

경기지역의 거리예술 작품들에 나타난 '지역성'에 대한 비평적 시각

'안산리서치'의 〈물질 2 물질하다가〉, 인천아트플랫폼의 〈트레져스피커_베테랑편〉, 광명문화재단의 〈안녕, 광명〉을 대상으로

#지역성의 정의 #시간, 공간, 공동체 #안산리서치 #인천아트플랫폼 #광명문화재단
#〈물질 2 물질하다가〉(2018) #〈트레져스피커_베테랑편〉(2019) #〈안녕, 광명〉(2019)

들어가며

지역을 기반으로 이뤄지는 예술 작업들은 크게 두 가지로 나눌 수 있을 것이다. 전자는 지역에 거주하는 예술가에 의해 이뤄지는 작업이다. 아마 과거의 대부분의 지역 예술 작업은 여기에 속할 것이다. 현재에도 마찬가지다. 연극의 경우 현재 지역별로 전국의 지부를 갖춰 조직되어 있기도 하다. 그러나 최근에 지역을 기반으로 이뤄지는 예술 작업은 이와는 다른 양상을 보여준다. 예술가가 해당 지역에 반드시 거주하지 않는다. 오히려 해당 지역은 예술가 및 여러 사람들이 모여드는 하나의 거점이 되어 창작의 재료가 된다. 예술가는 이미 존재하는 지역의 사람들, 공간적 특성, 역사의 흔적을 추적해 독창적인 시각으로 창작한다. '지역의 이야기'가 새롭게 만들어지는 것이다. 지역을 기반으로 하는 예술 작업의 새로운 양상이라 할 수 있다.

본고는 지역 기반의 예술 활동의 새로운 모습을 보여주고 있는 몇몇 거리예술 작품을 대상으로, 그러한 작업들에서 드러나는 '지역성'을 분석하고자 한다. 그런데 면밀히 따지면 지역 예술에 대한 새로운 패러다임은 비단 거리예술 쪽에서만 시도되는 현상은 아니다. 각 지역의 극장을 중심으로 이뤄지는 상주단체예술지원 사업의 경우에도 반드시 해당 지역에 거주하는 예술가들에게만 기회가 있는 것이 아니다. 중요한 것은 해당 지역의 극장에서 어떠한 활동을 하는가, 프로그램의 운영을 통해 지역민들과 어떻게 소통하느냐이다. 이것은 극장이 예술 활동의 거점이 되어 작품을 매개로 사람들의 소통의 장이 이뤄진다는 것을 의미한다.

본고가 분석의 대상으로 삼은, 경기 지역의 몇몇 거리예술 작품들은 이들보다 적극적으로 '지역성'을 목표로 하는 작업들이다. 이들은 안산국제거리극축제의 '안산리서치' 프로그램, 인천아트플랫폼의 작가 레지던스 프로그램, 광명문화재단의 최근의 작품 제작의 결과물들이다. 〈물질 2 물질하다가〉(이진엽 연출, 코끼리들이 웃는다), 〈트레져스피커_베테랑편〉(기매리 연출, 아해 프로젝트), 〈안녕, 광명〉(이진엽 연출, 코끼리들이 웃는다) 이렇게 세 작품이다. 이들 작업에서 드러나는 '지역성'을 좀 더 자세하게 살펴보기 위해 먼저 지역성의 개념에 대해 들여다볼 필요가 있다. 본고는 지역성에 관해 최근의 사회학 쪽에서 진행되는 논의들을 살펴보았다.

'지역성'은 무엇인가*

지역성(地域性)은 얼핏 주변적인 것, 즉 중심에 비해 낙후된 무엇인가를 떠올리게 하는 단어이다. 하지만 사실 지역성은 한 지역이 다른 지역에 비교해 가진 성질의, 가치중립적인 지리학의 용어이다. 지역성은 우선 공간의 물리적 경계와 연관되어 있다. 우리나라의 경우 시, 도, 구, 군, 읍 등의 행정적 경계의 명칭이 당장에 떠오른다. 지역성은 흔히 이들 명칭과 함께 사용되는 것이 자연스럽다. 일반적으로 지역성은 보통 경계를 기반으로 거주하는 지역민들 사이의 공통의 경험, 사회문화적 배경을 의미한다.

하지만 지역성은 최근의 인문지리학, 사회학에서 좀 더 외연이 확장되어 유연하며 그 의미가 심화되어 논쟁이 되기도 한다. '로컬리티'란 용어가 이러한 환경에서 등장한 용어이다.** 사실 공간은 서구에서 오랫동안 시간에 비해, 덜 주목받던 대상이었다고 한다. 시간에 대한 사유가 고대 철학에서부터 이어져 오던 반면에, 공간은 상대적으로 그렇지 않았다. 공간은 근대 이후의 지리학의 부상 이후에 적극적으로 개발된 영역이다. 특히 서구는 미지의 영토와의 만남과 정복으로 이어진 근대의 기획 과정에서 공간이 필연적으로 주목받을 수밖에 없었다. 공간의 물성(物性) 역시 오감에 의한 이성적 사유에 관한 논의가 촉발된 근대 이후에 회자되도록 이끌었을 것이다. 어쨌든 공간은 이후부터 사

* 이 부분은 주로 마르쿠스 슈뢰르 의 『공간, 장소, 경계』에서 직접 인용하거나 요약 등으로 작성되었다.

** 부산대학교 한국민족문화연구소에서는 '로컬리티 번역총서'를 지속적으로 출판해 왔다.

람들의 주요한 관심사로 떠오른다.

공간은 영토 및 지리학의 영역에서 경계와 더불어 성장한 개념이다. 하지만 공간이 물리적 경계로부터 생겨난다고 해서 고정적이며 정태적으로 파악하는 것은 최근에 오류로 지적되고 있다. 그것은 사람들의 편의적 이해에서 비롯된 것일 뿐이다. 최근의 사회학에서는 공간에 대해 다음과 같이 정의하는 것이 통설이다. "공간과 장소는 하나의 과정이지 유일한 단 하나의 변경 불가한 정체성을 가지고 있지 않다. 공간은 정태적인 현실을 나타내는 것이 아니라 여러 상이한 집단들의 상호작용, 경험, 이야기, 이미지와 표현을 통해 적극적으로 생산되고 또 변화하는 현실을 나타낸다."* 공간은 경계 짓기로 생겨나지만, 그 경계는 언제든 허물어질 수 있는 것이다. 인터넷, 미디어의 발달, 교통의 편리 및 이동성의 증가가 당연히 그 원인임은 자명하다. 교류 및 확장이 공간의 탄생과 함께 하는 것이다.

문제는 교류와 확장을 통해 각 경계가 느슨해지는 것은 물론, 공간의 균질화가 일어난다는 것이다. 공간의 글로벌화, 전 지구화가 바로 당면한 현실이다. 이것은 끝없는 발전을 완성해 가야 하는 '과정의 근대', 혹은 '근대의 기획'과도 연관돼 있다. 근대의 기획이란 전 지구의 국가 및 도시는 서로의 교류를 증진해 물류 및 정보의 이동을 좀 더 자유롭고 용이하게 함으로써 확장과 발전의 방향으로 나아가는 것을 의미한다. 이 논리는 현재에도 진행 중이다. 이것은 당장에 우리의 눈앞에 글로벌화 된 도시의 풍경으로 확인된다. 뉴욕, 서울, 도쿄, 베이징…. 세계의 대도시의 풍경은 어디든 비슷하다. 점점 더 비슷해진다. 글

* 마르쿠스 슈뢰르, 『공간, 장소, 경계』 281~284

로벌 브랜드의 상점과 구획된 거리들이 끝없이 펼쳐져 있으며, 늘 확장 중이다. 현재는 보다 발전한 미래를 위한 과정의 일부이다.

지역성은 이러한 배경 속에서 주목받기 시작한 개념이다. 전 지구적으로 도시가 비슷해질수록 역설적으로 각 도시는 정체성 및 고유성을 드러내야 하는 경쟁에 놓이게 되었다. 이것 역시 한편으로는 교류와 이동의 증진을 통한 이익의 창출 및 발전의 미래로 나아가기 위해서이기도 하다. 도시의 브랜드 개발, 도시의 브랜딩 및 정체성 구축을 위한 이미지 개발의 서사가 이것이다. 물론 공간의 균질화에 저항하기 위해서란 이유도 함께 존재한다. 중심에 비해 소외된 것, 주변적인 것, 낙후된 것을 연상시키던 지역성은 이때부터 역설적으로 자꾸 회자되며 소환되어 빛나는 무엇을 의미하는 것으로 대접받기 시작했다. 각 지역은 각자의 고유성, 정체성에 대해 경쟁적으로 드러내고 있다.

지역성의 세 가지 층위 –시간, 공간, 공동체

지역성은 물리적 경계를 의미하는 정태적이며 단순한 개념이 아니다. 지역성은 단순히 물리적 경계만을 의미하는 것이 아니라, 시간, 공간, 공동체 등의 다양한 층위의 개념들이 혼재된 개념이다. 지역민들은 이 다양한 층위에서 함께 호흡하며 공통의 경험을 만들어 가는 이들이다.*

본고에서 주목한 경기지역의 거리예술 작품들은 지역성을 드러내

* 차철욱 외, 『마을연구와 로컬리티』(소명출판사)

는 작업을 통해 해당 지역만의 새로운 이야기를 만들고자 한다. 그것은 지역의 고유성을 만드는 작업이자, 그러한 고유성에 관해 공통의 경험을, 기억을 만드는 순간이기도 하다. 이것은 예술작업의 수행적 개념과도 연관되어 있는 부분이다. 지역민들과 해당 지역에 대한 이야기를 창조해 예술적 경험으로 공유하는 순간을 통해 예술의 수행성을 실현하는 것이다. 지역민들에게 해당 지역과 장소는 체화되며 공통의 경험으로 기억에 남는다. 공동체의 이야기가 만들어지는 것이다.

세계적인 석학 유발 하라리는 지구상의 하나의 종에 불과했던 인간이 현재와 같은 문명을 창조할 수 있던 원동력으로 협력의 힘을, 그리고 그러한 협력을 가능케 했던 것을 이야기를 통한 공유라고 꼽는다. 국가 창조 신화나 설화 등이 언뜻 쉽게 떠오른다. 하지만 현대의 '지역의 이야기'는 이와는 조금 다르다. 언제나 새롭게 창조되고 만들어질 수 있는 것처럼, 사라질 수도 있다. 대신에 경험되며 또 다른 이야기로 나아간다. 본고에서 주목한 〈물질 2 물질하다가〉, 〈트레져스피커_베테랑편〉, 〈안녕 광명〉은 현대의 도시의 이야기, 곧 사라지고 또 다시 변화할 것들을 포착해 해당 지역만의 이야기를 만들어 내고 있다. 지역을 기반으로 하는 예술 작업을 통해 지역의 고유성을 드러내는, 하나의 독특한 방식을 보여주고 있다.

'안산리서치'의
〈물질 2 물질하다가〉(2018)에 드러난 지역성

〈물질 2 물질하다가〉(2018)는 안산국제거리극축제의 프로그램 '안산리서치'를 통해 발표된 작품이다. 작품을 창작한 이진엽 연출가와 '코끼리들이 웃는가'팀은 지역을 베이스로 하는 작품 제작을 지속적으로 해 왔다. 〈물질 2 물질하다가〉는 2018년에 안산국제거리극축제 기간 중 안산문화광장에서 발표된 이후에 같은 해 국내의 서울거리예술축제에서 공연된 후에 여러 해외 국가로 진출했다. 작품성과 예술성이 인정받은 경우라 할 것이다. 또한 공연이 이뤄지는 해당 지역마다 그 지역의 성격을 살리기 위한 작업이 이뤄진다. 현지의 배우와 지역민과의 접촉과 리서치의 과정들이 그것이다. 본고는 '안산리서치'를 통한 〈물질 2 물질하다가〉를 분석의 대상으로 한다. 공연은 2018년 5월 5일의 저녁 8시경 어둠이 짙게 깔린 가운데 안산문화광장 옆의 도로를 막아 확장된 공간에서 이뤄졌다. 낮부터 공연을 위한 기다란 수조가 하나씩 설치되기 시작해 공연에 대한 사람들의 기대가 고조돼 있었다. 도시의 광장에 설치된 수조에 물이 2미터 가량의 높이로 채워지며, 평소에 볼 수 없었던 신기한 풍경들에 사람들이 하나둘씩 모여들기 시작했다.

1) 시간

〈물질 2 물질하다가〉가 안산 지역에서 공연된 것은 2018년으로, 당시 안산은 2014년의 세월호 사고를 겪은 이후에 여러 가지 변화를 맞이한 시기였다. 올해 세월호 특별조사위원회가 다시 시작되기는 했지만, 당시엔 시 전체가 큰 슬픔과 책임 소재의 불분명에 따른 절망에 한없이 깊이 빠져 있을 때였다. 그러나 당시에 안산 시민들이 더 답답해했던 것은 세월호 사고 이후의 국가의 미숙한 대처에서 뿐만이 아니라, 도시 전체가 고립과 소외에 빠져버리는 듯한 분위기였다. 그것은 단지 분위기만이 아니었다. 사고 이후부터 세월호 사고에 대한 후속조치의 비판 및 유가족에 대한 혐오 및 거부의 정서가 여러 번 사회적으로 불거져 나온 것이 사실이다. 어쩌면 세월호 사고를 겪은 사고의 당사자 및 유가족에 대한 감정적인 이입이나 동의보다 국민들 대부분은 스스로가 알던 '안전한 국가'에 대한 환상이 깨진 사실에 두려워하며 분노했는지도 모른다. 2018년의 안산 도시는 외부인들과의 소통, 솔직하며 인내를 갖고 천천히 이야기를 들으려는 시선에 목마른 곳이었다. 공연은 물을 채운 수조 네 개에 하나씩 사람이 들어가 있는 것을 보여준다. 회사원, 성형미인, 트렌스젠더, 임산부이다. 이들은 고립되어 있으며, 외로워 보인다. 이들의 목소리는 물에 막혀 옆으로 전달되지 않는다. 〈물질 2 물질하다가〉의 사람들은 가끔씩 물 위로 떠올라 숨을 간신히 쉴 수 있을 뿐, 서로에게 다가가거나 관심조차 갖지 못한다. 공연은 고독과 소외에 차 있는 사람들을 보여준다.

2) 공간

공연에 등장하는 사람들은 '대도시의 이웃들'이라 할 만하다. 평범하면서도 도시적 공간의 속성이 드러나는 인물들이다. 회사원, 임산부, 성형미인, 트렌스젠더. 특히 성형미인과 트렌스젠더는 철저히 도시적인 인간군상들이다. 끈끈한 인간 관계의, 서로의 속사정을 훤히 아는 좁은 공간에서는 오히려 소속되기에 힘든 이들이기 때문이다. 맘만 먹으면 군중 속으로 숨기에 편한 대도시 안산. 실제로 안산 공간은 거주인구 80만이 넘는 꽤 큰 도시이다. 이들은 각자 수조 속에서 천천히 움직임을 보여주는데, 물속에서의 동작인 만큼 추상적이고 느린 속도의 기이해 보이는 동작들이다. 회사원은 비닐봉지를 계속 꺼내어 놓고, 임산부는 과일을 던지는 식이다.

배우들이 물속에서 움직일 때, 미리 녹음된 독백들이 하나씩 들린다. 각자의 사연 역시 시적인 언어로 표현되어 있는데, 그래도 전혀 상황을 눈치채지 못할 만큼 난해한 표현들은 아니다. 네 명의 사연은 각자 다른데, 공통적으로 자신의 상황을 불행히 여기고 있지만 빠져나오지 못하는 비극적인 사연을 안고 있다는 것이다. 성형미인은 타인의 시선을 민감히 여기며 고통스러워하지만, 그 고통으로 스스로의 육체에 고통을 줘서 바꿔 나간다. 스스로 만든 굴레에서 고통스러워하며 고민하지만 빠져나가지 못하는 사람들의 모습 역시 대도시의 익숙한 풍경으로 다가온다. 심리적이며 내면적인 섬세한 언어들이 사람들의 고민을 한층 공감이 가도록 풀어놓는다. 수조 속의 넷은 독백 속에서 물질하다가 간신히 수면에 닿아 숨을 뱉고 다시 물속으로 들어가기를 반복한다.

네 사람의 독백이 끝나갈 즈음에 짙은 피부색의 젊은 외국 남녀들이 하나씩 등장하기 시작한다. 이들은 수조를 관심 있게 들여다본다. 수조 속의 사람들을 유리벽 너머로 손을 맞추기도 한다. 외국인들의 등장은 안산의 다문화 도시성을 자연스럽게 드러낸다. 몇몇 외국인은 전통의상을 입고 있어 이색적인 느낌이 더 강하게 든다.

사실 물은 이때부터 안산의 공간을 직접적으로 비유하게 된다. 안산시는 바로 옆에 바다가 있는 도시로, 외국인들은 실제로 물을 건너 이곳에 온 것이다. 2018년의 하반기에는 실제로 예맨의 난민들이 우리의 제주도에 다수 들어오기도 했다. 수조의 밖에서 사람들을 천천히 주의깊게 바라보는 외국인들로 인해 그 의미는 실제화된다. 외국인들은 새로운 삶의 희망을 안고 물을 건너 이곳에 왔다. 그런데 와서 그들이 보게 된 것은 불행 속에 빠져 있는 고독하며 소외된 공간의 사람들이었다. 수조 속을 들여다보는 외국인 외에 한 외국인이 객석 앞을 돌아다니며 물조리개에서 하얀 가루를 흘리며 선을 긋는다. 어쩌면 외국인들은 그 하얀 선이 의미하는 것처럼 국경을 가볍게 넘어온 이들이다. 이제 이들은 수조를 보고 어떻게 행동할 것인가.

3) 공동체

〈물질 2 물질하다가〉에 등장한 외국인들은 전문 배우가 아니다. 안산 지역의 전문 센터의 도움으로 만나게 된 안산 지역에 실제 거주하는 외국인들이다. 이들 중에는 아프리카 출신의 난민도 있었다. 공연은 만드는 과정 동안에 이들과 함께했으며, 실제로 공연까지 출연했다. 공연에서 지역 공동체와의 결합이 이뤄지고 있는 것이다. 이들에게서 안산지역에서의 삶에 대한 리서치와 함께 공연 만들기의 시간을 함께 공유했다.

공연에서 이들의 모습은 어떻게 드러났을까. 수조 속을 천천히 들여다보던 이들은 그 자리에서 전혀 예상치 못한 모습을 보여준다. 외국인들은 한 명씩 천천히 옷을 입은 채로 천천히 물속으로 들어간다. 그 모습은 마치 이미 물속에 자리한 불행한 이들과 함께하기 위한 위로의 행동인 것도 같고, 자진해서 물속으로 뛰어 들어가는 모습이 매우 용감해 보이기도 한다. 실제로 자신의 삶의 터전을 떠나온 외국인들에 대해, 특히 안산의 공장에서 일하는 노동자들에 대해 막연히 불쌍하다거나 연민의 대상으로 보는 경향이 있다. 하지만 창작진이 작품의 제작 과정에서 가까이에서 만난 외국인들은 스스로의 고향을 자발적으로 떠나온 만큼, 능동적이며 의지가 강하고 열정적인 성향을 가진 이가 많았다고 했다.* 〈물질 2 물질하다가〉를 만든 코끼리들이 웃는다 팀 역시 드러내고 싶었던 외국인 공동체의 모습도 그러한 모습들이었던 듯하다. 자발적으로 먼 길을 떠나 안산에 온 만큼, 능동이고 활기차며 애정이 넘쳐 보였다. 확실히 이들의 능동적인 움직임에 비해 수조 속의 사람들은 소극적이며 개별적으로 뿔뿔이 흩어진 모습으로 보였다.

수조 속은 이제 한 명씩 외국인들이 들어가서 각각이 두 명씩 짝을 짓고 있다. 두 명씩 채워진 수조 속은 처음처럼 외롭고 고독해 보이지 않는다. 여전히 힘들게 숨쉬어야 하는 공간이지만, 두 명은 서로를 의지하고 서로에게 도움을 주며 물속을 오르락내리락한다. 이러한 변화는 외국인들 공동체의 힘과 용기 때문이었다. 공연은 중반까지의 무겁고 어두운 분위기에서 역동적인 힘이 느껴지는 장면으로 나아간다. 넘기 힘든 어떤 경계를 의미하는 듯한 객석 앞에 칠해진 하얀 선의 백묵가루 위로 물이 부어지며, 선 자체가 희미해진다. 물속에 함께 들어가 있는 두 사람의 밀착된 몸들이 그 경계를 지운 것이 아닐까.

소결 ; 〈물질 2 물질하다가〉의 지역성은 관객과 어떻게 소통하는가

〈물질 2 물질하다가〉(2018)는 지역성의 세 가지 층위인 시간, 공간, 공동체를 표현하는 데 있어 흥미로운 접근을 보여준다. 그러한 접근은 안산 지역의 여러 가지 특성을 효과적으로 드러낸다. 작품은 2014년의 세월호 사고를 겪은 이후에 고립과 소외를 겪는 도시의 현재를 드러낸다. 사실 세월호 유가족과 당사자에 대한 깊은 공감과 진

* 이진엽 연출가와의 인터뷰 참고.

정한 이해로 다가가기 위해서는 현재에도 해결하며 가야 할 길이 많다. 작품은 물이 들어간 수조를 주요 도구로 사용한다. 수조 속에 들어간 이들은 대도시의 개인화 된 사람들을 보여준다. 회사원, 임산부, 성형미인, 트렌스젠더들은 자신의 불행에 깊숙이 빠져 있지만, 서로에게조차 이들의 목소리는 들리지 못한다. 안산의 바다를 건너온 외국인들이 등장한다. 이들은 실제로 안산 지역에 거주하는 외국인 공동체의 일원들이다. 젊고 자신 있으며 사려 깊은 그들은 사람들이 들어 있는 수조를 천천히 바라보다가 물속으로 기꺼이 들어간다. 외국인들의 용기로 물속의 사람들은 두 명씩 짝이 된 채 수조 속에서 서로에게 의지하며 숨을 쉬게 된다. 살기 위한 용기와 희망을 서로에게서 받고있는 것이다.

이 작품이 보여주는 안산 도시의 다문화성은 긍정적이며 다양한 힘으로 표현돼있는 점이 인상적이다. 나아가 공연은 그 자리에서 상당히 과감한 선택을 보여준다. 수조에 처음에 들어가 있던 배우들이 물 밖으로 빠져나온다. 배우들은 공연 현장에 모인 사람들 중에서 무작위로 손을 내밀어 관객들을 수조로 선택한다. 이제 관객들이 외국인 공동체들이 들어가 있는 수조 속으로 한 명씩 자발적으로 들어갈 차례이다. 과연 관객들의 용기 있는 행동이 가능할까. 관객들은 물속으로 기꺼이 들어가 외국인 공동체와 함께 서로 의지하는 '물질'을 보여줄까. 관객의 행동과 선택을 공연 현장에서 즉각적으로 요구한다. 필자가 관람한 날의 공연에서 선택된 관객 넷은 외국인들과 함께 서로 돕기 위해 옷을 입은 채로 기꺼이 물속에 뛰어들었다. 〈물질 2 물질하다가〉에서 드러난 안산 지역의 여러 가지 특성은 능동적인 관객의 행동의 변화로 연결된다.

‘인천아트플랫폼’의 〈트레져스피커_베테랑편〉(2019)에 드러난 지역성

〈트레져스피커_베테랑편〉은 기매리 연출가와 창작집단 아해 프로젝트에 의해 ‘인천아트플랫폼’을 통해 개발된 작품이다. 정확하게는 기매리 연출가가 인천아트플랫폼의 상주 예술가로서 작업한 후에 팀과 함께 발표했다. 인천아트플랫폼은 인천 지역에 상주하는 ‘예술가 레지던스’ 프로그램이다. 〈트레져스피커_베테랑편〉은 인천에서 발표되기 이전에 2014년에 첫선을 보인 작품이다. 하지만 처음에 마포비축기지에서 시작된 이 작품은 이번의 인천 지역의 공연과는 형태가 많이 달라 보인다. 공연에 참여하는 사람들이 일종의 미션을 부여받고 게임에 참여하듯이 공연에 참가했다.* 이후에 연우소극장에서도 더 공연되었으며, 이때에는 극장과 야외의 여러 장소를 이동하는 것을 시도했다.

이번의 〈트레져스피커_베테랑편〉(2019)은 공연의 형태가 상당히 특이했다. 2019년 10월 17일부터 19일까지 세 차례 공연되었는데, 세 번이 전부 다른 형태이다. 첫날의 첫 번째 공연은 관객 1인을 대상으로 하는 공연이다. 사전에 관객을 모집하며, 관객은 선택되기 위해 일련의 질문에 대한 답을 해야 한다. 나중에 예술가들은 사전에 작성된 질문지를 보고, 관객을 선택한다. 그리고 관객의 말에서 영감을 얻은 장면들을 만들어 관객과 나눈다. 철저히 1인 관객을 위한, 관객에 의한 공연이라 할 수 있다. 관객 1명을 대상으로 인천의 골목골목에서 장면이 펼쳐진다.

* 기매리 연출가와의 인터뷰 참고.

둘째 날의 공연은 아해 프로젝트의 예술가 멤버들을 관객들이 찾아내야 하는 작품이다. 카카오톡과 페이스북의 SNS로 소통하며, 예술가들은 인천의 어느 장소로 숨어들어 간다. 정해진 시간 내에 사람들이 그를 찾아내야 한다. 셋째 날의 공연은 인천의 월미도로 20여 명의 관객들과 함께 10여 시간의 여행을 떠나는 것이다. 월미도의 여러 장소에서 창작팀이 만든 퍼포먼스의 상황들이 펼쳐진다.

1) 시간

인천은 관광도시로 각광받고 있는 도시이다. 인천의 차이나타운은 국내,해외 관광객들로 늘 북적거린다. 그런데 그것이 인천의 전부일까. 인천의 개방성이 아닌, 거주민을 위한 조용하며 개인적인 공간은 어디일까. 기매리 연출가와 아해 프로젝트가 보여주는 〈트레져스피커_베테랑편〉은 화려하며 떠들썩한 한낮의 인천이 아니라, 조용하며 어둠이 깔리기 시작하는 인천의 저녁을 보여준다. 공연은 저녁 7시부터 9시 넘어서까지 인천의 골목들을 돌아다니며 펼쳐져, 인천의 차분한 저녁을 만끽하도록 한다.

〈트레져스피커_베테랑편〉에서 시간은 특히 공간과 밀접히 연관돼있다. 공연은 터널, 골목, 계단, 언덕, 상점거리, 공원 등을 이동하며 펼쳐지는데, 각 장소들은 특히 퍼포먼스가 펼쳐지는 시간에 더 장소성이 살아나는 곳들이다. 즉 같은 언덕이라도 해가 어스름이 저물 때 바라보는 언덕이 완전히 다르게 혹은 인상적으로 다가오듯이, 이 공연은 시간을 열심히 계산해 공간의 느낌이 살아나도록 연출한다. 터널에 들어가는 순간은 어둠이 인상적으로 다가오는 순간이다. 마찬가지로 힘들게 계단을 오르고 나면, 상점 거리의 주황색 불빛들이 하나씩 다가와 따뜻함과 정겨움을 준다. 섬세하게 감수성을 자극하는 순간들이다. 이런 것들이 공연의 시간을 통해 연출된다.

이러한 시간을 통해 인천의 거주하는 이들만이, 혹은 이들 중에서도 몇몇만이 특별한 순간에 깨달았을 법한 인천의 일상이 발견된다. 공연이 발견한 인천의 일상은 화려하며 자극적인 관광의 시간이 아니라, 소박하며 정겹고 따뜻한 인천에 거주하는 사람들을 위한 저녁과 휴식의 시간이다. 북적이는 낮에 비교해서도 밤의 인천은 또 다른 아름다움이 존재한다. 〈트레져스피커_베테랑편〉은 그 순간을 포착한다.

2) 공간

〈트레져스피커_베테랑편〉은 인천의 여러 장소를 돌아다니며 펼쳐진다. 그 공간들은 공식적으로 유명하기보다는 일상적이며 사적이고 내밀한 장소들이다. 따라서 잘 알려지지 않았지만, 숨겨진 수수한 아름다움을 갖고 있는 장소들이다. 창작진들이 첫날 선택한 장소뿐 아니라, 세 번째 날 방문한 월미도에서도 창작진은 잘 알려지지 않은 조용한 장소들을 주로 여행의 장소로 삼았다.

공연의 이러한 인천 공간의 선택은 공연의 의미를 심화시킨다. 일단 창작진이 선택한 장소가 조용하며 사색에 잠기기 좋은 장소들이기 때문에, 관객들은 해당 장소에서 공연과 더불어 스스로의 내면에 침잠하는 시간이 많게 된다. 이것은 어느 정도 의도된 것이기도 하다. 첫날의 공연은 사전에 관객 1명이 작성한 질문지를 바탕으로 만들어진 작품이다. 물론 질문의 내용에서 영감을 받은 공연의 내용은 대중적이며 쉬운 언어들은 아니다.

예를 들어 공원에 도착했을 때, 퍼포머가 공원의 넓은 원형의 공간을 이용한 움직임을 보여준다. 그리고 다음 장소인 역 앞에 갔을 때에는 또 다른 퍼모머가 시를 읊어준다. 예술가의 자작시는 물론 관객의 말에서 영감을 얻어 쓰여진 것이다. 관객은 자신의 생각으로부터 출발한 예술가의 표현들을 보며, 함께 감정을 나누는 경험을 하게 된다. 작품을 보며, 관객 스스로의 내면으로 빠져들게 되는 것이다. 이것은 한편으로 공연에 대한 굉장한 몰입감을 주는 요소이기도 하다. 예술가에 의해 창조된 허구의 세상이 바로 나의 생각에서 나온 것이라면, 나의 이야기이기 때문에 생기는 몰입감이다. 기매리 연출가와 아해 프로젝트는 미디어아트, 실험적인 시, 움직임 등의 다소 낯설 수 있는 표현임에도 현장에서 관객에게 높은 몰입감을 갖게 한다. 이러한 접근은 공연의 환상이 창작자로부터 시작되는 것인지, 혹은 바라보는 관객에서부터 생기는 것인지 등의 흥미로운 질문을 낳는다.

셋째 날의 인천의 월미도 전역에서 펼쳐진 퍼포먼스도 관객의 감수성을 깊숙이 자극한다. 저녁 바닷가의 풍경 앞에서 왠지 모를 눈물을 흘리는 관객도 있었다고 한다. 기매리 연출가는 10여 시간의 월미도 여행은 풍경을 바라보는 시간이기도 하지만, 관객 오롯이 혼자서 스스로를 만나는 시간이 되기를 의도했다고 말한다. 실제적이며 물리적인 인천의 여러 장소를 돌아다니며, 관객은 스스로의 내면의 공간으로 들어서게 되는 것이다. 〈트레저스피커_베테랑편〉은 공연이 시작할 때, 관객을 어두운 극장으로 데려가 기이한 소리의 혼돈을 잠시 경험하도록 준비시킨다. 관객의 심리를 허무는 작업을 처음부터 준비하는 것이다.

3) 공동체

〈트레저스피커_베테랑편〉은 공동체에 대해 새로운 해석을 보여준다. 작품은 집단보다 개인성을 더 강조하는 모습이다. 관객 1명을 위한 공연이란 형태부터, 개인의 생각 속으로 빠지기를 유도하는 장치들도 마찬가지다. 개인성을 강조하는 만큼 집단은 붕괴되고 약화되는 것이 아닐까.

하지만 사실 이주와 이동이 잦은 요즘 인천 지역의 공동체를 찾았을 때, 그 요건에 맞는 집단이 실제로 많이 존재할 수 있을까. 또한 이것은 어쩌면 이주와 이동이 많은, 인천 지역의 공동체의 특성으로 창작진이 해석하며 찾아낸 것일 수도 있다. 공연은 공동체를 기억과 경험을 공유하는 끈끈한 집단보다는, 끈이 약화되고 개인들의 연결로 이뤄진 느슨한 집단이라 해석하는 듯하다. 이러한 공동체에서 개인성은 강화된다. 개인의 영역이 보장되는 이들끼리의 상시적 연결이 공동체를 형성한다.

공연에서 이러한 임시적 공동체는 여행이란 공연의 콘셉트로도 드러난다. 몇 명씩 신청해 모인 이들이 함께 10여 시간을 보내는 여행은 그 자체로 어느 한 집단으로 연결된 것이다. 함께 기억을 공유하며 시간을 갖지만, 여행의 끝에는 다시 자신의 자리로 개별적으로 되돌아간다. 〈트레져스피커_베테랑편〉은 새로운 공동체의 모습을 보여준다.

4) 소결 ; 〈트레져스피커_베테랑편〉의 지역성은 어떻게 관객과 소통하는가

〈트레져스피커_베테랑편〉이 보여주는 인천의 지역성은 일반적으로 알려진 인천의 모습과 많이 다르다. 그것은 한편으로 예술가의 주관적 해석이 많이 가미된 모습인 것 같기도 하다. 인천에 잠시 거주하며 인천을 관찰한 기매리 연출가와 창작팀 아해 프로젝트는 본인들이 해석한 인천의 모습을 솔직하게 드러낸다. 그것은 관광도시로서가 아니라, 사적이며 내밀하고 일상적인 공간이다. 평범하면서도 숨겨진 특별한 아름다움을 갖고있는 소박한 도시이다. 그러한 모습은 외부인들이 가득 차 있는 낮시간이 아닌, 사람이 한적한 저녁 무렵에 잘 드러난다. 이 시간의 도시의 모습은 좀 더 개인적이다. 차이나타운 등의 유명한 장소가 아닌, 평범한 골목과 오래된 터널, 계단, 언덕과 상점거리, 골목들은 인천의 일상의 시간을 자연스럽게 드러낸다.

일상적인 공간들과 더불어 그것은 관광지로 유명한 월미도에서도 마찬가지이다. 사람들이 잘 모르는 해변의 일몰은 정서적으로 풍부한 장소이다. 숲길 등의 그러한 장소를 돌아다니다보면, 관객들은 인천의 환경뿐 아니라 스스로의 내면 공간으로 깊숙이 들어가게 된다. 각자의 내면 공간과 만나게 되는 것이다. 이 공연이 주는 환상은 이처럼 창작진에 의해 만들어진 환상이 아니라, 관객이 인천 지역의 장소들을 탐사해 가며, 스스로 자연스럽게 만들어낸다는 점에서 독특하다. 자아의 모습을 들여다볼 수 있는 공연은 집단성보다는 개인성을 강조한다. 그러한 개인성은 뿌리가 깊고 끈끈한 집단적 공동체성이 아닌, 느슨한 개인들의 연결로 이뤄진 공동체성을 보여준다. 이것은 이주와 이동이 잦은 현대적인 공동체의 전형성을 떠올리게도 한다. 혹은 기매리 연출가와 창작팀이 인천 지역에서 특별히 발견해 낸 인천 지역만의 공동체성의 모습일 수도 있다.

인천 지역의 구석구석의 장소와 특별한 시간, 공동체가 그것을 바라보는 예술가들에게 갖가지 자유로운 영감을 떠올리게 했다는 점도 중요하다. 예술가의 주관적 해석이 강하게 들어간 지역성의 발굴은 또 다른 의미로, 해당 지역이 예술가와 교감하는 접점이 넓고 깊다는 것을 의미한다. 그만큼 다양하며 새로운 상상을 이끄는 가능성의 지역인 것이다. 기매리 연출가는 인천 지역의 원래 가진 것 외에, 자신이 특별히 많은 상상을 채워 넣을 필요가 없었다고 말했다.

'광명문화재단'의 〈안녕, 광명〉(2019)에 드러난 지역성

〈안녕, 광명〉(2019)은 '광명문화재단'과 예술단체 '코끼리들이 웃는다'가 만나서 제작된 작품이다. '코끼리들이 웃는다'와 연출가 이진엽은 앞서 언급한 〈물질 2 물질하다가〉를 만든 단체이기도 하다. 지역을 베이스로 작품을 만드는 것이 이 팀의 창작의 방향 중의 하나이기도 하다. '광명문화재단'의 〈안녕, 광명〉도 그러한 방향성에서 나온 작품이다. 하지만 같은 창작팀의 작품이면서도 〈물질 2 물질하다가〉와 〈안녕, 광명〉은 전혀 다른 모습이다. 그만큼 지역성이 진하게 투영된 결과라 할 것이다. 창작진이 광명 도시에서 찾아냈으며, 영감을 받은 지점이 작품 속에 설득력 있게 드러난 것이다.

〈안녕, 광명〉은 지역의 문화재단의 활발한 기획적 역량을 보여준 작품이다. 사실 안산시를 다룬 〈물질 2 물질하다가〉는 '안산리서치'란 전문적인 프로그램이 작품을 낳은 원동력이었다. 하지만 〈안녕, 광명〉은 상대적으로 부족할 수 있는 기획력에도 불구, 흥미로우며 작품성이 뛰어난 결과물을 만들어냈다. 2019년의 〈안녕, 광명〉은 상반기에 높은 평가 및 지역민들의 호응으로, 하반기에 재공연이 이뤄지기도 했다.

〈안녕, 광명〉은 야외의 이동형 공연으로 이뤄졌다. 관객 참여형의 모습으로 미리 예약한 관객에게 헤드셋이 주어진다. 2,30여 명의 관객들이 헤드셋에서 들려오는 소리와 함께 창작진이 안내한 대로 광명 도시의 골목골목을 돌아다닌다. 평범한 도시의 풍경 속에서 골목마다 창작진이 말하고자 하는 바를 분명하게 드러내는 퍼포먼스가 펼쳐진다. 퍼포먼스는 평범한 도시의 골목에 작은 판타지의 순간을 연출하며, 광명을 새롭게 만나게 한다. 물론 그것은 원래 광명시의 골목에 있던 것들이다. 하지만 이름을 다르게 붙이며, 다르게 의미화되는 순간 그것은 다른 존재로 탈바꿈한다.

1) 시간

〈안녕, 광명〉은 광명 5동에서 펼쳐진다. 관객의 눈앞에 펼쳐진 연립주택의 골목. 평범한 주택가에 갑자기 한 배우가 나타나 헤드셋으로 관객에게 속삭이듯 말을 걸며 시작된다. 남자는 콘크리트 바닥 사이에서 삐죽 솟아나온 풀을 들여다보며 말한다. '이 동네가 생기기 전에는 무엇이 있었을까요?' '이 동네는, 지금 여기는 원래부터 있는 곳인가요?' 이어 남자는 다세대 주택을 보며 설명을 시작한다. 두 집은 똑같이 생겼지만 지붕의 모양이 다르다. 시간이 흘러서 부분적으로 손본 것이다. 배우의 말에 의해 평범한 동네의 벽돌집들이 새겨진 시간의 층위가 살아나기 시작한다. 관객들의 눈앞에서 시간의 이야기가 만들어지는 것이다. 콘크리트와 벽돌의 건축물들이 낡고 빛이 바래진 만큼, 얼마나 많은 시간이 흐른 것일까. 삼십 년, 오십 년 이상의, 사람보다 훌쩍 더 오랜 시간을 살아낸 광명 5동 동네의 전경들은 생명을 갖게 된 것처럼 느껴진다. 길, 벽돌, 전선, 전봇대, 집들까지 이들 모두가 사람들보다 여기 오래된 것들이다. 갖은 이유로 떠나고 이동하는 주민들보다 말이다.

광명 5동 동네의 시간은 그것을 상징하는 존재들로 인해 더 구체화된다. 시간의 정령들인 듯한 한 무리의 배우들이 등장한다. 이들은 관객을 따라다니다가 어느 한순간에 변화하며 달라진 시간을 드러낸다. 광명 5동의 주택가를 지나면, 아파트 단지가 나온다. 이것은 어느 도시, 어느 동네에서나 겪었던 일이다. 낡은 주택은 부수고 아파트를 짓는다. 〈안녕, 광명〉은 낡고 오래된 것의 파괴와 철거, 그리고 새로운 건설로 흐르는 시간의 방향을 보여준다. 작품이 보여주는 시간의 방향은 한편으로 친숙한 것이다. 우리 전체의 국토가 그러한 방향으로 개발되어 왔기 때문이다. 과거는 부서지고, 새로운 현재가 그 자리를 차지한다. 어느새 순리처럼 자리한 시간의 개념이다. 〈안녕, 광명〉는 과거와 현재가 뒤섞여 시간의 여러 층위가 모여 있는 곳들을 집중적으로 조망해 광명시의 시간의 모습을 보여준다.

2) 공간

〈안녕, 광명〉은 광명 5동의 구석구석을 세밀하게 관찰하도록 이끈다. 관객들을 데리고 이동하는 동선의 방향이 흥미롭다. 관객들은 다소 낙후된 것처럼 보이는 주택단지에서 아파트를 지나 상점들이 모여 있는 작은 언덕을 오르게 된다. 소상공인 가게들이 하나씩 모여 있는 공간을 공연은 주의 깊게 훑는다. 옷가게, 기름집, 분식집의 작은 사연들이 드러나며, 가게들의 이야기가 생긴다. 이야기는 평범해 보이는 소상공인에 생명을 불어넣는다. 그냥 지나치기 쉬운 곳곳들이 사람들에게 하나의 사연으로 기억 속에 각인되기 때문이다. 5동의 작은 가게들을 지나서 공연은 굉장히 오래된 작은 향나무 주택을 소개한다. 그리고 마지막 장소인 '장미빌라' 근처로 이동한다.

장미빌라는 광명시에서 처음 건축된 빌라라고 한다. 당시에는 가장 세련되고 최신의 건축물이었다. 그런 건축물이 그 모습 그대로 현재까지 남아있는 점이 신기하다. 재개발에 들어가지 못한 여러 가지 이유들이 있었을 것이다. 작품은 여전히 처음의 모습을 간직하고 있는 장미빌라 앞에서 장미빌라의 주민들이 실제로 어떻게 지내는지 이야기한다. 매일매일 소중하게 건물을 닦고 관리하는 일상의 주민들의 모습이 헤드셋에서 소개되며, 동시에 배우는 묻는다. 맞은편의 멀리에는 새로운 아파트가 보인다. 배우는 '장미빌라는 반드시 아파트가 되어야 하는 것인지'에 대해 말한다. 그 질문은 공간을 새롭게 바라보도록 만든다. 늘 과거가 부서지고 새로운 것이 들어오는 우리의 공간들에 대해서. 왜 그것을 당연하게 생각해야 하는지에 대해서 말이다. 장미빌라 주민들의 단단한 일상은 미래의 모습에 대해 생각하도록 만든다. 주민들의 삶처럼 현재는 충분히 행복하며 풍부하다. 그럼에도 미래가 새로워야 한다는 생각으로 사람들은 모든 공간을 비슷한 모습으로 바꾸고 있다. 그것은 사람들의 섣부른 선입관 때문일 수도 있다.

작품은 광명도시에서 가장 오래된 빌라 장미빌라와 저 멀리 보이는 아파트 사이에서 마무리된다. 그것은 관객들에게 묻는 질문일 수도 있다. 공간의 모습에 대해 어떤 미래를 선택할지에 대해서 말이다.

3) 공동체

〈안녕, 광명〉에서 광명 5동 주민들의 기여는 두 가지 방향으로 드러난다. 우선 작품의 구성면에서 큰 영향을 미쳤다.* 작품이 선택한

* 이진엽 연출가와의 인터뷰 참고.

동네의 장소들은 동네 커뮤니티의 선택에 의한 것이었다. 즉 창작진이 동네 주민들을 한 사람씩 알아갈 때마다 그 주민이 또 다른 연결된 사람과 장소를 알려주고, 그렇게 체인이 하나씩 연결되듯이 작품이 만들어졌다. 이것은 특히 소상공인들이 모인 언덕의 가게들 이야기에서 작은 사연으로 소개되기도 한다. 대를 이어 기름집을 하는 가게의 사장님이 직접 출연하기도 한다. 작품과 동네 공동체와의 교류 자체가 작품의 형태로 나타난 것이다.

두 번째로 〈안녕, 광명〉의 마지막 장면인 장미빌라에서 빌라의 실제 주민들이 출연한다. 대개 노인분들이 사는 장미빌라에서 어르신 몇 분이 작품에까지 출연하셨다. 이분들의 장면은 감동적이었다. 노인분들은 빨래를 너는 듯한 간단한 동작을 저 멀리의 배우들과 동시에 움직여 보여준다. 간단하지만 공연의 창작진과 실제 주민의 깊은 교류가 압축적으로 표현되었다. 또한 전문배우들과는 다른, 실제 거주민들의 존재감이 작품에 독특한 색깔과 무게감을 입혀줬다. 이것은 꾸며낸 '허구의 것'과는 확실히 다른 느낌을 전달한다. 〈안녕, 광명〉은 실제 주민들의 출연으로 광명시의 이야기를 완성한다.

4) 소결 ; 〈안녕, 광명〉(2019)의 지역성은 어떻게 관객과 소통하는가

공연을 보기 전에 광명시를 방문한 적이 없었으며, 광명시에 대한 명확한 이미지도 잘 그려지지 않았다. 이것은 필자뿐만이 아닐 것이다. 광명은 잘 알려진 도시는 아니다. 하지만 〈안녕, 광명〉(2019)를 통해 만난 광명시는 굉장히 명확하며 분명한 이야기를 가진 도시였다.

공연은 광명에서도 개발이 잘 이뤄지지 않은, 상대적으로 오래된 건물들이 존재하며 오래 산 사람들이 거주하는 광명 5동을 집중적으로 조망한다. 광명 5동은 여러 가지 층위의 시간이 존재하는 공간이다. 똑같이 생겼으면서 수리가 이뤄진 새 건물과 그렇지 않은 연립주택들. 즉 시간의 흔적이 드러나는 것들을 작품이 찾아서 나열한다. 붉은 벽돌에 아로새겨진 시간에 대해 느끼도록 공연이 유도할 때마다 장소 자체가 생명을 가지며 살아나게 된다. 광명 도시의 동네 광명 5동의 공간의 성격도 흥미롭다. 작품은 이 공간에서 오래된 연립주택 단지를 돌아 새로 생긴 아파트를 방문하고, 소상공인들이 모인 언덕길을 들른다. 언덕에 자리한 작은 가게들은 저마다의 사연이 소개되며 사람들의 기억 속에 각인된다. 대를 이어 기름집을 하는 가게가 잠깐 소개되기도 한다.

광명 5동의 공간은 마지막의 광명 도시에서 가장 처음에 생겼던 빌라인 '장미빌라'에서 절정을 이룬다. 장미빌라 맞은편에는 새로 생긴 아파트가 서 있다. 오래된 장미빌라의 견고하며 단단한 일상이 소개되며, 장미빌라는 앞으로 아파트로 재개발되어야 하는가란 질문을 던진다. 평소에 당연히 공간의 개발에 대해 우호적이었던 입장이 이 장면에서 반드시 그래야 하는가 그것이 어떤 의미를 갖는가란 질문으로 바뀌게 된다. 〈안녕, 광명〉은 지역민들과의 교류 속에서 이야기 구성이 이뤄졌으며, 노인분들과 가게 상인분들이 실제로 출연한다. 이러한 실제 거주민들의 출연은 공연에서 특별한 존재감을 갖는다. 공연을 보기 전에 잘 알지 못하고 방문한 적이 없었던 도시 광명은 〈안녕, 광명〉의 관람 이후에 여러 가지 개성과 현대 도시의 보편성을 동시에 가진 특별한 장소임이 드러난다.

나가며;
거리예술 작품들이 지역을 새롭게 만들다

본고는 공간과 장소를 하나의 과정 즉, 단 하나의 변경 불가한 정체성을 가지고 있지 않는 것으로 본다. 즉 공간은 정태적인 현실을 나타내는 것이 아니라 여러 상이한 집단들의 상호작용, 경험, 이야기, 이미지와 표현을 통해 적극적으로 생산되고 변화하는 현실을 의미한다. 지역성 즉 해당 지역이 갖는, 다른 지역과의 변별되는 특성 역시 마찬가지이다. 이것은 새롭게 정의되며 무궁무진하게 변화하는 흥미로운 영역이다. 또한 새롭게 만들어질수록 사람들의 기억 속에서 새롭게 태어나며 생명력을 얻는다. 지역의 이야기는 사라지고 또 다시 만들어지며 지역민의 공통의 경험이 조금씩 축적돼 간다. 이야기되지 않는다면, 지역성의 고유성은 만들어지지 않을 것이다. 이것이 지역성이 자꾸 회자되어야 하는 첫 번째 이유이다. 경기지역에서 공연된 세 편의 거리예술 작품들은 지역성을 되살리는 흥미로운 시도들을 보여줬다.

본고는 '안산리서치' 프로그램의 〈물질 2 물질하다가〉(2018), '인천아트플랫폼'의 〈트레져스피커_베테랑편〉(2019), '광명문화재단'의 〈안녕, 광명〉(2019)를 분석 대상으로 삼아 이들 작품이 지역성을 어떻게 구현하고 있는지를 살펴보았다. 지역성은 복잡하며 중층적인 개념이다. 따라서 지역성을 의미하는 시간, 공간, 공동체의 영역을 구분한 뒤 관객과 어떻게 소통하는지를 비평적 시각으로 분석했다.

이들 작품들이 보여주는 도시의 모습들은 그동안 우리가 알던 모습들과는 많이 다르다. 혹은 막연하게 이미지화되어 있던 것들을 확실히 실체화하기도 한다. 〈물질 2 물질하다가〉는 세월호 사고를 겪은 이후의 안산 도시의 모습에 대해 말한다. 고독과 소외감과 슬픔 그리고 역동적인 새로운 가능성과 힘이 안산에 존재한다. 인천은 관광도시로서만 사람들에게 잘 알려져있어 왔다. 하지만 거주민들의 비밀스럽고 편안하며 내적인 의미를 지닌 장소라는 점이 알려진다. 〈트레져스피커_베테랑편〉은 예술가의 주관적 해석을 관통한 인천의 새로운 면을 이야기한다. 광명은 외부인들에게 잘 알려져있지는 않은 곳이다. 하지만 그만큼 여러 가지 시간의 층위들이 섞여 있는 흥미로운 곳이기도 하다. 〈안녕, 광명〉은 광명이 간직하고 있는 모습을 통해 '개발'과 연관된 화두를 던지기도 한다. 공연은 광명 도시에 새로운 이야기를 만들어냈다.

결국 지역성을 드러내는 거리예술 작품들은 현재의 모습에 대한 이야기를 통해 앞으로의 모습에 대한 질문을 할 수밖에 없다. 사실 그 질문은 공연을 보는 관객에게 역동적으로 고스란히 돌아오는 몫이기도 하다. 우리는 공간과 장소가 어떠한 모습이기를 바라는가. 혹은 어떠한 모습으로 기억되기를 바라는가. 끝없는 발전을 약속하는 '근대의 기획'은 늘 가동 중이지만, 지역성을 환기하는 거리예술 작품들은 그러한 속도 속에서 잠시 곁으로 빠져나와 한동안 생각에 잠기도록 이끈다. 본고는 그러한 작품들 및 그러한 시선들에 대한 하나의 비평적인 응답인 셈이다.

새로운 매체와 연극

'포스트 코로나 시대의 공연예술'에 관한 즐거운 상상?

인류의 통사(通史)를 연구하는 유발 하라리 같은 학자에게 미래에 대한 예측은 '그렇게 될 수밖에 없는 일'에 해당한다. 미래에 대한 밑그림은 지나온 과거를 연구하는 데서 나오는 것으로, 그 축적된 시간의 방대한 양만큼의 정확도를 가진다. 터무니없는 상상이 아닌 것이다. 인간이 생존하기 위해 해 온, 스스로에게 유리한 선택의 결과가 현재이며 앞으로도 그러한 선택은 이어질 것이다. 그러한 연구로 유발 하라리는 기술의 발달에 따른 인공지능과 나아가 '불멸의 삶'이란 상상하기 어려운 미래를 내놓는다. 죽지 않는 삶이라니, 아무리 기술이 발달해도 그것은 '말이 안 되는 이야기'가 아닐까.*

2019년 연말과 올해의 초만 해도 극장에 가는 것 대신에, 집에 있는

* 전 세계적 베스트셀러 『사피엔스』(김영사, 2015)에 이은 연작 『호모데우스』(김영사, 2017)에서도 유발 하라리는 이러한 주장을 구체적, 실증적으로 펼치고 있다.

컴퓨터나 스마트폰에 접속해 공연 영상을 관람하는 일이 일상 안으로 들어올 줄은 예상치 못했다. 공연은 '극장에서 관람하는 것'이 당연한 일 아닌가. 아마 '공연의 영상화'는 코로나 바이러스의 출현 이후 '공연예술의 미래'에 관한 이야기로서 가장 뜨겁게 회자되는 이슈일 것이다. 고백하자면, 이 글의 기획 시점에는 필자 역시 이 정도로 이슈화될 줄 짐작치 못했다. 바이러스가 잠잠해지면, 곧 닫혀있던 극장들이 다시 열릴 것이라 낙관했다. 당장에 줄줄이 취소 및 연기되는 공연들 앞에서 당황스러웠지만, 일시적인 현상으로 여기고 싶은 마음이 컸다.

아마 극장을 공연예술의 '유일한' 플랫폼이자 거점으로 여기는 생각은 공연예술의 '라이브니스', 현장성, 혹은 '살아 있음' 등을 중요하게 생각하기 때문일 것이다.* 라이브니스가 훼손되는 것으로 여기는 것이다. 확실히 극장은 공연예술이 공연예술일 수 있는, 중요한 특성들을 가능케 하는 곳이다. 하지만 그 고유한 플랫폼 외에도, 또 다른 곳이 거점의 역할을 할 수 있다면 어떠할까. 여기서 기존의 라이브니스에 대한 고민은 잠시 제쳐두도록 하자.

네이버 TV나 유튜브 생중계 등의 온라인 스트리밍 서비스는 이번

* '라이브니스'에 관한 논의는 다양하게 발전해 왔다. 간략히 소개하자면, 라이브니스는 흔히 미디어의 발달과 함께 출현한 공연예술의 특징으로 이해된다. 즉 미디어가 출현하기 이전에 공연예술의 라이브적 속성은 크게 주목받을 필요가 없었다. 하지만 미디어의 발달과 더불어 미디어와 구별되는 공연예술의 본질로서 라이브니스는 공연예술의 본질로서 관객과의 상호 작용, 시간과 공간의 제한성을 전제로 한 특성을 일컫는 것으로 정의된다. 흔히 공연예술의 현장에서만 느낄 수 있는 일회적이며, 일시적인 느낌을 의미하며, 나아가 현존성, 즉각성, 현재성을 뜻한다. 오지원의 「영상화된 공연의 라이브니스 유형 분석」(안동대학교 석사학위) 인용.

의 극장이 폐쇄된 기간 동안에 또 다른 플랫폼의 역할을 톡톡히 해냈다. 온라인이 매개가 되어 영상화된 공연예술과 관객들이 비대면으로 만날 수 있었다. 실제의 극장에서는 총 6,000여 명의 관객들이 관람했던 작품들이 이번에 온라인상에서 단번에 그 열 배가 넘는 사람들이 접속했다는 소식이 심심치 않게 들려온다. 이미 'NT Live'나 예술의 전당의 '싹 온 스크린' 역시 나름의 수요들이 존재해 왔으며, VR 가상체험 역시 공연예술의 새로운 미래로 떠오르고 있다. 새로운 기술의 발달에 따른 극장 외의 다양한 플랫폼의 등장, 그것이 공연예술에 어떠한 영향을 미칠 것인가는 이미 피해갈 수 없는 현상이자 생각할 만한 문제다. 그것은 어쩌면 '그렇게 될 수밖에 없는 일'이 아닐까. 기술의 발달이 불러오는 세상의 변화 속에서, 공연예술은 이들과는 전혀 무관하게 존재할 수 있을까. 그리고 그것이 불가능하다면, 할 수 있는 혹은 해야 하는 일들을 점검해야 할 때가 아닐까. 다만 변화의 속도가 너무나 빠르다는 점에 대해선 강력히 동의한다.

현장의 반발과 진척되고 있는 논의들

본고의 제목을 '새로운 매체와 연극 ; 포스트 코로나 시대의 공연예술에 관한 즐거운 상상?'이라 붙여보았지만, 사실 이를 전혀 즐겁게 여기지 않는 이들도 많다. 공연 영상화 사업이 이슈로 떠오르자 초창기부터 주로 페이스북의 '대학로 X포럼'을 중심으로 이에 대한 부정적 여론이 확산되었다. 직접 만나서 현장의 예술가들에게 부정적 의견을 듣게 된 경우들도 꽤 있었다. 주로 일간지 및 전문지를 중심으로 공연의 영상화와 관련해 중립적 입장의 정보 전달 및 축적돼 온 논의를 소개하거나 정책의 방향에 대해 주장하고 있다면, 반면에 현장의 반응은 좀 더 복잡하다.

특히 정책적으로 공연 영상화에 관해 접근하는 데에 있어서는 반대 여론이 큰 편이다. 공연 영상화의 긍정적 가치로 잠재적 관객개발, 시장의 확대 등의 긍정적 측면에 대해 이야기하더라도 반대쪽에서는 무료에 길들여진 관객들이 과연 극장에 오게 될 것인지, 혹은 이원화 된 시장 구조 쪽에서 현재의 공연 관람객들마저 틀림없이 보다 적은 비용으로 책정될, 유료의 공연 영상화 쪽으로 몰려 오히려 공연예술 시장의 축소를 부르게 될 것이란 예측도 조심스럽게 내놓는다. 또한 공연 영상 콘텐츠의 수익이 예술가들과 어떻게 직결될 수 있을지에 대해 의문시된다. 공연의 영상화가 기존의 극장 공연예술 시장에 위해를 가하리란 두려움이 큰 것이다. 이러한 앞뒤 맥락을 섬세하게 고려하지 않은 채, 현재의 정책은 무조건적으로 공연의 영상화에 큰 힘을 실어주고 있다고 반대 여론은 지적한다. 영상화가 공연예술의 미래라니, 현재의 정책은 너무 결론이 급하다는 것이다. 여기서 아카이빙, 즉 공연의 기록을 목적으로 한 공연 영상의 경우 영상의 질이 떨어지는 점 등은 세부적 문제일 뿐이다.

그런데 한편으로 필자는 올해 초 공연을 올릴 수 없게 된 극장들이 공연의 영상 콘텐츠를 체계적으로 서비스하는 모습을 보며 그 속도에 놀랐다. 미리 준비라도 했던 것처럼 빠르게 온라인을 통한 공연 영상 서비스가 이뤄졌다. 이번에 본고를 위해 자료를 찾아보니, 사실 공연 영상화는 현장에서 꽤 진척돼 있었다.

최초는 2006년 미국에서 이뤄졌다. 그 후 연극 분야에서는 2009년부터 영국의 국립극장에서 'NT Live'가 시작되었으며, 가깝게는 국내의 예술의 전당의 '싹 온 스크린'이 2013년부터 기획되었다. 공연 영상화는 '디지털 라이브 서비스', '라이브 캐스트', '공연 실황 중계' 등의 용어로 불리며, 극장을 비롯해 영화관, TV, VOD 녹화, 실시간 생중계, 온라인 실시간 생중계 등의 범주를 포함한다.* 'NT Live'는 잘 알다시피 그동안 국립극장에서 관객들과 만났으며, 예술의 전당의 '싹 온 스크린'은 주로 서울 외의 지역에서 관객들과 만나 왔다. 이번에 주로 서비스 된 공연 영상 콘텐츠들은 사실 처음부터 영상을 위해 기획된 녹화가 아닌, 기록이 목적으로 제작된 것들이 대부분이다. 이들은 'NT Live'와 '싹 온 스크린'과는 다르다고 할 수 있다. 영상을 매개로 관객과 만나고자 기획된 것은 아니기 때문이다.

공연 영상화와 관련한 이론적 논의 역시 활발히 진행돼 왔다. 우선 공연예술의 특성인 라이브니스에 관해 미학적 관점에서 접근하는 논의들이 존재한다.** 이들은 공연예술의 매체적 특성에 관한 기초적 연구로서 공연의 영상화에 있어 중요한 점이 무엇인지를 짚어내는 점에서 중요해 보인다. 2010년대 중반부터 공연예술의 영상화에 관한 본격적인 연구를 보여주는 논문들이 등장한다. 공연예술의 대중화 및 관객 개발이란 예술경영적인 관점부터, 미디어 및 커뮤니케이션 이론에 기반한 사회학적 관점들도 엿보인다.*** 특히 지혜원의 「공연의 확장과 매

* 앞의 논문 인용.

** 백로라, 「현대 공연학 이론의 주요 쟁점과 미디어 테크놀로지 연극」, 『한국연극학』(2008)

이경미, 「인터미디어 시노그라피 공간, 라이브니스, 현존의 담론에 대한 재구성」, 『드라마연구』(2015)

*** 황순기, 「MVP시스템을 이용한 공연콘텐츠 영상화 사업 연구」 한국예술종합

개된 라이브니스」(연세대학교 박사, 2016)는 제목에서도 짐작할 수 있듯이, 공연 영상을 공연예술과 동일시하기보다는, 공연예술에서 확장되어 독립되어 새로운 미감을 전달하는 새로운 장르로 명명하고 있다.*

공연 영상화는 기술에 발달에 따라 출현한 새로운 현상으로, 이미 2010년대 초반부터 서서히 출현하고 있었다. 이번의 코로나 바이러스의 확산으로 인해 예상치 못하게 그 파급력이 급격히 커지긴 했다. 하지만 살펴보았듯이 공연 영상화는 갑작스럽게 등장한 사건이라기보다는, 자연스러운 흐름 중의 일부로 이해하는 것이 자연스러워 보인다. 현재 일간지나 전문지를 중심으로 펼쳐지는 공연 영상화의 관련한 논의도 이에 덧붙여, 공연과 공연 영상은 서로 별개의 영역이란 점을 강조한다. 새로운 매체와 연극의 만남에 대해 연극의 확장으로 이해하며 기존의 연극의 특성을 넘어서는 새로운 현상으로 받아들이려는 것이다. 이번의 온라인 스트리밍 서비스에서 해외의 저명한 단체들의 명작들을 무료로 관람할 수 있는 기회 제공은 확실히 공연예술의 시간과

학교 석사, 2015

이예진, 「공연영상콘텐츠의 특성요인이 이용자 심리와 행동에 미치는 영향에 관한 연구」 경희대학교 석사, 2016.

지혜원, 「공연의 확장과 매개된 라이브니스」, 연세대학교 박사, 2016.

허난영, 「공연예술콘텐츠의 가치와 융합적 구조 : 공연예술실황영상을 중심으로」, 한국콘텐츠학회, 2016

김희석, 「공연 중계영상의 관객증대 전략」, 성균관대학교 박사, 2017.

진윤희, 「공연예술의 영상화사업 사례연구를 통한 국내 공연영상화 발전방안에 대한 연구」, 동덕여자대학교, 2017.

오지민, 「영상화된 공연 라이브니스 유형분석」, 안동대학교 석사, 2018.

* 이재훈, 「공연, 온라인 중계의 맛…영상 유통 새 화두는 유료화?」, 뉴시스, 2020. 4. 5.

장소의 제약을 뛰어넘는 순간을 보여줬다.

관객, 한 무리에서 개인으로

극장의 폐쇄 및 사람들이 밀집되거나 모이는 것을 금지하게 되며, 공연예술은 '관객과의 상호작용'에 있어 변화를 갖게 됐다. 이른바 관객은 집단 경험이 아니라 개인으로서 공연과 접촉하며 경험한다. 온라인을 통한 공연 영상을 볼 때 사람들은 컴퓨터나 스마트폰으로 편의적 시간에 접속해 공연을 관람한다. 그것이 더 개인적 상념에 빠질 수 있는 깊이 있는 경험일지 혹은 집단으로서 갖게 되는 것보다 무엇인가 결핍된 것일지, 확신할 수는 없지만 이전과 다른 경험을 제공하는 것은 확실하다. 위의 언급한 연구들은 대다수 이러한 변화에 대해 '수용자의 선택의 폭이 넓어지는' 공연예술 수용에 있어서의 변화라 말한다. 영상으로 만나는 공연예술에 대해 관객은 이전과는 다른 몰입감으로 대하거나, 혹은 산만하게 주의집중하거나 다양한 모습을 보여주게 된다.

이번에 극장에서의 공연과 더불어 온라인 생중계를 진행한 〈리어외전〉(셰익스피어 원작/고선웅 각색,연출)에서 이전과는 다른 관객들을 만날 수 있었다. 생중계의 경우에 온라인 댓글 창을 함께 운영하는데, 여기서 관객들은 실시간으로 대화를 주고받는다. 평상시라면 이러한 관객들의 모습은 상상치 못했다. 한쪽 화면에서 리어왕의 공연 실황이 진행되며, 다른 쪽 댓글 창에서 극단이나 좋아하는 배우를 응원하거나, 줄거리를 묻는 내용, 가벼운 대화, 장면에 대한 평가 등이 지속적으로 오간다. 공연에 대한 실시간의 반응, 담론들이 빠르게 생성되는 것이다. 관객들의 자연스러운 담론은 공연이 끝난 후에 또 다른 온라인 상에서 이어지며, 공연과 창작진에 대한 여운이 이어져 가는 경우들도 있다.

단지 공연예술뿐이 아니라, 코로나 이후의 세상에 대해 이야기할 때 강력하게 회자되는 이슈 중 하나는 '이제 mass(대중)의 시대가 끝났다'는 것이다. 직접 만나는 접촉 대신에 '비대면의 접촉'이 일상 속으로 들어온 이후에, 앞으로는 한 무리의 사람들이 한데 뭉쳐서 만들어내는 집단적 경험에 대한 거부감 및 그러한 체험이 저어될 것이란 예측이 많다. 전염병의 확산이 만들어낸 사람들의 삶의 방식의 변화일 것이다. 공연예술도 이러한 변화와 직결돼 있다. 한 장소에 직접 모여 함께하는 경험 대신에 다른 방식의 만남을 추구할 것이며, 공연의 영상은 이에 새로운 출구를 제공한다. 한 무리의 관객이 아닌, 개인의 관객으로서 공연과 만나며 또 한편으로 그러한 경험을 이용해 보다 자유롭고 능동적으로 소통하곤 한다. 물론 이것은 온라인에서 이미 유튜브 생중계 등에 익숙한 새로운 세대들에게는 더 빠르고 쉽게 전파된다.

장르의 문제와 전문성,
정확한 거점의 문제

본고는 공연 영상화에 있어 자연스러운 현상이며, 현장에서의 반발에도 불구 새로운 현상으로서 주의 깊게 살펴볼 필요가 있다고 주장하고 있지만, 현실이 마냥 장밋빛이 아니라는 점에 대해서도 동의한다. 온라인 스트리밍 서비스로 제공된 몇 편의 영상을 보았을 때, 우선 공연예술 중에서 장르에 따라 영상에 보다 더 유리한 장르가 있다는 생각이 들 수밖에 없었다. 춤과 노래가 있는 뮤지컬의 경우에 연극에 비해 상대적으로 영상만으로도 몰입감을 유도하기에 좀 더 용이해 보였다. 무대미술이나 이미지가 화려한 작품의 경우들도 마찬가지이다. 반면에 대사 위주의 연극은 상대적으로 보는 이의 주의집중을 요구하기 어려웠다. 대사의 전달이나 섬세한 배우의 호흡 등을 영상 안에 시각적으로 담아낼 수 있는 방법이 필요해 보인다. 따라서 영상 편집에 있어 연출의 콘셉트를 시각화하는 방법, 창의적인 편집 방향 등이 요구된다. 공연 영상화 역시 장르에 따라 다른 접근 방식이 필요해 보인다.

또한 현재의 온라인 영상 공연들은 극장 등의 제작 주체에 따라서 영상을 접할 수 있는 플랫폼이 여기저기에 흩어져 있다. 관객들이 쉽게 접근해 찾아볼 수 있는 안정적인 플랫폼에 대한 고민이 필요하다. 공연 영상화의 큰 가치로 이야기되고 있는 것 중 대표적인 것은 역시 '공연예술의 대중화'이다. 공연 영상은 시공간의 제약을 넘어 공연예술에 대한 사람들의 접근성을 키워 준다. 사람들을 수용할 수 있으며, 안정적으로 사람들과 영상을 매개해 줄 수 있는 플랫폼이 있다면, 대중화에 보다 기여할 수 있을 것이다. 아마 창작진들이 가장 바라는 것은 공연 영상을 보고 공연에 익숙해지고 취향이 개발된 사람들이 점점 늘어나 극장을 능동적으로 찾게 되는 일일 것이다. 공연 영상과 공연예술이 동시대의 사람들 속에서 함께 호흡하는 일을 가장 바랄 것이다.

거리예술의 공공적 가치는 무엇인가

#예술의 공공성 #거리예술의 역사 #문화민주주의
#참여 #일상의 침투

거리예술의 흐름과 전개는 공공성의 해석 여부와 관련이 깊다. 즉 '공공성을 어떻게 바라보는가'에 따라서 거리예술은 짧은 역사 속에서 변화를 거치며 오늘에 이른 것으로 볼 수 있다. 그것은 거리예술의 출발 자체가 '예술의 공공성', '예술을 어떻게 보다 많은 사람들과 함께 나눌 수 있을까'란 질문으로부터 비롯된 것이기 때문이기도 하다.

거리예술은 1970년대부터 프랑스에서 출현하기 시작했다. 오늘날 널리 알려진 프랑스의 오리악 축제, 살롱 축제 등은 유명한 거리예술 축제로, 프랑스는 40여 년간의 거리예술의 역사를 다음과 같이 정리했다. 70년대 출현, 80년대 제도화, 90년대 축제를 통한 유통, 연구, 제작, 2000년대 제작 공간과 제작공간의 네트워크 구성, 전문 교육과정 설립, 그리고 최근까지의 유럽 내의 유통 네트워크 구현이 역사의 골자이다. 거리예술의 기원은 흔히 그리스 비극과 중세 야외극까지 소급되곤 하지만, 40여 년의 계획과 실행이 최근의 거리예술의 확산의 주요

동력이라 할 수 있다. 오늘날 거리예술은 프랑스, 영국, 스페인, 일본, 호주 등 전 세계적으로 확산돼 사랑받고 있다.

우리의 거리예술은 횟수로는 비슷하지만, 좀 더 단절과 변화가 크다. 70년대 '마당극 운동'으로 거리예술이 출현했지만, 정치적 이슈가 민주화 이후 대중 사이에서 힘을 잃자 80년대 이후 급감하기 시작한다. 마당극의 빈자리를 메운 것은 90년대 이후 실시된 지자체에서 열린 축제들로, 우리의 거리예술은 주로 유럽의 거리예술과 국내의 새로운 거리예술 창작품이 선보이는 축제를 통해 보급되고 확산되게 된다. 2000년대 이후 최근의 국내의 거리예술은 제작소의 설립, 국내의 거리예술 창작품의 예술성 향상을 위한 교육과 여러 시도들, 국내외 거리예술 네트워크 구축 등의 변화가 숨 가쁘게 동시에 진행되며 유럽의 거리예술의 지형과 비슷한 형태를 보여주고 있다. 인터넷을 통해 변화는 보다 급속하게 이뤄지고 있다.

이외에도 최근에는 장소특정적 공연에서 펼쳐지는 야외 공연의 수용, '촛불문화제' 이후에 정치적 이슈가 힘을 얻는 상황에서 여러 시위의 현장에서 '민족극' 계열뿐 아니라 다양한 형태의 거리예술이 조금씩 등장하기도 한다. 우리의 거리예술은 2011년 춘천국제마임페스티벌의 축제 사무국 조직 문제, 작년의 하이서울페스티벌의 '싸이 사건', 올해 '세월호 사고' 이후의 안산국제거리극축제의 전면 취소, 해외 공연에 대한 의존 비판과 더불어 과천축제를 둘러싼 논란 등, 한편으론 '여전히 축제가 지역과 지역민의 삶 속에 뿌리박지 못하고 있다'는 거리예술의 미성숙함에 대한 지적이 도드라지는 동시에, 국제적인 네트워크와 축제를 넘어서는 거리예술의 확장에 대한 요구 등의 동시대를 반영하는 거리예술의 미래를 위한 변화를 함께 수용하기를 과제로 갖고 있다.

거리예술은 전 지구적으로 신자유주의가 가속화될수록 심화되는 경쟁 및 인간성 파괴의 와중에, 필연적으로 부상한 개인의 '삶다운 삶'을 위한 장소 및 도시에 대한 새로운 관심과 외로움, 고통, 억압 등의 고민들과 직접적으로 맞닿은 점이 있다. 거리예술의 공공성은 이러한 현실과 밀착된 문제를 능동적으로 해결하려는 시도를 보여준다. 거리예술은 언제나 공공성을 적극적으로 해석하며, 공공적 가치의 실험을 '문화민주주의', '참여', '일상의 침투' 등으로 다양하게 지속하며 전개해 왔다.

'문화민주주의'를 토대로 하는 공통의 경험

프랑스에서 처음 출현한 거리예술이 '비(非)관객의 존재'를 주장하며 이에 대한 대안을 거리예술의 존재 조건으로 삼은 것처럼, 거리예술에서 문화예술에 소외된 이들에게 골고루 문화예술의 향유를 공유하려는 것은 무척 중요한 문제이다. 우리도 각 지역에 문화예술재단이 설립되며, 서울 편중의 문화 예술 향유 기회를 고르게 분배하려는 목적으로 지역에서 축제가 활성화된다. 우리의 대표적인 거리예술 축제인 춘천국제마임축제(1989년 시작), 수원화성국제연극제(1996년 시작), 과천축제(1997년 시작), 안산국제거리극축제(2005년 시작), 고양호수예술축제(2008년 시작) 등은 이러한 배경으로 시작돼 '문화민주주의'를 토대로 삼고 있다. 가난한 이들, 어린이들, 노인들, 이민자, 신체적으로 불편한 이들 등의 사회적 약자들에게 '극장 방문'은 여전히 힘든 일이며, 축제는 공연예술 향유의 불균등을 어느 정도 해소하는 기회가 된다.

최근에는 문화, 예술 향유 기회의 불균등을 '서울과 서울 외의 지역'이란 단순한 대립적 구도로 보기 힘들며, 지역의 공연예술축제가 '지역 정체성 확립에 도움을 주며 지역 홍보의 방법으로 긍정적 효과'를 가진 것으로 여겨져 많은 축제가 생겨나며, '문화민주주의'란 거리예술의 공공적 가치가 유효한가란 의문이 들기도 한다. 축제가 거리예술의 공공적 가치 구현에 적합한 장인가 라는 문제제기도 생길 수 있다.

그러나 '문화민주주의'와 이를 기반으로 하는 축제는 거리예술의 독특한 장르적 특성을 명확히 하는 데 중요한 역할을 했다. 거리예술 축제에서 흔히 만날 수 있는 '대규모의 야외 공연'은 극장을 찾아 온 특정한 관객이 아닌, 무작위의 시민 관객을 대상으로 하는 공연예술의 특성이 빚어낸 결과이다. 몇백, 몇천 명이 아닌, 한 회에 몇만, 몇백만의 사람들이 볼 수 있도록 하기 위해 거리예술은 대형 크레인, 대형 인형, 불꽃, 도시의 빌딩 벽, 줄타기 등을 이용해 공중 공간을 사용하며 시각선을 확보한다. 배나 수상스키 도구 등을 사용해 물 위에서, 혹은 잔디 광장, 언덕 등의 자연 경관을 적극적으로 활용하기도 한다.

무작위의 시민들을 대상으로 펼쳐지는 거리예술 특유의 장르적 조건은 화려한 경관을 연출하기 위한 여러 가지 뛰어난 테크닉과 도구, 기계들을 거리예술 안으로 끌어들이며 다른 공연예술과 구별되는 거리예술만의 차별성을 만드는 결정적인 역할을 한다. 거리예술의 배우들은 산만한 야외의 공간에서 존재감을 갖기 위해 마임, 아크로바틱, 연희 등의 '신체극' 계열의 신체적 테크닉이 도드라지는 경우가 대다수며, 마찬가지의 이유로 미술적으로도 대담하며 실험적인 성격이 강한 강렬한 시도들이 많다. 또한 대사 중심이 아니기 때문에, 음악은 거리예술의 필수적인 요소다.

거리예술의 짧은 역사는 거리예술 장르에 대한 오해를 불러일으키기도 한다. 상대적으로 극장의 공연예술에 비해 예술적인 완성도가 뒤떨어진다는 식의 견해이다. 하지만 극장과는 전혀 다른 조건 속에서 스펙터클을 만들어 내야 하는 조건 상 예술적 표현을 위한 여러 가지 기술적 뒷받침이 필수적인 거리예술은 오히려 상당히 전문적이며 특수한 장르이다. 저변이 그만큼 아직 좁은 새로운 예술 장르라 할 수 있다.

'참여'를 통한 축제의 확장

해마다 공연예술축제들은 축제 기간 중의 방문객 수를 몇십만에서 백만 혹은 그 이상으로 추산하곤 한다. 물론 중복 계산된 경우를 무시할 수 없으므로 정확하게 여길 수는 없지만, 확실히 점점 더 많은 사람들에게 공연예술 관람의 빈도수가 늘어나며, 축제를 즐기는 수요가 많아지는 것은 부인할 수 없다. 예술을 접하는 기회가 늘어날수록 관객은 단순한 비전문가에서 높은 안목과 뛰어난 기술을 가진 준전문가로 바뀌는 것이 용이해진다. 예술가가 던지는 메시지의 수용자에서 관객은 의미의 생산자이자 주체로 자리를 바꾸는 것이다.

거리예술은 유독 관객의 참여가 용이하며, 관객의 참여를 통해 '쌍방향의 소통'이라는 거리예술의 공공적 가치를 실현한다. 예술가와 관객이 구분이 되지 않는 '참여'를 통해 관객은 일방적인 수신자에서 메시지의 송신자 역할을 함께 할 수 있다. 관객의 이러한 특별한 경험은

'예술을 어떻게 보다 많은 사람들과 함께 나눌 수 있을까'란 거리예술의 공공적 가치에 대한 고민과 직결된다. '문화민주주의'가 예술의 공유에 있어 기회의 균등에 집중한다면, '참여'에 의한 쌍방향의 소통은 예술의 공유에 있어 경험적 가치와 연결된다. '참여'에 의한 공공성의 실현은 '문화민주주의'에 의한 것보다 기존의 패러다임을 벗어나는 것들이 많다. 따라서 축제의 초기보다는 축제가 지역에 안정적으로 자리를 잡은 이후에 보다 본격적으로 시도되곤 한다.

관객 참여의 가장 일반적인 형태는 시민들이 배우로 참여, 일정 기간의 리허설을 거친 후 전문 배우들과 함께 퍼포먼스를 실현하는 것이다. 거의 모든 거리예술 축제에서 이 같은 형태를 찾아볼 수 있으며, 최근에는 시민 참여의 범위가 점점 확대되며 대규모의 스펙터클을 만드는 방향을 보여주고 있다. 관객 참여가 실제적으로 이뤄지지는 않지만, 작품의 창작에 깊숙이 관여하며 관객 참여를 이루는 경우도 있다. '관객의 삶' 자체가 작품의 창작의 실제적인 재료가 되는 것으로, 주로 지역민의 삶 자체가 예술적 가공을 최소화한 채 전시물, 서사 등의 창작물로 드러나게 된다. 이외 아마추어 활동의 발표의 자리를 통해 관객 참여가 이뤄지는 경우도 있다.

관객이 의미의 주체로서 자리하는 현상은 비단 거리예술에서 나타나는 것만은 아니다. 극장에서도 이와 연관된 흥미로운 현상이 속속 등장하는데, 거리예술의 관객 참여는 쌍방형 소통이란 공공적 가치의 실현과 연관되며 축제가 지역과 지역민의 삶 속에 안착하는 것을 돕는다. 축제를 통한 공동체 의식이 '문화민주주의'의 실현뿐 아니라, '참여'를 통한 경험적 가치 공유에 의해 형성되는 것이다. 거리예술이 축제가 진행되는 단 며칠간이 아닌, 축제를 넘어 확장되기 위한 가능성이 관객 참여를 통한 공공적 가치의 실현으로 타진된다. 흔히 축제의 관객 참여는 관객의 아마추어 활동의 발표 기회로만 이해되기도 하는데, 이는 참여를 통한 공공적 가치의 실현이란 측면에 대해 좁게 이해하는 것이다.

일상의 침투-공공 공간으로

프랑스의 거리예술은 축제를 통한 유통, 제작, 교육 등의 거리예술의 전문화 시대 이후에 제작소의 건립, 거리예술 지구 등의 네트워크 확립으로 변화해 갔다. 우리의 거리예술도 비슷한 방향으로 계획이 추진되고 있다. 주로 서울에서 이뤄지는 거리예술의 미래를 위한 새로운 시도로는 도시의 폐건물에 자리한 제작소 건립 추진, 낙후된 지역을 중심으로 거리예술 지구 확립, 가장 최근의 서울의 주요 공원에서 치러지는 '거리예술 시즌제'의 도입 등이 있다. 하이서울페스티벌도 작년부터 거리예술 중심으로 치러지며, 특정한 건물이나 거리 등의 도시 공간을 적극적으로 이용하는 작품들이 등장해 기존의 거리예술 축제와는 다른 변화를 수용하는 시도를 보여주기도 한다. 한국공연예술센터에서 열리기 시작한 '마로니에여름축제'도 '대학로'를 거점으로 운영되며 비슷한 방향을 보여준다.

거리예술에 나타난 이러한 새로운 시도들은 도시의 축제가 비일상의 세상을 만들어내는 것과는 달리, 도시의 일상에 스며들고자 하는 의지가 강하다. 거리나 건물, 공원 등의 공공 공간에서 시민들과 일상을 교류하며 거리예술의 공공적 가치를 실현하고자 한다. 특정한 지역에 거주하며 지속적으로 작업을 펼치는 경우도 있다. 신자유주의가 가속화될수록, 점점 복잡해지는 갈등 속에서 그것은 민감한 정치적 이슈를 건드릴 때도 있고, 특정한 계층 등의 소수만이 공유하는 작은 공동체를 만들며 새로운 방향으로 공공적 가치를 실현한다. 이때의 거리예술의 관객은 공원 등의 일상의 공공 공간에 우연적이며 무작위로 모인 시민들부터 이민자, 노동자, 어린이 등의 특정하며 유대감이 강한 특정한 소수의 선별된 관객이란 '극과 극의 관객'이 함께 존재하게 된다. 축제가 막대한 예산과 대규모의 인력이 필요한 반면에, 거리예술의 새로운 변화들은 '축제의 큰 덩치'를 보완하려는 측면이 강하다.

거리예술은 짧은 역사 속에서 공공적 가치의 적극적인 해석을 통해 역동적인 흐름과 전개를 보여 왔다. 거리예술은 공공적 가치의 실현을 위한 '문화민주주의'의 실현, 관객 참여, 일상의 침투 등의 다양한 방향의 노력을 보여준다. 아마 거리예술의 공공성은 도시 속 개인의 삶에 대한 구체적이며 열정적인 관심 속에 태어나게 된 거리예술의 출발에서 비롯된 특성일 것이다.

상상은 한 존재와 다른 존재를 잇는 다리이다

알퐁스 도데의 〈별〉

#베리어 프리 #시각장애인을 위한 공연 #상상
#경기도문화의전당 #〈별〉(2019)

'베리어 프리(barrier free)'는 2019년 공연계의 핫이슈 중 하나였다. 고령자나 장애인들을 사회 안으로 포용하기 위해 물리적, 제도적 장벽을 낮추려는 이 운동은 '베리어 프리 공연'으로 이어졌다. 극장의 장벽을 낮추기 위한 여러 가지 노력들이 이어졌다.

경기도 문화의 전당이 제작한 알퐁스 도데의 〈별〉(구종회 총연출/이용주 각색 및 드라마 연출)은 '베리어 프리 공연'을 시도한 작품이다. 특이하게 시각장애인을 위한 공연을 표방한다. 과연 앞이 보이지 않는 사람들에게 어떻게 공연의 느낌과 환상을 감각하도록 만들 것인가. 어려운 과제로 여겨진다. 남산드라마센터에서 공연되었던, 수화를 통한 청각장애인을 위한 공연만을 접한 필자에게 이번의 〈별〉은 새로워 보였다. 〈별〉은 팸플릿에서도 점자 안내판을 첨가한다.

경기도 문화의 전당 소공연장으로 들어서면, 객석을 에워싼 스피커가 먼저 보인다. 시각장애인들을 위한 공연을 표방하며, 〈별〉이 선택한 중요 콘셉트는 소리, 즉 음향을 강조하는 것이다. 무대에는 '폴리 아티스트'(인공적으로 소리를 만드는 사람)로 분한 남녀 배우 두 명이 등장해 있다. 폴리 아티스트들은 문 여닿는 소리부터 모닥불이 타는 소리, 강아지가 짖는 소리까지 관객의 눈앞 무대에서 생생한 소리를 만든다. 여기에 〈별〉의 이야기가 일종의 낭독극처럼 펼쳐진다. 배우와 연주자들이 직접 자기소개를 하며 극을 열고, 의상은 현대의 일상복이다. 목소리로 하는 대사의 낭독이 공연의 가장 중요한 표현이며, 낭독극에 약간의 연기와 장면이 첨가된 모습이다.

이러한 시도를 보여준 〈별〉은 두 가지로 사람들에게 다가갔을 것 같다. 시각장애인이 아닌 비장애인 관객들에게 그것은 소리의 생생함, 생명력을 새삼 느낄 수 있는 자리였다. 스피커로 확장된 다양한 사물과 자연의 소리들은 일상 속 지나쳐 온 다양한 소리들을 세심하게 꺼내보며 느끼도록 만든다. 그리고 시각장애인인 관객들에게 공연은 소리를 통한 이미지의 상상을 시도한다. 공연의 팸플릿에는 다음과 같은 글이 있다. "소리만 듣고서, 한 번도 보지 못한 것을 머릿속에 그려보는 것이 가능할까"란 질문으로 공연을 시작했다는 이야기.

이것은 청각 감각의 가능성과 능력에 대한 이야기일 수도 있지만, 또한 '상상력에 대한 이야기'일 수도 있다. 이때 상상은 새로운 것을 알며 느끼게 하는 의지이자 힘이다. 〈별〉의 마지막은 프로방스 지방의 어느 목동이 별자리에 얽힌 전설을 말해주는 것이다. 태고적 우주의 신비를 알고자 한 사람들이 상상한, 아름다운 별들의 이야기가 목동의 입에서 들려 나온다. 그의 어깨에는, 평소에 짝사랑하던 아가씨가 그의 이야기를 들으며 긴장을 풀고 졸음 속에서 기대온다. 두 사람 사이의 분명한 차이가 '옛사람들의 아름다운 상상의 이야기'에 의해 살짝 허물어지는 순간이다.

이처럼 상상은 한 존재와 또 다른 존재를 부드럽게 잇는 다리이다. 우리는 상상을 통해서만 다른 존재와 진정으로 만날 수 있다. 상상하지 않은 채, 자신만의 잣대로 상대를 바라볼 때 만남은 이뤄지지 않는다. 이 공연은 시각장애인 관객들과 비장애인 관객들이 함께 공연의 환상을 상상하도록 안내한다. 경기도 문화의 전당의 〈별〉 공연으로 시각장애인 관객과 비장애인인 관객 사이에 잠시 다리가 놓이는 셈이다.

드라마 각색 및 연출 및 음악을 비롯한 창작진 '벼랑 끝 날다'의 선택들은 군데군데 다소 이해가 가지 않는 부분들도 있었다. 목동과 아가씨의 연기는 원작에서의 순수함보다, 열정이 너무 강조된 것으로 다가오기도 했으며, 음향에서는 폴리 아티스트보다 음악 연주의 비중이 지나치게 커 보였다. 공연의 길이가 전반적으로 약간 짧게 느껴졌으며, 그래서인지 마지막 장면의 연출이 다소 아쉬웠다. 알퐁스 도데의 〈별〉의 마지막 장면이 강렬한 인상을 남기듯이, 공연에서도 핵심 콘셉트인 음향을 통해 보다 강렬한 자극과 느낌을 만들었으면 했다. 하지만 경기도 문화의 전당의 시도는 전반적으로 여러 가지를 생각하며 질문하도록 만든다. 현장에서의 감각적인 에너지를 통한 질문들이 관객들 각자의 삶의 자리에서 빛을 발하기를 바란다.

공연 공간의 확장

사람들은 왜 도시의 유휴공간에 모여드는 것일까

#도시유휴공간예술 #공간에주목하다 #〈서커스캬바레〉(2018) #문화비축기지
#김보람의 〈피쉬 시티〉(세운교와 세운상가 부근, 2017) #〈둥글게 둥글게 G. Round〉(창작집단 노니, 2018)

도시의 유휴공간에서 벌어지는 예술 활동이 점점 일상화돼 가고 있다. 도시의 광장과 공원, 거리 등이 사람들을 끌어들이고 있다. 시민들은 자연스럽게 유휴공간에서 이뤄지는 전시나 연주, 공연들을 즐기며 받아들이고 있으며, 확실히 그 전에 비해 호응과 참여도가 높아졌다. 올해 상반기 문화비축기지에서 진행된 '서커스 캬바레'(5. 12~13)는 작년에 비해 눈에 띄게 늘어난 사람들로 북적여 놀라울 정도였다. 2018 상반기에 진행된 안산국제거리예술축제와 수원연극축제 역시 마찬가지다.

이렇게 사람들이 유휴공간에 자발적으로 모여들어서일까. 문화비축기지와 비슷한, 도시의 공공시설의 용도를 바꿔 예술 공간으로 활용하는 사례는 늘어나고 있다. 문화역서울284, 서울거리예술창작센터는 진작부터 다양한 예술 활동의 거점이다. 또한 올해부터 부분적으로 개관하기 시작한 부천 아트벙커를 비롯해 서울 당인리 화력발전소도 예술 공간으로 바꾸기 위한 노력이 진행 중이다. 5월에 진행된 수원연극축제는 올해부터 구서울농대였던 경기상상캠퍼스에서 열렸다. 안산국제거리극축제나 서울거리예술축제에서 볼 수 있듯이 광장과 거리, 도로를 임의적으로 통제해 만들어지는 축제 공간은 임시적인 장소이지만, 도시의 유휴공간에서의 예술 활동이란 점에서는 마찬가지다. 물론 축제 공간의 정확한 성격에 대해서는 다양한 논의가 진행 중이다.

도시의 유휴공간은 왜 사람들을 끌어들이는 것일까. 여러 가지 원인이 얽혀있는 것이겠지만, 분명 사람들의 어떠한 욕구를 충족시키기 때문일 것이다. 주로 공공미술 쪽에서 전개돼 2000년대부터 자주 소개되고 있는 도시담론 혹은 예술과 도시의 관계에 대한 이야기들은 이 질문에 대해 주로 '쾌활한 삶'을 찾기 위한 사람들의 노력 때문이라 답한다(멜컴 마일스의 『미술, 공간, 도시』). 탄생 이후 줄곧 황폐하며 황량해지는 도시에서 '삶의 구체성 혹은 생생한 경험의 순간'들은 점점 잃어버릴 수밖에 없다(앙리 르페브르). 도시개발은 공간이 추상화되어가는 과정이기 때문이다. 계획과 설계는 실제를 종이 위로 귀속시키는 행위다. 따라서 사람들은 도시에서 살아갈수록 역설적으로 잃어버리게 되는 것들이 많아진다. 도시의 유휴공간 혹은 그곳에서의 예술 활동은 사람들에게 부재하는 것들을 재확인 혹은 보상하는 방법들을 통해 어떠한 욕구를 충족시킨다. '살 만한 터전, 공동체의 회복' 등의 가치를 제공하려 시도하는 것이다. 예술의 공공적 역할에 대한 논의가 시작되는 지점이다.*

* 참고문헌 『미술, 공간, 도시』, 멜컴 마일스 지음, 학고재
『장소 특정적 미술』, 권미원 지음, 현실문화
『연극 공간의 이론과 생산』, 한국연극학회 편, 연극과 인간

공간에 대한 새로운 접근?

공간에 주목하는 예술 활동은 완전히 새로운 현상은 아니다. 공간을 주목한 일련의 기획적인 시도들이 우리 곁에 가까이 있어 왔으며, 이들은 주로 다양한 형태의 작품으로 사람들과 만나왔다. 문화역서울284, 서울거리예술창작센터, 문화비축기지에서의 기획들은 '공간을 어떻게 해석할 것인가' 혹은 '공간을 어떻게 새로운 작업으로 치환할 것인가'라고 공간에 대해 능동적으로 질문을 던진다. 주로 프로듀서들에 의해 이뤄져 온 이러한 작업들에서 한편으로 프로듀서들은 상당히 예술가적으로 여겨지는 접근을 드러낸다. '공간이 담고 있는 무수한 이야기들에 주목', '상상력이 자극되는 지점들과의 연결', '예술가에게 적합한 공간 찾기' 등 스스로의 작업의 방향 및 관심사에 대한 설명을 들어보면, 더욱 그렇다.*

이들은 공간에 대한 관심과 해석의 방향성도 일련의 변화를 겪어왔다 말한다. 이것은 주로 공공미술 쪽에서 이야기하는 방향성과도 비슷한 듯하다. 공간을 물리적 환경에 치우쳐 해석하는 경향에서 점차 개념적, 추상적으로 접근해 가는 것. 거대한 조형물을 전시하는 것으로 이뤄졌던 예술 활동이 점차 공간의 역사성이나 성격 등과 연관된 퍼포먼스 혹은 벽화 등의 기존의 공간에 자연스럽게 흡수될 수 있는 형태로 변화했다. 공간에 대한 추상적인 해석의 변화가 오히려 예술의 방향성을 기존 공간의 특성을 최대한 드러내거나 숨겨진 속성에 주목하

* 박지선, 김서령 프로듀서 등이 진행하는 프로듀서들의 모임에서 6월 말에 '공간의 확장'이란 주제로 토론하는 자리가 열려 참석했다. 프로듀서들의 다양한 이야기들을 들을 수 있었다.

고 있는 점이 의미심장하다. 우리 곁의 사례들에서 이러한 특성은 쉽게 찾을 수 있다. 문화역 서울 284, 거리예술창작센터나 문화비축기지, 부천 아트벙커 등은 모두 산업시설이었던 이전 공간의 용도를 지우지 않은 채 새롭게 설정된 공간의 성격과의 조화, 혹은 앞으로의 공간의 목표인 예술적 활동의 상상력의 원천으로 삼으려 한다. 조금 다른 맥락이지만, 이번에 재개관한 삼일로 창고극장의 공간 공사 역시 같은 방향의 고민을 보여준다 생각한다.

나아가 공간을 해석함에 있어 실제적 공간이 사라지기도 한다. 사람들 개개인 혹은 사람들이 이루는 집단에 주목하는 것으로 최근의 커뮤니티 아트의 부상 현상과 긴밀히 연관돼 있다. 혹은 실제적인 공간보다 공간을 이루는 핵심적 요소로 '연결'에 주목하며 이를 부각시킨 시도도 있다. 작년에 진행됐던 '커넥티드 시티'가 그러한 예다. 서울의 여러 장소에서 동시 다발적으로 다양한 퍼포먼스들이 펼쳐지며, 공간을, 도시를 이루는 일순간을 포착하고 있다.

거리예술이나 장소특정적인 작업 등의 '극장을 벗어난' 일련의 예술 작업들도 지향하는 바에 있어 공간에 대한 해석과 연관된다. 물론 극장을 벗어난 그 자체에 집중하는 경우들도 있다. 극장이 갖는 권위나 규칙을 벗어나는 것에 큰 가치를 두며, 주로 축제 현장에서의 관객들 혹은 사람들과의 가까운 대면에 지향점을 둔다. 이 경우 공간은 특정한 지향점이 되지 않는 듯하다. 주로 사람들과의 가까운 만남이 가능케 한 다양한 놀이적 언어와 모험적인 시도들을 보여주는 데 집중한다. 이견이 있을 수도 있지만, 여러 거리예술 축제에 따라 공간에 대한 해석의 적극성에 있어 차이를 보여준다. 반면에 극장을 벗어나 이뤄지는 예술 활동의 지향점을 공간과의 적극적인 만남으로 가져가기도 한다. 많은 장소특정적인 작업들이 장르적으로 이러한 시도를 보여주며, 반드시 장소특정적 작업이 아니더라도 공간의 물리적 특성을 적극적으로 활용하거나 공공 공간으로서의 특성에 집중하며 공간에 대해 적극적으로 해석하는 작품들이 있다. 공간은 예술의 중요한 화두가 된 것이다.

공간에 대한 주목은
어떠한 작품들을 낳고 있나

여기에서 소개할 작품은 공간을 주목해 창작에 응용한 경우의 일부분에 지나지 않는다. 대표성을 띠기보다는 흥미로운 면을 지니고 있는 작품들이다. 실제로 많은 창작진에 의해 상당히 다양한 작업들이 이뤄지고 있다. 하지만 이들 작업들을 비평적 이론의 틀과 결합하기는 쉬운 일이 아니다. 그것은 당연한 현상일 수도 있다. 이들 작업들은 예술의 틀을 빠져나가길 지향한다. 게임, 무예, 서커스, 움직임, 마술, 서브컬쳐 등의 형태를 단지 차용하는 것을 넘어서, 최종적으로 예술이 아닌 것으로 완성돼 사람들과 만나기를 원한다. 예술이 가진 권위에서 벗어나려는 욕구일 수 있으며, 이것은 연극 쪽에서의 모험적 시도와는 방향이 다른 모습이다. 따라서 이들 작업들에 대한 해석은 예술이론의 그물망을 쉽게 빠져나간다. 섣부르게 새로운 예술로서 장르화하는 것 역시 이들 작업의 방향과 다소 맞지 않는 듯하다. 단지 기존의 예술 영역의 영토를 조금씩 넓히는 방향성을 가지는 것으로 이해된다. 공간 혹은 공간에 대한 해석은 이들 작업의 주제로, 작품 창작의 기둥의 역할을 한다.

김보람의 〈피쉬 시티〉(세운교와 세운상가 부근, 2017)는 청계천 주변의 세운교, 세운상가 부근에 주목한다. 이곳은 세운상가 준공, 청계고가 철거, 청계천 복원, 세운보행교 설치에 이르기까지 계속 변화했다. '변화하는 도시에서 사람들은 어떻게 살아갔을까?' 김보람은 이 질문을 청계천에 사는 물고기에 투영시킨다. 실제의 어떤 물고기종들이 있는지 조사하는 것에서 나아가 외래종의 유입, 기형종, 진화종의 출현 등의 상상적인 조사에까지 이른다. 진짜 물고기들과 김보람이 만든 공간의 역사성을 띤 상상의 물고기종들이 뒤섞인다. 〈피쉬 시티〉는 이러한 김보람의 공간에 대한 조사 결과를 게임을 통해 관객들이 체험하도록 진행되는 퍼포먼스다. 미리 예약한 관객들이 공연 장소인 청계천 주변을 찾아가면, '청계천의 어부를 찾을 것' 등의 미션을 수행하며 게임과 유사하게 다음 상황으로 나아간다. 청계천 주변을 걸어 어부로 분장한 배우에게서 또 다른 미션을 부여받고, 결국 김보람이 조사한 물고기들의 카드로 이뤄진 보드 게임을 하며 '여러 가지의 물고기 키우기'를 게임으로 경험해 본다.

이 작품은 청계천변 근처의 공간의 특수성이 어떻게 게임의 형태와 만날 수 있는지가 잘 와닿지 않는다. 무엇을 찾아 뛰거나 다른 사람들과 자연스럽게 경쟁하는 등의 감각이 도시에서의 적자생존의 삶의 조건, 적응과 퇴락 등을 떠올리게 하기도 한다. 하지만 뚜렷하지 않았고, 전체적으로 소박하며 유아적, 놀이적이어서 게임에 열중할수록 오히려 세운상가 주변이라는 실제적 공간에 대한 감각이 줄어드는 면도 있었다. 비슷한 접근을 보여주는 다른 창작진들에 비해 관객들을 상황 속에 빠져들도록 하는, 여러 가지 세밀한 창작진의 장치들이 김보람의 다른 작품들에서처럼 꼼꼼하게 다가온다. 그 전에 VR, 컴퓨터 등의 기기를 사용하던 방식에서 전혀 다르게 아날로그적인 보드 게임을 들여온 점도 새로웠다.

'서커스 캬바레'는 올해 초 문화비축기지에서 진행된 축제로, 이틀간 총 10편(해외 3편, 국내 7편)의 서커스 작품이 선보였다. 다양한 서커스 작품들이 문화비축기지에 놓임으로 서커스의 공공예술적 가치가 강화되며, 문화비축기지 또한 시민들의 공공장소로서의 성격이 강화된다. '서커스 캬바레'는 공간 디렉터를 두며 문화비축기지를 단지 작품들이 올라가는 배경 장소로서가 아닌, 문화비축기지의 공간적 특성을 강화하도록 작품을 배치하는 한편 공연 공간 외에 다양한 장소들을 구획해 축제의 공간으로 만든다.

현대적인 서커스는 몸이 주는 감각적 쾌락이 극대화된 퍼포먼스인 듯하다. 몸의 한계를 넘어서는 기술들이 시각적 이미지의 밀도를 만들어 보는 이를 사로잡는다. 서커스가 작품화되며 간단한 이야기나 극적 상황이 추가되곤 하지만, 역시 서커스의 힘은 기본적으로 한계를 뛰어넘은 몸이 전달하는 즉각적이며 감각적인 쾌락인 듯하다. 최근 극장 안에서 공연되는 서커스 작품들도 가끔 만날 수 있는데, 그 경우 대개 연극적 상황이 강화되는 대신에 기술적인 측면이 약해 속도감이나 특유의 긴장감이 떨어져 아쉬울 때가 있었다. 프랑스의 서커스 극단 비박의 〈에리카의 꿈〉은 서커스, 발레 등이 결합된 작품이다. 공중에 설치된 무대에서의 오페라 가수의 노래에 따라 소녀 에리카의 꿈의 이미지들이 서커스의 기술들의 표현을 통해 연속적으로 펼쳐진다. 일단 퍼포머들의 기술의 수준이 매우 뛰어난 점이 놀라웠고, 각 기술들을 매끄럽게 연결해 장면의 톤을 맞추는 한편, 극적으로 구성하고 있는 점이 인상적이었다. 시작 부분의 흡인력에 비해 작품의 마무리가 다소 약하게 다가오기도 했다. 국내작 시파프로젝트의 〈로봇필리아〉도 배우들의 뛰어난 기량과 새로운 기술들을 젊고 풋풋한 감각으로 전달한다.

'서커스 캬바레'의 또 다른 작품 〈둥글게 둥글게 G. Round〉(창작집단 노니)는 문화비축기지의 공간적 특성을 조금 다른 방향에서 주목한 작품이다. 작품은 문화비축기지의 야외가 아닌 과거 석유 탱크였던 실내 공간에서 공연된다. 천장이 돔 형태로 이뤄진 이 석유 탱크는 빛이 잘 들어오지 않는 거대한 어둠의 공간으로 종교적 사원과 비슷할 정도의 신비하며 정숙한 분위기가 강하게 감지되는 개성이 강한 곳이다. 〈둥글게 둥글게〉는 그러한 공간의 특성을 활용해 작은 랜턴을 비춰 희미한 빛 안의 작은 공으로 저글링을 하며 시작한다. 작품은 몇 차례의 상황을 거쳐 점점 더 빛이 환해지고, 공이 점점 더 커지며 변화한다. 문화비축기지의 공간적 성격의 변화, 새로운 특성에 대한 창작진의 낙관적이며 긍정적인 해석을 따라가다 보면, 마지막에 커다란 투명한 비닐공이 무수히 등장해 여태껏 앉아있던 관객들이 뛰어나가 퍼포머와 관객들이 뒤섞여 함께 공간 전체에서 공들을 굴리며 놀이에 참가한다.

이 작품은 공간에 주목해 작품을 창작한 경우를 잘 보여주고 있지만, '서커스 캬바레'의 작품으로서 잘 이해가 되지 않는 지점이 있기는 하다. 이전의 작품들에서처럼 다소 퍼포머들보다 오브제의 존재감이 더 강하게 다가오는 점은 생각할 거리인 듯하다. 하지만 전체적으로 이 공간만의 특성이 자연스럽게 배어나오는 세련된 이미지의 상상력을 전달한다.

변화하는 우리의 삶과 예술

도시는 변화하며, 우리는 늘 변화하는 감각으로 삶의 터전을 맞닥뜨릴 수밖에 없다. 현재에도 바로 옆에서 개발이 이뤄지고 있다. 살아간다는 것은 일관된 자아를 유지하는 것이 아닌, 매 순간 과거를 벗어던지며 나아가는 것일 수 있다. 공간을, 도시를 주목하는 예술 작업들은 사람들이 지나간 흔적을 더듬어 잃어버린 것들, 숨어 있는 것들을 펼쳐 보이는 작업일지도 모른다. 누군가에겐 위로를, 누군가에겐 도발을, 누군가에게는 해방감을, 누군가에겐 쾌감을 주기를 바라며 말이다. 사람들은 이러한 작업들을 만나기 위해 거리나 광장, 공원, 도심 재생시설 등의 도시의 유휴공간으로 모여들고 있다.

공간에 주목하는 다양한 형태의 예술 활동은 앞으로 더욱 활발하게 이뤄질 것이다. 혹은 최근의 방향이 그러하듯 기존의 예술의 틀을 넘어서 완전히 새로운 모습을 지향할지도 모른다. 2018년 하반기의 문화비축기지는 거리예술마켓을 비롯한 여러 프로그램으로 또다시 새롭게 사람들과 만날 예정이다.

학전의 아동극이 갖는 의의

#학전 #아동극 #김민기 #뛰어난완성도 #사실주의아동극 #번안
#장기레퍼토리화 #세대교체의필요성

필자가 아동극을 본격적으로 관람하기 시작한 것은 2012년경 이후부터였다. 평론 활동을 본격적으로 시작하면서부터 아동극을 찾아보고 기록으로 남기는 작업까지 연결하려 노력했지만, 그 이전에는 아동극에 특별한 관심을 기울이지 못했다. 그런 점에서 학전블루소극장에서 공연된 극단 학전의 아동극에 관한 글은 학전블루소극장이 한창 뜨거웠던 시기인 2000년대 중반을 생생하게 경험하지 못한 채로 접근할 수밖에 없어 아쉬운 마음이 크다. 개인적으로 학전의 어린이극은 초연 이후에 한참 시간이 흐른 2010년대 중반에 관람했으며, 당시에 완성도와 작품성이 뛰어나 내심 놀라워했다. 유행에 민감한 연극의 속성을 생각했을 때, 초연이 아닌 장기 레퍼토리로서 올라간 작품이 어린이 관객들과 밀착해 호흡하며 공연되는 것은 굉장히 어려운 일이기 때문이다. 여러 문헌자료와 인터뷰를 통해 학전의 아동극에 대해 접근하려 노력했지만, 빈약한 경험의 기억을 채울 만큼에는 미치지 못할 것이 분명해 보인다.*

잘 알려져 있다시피, 학전의 김민기 대표에게 아동극은 소명에 가까운 것이었다. 김민기 대표에게 아동극이 어떤 의미를 갖는지는 아래의 언급에 잘 드러나 있다. 아동극의 목적과 역할에 대해 너무나도 확고하며 명확한 철학을 갖고 있다.

> "우리 아이들에게 제공되는 학교와 학원의 입시 위주 교육 외에 문화적 소스라고는 TV와 게임 미디어밖에 없습니다. 그것만 갖고 아이들의 정서적, 정신적 생활을 건강하게 할 수는 없습니다. 음식을 당의정이나 튜브식 먹을거리로 채울 수는 없는 것과 같은 이치입니다. 보고, 듣고, 말하고, 만지고, 느낄 수 있어야 합니다. 그 안에서 종합적 이성이 완성될 수 있습니다. 지금 한국 아이들은 너무 협소하게 자라고 있다는 것은 누구나 인정합니다. 아이들을 위해 지금 우리의 작업은 최소한의 것입니다. 제가 힘들다고 그것마저 포기할 순 없겠지요."**

김민기 대표는 연극과 예술이 개인의 삶에 어떠한 영향을 미쳐야 하는가를 질문하는 것, 즉 연극의 사회적 역할 혹은 사회 속의 연극의 위치에 대해 깊이 고민하며 그 과정에서 아동극을 지속적으로 공연했다. 사실 이러한 뚜렷한 목적 의식은 아동극뿐 아니라, 성인 대상의 연

* 다수의 신문기사 자료 및 최린의 「극단 '학전'의 어린이연극연구」(성균관대학교 대학원 석사, 2012.)를 참고했다. 아동극을 전문적으로 평론해 온 김미도 연극평론가와 김유미 연극평론가를 비롯해, 극단 학전에서 김민기 대표와 함께 다수의 아동극 공연의 무대디자이너로 참여한 김경희(연출가)에게 의견을 들었다.

** 김승현, 〈문화일보〉, 2010. 2. 2.

극 작업에서도 드문 것으로 보인다. 김민기 대표의 목적 의식은 극단 학전의 아동극의 뚜렷한 미학적 결과물로 드러났으며, 학전블루소극장의 지속적인 아동극 레퍼토리 활동으로 연결됐다. 학전블루소극장의 아동극은 '학전 어린이무대'라는 타이틀 하에 제작되어 그동안 수많은 어린이 관객들과 만나며 현재까지 지속되고 있다. 올해에도 여름방학 시즌을 맞아 대표 아동극 레퍼토리들이 예정돼 있다.*

학전블루소극장에서 어떠한 아동극이 공연되었나

학전블루소극장의 아동극 연보는 아래와 같이 정리할 수 있다. 초연을 기준으로 정리했으며, 초등학생 관객들을 대상으로 하는 작품으로 범위를 정했다. 잘 알려져 있다시피 〈지하철 1호선〉 역시 원작이 청소년 대상의 작품이며, 1997년에 초연한 〈모스키토〉나 〈개똥이〉도 청소년을 주요 대상으로 하거나 성인까지 넓게 아우르는 작품들이다. 물론 아동극에서 관객 연령층을 명확히 해야 한다거나, 혹은 그보다는 최저 연령층만 정해야 한다는 등의 의견들이 여전히 다양한 편이다. 하지만 이 글에서는 대상 관객의 연령층이 명확해야 한다는 입장에 따른다. 학전의 많은 아동극이 명확한 관객층을 대상으로 만들어졌기 때문이며, 관객 대상에 따라 작품이 전혀 달라진다는 것을 잘 보여줬기 때문이다.

* 극단 학전 홈페이지 참고. http://hakchon.co.kr/

〈우리는 친구다〉	2004	폴커 루드비히 원작 / 김민기 번안·연출
〈고추장떡볶이〉	2008	폴커 루드비히 원작 / 김민기 번안·연출
〈슈퍼맨처럼!〉	2008	폴커 루드비히 원작 / 김민기 번안·연출
〈그림자소동〉	2008	강정연 동화 원작 / 김민기 극작·연출
〈진구는 게임중〉	2009	폴키 루드비히 원작 / 김민기 번안·연극
〈무적의 삼총사〉	2009	폴커 루드비히 원작 / 김민기 번안·연출
〈분홍병사〉	2010	슈디드 원작 / 김민기 번안·연출
〈도도〉	2010	강정연 동화 원작 / 배삼식 극본, 김민기 연출

학전의 아동극은 세 가지로 분류할 수 있다. 첫 번째는 학전 아동극의 대표적인 작품들이라 할 수 있다. 가장 유명한 작품들이며, 작품성과 예술성에 있어서도 높게 평가받은 이들이다. 독일의 그립스 극단의 원작을 김민기 대표가 번안, 연출한 작품들로 〈우리는 친구다〉, 〈고추장떡볶이〉, 〈슈퍼맨처럼!〉, 〈진구는 게임중〉, 〈무적의 삼총사〉이다. 두 번째는 창작극의 시도이다. 이 작품들은 한국창작동화에서 출발했으며, '김민기 대표의 1인 체제'를 벗어난 시도를 보여주기도 했다. 〈그림자소동〉, 〈도도〉 가 그러한 작품들이다. 세 번째는 역시 외국뮤지컬의 번안작 인데, 프랑스 작품이 원작이다. 이 작품은 무엇보다 작품의 색깔에서 학전의 아동극 중 다소 다른 색깔을 가지는 점이 특징이다. 〈분홍병사〉는 학전의 아동극 중에서 유독 판타지적 요소가 강한 편이다.

미학적 성과와 가치

학전의 아동극의 미학적 성과에 대해 말할 때, 첫째로 '번안'은 빼놓을 수 없는 부분이다. 주지하듯, 독일과 프랑스의 원작자들이 감탄했듯이 학전의 번안은 완벽한 수준이다. 작품들은 한국적 상황으로 완벽히 변해 원작에서의 문화적 차이가 없어지고 창작극의 면모까지 유감없이 보여준다. 학전의 번안은 새로운 창작이라 말해도 손색이 없다. 다만 창작 아동극의 개발이란 측면에서 봤을 때, 학전의 번안 작업이 순수 창작 아동극 대본 개발로 연결되기를 바라는 마음들이 있다. 우리의 아동극 장르에서 좋은 대본이 특히 부족하기 때문이다. 대본의 완성도가 뛰어난 아동극 개발은 그동안 국립아동청소년극연구소 등의 국립뿐 아니라, 극단 사다리나 아시테지 협회 등의 민간에서도 지속적으로 노력하고 있는 부분이기도 하다. 그동안 학전에서도 여기에 노력을 기울이지 않은 것은 아니다. 한국 창작 동화를 극화하는 작업을 반복해서 시도했다. 이들 작품들의 개별적 성과가 뛰어나지 않았던 것은 아니다. 비슷한 시기의 다른 아동극과 비교했을 때, 사실 이들의 수준은 뛰어난 편이다. 하지만 학전의 아동극의 대표 레퍼토리들이 보여줬던 힘과 구성력에 비해 덜 주목을 받은 것이 사실이다.

둘째, 학전의 아동극은 어린이의 현실을 제대로 무대화한 점이 높게 평가받는다. 이것은 김민기 대표가 꾸준히 추구해 온 대표적인 아동극의 가치이기도 하다. 아동극에서 판타지가 아닌, 현실을 그리려 하는 시도는 무척 드문 것이다. 학전의 아동극이 초등학생 이상이거나 혹은 초등학교 고학년을 대상으로 갖는 이유이기도 하다. 지금도 대사 위주의, 사실적으로 장면을 전개해 가는 아동극은 귀한 편으로, 따라서 이 연령대의 관객들을 위한 작품으로서의 가치 역시 크다고 할 수 있다.

어린이의 현실을 그리고자 하는 노력은 어린이를 깊이 있게 이해해야지만 가능한 일이다. 학전의 아동극은 부모의 이혼 문제, 학교 폭력, 장애아에 대한 차별 문제, 게임 중독 등 어린이의 만만치 않은 현실을 설득력있게 그려 왔다. 학전의 아동극의 현실 비판적인 요소를 주목해 가정문제, 교육문제, 사회문제를 다룬다고 분석하고 있기도 하다.* 김유미 연극평론가는 "학전의 아동극에서 무엇보다 눈에 띄었던 것은 사실주의적 접근이었다."며, "또한 이러한 무대를 보며 무척 좋아하던 어린이 관객들이 인상적으로 뚜렷하게 기억에 남아 있다"고 말한다. 학전의 아동극은 어린이 관객들이 무조건 재미있으며 자극적인 것만을 좋아하며, 치열하며 진지한 현실의 이야기를 좋아하지 않을 것이란 생각이 편견일 수 있음을 확인시켜 준 것이다. 정형성에서 탈피한 시도들이 현실과 만나 의미를 획득하는 과정은 늘 흥미진진한 일이 될 수밖에 없다.

셋째, 학전의 아동극은 뚜렷한 음악극적 성과를 보여준다. 학전의 아동극은 늘 현장에서 생생한 라이브 연주가 펼치지는 가운데 공연됐다. 국내의 최정상의 작곡가인 정재일 작곡가가 학전의 아동극의 음악을 작곡했다. 현장에서의 연주도 국내의 뛰어난 아티스트가 참여할 때도 있었다. 아동극의 음악적 요소로서는 상당히 이례적인 일이라 할 수 있다. 어린이 대상의 음악극이 눈에 띄게 늘어나는 현실 속에서도 학전의 이러한 시도들은 독특한 위치와 뚜렷한 가치를 지닌다. 학전의 아동극의 노래들은 멜로디 중심의 음악이기보다는, 대사의 전달이 중

* 최린, 위의 논문.

요한 음악적 구성이다. 김민기 대표는 노래의 경우 특히 가사가 잘 전달되는지를 굉장히 중요하게 생각했으며, 따라서 배우들도 노랫말을 대사를 말하듯이 발음하며 노래 부르는 데 주력했다.* 이것은 배우들의 연기와도 연결되는 것 같다. 배우들은 노래와 연기가 다소 분리되는, 국내의 뮤지컬에서 자주 봐온 연기가 아닌, 또 다른 호흡으로 장면을 만들어 갔다.

넷째, 학전의 아동극은 작품성과 예술성 및 완성도가 뛰어난 아동극을 추구해 왔다. 김미도 연극평론가는 "학전의 아동극은 항상 수준 이상의 작품을 지속적으로 보여줬다."고 말한다. 대본부터 음악, 연기, 무대까지 학전의 아동극은 작품의 여러 요소들에 상당히 공을 들여 지나칠 만큼의, 완벽함을 추구하는 가운데 만들어졌다. 이러한 꼼꼼하며 세밀한 접근이 현실을 치열하게 무대화하려는 시도와 맞물려 일련의 결과를 만들어 낸 것으로도 보인다. 아동극 현장에서 작품 제작에 관한 이러한 프로페셔널한 접근은 드문 편이다. 게다가 한두 편의 제작이 아닌, 이러한 의식으로 30여 년간 아동극을 만들어 온 것은 글의 제일 처음에 소개한 대로의, 아동극에 대한 특별한 소명 의식 없이는 불가능해 보인다. 김민기 대표와 학전의 아동극에 대한 열정이 어떤 방향으로 나아갈지는 계속 지켜볼 일이다.

장기 레퍼토리의 가치와 의미

* 학전에서 아동극의 무대 디자이너로 다수의 작품에 참여했던 김경희(연출가)와의 인터뷰 인용.

초연을 중심으로 정리한 학전의 아동극 공연 연보를 보면, 2010년 이후에 신작을 제작하지 않은 것으로 드러난다. 그 이후부터 학전의 활동이 뜸해진 것일까. 하지만 신문자료를 보면, 학전은 이후에도 아동극 레퍼토리들을 꾸준히 공연해 온 것을 알 수 있다. 방학 시즌에는 아동극 레퍼토리들이 정기적으로 학전블루소극장에서 공연되기도 했다. 초연했을 당시부터, 학전의 아동극 작품들은 학전블루소극장에서의 공연뿐 아니라, 학교와 지역을 찾아다니며 다양한 어린이 관객들과 만나 왔다.

작품을 레퍼토리화 하는 데 성공한 것은 매우 훌륭한 성과이다. 사실 대다수의 작품이 제작에 머무를 뿐, 보급과 유통으로 연결시키는 결과를 낳지 못하고 있다. 많은 아동극 작품들이 어려운 가운데 만들어져 한두 해 동안 몇 차례 공연되고 사라지고 있다. 이것은 예술가의 역량 및 작품의 예술적 가치 면에서 큰 손실이다. 또한 창작진 측에서 공연을 계속 하고 싶어도 작품의 생명력이 길지 않다면, 불가능한 일이기도 하다. 아동극은 특히 어린이 관객과의 밀착된 호흡이 결정적이다. 그럼에도 긴 시간 동안 수많은 어린이 관객들과 만나온 점은 학전의 아동극의 힘과 매력을 오롯이 드러내는 일이라 할 수 있다. 아마 작품들은 관객과 만나는 가운데 변화하며 새롭게 만들어져 왔을 것이다. 학전의 아동극은 지원금에 대한 의존도가 지나치게 높은 가운데 대다수 신작의 제작에만 머물러 있는 지금의 현실을 뚫고, 다양한 어린이 관객들과 만나는 가운데 시장을 형성해온 몇 안 되는 사례이다. 학전과 마찬가지의, 나름의 추구하는 가치와 색깔이 뚜렷한 예술 단체들의 활동이 다수로 늘어난다면, 그것이야말로 현실에서 중요한 변화를 만들어 낼 것이다. 이것은 단지 아동극만이 아닌, 성인 연극 전반에 해당

되는 문제라 생각한다.

학전의 아동극은 앞으로 어떤 모습을 보여주게 될까. 그동안 문제점이라 말해져 온, '김민기 대표의 1인 체제' 및 창작극 개발의 노력, 작품의 새로운 색깔 요구 등에 대해 학전 나름대로 노력해 온 것을 알 수 있다. 협업의 구조 지향 및 세대교체와 새로운 활력이 학전의 힘을 새롭게 또다시 불어넣어 주지 않을까 생각한다.

성장이 주는 공포와 통증을 말하는 올해의 청소년극

국립극단의 〈사물함〉, 안산 B성년페스티발의 〈너.임.마〉, 〈모든 영광은〉, 청소년연극축제의 〈미스터리엑스-지옥행 열차를 멈춰라〉

#청소년극 #청소년기고유의특성을담아내야하는 #아동기와의결별
#세상은괴물 #친구사귀기 #청소년기의순수함

청소년기의 특성에 대한 다양한 정의들이 있겠지만, '성장 혹은 자라나는'이란 단어만큼 청소년기의 특성을 핵심적으로 표현하는 단어는 없을 것이다. 물론 삶은 바라보는 관점에 따라 모든 시기를 성장과 연결시킬 수도 있다. 성년 이후의 장년과 노년 시기도 성장이라 부를 수 있을 만큼 내적으로 변화하는 시기다. 하지만 청소년기의 성장이 좀 더 특별한 이유는 육체적인 변화와 함께, 이 시기만큼 이전의 과거의 단계와 미래의 다가올 시간의 간극이 큰 시기는 없기 때문이다. 청소년기는 어린이에서 성인으로 나아가는 관문이다. 그리고 이때 청소년기는 자라나기 위해서 반드시 과거의 아동기를 떠나보내야 하는 시간이다. 약간씩 정도의 차이는 있겠지만, 어떤 형태로든 반드시 이전 세계관의 부정과 버림을 통해서만 새로운 시간을 만날 수 있다. 알 수 없는 미래를 위해 익숙하며 친숙한 과거를 필연적으로 버려야 하는 청소년기는 당연히 혼돈스럽고 두려우며 이에 맞선 반대되는 충동인 의지와 무모한 용기로 가득 차 있을 수밖에 없다. 어른이 되기를 거부하며 네버랜드에 머무는 '피터팬과 그의 친구들'은 청소년기 특유의 커다란 정서적 특징인 공포를 잘 보여주는 것 같다. 그들은 아동기가 사라져야 한다는 사실을 잘 알고 있으며 이에 도망친 것이다.

청소년을 대상으로 하는 청소년연극이 반드시 청소년기의 특성을 다뤄야하는 것은 아니지만, 대개의 청소년극은 청소년들이 다수 혹은 주요 인물로 출연해 청소년의 세상을 보여주기 때문에 이러한 청소년기의 특성이 자연스럽게 드러나기 마련이다. 올해 공연된 청소년극 〈사물함〉(김지현 작/구자혜 연출), 〈너.임.마〉(이양구 작/연출), 〈모든 영광은〉(황순원 원작/전인철 연출), 〈미스터리엑스-지옥행 열차를 멈춰라〉(이라 원작/박종우 연출)들도 마찬가지다. 이 중 유일하게 청소년이 출연하지 않는 청소년극인 〈모든 영광은〉은 예외적인 모습이지만, 그러면서도 이 작품이 청소년기의 특성을 어떻게 접근하고 있는지에 대해서는 나중에 이야기할 것이다. 이들 청소년극은 두려움 속에서 삶의 다음 단계로 나아가는 청소년기의 모습이 드러나 있다. 변화는 막을 수 없으며, 결과를 알 수 없는 각각의 방향으로 다만 선택할 수 있을 뿐이다. 어쩌면 청소년기는 앞으로 이러한 선택이 매번 다가올 것이라는, 삶의 진실을 누구나 처음으로 진하게 맛보는 순간일지도 모른다.

세상은 괴물이다

〈사물함〉(김지현 작/구자혜 연출)과 〈미스터리엑스-지옥행 열차를 멈춰라〉(이라 원작/박종우 연출)는 세상을 공포스럽게 바라보는 청소년들의 시선을 느낄 수 있다. 두 작품의 스타일은 전혀 다르다. 〈사물함〉은 사실적인 접근으로 어느 청소년 또래 집단의 일상을 치밀하게 묘사하고 있으며, 〈미스터리엑스-지옥행 열차를 멈춰라〉는 2008년에 개봉한 한국 영화 〈다찌마와리 – 악인이여 지옥행 급행열차를 타라〉를 연상시키는 과장된 '코믹액션'이다. 하지만 사실적이든 그렇지 않든, 두 작품에서 세상은 괴물처럼 끔찍한 모습으로 등장한다. 괴물은 궁극적으로 정체를 도저히 파악할 수 없다는 사실 때문에 공포스러운 것이다. 괴물이 구체적 형상을 갖지 않는 형태로 자주 묘사되는 것은 이 때문이다. 〈사물함〉과 〈미스터리엑스-지옥행 열차를 멈춰라〉에서 청소년들은 세상을 알기 위해 노력한다. 하지만 시도는 번번이 좌절되고, 맞서야 할 상대만이 자리를 바꿔 거듭 등장한다. 청소년들은 이제 세상에 대해 '얼마나' 알아야 하는지, 어떤 태도를 취해야 하는지 선택해야 한다.

〈사물함〉은 같은 반 친구 다은이의 죽음 이후의, 어느 청소년 또래 집단의 모습을 보여준다. 얼핏 이들은 다은이의 친한 친구들은 아닌 듯하다. 죽음에 대한 슬픔의 애도보다 숨겨야 할 꺼림직한 일이라도 생긴 것처럼 군다. 그런데 이들의 조심스러운 태도는 그들의 부모에게서 나온 것임이 드러난다. 다은이는 이 또래 집단의 한 아이의 부모님이 운영하는 편의점에서 일하다가 건물이 무너져 죽음에 이른 것으로, 사고를 당하기 직전에 '건물이 안전하지 않은 것 같다'는 내용의 개인 유튜브 동영상을 인터넷에 올렸던 것이다. 게다가 그 편의점은 이 또래 집단의 리더 격인 또 다른 아이의 할아버지 건물의 세입자이다. 이 연극은 부모를 비롯한 어른들과 그들의 세상이 다은이의 죽음에 전혀 책임지지 않으려하며, 오히려 사고 자체를 지워버리고 싶어 하는 모습으로 그렸다. 〈사물함〉에서 어른들은 등장하지 않지만, 그들의 눈치를 살피며 행동하는 아이들에 의해 존재감을 가진다. 어른들은 흉측한 모습이다. 다은이가 죽기 직전에 우연히 찍은 동영상에 대해 진실을 알고 싶어 하거나 조치를 취하려 하기보다는, 무조건 자신에게 유리하도록 사실을 왜곡하며 묻어버리려 할 뿐이다.

〈사물함〉은 이러한 어른들의 가치관에 적극적으로 저항하기보다는, 순응하며 패배하는 비극적인 청소년들의 모습을 보여준다. 다은이가 사고를 당한 편의점 주인의 딸 혜민은 다은이를 위해 무언가를 하기 위해 노력해 보기도 한다. 하지만 혜민이가 다은이의 죽음의 진실을 알고 싶어 할수록, 그녀의 성적은 떨어지고 친구들과 멀어지며 그녀의 원래 세상이 망가지게 된다. 결국 아이들은 그들의 부모와 어른들이 원했던 대로, 좋은 성적을 얻는 데 최선을 다하는 가치관을 갖게 된다. 왜 뛰어난 성적을 얻어야 하는 것일까. 이 연극의 무대는 또래 집단의 리더 격인 아이의 할아버지의 고급 건물이다. 이렇게 멋지고 아름다운 것을 갖기 위해서는 편의점에서 일하던 가난한 친구의 죽음의 진실에 궁금해 하는 것 대신에, 부모와 어른들이 말하는 대로 경쟁에서 더 유리한 위치를 차지해야 하는 것이다. 연주는 '너희들과 같이 공부하면, 성적이 확실히 오른다.'고 말한다. 청소년들은 이러한 세상 속에서 생존하기로 선택한다. 서로와 스스로에 대해 '모두 썩은 냄새가 난다'며 혐오스러워 하는 모습은 괴물 같은 세상 속에서 살아가기를 선택한 것에 대한 자책일 것이다.

〈미스터리엑스-지옥행 열차를 멈춰라〉는 '행복이 보장된 도시, 만하튼'으로 가고 싶어 하는 청소년들이 등장한다. 작품은 2008년에 개봉한 한국 영화 〈다찌마와리 – 악인이여 지옥행 급행열차를 타라〉와 신파를 차용한 스타일 등 전반적으로 비슷해 보인다. 엽기와 개그 코드, 폭력, B급 상상력이 난무한 극 세상은 한편으로 '먹방, 허무한 소동' 등이 유명세를 얻고 있는 개인 방송 '유튜브'를 연상시킨다. 요새 청소년들과 가깝게 소통하려는 의지로 해석되기도 한다. 주인공은 영웅이지만 정의롭고 뛰어난 히어로가 아니라, 시골의 생선가게에서 일하는 점원이며 생선 눈알을 다듬는 데 이상한 희열을 느끼는 어두운 정신세계를 가졌다. 병적인 주인공은 역시 괴상한 미스터리엑스를 만나 세상과 싸우는 영웅으로 다시 태어나게 된다. 하지만 '코믹액션'이 극적으로 효과적으로 형상화되기에, 작품의 속도는 너무 느린 것 같다. '청소년신파'를 표방하며 신파조의 대사와 연기 스타일을 보여주는데, 이것은 캐릭터의 희화화와 웃음을 연발하기에는 낡고 감각에 뒤떨어지는 것으로 다가온다. 사실 당시에 나름대로 인기를 얻었던 영화도 이미 10년 전의 작품이다. 어른보다 훨씬 빠른 속도 감각을 지닌 청소년들에게는 더 그러할 것 같다.

말이 안 되는 장난 같은 극 세상에서 '도시, 만하튼'은 '청년들을 노예로 만드는 서커스장'이라 표현된다. 이외에도 여러 가지 직설적인 표현으로, 청소년들이 어른으로 진입해 만나야 할 세상이 공포와 압박, 경쟁의 무시무시한 공간이라 제시한다. 이것은 청소년들이 느끼는 세상에 대한 솔직한 표현일 것이다. 그것이 비록 세상의 일부의 모습이나 파편일지라도 〈사물함〉과 〈미스터리엑스 – 지옥행 열차를 멈춰라〉는 청소년들이 바라보는 세상의 모습에 주목한다. 아동기를 떠나보내고 진입해야 할 미래의 세상이 괴물 같은 흉측한 모습이란 점에서 이 작품들은 비정한 선택에 내몰린 청소년들의 무력감과 자괴감을 보여준다. 기성 체제에 패배하며 순응하거나, 병적인 영웅놀이에 참여하거나 청소년기의 선택은 어떻게든 이뤄져야 한다. 비록 그것이 마음에

들지 않는 것일지라도. 내키지 않는 선택들이 파문을 일으키기를 작품들은 바라는지도 모른다.

친구 사귀기

삶의 선택은 여러 가지다. 아동기에서 성인으로 진입할 때의 공포에 대해 그것을 직면하고 해결하는 방식을 찾으려는 반응을 취할 수도 있다. 이것은 대단히 이성적인 접근이며, 이러한 삶의 반응이 반드시 예상의 결과와 연결되는 것 역시 아니다. 삶의 여러 선택지들 중의 하나일 따름이다. 〈너.임.마〉(이양구 작/연출)는 그러한 선택을 보여주는 작품이다. 작품의 청소년들은 어른들의 부조리와 만나 그것이 무엇인지 '계속 묻기'로 결정한다. 앞선 작품들에 비해 〈너.임.마〉는 청소년들에 대해 낙관적이며 희망적인 시선을 보여주는 것으로도 읽힌다. 물론 청소년들이 질문하기 시작한 이후에 과연 무엇이 변화했는지에 관해서는 작품이 보여주지 않는다. 하지만 작품은 질문하기를 멈추지 않으려는 청소년들의 사소한 행동에 가치를 부여하며, 청소년기에 대한 따뜻한 시선을 놓치지 않는다.

〈너.임.마〉 속의 어른은 무서운 모습이다. 원장선생님은 처음부터 끝까지 무대에 등장하지 않으며, 청소년들을 전화로 불러낼 뿐이다. 원장의 목소리도 들리지 않지만, 당황스러워하거나 겁을 먹은 아이들의 모습에서 원장이 가진 힘과 권위를 느낄 수 있다. 원장은 극중 직접적으로 '임금님'에 비유되기도 한다. 원장이 아이들을 자꾸 호출하게 된 이유는 학원생들 사이에서 학원에서 대입 시험 문제 정보가 미리 유출돼 제공된다는 소문이 일어났기 때문이다. 학원에서 열심히 공부하고 싶은 학생들에게 자신들의 학원의 비리와 부정은 외면하고 싶기만 하다. 하지만 소문이 퍼지는 것을 막으려는 원장의 행동이 청소년들에게 오히려 반발심을 불러일으킨다. 아이들은 서로 서로 가지고 있던 정보들을 하나씩 맞춰나가며, 원장에게 도대체 어떻게 된 일인지 정면에서 따져 묻기로 한다. 작품은 아이들의 자발적인 능동적 행동에 초점을 맞추고 싶어 한다. 따라서 똑같은 상황이 이중으로 반복되는 구성이다. 청소년들의 태도 변화를 부각시키며, 청소년들이 변화 속에서 친구를 얻게 되는 것을 보여준다. 원장의 불러내는 전화에 두려워하던 아이들은 "왜 '우리들'한테 이러세요?"라고 저항하기 시작한다.

청소년기의 친구 사귀기는 청소년기의 두려움을 극복할 수 있는 하나의 행위이다. 청소년들은 친구를 사귀며 용기와 힘을 기르고, 또래집단과 더불어 강하고 거대한 어른들의 세상에 진입할 준비를 한다. 〈너.임.마〉는 이 지점을 포착한 작품이다. 반복되는 구성이 효율적인 선택이었나는 의문과 주인공이 없는 희곡의 특성상 좀 더 깊고 구체적으로 내면을 드러내지 못한 점, 청소년들 사이에서 벌어지는 갈등의 양상이 좀 더 뚜렷하게 표현되었으면 하는 아쉬움이 남는다.

청소년기의 순수함

황순원의 소설을 각색, 연출한 〈모든 영광은〉(전인철 작/연출)은 청소년이 단 한 명도 등장하지 않는 청소년을 대상으로 하는 연극이다. 이 작품은 그런 점에서 청소년의 현실을 그리려는 일련의 청소년극의 시도들에서 비켜서 있다. 그럼에도 이 작품이 보여주는 태도는 청소년기 특유의 순수함을 떠올리게 하며, 청소년극의 정의에 대해 한

번 더 환기하도록 만든다. 작가는 순수하며 투명한 태도로 세상을 응시하고 있으며, 무대는 이를 감각적으로 되살렸다. 아동기의 순수함이 환상과 자유로움이 뒤섞인 판타지에 가깝게 무대화된다면, 청소년기의 순수함은 현실의 논리에 물들지 않은 솔직하며 열정적인 에너지의 무대화로 이뤄진다. 이 무모한 용기와 순수하며 긍정적인 에너지는 성인으로 나아가는 청소년기의 어두운 충동들이 일으키는 또 다른 반향들이다. 공포와 불안, 강박이 저항의 충동, 열정, 의지 등을 불러오는 것이다. 순수한 청소년기는 그렇게 만들어진다.

〈모든 영광은〉은 6. 25전쟁 이후의 삶을 보여주는 작품이다. 전쟁 후의 가난하며 삭막한 시절에 화자인 작가는 술집에서 어느 중년 남자의 고난에 대해 듣게 된다. 남자는 이데올로기에 의해 가족을 잃었다. 북한군에게 점령당했을 때 동료가 그를 고발했던 것이다. 남자는 또 다시 이데올로기에 의해 복수의 기회를 얻는다. 유엔군이 점령했을 때, 이번에는 그가 동료를 고발해 승리자가 된다. 하지만 남자는 자신의 고발로 또 다른 가족이 가장을 잃게 됐다는 사실을 알고 죄책감을 갖게 된다. 남자는 자신이 죽인 거나 다름없는 동료의 가족인 그의 부인과 아이들을 돌보며 지내는데, 그만 동료의 아내에게 연심을 갖게 된다. 남자는 자신의 사랑을 단순한 정욕이라고 가혹할 정도로 스스로를 의심하며, 죽은 동료에 대한 도리를 필사적으로 지킨다. 남자의 사랑의 절실함은 삶과 생명을 닮은 순수한 열정이다. 죽은 동료를 위하는 마음으로 그 순수함은 더 커진다.

술에 대한 감상적인 예찬과 유곽 등의 설정, 작가와 남자의 동지적 관계의 지나친 강조 등에서 요즘 청소년들에게 다가가기에 거리가 있는 작품이 아닐까란 아쉬움이 들기도 했다. 작품이 보여주는 낭만적인 세계관이 당시의 나름의 멋을 넘어 현재의 청소년들에게 어떤 의미로 만날 수 있을지가 궁금해진다. 리듬감과 속도감을 제법 살려낸 각색과 연출이 무대화를 기술적으로 잘 이끌어내고 있는 점이 인상적이다.

언급한 작품들 외 청소년극이란 타이틀을 달거나 혹은 청소년들이 주요 인물로 등장하는 청소년극들을 올해 관람해 나가며, 청소년연극의 정의가 새삼 모호하다는 생각이 들었다. 청소년극에 대한 이해도가 얕다는 자책이 들기도 했다. 단순히 청소년을 대상으로 하는 연극이 청소년극이라면, 청소년이 보아도 무방할 정도의 폭력성, 선정성을 담고 있다는 의미만 강조하고 있는 것은 아닐까. 청소년극의 목표와 지향점을 청소년의 이야기를 다루는, 청소년이 공감할 만한 소재와 주제를 보여주는 것으로 이해해야 하는가. 또한 이럴 때 청소년극의 또 다른 중요한 목표로 인지되고 있는 교육적 목표는 얼마나 중요한 비중을 차지하게 되는 것일까. 학교 현실에서의 문제 등의 청소년기의 표피적인 현상뿐 아니라, 청소년기 고유의 특성을 좀 더 포착해야 하지 않을까. 현재의 청소년극은 대부분 현장에서의 청소년의 호응을 이끌어내는 소재나 장면 만들기를 최선의 목표로 만들어지는 것 같다. 물론 이에 성공하는 것은 매우 어려운 일이기는 하다.

〈사물함〉, 〈미스터리엑스-지옥행 열차를 멈춰라〉, 〈너.임.마〉, 〈모든 영광은〉은 성장이 주는 두려움과 아픔이라는 청소년기의 특성으로 바라봤을 때, 청소년이 세상을 인지하는 방식과 태도, 중요한 가치, 선택, 개성을 보여주는 작품들이다. 물론 작품에 따라 이 지점이 더 부각되었으면 하는 생각이 들기도 했다. 청소년의 문제적 현실 이면의, 청소년기의 고유한 특성에 대한 깊은 고민을 담아내려는 시도와 노력이 아쉽다.

연극비평

연극의 기호와
관객의 경험

왜 어떤 죽음들은 특별한 의미를 남기나

〈7번국도〉

#젊은작가와연출가 #사회적참사 #삼성반도체노동자 #군대의문사 #2019.04.17.~2019.04.28. 남산예술센터드라마센터 #인간다움 #배우의연기술에대한논쟁

〈7번국도〉(배해률 작/구자혜 연출)가 남산예술센터 2019 시즌프로그램의 첫 작품으로 올라갔다. 고백하자면, 처음 연극의 제목만을 듣고 동명의 소설을 공연화했다고 한동안 착각했다(김연수의 소설 〈7번국도〉(2010)). 두 명의 청년이 '청춘의 막막함'을 넘으려 7번국도로 자전거 여행을 떠나는 소설의 내용을 떠올리며, 멋대로 연극을 상상했다. 터무니없는 착각이었음을 알게 된 후에도, 연극 〈7번국도〉는 삼성 반도체 백혈병 사건과 군대 의문사 사건을 다루는 작품이란 것을 안 후에도, 이상하게 처음 연극에 관해 상상했던 이미지는 쉽게 사라지지 않았다. 아마 작품의 제목인 '7번국도'란 공간이 전달하는 상징성 때문일 것이다. 동해안을 따라 우리나라의 제일 남쪽에서부터 휴전선 아래의 북쪽까지 뚫려 있는, 오래된 유명한 국도. 7번국도는 실제로는 거의 직선으로 뚫려 있지만, 곳곳의 끔찍한 정체와 이상한 기운 때문에 그 길을 통해 제대로 목적지에 도착하기 어려운, 기이한 마(魔)의 길이라고 한다.

7번국도는 그 특이함으로 일찍이 소설과 영화에 몇 차례 등장하기도 했다.

연극 〈7번국도〉는 신예 작가 배해률과 젊은 연출가 구자혜의 만남으로 화제가 되기도 했다. 이들은 얼핏 이질적인 조합으로 보인다. 프로그램에서 밝히고 있듯이, 남산드라마센터의 상시 투고 프로그램인 '초고를 부탁해'를 통해 처음 등장한 이 작품은 '정직한 드라마 대본'이라 묘사되고 있다. 우연히 비슷한 시기에 올라간 배해률 작가의 또 다른 작품인 〈비엔나 소시지 야채볶음〉(배해률 작/강한나 연출)을 보면, 그러한 평은 더욱 적절해 보인다. 그런데 남산의 프로듀싱은 왜 드라마를 기반으로 하지 않는 작업을 주로 선보여 온 구자혜 연출가를 선택했을까. 또한 그러한 선택은 어떠한 결과를 낳았을까. 물론 구자혜 연출가가 탄탄한 희곡을 근간에 둔 작품 활동을 전혀 하지 않은 것은 아니다. 가깝게는 2018년의 국립극단의 〈사물함〉(김지현 작/구자혜 연출)이 그러한 경우이다. 신예 작가와의 만남이란 점에서 〈7번국도〉와 〈사물함〉은 비슷하기는 하다. 이는 프로그램에도 소개된 내용이다. 또한 이들은 희곡을 대하는 독특한 태도가 비슷하며 인상적이다. 희곡을 자르거나 재조합 하는 대신에 최대한 있는 그대로 살리면서도, 드라마의 충실한 재현과는 또 다른 형태의 무대화를 보여준다는 점에서 비슷하다.

작품의 기이한 몇 가지 선택들

〈7번국도〉는 전반적으로 차갑다. 삼성 반도체 백혈병 사건과 군대 의문사 사건을 다룬다는 점 때문에 피해자에 대한 감정적 동일시와 연민이 투영될 것 같지만, 작품은 그러한 선입관을 비켜가려는 듯

차가운 태도를 유지한다. '사회적 참사'를 겪은 당사자들을 최대한 있는 그대로 그리려 한다.

무대를 보면, 작품의 이러한 태도가 가장 먼저 시각적으로 전달된다. 제목대로의 7번국도를 달렸을 것이 연상되는, 자동차의 갖가지 잔해들이 공간에 가득 차 있다. 자동차는 생명이 다한 듯 부서져 있다. 그런데 만일 자동차의 조각난 부속품들이 서로 뒤엉켜 엉망으로 전시돼 있다면, 그것은 폐허 등을 연상시키며 절망감 등을 쉽게 떠올리게 했을 것이다. 하지만 〈7번국도〉의 무대의 자동차 부속품들은 일렬로 줄을 세워 바닥에 늘어선 채 정갈하게 펼쳐져 있다. 마치 그 조각난 잔해들 하나하나를 찬찬히 들여다보라는 듯이. 마치 이 공간을 바라보는 사람들이 섣부른 감상에 빠지는 대신에 부품들의 산산조각으로 잘려진 접합면들을, 이음새를 있는 그대로 바라보고 '부서졌다'라는 인식을 오래도록 머금어야 한다는 것처럼 말이다. 전반적으로 푸른색이 강조된 공간의 톤도 차분한 분위기를 연출한다. 자동차의 잔해들인 잿빛 역시 마찬가지다. 흥분되기보다는 가라앉는 공간이다.

왜 이러한 냉정한 인식의 공간이 필요할까. 작품이 다루는, 삼성 반도체 백혈병 사건과 군대의 의문사 사건이 '사회적 참사'라 부르는 데 한국사회에서 논쟁이 뒤따르기 때문이다. 삼성은 알다시피 여전히 반도체와 노동환경의 상관관계에 대해 분명하게 인정하지 않고 있다. 의문사를 대하는 군대의 태도도 마찬가지이다. 그리고 시민들은 '거대 권력'이 바라보는 시선에 의문을 제기하기보다는, 대개 수용하며 따르는 쪽이다. 일일이 따져보면 그렇지 않을 수도 있지만, 이 사건들이 '사회적 참사인가'에 대해 고개를 갸웃거리는 것을 보면 그러한 것 같다. 사회적인 합의와 공유가 이뤄지지 못한 것이다. 그러한 관객들 앞으로 사회의 어느 한구석의 망가지고 산산조각 부서진 곳, 비참하고 고통스러운 참사의 세계가 조용히 찾아온 것이다.

여기에 존재하는 배우들의 연기는 이견이 많은 것으로 알고 있다. 〈7번국도〉는 예의 '구자혜 연출가의 작품에서 보았던 스타일'의 연기를 보여준다. 배우들은 묘사하며 표현하는 것이 아니라, 웅변하듯 소리를 지르며 연기한다. 정지된 자세로 거의 움직임 없이 관객들을 향해 대사를 외치듯이 말하고, 서로 대화를 나눌 때도 온힘을 다해 소리를 지르듯이 한다. '구자혜 연출가의 고유의 스타일'에 대한 호불호의 문제를 비롯해 효과에 대한 의문과 이 작품의 소재와 어울렸는지에 대한 질문들이 오간 것으로 안다.

고백하자면, 이전에 연출가의 고유의 스타일에 관해 오히려 비판적이었다. 왜냐하면 연출가 스스로 밝히듯이, 드라마의 선(線)적인 구성을 피하는 스타일의 무대화는 쉽게 말해 드라마의 기승전결의 전개 방식이 아닌 밋밋한 평면의 구성을 의도한다. 따라서 일률적인 에너지를 전달하며, 호흡으로 이어지는 것이 아닌 평면적이며 끊어지는 방식으로 전개되기 마련이다. 동일한 템포로 지루하게 다다가기 쉽다. 〈7번국도〉도 마찬가지다. 움직이지 않는 배우들은 입체적인 세계를 표현하지 않으며, 동선뿐 아니라 조명 역시 수평으로 얇게 공간을 만든다. 따라서 연출가의 이전의 작품들에 대해 개성이 강하지만, 객석과의 교감에 있어 약하지 않은가란 의문을 갖고 있었다.

하지만 가치판단 이전에 의도의 효과에 관해 들여다본다면, 이러한 방식으로 존재하는 배우들은 여느 연극에서처럼 '정서'를 전달하지 않는다는 점을 짚어야 할 것 같다. 이 차이는 배해률 작가의 또 다른 작품 〈비엔나 소시지 야채볶음〉의 배우들의 존재 방식을 보면, 확연히 알 수 있다. 〈7번국도〉의 배우들은 관객에게 어떤 정서를 전달하며 그를 통해 감정이입하거나 동일시하며 상황을 인지케 하는 대신에, 마치 희곡의 언어들과 관객을 바로 맞대면 시키려는 것 같다. 이것은 인물의 감정의 세세한 결을 따라가며 호흡하도록 만드는 것 대신에 희곡의 언어의 의미들, 그것의 세세한 차이와 뉘앙스를 인지하며 집중하게 한다. 다소 강압적으로 느껴질 정도로 관객에게 희곡을, 대사의 의미를 밀어붙이는 것이다. 이때 배우들은 인물을 재현하지 않지만, 희곡은 최대한 살아나는 기이한 현상이 벌어진다.

〈7번국도〉의 팜플렛에는 작가와 연출가의, 사회적 참사를 겪은 당사자들을 재현하는 데 있어 '실존하는 사람들'을 무대화하는 것에 대한 깊은 고민의 지점이 곳곳에 드러나 있다. 극장과 무대는 어디까지나 기호에 불과하며, 결코 실존에 다다르지 못한다는 태도가 재현이 아닌 또 다른 방식의 무대화를 일부 고민하게 만들었다고 생각한다. 그런데 이러한 태도의 무대화는 역설적으로 무대를 바라보며 순간순간 먹먹한 감정이 울컥거리도록 만든다. 사랑하는 사람을 잃은 사람들의 고통이 손에 잡힐 듯 생생하게 다가오는 순간들이 있었다. 재현을 피하는 배우에 의해 괴로움과 힘듦, 비참함에 관해 쏟아지는 말들은 마치 이 말들 외에 훨씬 더 많은 감정들이 있음을, 차마 표현하지 못하는 것들의 존재를 잠자코 드러낸다. 물론 이것은 선부른 감정이입으로 접근하지 못할 정도의, 커다랗고 깊은 심연에 닿아있는 무서운 것들이다. 언어가 언어 외의 것들을 말하고 있었으며, 그것은 배우들과 그들이 절박하게 실어 나르는 말들이 어디까지나 실존하는 것에는 미치지 못하는 것임을 드러낸다. 따라서 이전의 구자혜 연출가의 다른 어떤 작품에서보다 희곡이 다루는 소재와 특유의 스타일이 절묘하게 맞아

떨어지는 긴장감이 느껴졌다. 사실 이전의 작품들은 참신하면서도 때로 스타일이 겉도는 인상이 남을 때가 있었다.

특별한 의미를 남기는 죽음들

인식을 이끄는 차갑고 냉정한 작품의 시선은 노동자의 죽음을 다루는 희곡의 방식에서도 잘 나타난다. 작품은 산재 사고를 당한 노동자의 가족을 중심으로 이뤄진다. 주변을 하나씩 짚어가며, 기업의 태도와 결정이 사람들을 어떤 삶으로 이끌었는지를 보여준다. 반도체 백혈병으로 딸을 잃은 동훈은 택시를 운전한다. 동훈과 남편 민재는 딸의 죽음 앞에서 회사의 방침에 대해 입장을 달리 하지만, 이에 대해서도 이야기할 시간은 없다. 늘 일을 구하고 돈을 벌어야하는 현실 속에서 동훈과 민재는 서로 저 멀리서 각자의 이야기를 쏟아낼 뿐이다. 동훈은 마찬가지로 동생을 잃은 용선에게도 찾아간다. 병간호가 일상인 용선은 동생이 살고 싶어한다며 눈물짓지만, 병원비를 위해 시위를 멈추고 회사와 합의한다. 용선의 동생의 장례식장에서 어색하게 마주한 동훈, 민재, 용선. 회사에 대해 분노하지만, 사랑하는 사람들을 잃은 이들 가족이 할 수 있는 일은 돈을 벌어야 하는 시간 사이에, 죽어가는 가족을 간호하거나 회사 앞에서 무력하게 시위를 벌이는 것뿐이다. 그리고 사망에 이르면, 간호의 시간은 그를 추억하는 시간으로 바뀔 뿐이다. 삶은 그렇게 흘러간다. 표면에 잘 드러나지는 않지만, 자세히 살펴보면 작품은 10년의 시간을 다루고 있다. 그렇게 10여 년을 살아간 사람들에 대해서. 작품을 접하기 전에는 잘 알지 못했을, 어떤 삶들에 대해 작품은 차분하며 조용히 드러낸다.

동훈이 택시를 운전하다 손님으로 만나는 주영은 군인으로, 주영과 주영의 애인 기주는 작품의 또 다른 결을 만드는 인물들이다. 주영은 나중에 군대에서 사고사한 것이 드러나며, 유령이란 것이 밝혀진다. 이전에 주영은 동훈의 딸이 자신의 동창생임을 알리며, 그러한 일이 자신과 가까운 곳에서 일어났음에 애도를 표하는데 정작 본인이 군대에서의 폭력 사건의 희생자가 된다. 이것은 기업이건 군대이건 현재의 우리에겐 개인이 속한 시스템 속에서 개인에게 쉽게 폭력이 가해진다는 의미로 해석된다. 의미가 확장되는 것이다. 주영의 애인인 기주 역시 동훈과 민재, 용선과는 또 다른 모습을 보여준다. 기주는 훨씬 감정적으로 화가 나 있다. 그들 가족이 무력감이 지배적인 반면에, 기주는 슬픔과 분노가 크고 숨어 있는 가해자들에게 쌍욕을 날리며 누구도 책임지지 않는 군부대 앞에서 날을 세우고 싸운다. 기주는 지치지 않는다. 작품은 동훈, 민재, 용선, 주영, 기주 들이 서로 위안하고 다투며 의논해 각자 자신의 자리에서 싸움을 멈추지 않는 것을 보여준다. 이러한 개개인들의 만남과 헤어짐, 또 다시 만남의 상황들이 순차적으로 정교하게 쌓여 있다.

'예술은 언제나 인간의 지워지지 않는 얼룩을 그려야 한다'는 이야기를 들은 적이 있다. 〈7번국도〉는 그러한 '얼룩'이 무엇인지, 얼룩을 그리는 행위가 어떤 것을 의미하는지를 잠시 떠올리게 했다. 동명의 소설로 착각했다가 실제의 7번국도를 상상했다가 남산예술센터의 무대에서 만난 〈7번국도〉는 '세상의 끝'에서 조용히 싸움을 멈추지 않는 이들을 보여준다. 사실 작품을 관람하기 전에는 잘 알지 못했다. '세상의 끝'이 어떠한 모습일지, 어떤 삶들일지 말이다. 어떤 죽음들은 싸움을 멈추지 못하게 한다. 파장과 반향의 움직임을 일으킨다. 사랑하는 이의 죽음이 무의미해지지 않기 위해, 살아 있는 이들이 벌이는 싸움은 사실 최대한의 애정의 행위일 것이다. 그리고 사랑의 표현은 가장 인간다운 행위이다. 〈7번국도〉는 동훈이 주영의 유령을 차에 태우고 방파제에 파도가 부딪쳐오는 7번국도를 따라 달리며 끝난다. 세상의 끝에서 가장 인간답게 사는 사람들에 관해 작품은 말하고 있다.

전쟁폭력의 종언을 독특하게 지지하는 이야기들

〈THE MAJORITY : SOUTH KOREA〉, 〈스푸트니크〉

#2019.10.13.~2019.10.16. 우란2경 #나경민배우 #관객참여 #상상만발극장
#2019.10.09.~2019.10.20.나온씨어터 #전쟁에대한독특한묘사

전쟁과 폭력은 인간 전체의 역사에서 점점 줄어들고 있다는 유발 하라리의 주장은 분명히 옳을 것이다. 그의 말대로 통계에 나타나는 중세나 그 이전 시대의 '야만'을 떠올린다면, 20세기의 전쟁조차 미치지 못한다. 확실히 인간은 평화를 향해 나아가는 중이다. 하지만 이 이야기는 뒤집어보면, 인간에게서 전쟁과 폭력은 한 번도 빼놓은 적이 없다는 이야기기도 하다. 흔히 공격적 성향과 연결된다는 테스토스테론 때문일까. 그러면 평화로워지기 위해 호르몬 억제라도 강제로 행해야 하는 것일까.

비슷한 시기에 공연된 두 작품 〈THE MAJORITY : SOUTH KOREA〉(이하 머조리티)(롭 드루먼드, 박해림, 나경민 작)와 〈스푸트니크〉(박해성 작/연출)는 그 요원한 문제에 대해 말하는 작품들이다. 이들은 전쟁폭력의 종언에 대해 말한다. 총과 폭탄, 비명과 고함의 소리는 하나도 없는 가운데에서 〈머조리티〉와 〈스푸트니크〉는 잔혹한 전쟁 상황을 정면으로 보여준다. 하지만 난폭한 전시는 이들에게서 전혀 긴박하지 않은 듯, 자연스러우며 은밀히 제시된다. 두 작품은 전쟁폭력을 그리는 방식도 새로우며 도발적이다.

전쟁 속의 사람들은 어떠한 모습일까

〈머조리티〉는 특이한 제작 과정을 거쳤으며, 형태 또한 특이하다. 작가 롭 드루먼드에 의해 2014년 스코틀랜드 독립 국민투표에 관한 극으로 시작해 브렉시트에 이르게 한 민주주의에 대한 공연으로 발전, 이번 공연은 박해림 작가, 나경민 배우와 함께 남한의 새로운 버전으로 만들어진 것이다. '우란이상' 공연예술 개발 프로그램으로 제작된 이 공연은 특히 이머시브(관객참여)의 형태로 많은 주목을 받았다.

관객은 사전에 찬성과 반대의 투표를 할 수 있는, 리모콘을 받게 되며, 공연이 시작된 후에 그때그때 배우에 의해 제시된 질문에 찬성과 반대의 의사를 표현한다. 그 자리에서 결정된 관객의 의견에 따라 현장에서 공연의 스토리가 바뀐다. 실제로 필자가 관람한 날에는 공개되었던 편지의 내용이, 다른 날에는 공개되지 않은 적도 있다. 찬성과 반대의 여러 가지 변수에 따라 만들어질 수 있는 다양한 공연의 조합과 가능성들. 수학에 약한 이에게 계산이 도저히 무리이지만, 이머시브에 의해 공연의 형태가 무수히 많아진다는 것을 알 수 있다. 또한 관객 개인이 서사를 만들어간다는 의미에서 보더라도, 그야말로 한 사람마다 다른 공연의 서사가 만들어진다고 할 수 있다. 개인마다 다른 경험, 다른 의견을 가진다는 것이 그때그때 상기되기 때문이다. 또한 이것은 공연의 주제와도 연결되며 이율배반적인 느낌을 느끼게 만들기도 한다. 다수의 의견에 따라 진행되는 공연의 특성상 개인의 견해는 언제나 다수가 아닌 소수가 될 수 있으며, 이때 '묵살될 수밖에 없다'는 것을 경험하게 되기 때문이다. 다수의 의견과 '합의'는 동의어가 아님을 깨닫게 되는 순간이다.

작품의 골자는 나경민 배우의 고백으로 이뤄진다. 선한 인상의 평화주의자를 자처하는 나경민 배우가 어느 날 폭행을 저지르게 된 사건에 대한 고백이 큰 틀이다. 각기 좌와 우의 정치적 지지가 뚜렷한 부모 밑에서, 막연한 반감과 함께 뜨뜻미지근한 태도로 자란 나경민. 박근혜 대통령이 당선되던 날에 그는 광장에 모인 수많은 지지세력들 사이에서 혁명을 지지한다는 소수정당에서 어느 친구를 만나게 된다. 경민은 격렬한 행동주의자였던 친구를 따라 친구의 집인 DMZ 공간까지 찾아가게 되고, 친구의 영향에 따라 격렬한 좌파의 지지세력이 된다. 이후에 경민을 놀라게 한 사건은 두 가지이다. 경민은 박근혜의 탄핵이 결정된 자리에서 소위 '태극기 부대'를 만나고 오해로 인해 '보수꼴통'이라 여기는 낯선 이를 폭행한다. 그리고 동성애자인 친구에게 성적 접촉을 거부하며 친구를 밀쳐낸다.

나경민 배우의 고백적 어조에 감정이입되어 작품을 따라가다 보면, 또한 그날의 관객의 다수가 70년대생의 여성, 진보정당 지지자였기 때문이었는지, 작품 속에서 '보수꼴통'이란 혐오의 이름으로 명명되는 대상에 대한 분노가 실제로 쌓이는 것이 느껴진다. 그 분노는 예상했던 것보다 크며 단단한 것이었다. 극 중 경민의 폭행으로 실체화되기도 했다. 따라서 극 중 갑자기 '아직도 박근혜 대통령을 지지하는 관객을 찾아서 극장 밖으로 내쫓자'라는 질문에 찬성 버튼을 힘줘 누를 만큼 말이다. 그리고 이 증오와 미움은 그들이 우리를 바라보는 것과 마찬가지일지 확신할 수는 없지만, 어쨌든 극 중 남한을 떠나겠다는 친구의 편지대로 또 다른 소수를 품는 평화와는 거리가 먼 상태임이 분명하다(현 정권에서 성소수자 법제화 문제는 뜨거운 이슈이기도하다). 서로에게 총구를 겨눈 DMZ가 남한의 현실 구석구석에 자리하고 있는 것이다.

〈스푸트니크〉는 박해성 연출가와 상상만발극장의 〈믿음의 기원〉 시리즈의 스핀오프라 한다. 연작의 계획은 긍정적이다. 창작진의 고민이 깊고 진해지며 구체성을 띠게 되기 때문이다. 〈믿음의 기원 1〉과 〈믿음의 기원 2 : 후쿠시마의 바람〉에서처럼 〈스푸트니크〉도 불안에 직면한 사람들을 보여준다. 그런데 이 창작진이 그리는 불안은 사람들에게 너무 당연해서 차갑거나 비참하기는커녕, 친숙하며 어느 순간에 달콤하게까지 느껴진다. 인물들은 불안에 잠식당해 있지만 공포스럽기보다, 알 수 없는 미래를 향하려하며 따라서 온기마저 함께한다. 〈스푸트니크〉가 보여주는 상황도 마찬가지이다.

무기회사의 남성 직원과 내전으로 난민이 된 여성, 택시를 운전하는 미군과 상담 일에 지친 심리 상담사가 등장한다. 전쟁에 여러 방식으로 연루된 인물들. 이들은 각자의 상황을 넘어서는 과정에서, 통과의례처럼 서로 만난다. 하지만 인간의 역사상 끝없이 이어져 온 전쟁 상황처럼, 현재의 넘어섬은 다음을 위한 과정일 따름이다. 따라서 불안은 사람들의 가장 가까운 동반자처럼 여겨진다. 작품의 마지막에 사람의 이기심으로 지구를 벗어나 생명을 잃은, '스푸트니크 계획'의 개의 이미지대로, 불안의 존재 역시 또렷해진다.

이 작품은 대사 전체를 서로를 향하지 않고 관객을 향하거나 독백하듯이 연기하는 것이 특징이다. 또한 의자를 무대 전체에 늘어 놓고,

배우들은 앉거나 의자에서 의자 사이로 이동하며 연기한다. 이러한 연출로 정서가 연결되며 이어지기보다는, 의도적으로 삽화처럼 정지된 화면으로 다가온다. 객석의 배치에 따라 무대와 관객의 관계에 대한 해석도 다양해질 수 있는데, 이전의 〈믿음의 기원〉 시리즈는 그러한 접근을 보여줬다. 이번에는 나온씨어터에서 전통적인 프로시니엄 형태로 연출됐다. 하지만 그 때문에 오히려 각 인물들의 상황이 토막 난 가운데에서 서로 절묘하게 얽히게 되는 대본의 형태가 잘 드러났다.

〈머조리티〉에서 나경민 배우는 '특정한 종류의 폭력에 대해 찬성하는가'란 입장을 지지한 사람들과 공연 이후에도 계속 이야기를 이어가려 한다. 〈믿음의 기원〉은 난민 여성에게 입국의 희망을 도우려 한다. 두 작품은 끝나지 않는 전쟁폭력의 종언에 대한 지지를 이어가려 한다. 그것이 이 요원한 문제에 대해, 취할 수 있는 인간의 유일한 태도일 것이다. 끝나지 않아 온 전쟁폭력의 역사가 평화로 가는 방향이 될 수 있도록 결정해야 할 것이다.

모든 것이 뒤집힌 세상

〈맨 끝줄 소년〉

#2019.10.24. ~ 2019.12.01.예술의전당자유소극장 #후안마요르가
#의미는누구에의해완성되는가 #이야기의안과밖 #작가의위치 #독자의해석

〈맨 끝줄 소년〉(후안 마요르가 작/손원정 연출)이 예술의 전당 기획 제작 프로그램 '2019 SAC CUBE'로 공연됐다. 이번이 세 번째 상연이다. 초연은 故 김동현 연출가에 의해 2015년에 이뤄졌다. 두 번째는 손원정 연출에 의해 '리메이크 연출'이란 타이틀로 2017년에 공연되었다. 초연만 관람한 상태에서 재연에 대해 다소 회의적이었는데, 소문에 의하면 당시 호평을 비롯해 연일 매진 행렬을 이뤘다 했다. 섣부른 판단이었나 보다고 생각했다. 손원정 연출에 의한, 이번의 세 번째 상연을 보러가며 기대와 함께 여러 가지 복잡한 생각이 들 수밖에 없었다. 과연 어떤 방향으로 의미를 심화했을까가 가장 궁금했다.

'글쓰기에 대한 불온하며 통렬한 상상'. 2015년의 〈맨 끝줄 소년〉을 관람한 후 필자가 쓴 공연 리뷰의 제목이다.* 당시에 작품이 보여주는

* 이 리뷰는 〈연극평론〉2015 겨울호에 처음 실렸으며, 나중에 필자의 연극평론

캐릭터의 신선함과 그 점이 글쓰기의 미처 생각하지 부분에 대해 말하고 있다 여겨져 매혹됐다. 그러한 주인공(클라우디오)을 본 적이 없었다. 병적이라 할 수밖에 없는 애착과 집착으로, 도덕적 가치판단을 정지한 채 빠져들게 하는 인물이었다. 그리고 소년은 잘못된 수단으로 아름다운 결과(글쓰기)를 만들어냈다. 방식의 정당성을 따지기에, 사실 세상이 그렇게 만들어지지 않는다는 것을 잘 알지 않는가. 인간에게, 인간이기에, 욕망은 도덕보다 언제나 먼저가 아닌가. 이러한 생각을 들게 한 작가 후안 마요르가가 만든 세상은 거짓말과 솔직하지 못한 세상이며, 그래서 현실적으로만 다가왔다. 당시에 작품이 보여주는 욕망과 감각, 쾌감, 원초적인 본능을 건드리는 면에 보다 감응했다.

하지만 이번에는 세 번째 공연이어서 였을까. 작품이 쌓고 있는 이성적인 성(城)이 크게 다가왔다. 이 글은 이번이 세 번째인 공연에 대한 가치 평가보다는, 또 다르게 다가온 의미의 분석에 충실하려 한다. 〈맨 끝줄 소년〉은 작품의 예술성과 완성도도 이미 어느 정도 검증된 작품이기 때문이다. 또한 그 사이에 작가 후안 마요르가의 세상이 우리에게 좀 더 친숙해진 점도 중요하다. 국내에 후안 마요르가의 희곡전집이 번역, 출판되었으며, 공연 〈비평가〉(후안 마요르가 작/이영석 연출)역시 2017년, 2018년에 다른 콘셉트로 공연되며 호평과 화제를 불러일으켰다. 관객에게 도전적으로 문제를 힘 있게 제기하는 이 작가 특유의 세상이 한국 관객에게 알려지며 호응을 얻은 것이다. 초연 때 작품에서 '불온한 쾌감'이란 감정적 동요의 측면의 문제제기에 반응했다면, 이번

집 『기록, 성장, 연극』(2018)에도 수록했다. 필자의 연극평론집에서 첫 번째 순서의 글로, 그만큼 애정을 기울인 리뷰이다.

의 2019 〈맨 끝줄 소년〉에서 '이야기의 개방성'에 관한 이론적인 면과 '누가 저자인가'를 비롯해 여러 가지의 도전적 질문에 직면한 현대 예술에 관한 상징적 측면이 크게 다가왔다.

클라우디오는 확실히 글을 썼다. 그러면 스승 헤르만의 훈수와 도움은 무엇일까. 클라우디오의 글에 헤르만의 도움이 몇 퍼센트 포함되어 있다고 할 수 있을까. 그리고 헤르만과 대화하며 결정적인 영향을 주는 헤르만의 아내 후아나의 존재는 글에 전혀 포함되어 있지 않다고 할 수 있나. 〈맨 끝줄 소년〉은 모호하기만 한 저자의 존재를 드러내며 묻는다. 작가는 누구인가 라고. 모호하기만 한 저자, 그 자리에 마요르가는 독자(관객)를 조심스럽게 배치한다. 헤르만과 후아나도 어떤 의미로 클라우디오의 이야기를 듣는 독자이기도 했다. 이것은 〈맨 끝줄 소년〉이 객석과의 긴장감이 크며 흥미로운 게임에 뛰어든 듯, 현장에서 강한 연극성을 지니는 이유인 것 같다.

도전적인 태도로 질문하기

사실 의미의 주체로서 등장하는 독자(관객)의 이야기는 전혀 새로운 것이 아니다. 특히 최근의 공연계는 국내에서도 관객 참여를 극대화한 이머시브 형식이 커다란 호응과 더불어 성황이다. 의미의 주체, 예술가로서의 관객의 존재는 열광적으로 환영받고 있다. 새롭게 인식되는 관객의 존재는 기존의 공연 형태와는 다른 형태의 다양한 실험을 낳는다. 새로운 관객의 존재와 함께 당연히 예술에 대한 정의 역시 바뀌어야 한다. 얼핏 그것은 예술(가)의 영역에 대한 순수하며 위대한 성역의 아우라가 벗겨지며, 위축된 것처럼 다가오기도 한다. 어쨌든 현대예술은 예술은 무엇인가, 무엇을 해야 하는가(혹은 무엇을 할 수 있는가)란 질문에 필연적이며 운명적으로 도전해야 한다.

〈맨 끝줄 소년〉도 그러한 운명에 대한 강력한 상징일 수 있다. 클라우디오는 십대의 고등학생 청소년에 불과하며 단지 선생에게 보여줄 과제를 한 것뿐인데, 그의 작문 실력에 놀라는 헤르만 선생의 시선대로, 관객 역시 클라우디오를 일종의 이야기꾼 혹은 소설가라 여기게 된다. 헤르만 선생의 주문에 따라 여러 가지 스타일의 글쓰기를 선보이는 클라우디오. 글쓰기는 혹은 소설은 단지 기법에 불과한 것인가. 예술은 단지 기술의 집합체일 뿐일까. 기술 이상의, 무언가가 포함되어야 하는 것인가(이 대목에서 근대 이전의 art는 소문자로 기록되었으며, 이때의 의미가 '기술'이었다는 점이 떠오른다. 예술을 대문자의 Art로 기록하기 시작한 것은 근대 이후이다).

갤러리를 운영하는 후아나에 의해 소개되는 미술 작품도 의미심장하다. 그것은 빈 벽, 비어 있는 캔버스이며, 작품의 제목은 '침묵'으로 그것을 바라보는 관객에 의해 의미가 생성되는 작품이라 했다. 이 미술 작품에는 콘셉트만 있을 뿐, 장르를 뒷받침하는 기술이라 할 만한 것이 전혀 없다. 관객에게 전적으로 의존할 뿐 아니라, 이것이 미술인가란 질문을 도전적으로 하는 작품이라 할 수 있다. 물론 이러한 운명에 처한 현대 예술이 반드시 관객과 행복한 소통에 이르는 것은 아니다. 오히려 헤르만을 비롯한 이들에게 비웃음의 대상이 되거나, 혹은 거래되지 않음이 드러난다. 의미의 전달에서 실패하고 있는 것이다. 그러나 실패한 소통도 소통의 일종이라고 할 수 있지 않을까. 어쨌든 도전적 태도의 작품들은 중산층 가정의 집에서 다른 가구와 어울리며 집 안에 들여올 물건들과는 거리가 멀다. 〈맨 끝줄 소년〉의 후아나의 미술 작품도 누구에게도 팔리지 않는다. 〈맨 끝줄 소년〉의 초연을 봤을 때 후아나의 존재는 상당히 미스테리했다. 라파의 가족과 그들을 훔쳐보는 클라우디오 그리고 클라우디오를 부추기는 헤르만에 비해 후아나의 역할은 모호하게만 다가왔으며, 그에 비해 작품에서 많은 비중을 차지하고 있어 더 미스테리하기만 했다. 후아나의 존재는 〈맨 끝줄 소년〉을 현대 예술이 처한 특수한 상황에 대한 이야기로 해석될 여지를 준다.

왜 평범한 라파 가족이 측정할 수 없는 '허수'일까

수학을 잘하는 클라우디오는 친구 라파의 아버지, 어머니를 관찰한 이야기를 쓰고, 제목을 '허수'라고 붙이고 싶어 한다. 허수는 수학에서 수직선에 크기를 나타낼 수 있는 '실수'와 달리 측정할 수 없는 수라 정의된다. 클라우디오가 쓴 라파 가족 이야기를 읽어 온 헤르만은 클라우디오의 제목에 반대한다. 사실 관객도 의아한 편이다. 클라우디오에 의해 관찰되는 라파 가족은 얼핏 평범하고 밋밋해 보이며 개성이 부족해 보인다. 열심히 일하며 스포츠에 열광하는 라파의 아버지, 열심히 공부하며 운동을 좋아하고 선해 보이는 아들 라파, 스스로의 꿈을 포기한 채 아들과 남편의 내조에 열심이며 집을 안락하게 꾸리는 어머니 에스테르. 어디에서 본 듯한 가족 구성원의 모습이다. 하지만 클라우디오는 공원에서 테라스를 통해 라파 가족을 오랫동안 훔쳐봤으며 가까이에서 그들을 보기 위해 집에 들어가고 싶어 했다. 평범한 라파 가족에 비해 친구의 집을 훔쳐보고 싶어 하는 소년의 심리가 더 괴상하며 측정할 수 없어 보이지 않는가. 클라우디오 쪽이 더 '허수'에 가까워 보인다.

그러나 라파 가족은 평범하다는 표현보다는, 현실적이라는 표현이 더 정확할 것이다. 쾌락, 여흥, 휴식, 짜증, 분노, 권태가 일상적으로 반복되는 라파 가족의 삶은 클라우디오에 비해 현실적이다. 공연은 라파 가족의 삶으로 드러나는 현실의 모습에 대해 표피적으로 다룬다. 클라우디오의 이야기 속의 등장인물 이상의 존재감은 주지 않으려는 듯, 라파 가족은 허구의 인물처럼 생동감이나 복잡함이 거의 표현되어 있지 않다. 클라우디오의 글쓰기 기술에 따라 한 면이 강조되거나 파악하기 쉬운 사람들처럼 그려져 있다. 이러한 접근 때문에 라파 가족을 허수라 말하는 클라우디오의 언급이 동의되지 않은 면도 있다. 작품은 철저히 클라우디오에게 초점을 맞춰 클라우디오와 헤르만, 후아나 세 사람이 주고받는 영향 관계에 집중한다. 이것은 2015년의 초연과는 달라진 접근이다. 물론 그래서 작품이 깔끔하게 정리된 것으로 다가오기도 했다. 클라우디오의 기묘한 글쓰기 행위에 초점이 맞춰진 것이다.

그러나 글을 쓰기 위해서는 반드시 사람들을 가까이서 들여다봐야 한다는 클라우디오의 말대로, 라파 가족이 없이는 이야기도 나올 수 없다. 현실과 예술의 교차적인 관계 속에서, 라파 가족이 당연히 밋밋한 평면적 존재일 리는 없다. 전형적인 중산층 가족이라고 간단히 언급되기보다는, 변수와 특이점, 우연 등의 삶의 요소들이 열광적으로 부딪치는 현실 속의 인물들이다. 클라우디오가 본격적으로 관찰자로서의 위치를 넘어 가족의 삶 가운데로 들어간 것은 그들의 잠을 자는 모습을 훔쳐보며, 겉으로 드러나지 않는 이면의 모습을 감지한 이후였다. 측정할 수 없는 깊이를 가진 허수로서의 인간에 대해 느끼며, 클라우디오는 안정적으로 보였던 에스텔라를 흔들게 된다. 클라우디오의 도발에 의해 흔들리는 에스텔라의 모습을 보면, 역시 클라우디오의 비범한 면이 돋보이는 동시에 아들의 친구에게 과감한 행동을 하는 그녀를 보며 역시 예측할 수 없는 삶의 정체를 실감하게 된다. 에스텔라의 선택은 클라우디오도 감히 예측할 수 없었던 돌발적인 행동이 아니었을까.

이야기의 안과 밖이 같다

〈맨 끝줄 소년〉에서 선생 헤르만은 학생에 의해 무너진다. 공연은 헤르만의 세상이 몰락하는 것을 분명하게 보여준다. 헤르만에게 벌을 받았던 라파에게 공식적으로 사과를 하게 되고, 글쓰기를 가르쳐준 클라우디오에게 재능의 인정을 넘어 위협을 느낀다. 사실 공연에서 헤르만의 세상은 난공불락의 요새 같았다. 그것은 모험을 하지 않는 헤르만의 성격 때문이기도 했다. 스스로에게 문학적 재능이 없는 것을 깨달은 헤르만은 문학을 가르치는 선생이 되어서 세상에 뛰어들어 스스로를 시험에 올리는 대신에, 자신만의 세계에 안주한다. 헤르만은 학교에서 스스로가 모든 것을 아는 전지전능한 우월한 존재인 양, 클라우디오를 문학의 세계로 이끌고 라파에게 심한 벌을 준다.

하지만 라파 가족에게도 심연이 있듯이, 헤르만을 들여다볼수록 도덕불감증과 열등감, 에고가 강한 존재임이 드러난다. 헤르만은 후아나의 말을 듣지 않으며, 무엇보다 현재를 뛰어나지 않은 예술가, 가짜 작가들만이 살아남는 세상이라고 비난한다. 헤르만은 변화하는 세상을 거부한다. 자신이 알고 있는 세상에서, 밖으로 빠져나가지 않은 채 안전하게, 짜증만을 낼 뿐이다. 그런 헤르만의 세상을 특히 클라우디오가 훼손한 것이다. 헤르만은 클라우디오에 의해 한계가 드러난다.

클라우디오가 헤르만의 집을 찾아가는 공연의 결말은 더욱 의미심장하다. 클라우디오는 여태껏 그의 글을 읽어 온 독자 헤르만과 후아나를 직접 만나서 이야기 속의 등장인물로 만들어 글을 완성한다. 클라우디오의 행위는 이야기의 바깥으로 뛰쳐나가 독자를 참여시켜 이야기를 완성시키는 특이한 결말이다. 이야기의 안과 밖이 같은 것이다. 이러한 클라우디오에 비해, 변화하는 세상과 현대의 작가들을 인정하지 못하는 헤르만은 이미 지나가 버린 시대의 예술가 같다. 사실 헤르만은 마치 메시지의 전달이나 계몽이라도 하려는 듯 제자들에게 책을 건네며 가르침을 이어갔다. 하지만 헤르만을 뛰어넘은 클라우디오에 이르면, 예술이 어떤 메시지나 의미를 주려는 것은 '낡은 사고방식'으로 여겨진다. 헤르만과 후아나가 이야기에 등장해 이야기가 결말이 완성되듯이, 예술의 의미가 완성되는 것은 예술가의 일방적이며 독선적인 주장이 아닌, 독자의 수용에 의해서다. 모든 것이 뒤집힌 세상이다. 그러한 세상을 즐겁게 탐구하는 후안 마요르가 같은 작가에 의해 현실과 허구는 흥미롭게 교차하며 새롭게 태어난다.

드랙(drag);
새롭고 뜨거운 세상으로의 모험

〈조지아 맥브라이드의 전설〉

#2019.11.27. ~ 2020.02.16.대학로유니플렉스2관 #드랙퀸쇼 #신유청연출가
#백석광배우 #젠더놀이 #대중적파급력 #취향과보편성

'크로스드레싱', 즉 이성의 옷을 입는 행위를 뜻하는 '드랙(drag)'은 소수가 공유하는 취향이 분명하다. 드랙은 대개 동성애자들이 반대 성의 옷을 입는 것으로 이해된다. 남성이 여성의 옷을 입는 것을 '드랙퀸'이라 하며, 반대의 경우는 '드랙킹'이라 부른다. 그런데 드랙의 어떤 면면은 특이하게도 대중적 파급력을 지니는 것 같다. 특히 공연예술과 만났을 때 파급력이 굉장하다. 뮤지컬 〈헤드윅〉, 〈킹키부츠〉 등에서 그것은 쇼로서의 무시무시한 매력을 이미 증명했다. 이성애자 관객들이 드랙을 소재로 한 무대에 열광했다. 사전 정보 없이 2016년에 우연히 〈킹키부츠〉를 관람한 필자에게도 무대 위의 여장 남자 배우에게서 풍겨 나오는 관능성과 힘, 아름다움은 오싹하며 신선한 자극으로 기억된다.

어쩌면 드랙 배우는 여성성과 남성성, 평소에 분리된 상태로 존재하던 성질들이 한데 어울린 긴장의 순간을 보여주기 때문에 매력적인지 모른다. 드랙 배우는 여성성, 남성성을 즐거운 놀이로 보여준다. 자연 그대로의 육체, 성적인 의상, 과도한 분장, 과장된 태도 등이 무대에서 전시된다. 이때는 각각의 사회적 성별의 특징들이 거울처럼 또렷이 드러나는 순간이다. 그래서 드랙 배우의 무대는 성별의 놀이터라 할 수 있다.

그 즐거운 놀이를 보여주는 연극 〈조지아 맥브라이드 전설〉(매튜 로페즈 작/신유청 연출)이 대학로 유니플렉스에서 2달여간 공연 중이다. 관람에 앞서 연출가의 이름도 눈길을 끌었다. 신유청 연출가. 그는 이번 작품으로 쇼노트 제작사와 만났다. 올해 신유청은 '한국연극 베스트 7', '올해의 연극 베스트 3', '동아연극상 연출상'을 거머쥔 연출가이다. 예술적인 지향이 강한 작업자가 대중적인 지향이 큰 작품과 어떠한 접점에서 만나 과연 무엇을 보여주었을지, 관람 전부터 궁금했다.

우리는 누구나 가면을 쓰고 살아간다

무대는 유니플렉스 극장의 높이를 잘 활용한다. 소극장치고는 길고 높이가 제법 있는 직사각형의 무대 공간이라 생각했는데, 작품은 2층의 계단무대부터 얕은 지하 공간 무대까지 세 단으로 공간을 나눴다. 1층의 정중앙은 드랙이 이뤄지는 중요한 분장실이다. 객석이 정면으로 바라보는 중앙에서 남성 배우가 스타킹, 속옷, 드레스, 화장으로 여성으로 변한다. 2층은 드랙퀸 쇼가 이뤄지는 술집의 입구, 지하의 공간은 주인공의 가정이다. 이렇게 기본 무대를 사용하며, 드랙퀸 쇼는 화려한 커텐을 내리고 커텐 앞의 무대 전면에서 이뤄진다. 주인공의 집, 그와는 전혀 다른 술집, 그리고 드랙퀸 쇼의 화려한 공간이 효율적으로 연출됐다. 장면의 전개가 빠르며 탄력적인 공간 운영인 것이다. 특히 쇼의 무대가 반짝이 커튼 한 장으로 확 뒤바뀌며 연출된 점이 감각적이며 재치 있었다.

이야기는 자극적인 측면과 전형적인 구도가 뒤섞여 균형을 이룬다. 주인공 남자는 이성애자이며, 술집에서 엘비스 프레슬리 모창 쇼를 하는 배우이다. 가수 엘비스 프레슬리를 존경하는 그는 임신한 아내와 경제적 곤란 속에서 쇼의 무대에서마저 쫓겨나고, 억지로 우연히 드랙퀸 쇼의 무대에 서게 된다. 남성미의 원조 격인 엘비스를 흉내 내던 남자가 가냘픈 몸짓으로 프랑스의 샹송 가수 에디뜨 피아프의 립싱크를 하게 되다니. 그런데 그가 배우출신이어서 였을까. 그는 쇼를 꽤 훌륭하게 마치며 관객들의 호응을 받게 되고, 결국 유명 여가수를 흉내 내는 무대에 스스로 열광적으로 빠져들게 된다. 주인공이 성 정체성의 변화나 혼란 등을 겪는 것이 아니다. 그는 훌륭한 쇼를 만들어내는, 뛰어난 드랙퀸 배우로 탄생한다. 유명한 드랙퀸 배우 '조지아 맥브라이드의 전설'이 만들어지는 순간이다.

어느 이성애자 남자의 숨겨진 재능을 찾아가는 이 이야기는 사회적 잣대에서의 '일탈이 주는 해방감'이란 매혹적인 지점이 있다. 주인공은 자신의 재능, 즉 스스로의 일부분에 대해 부끄러움 없이 대담하며 거침없이 추구한다. 이 작품은 주인공 케이시 외에도 트레이시나 렉시 등을 통해 놀이이자 예술로 드랙을 대하는 주인공과 달리, '삶에서의 끝없는 저항'을 위해 드랙을 하는 동성애자의 입장을 드러내기도 한다. 작품은 케이시가 우연히 빠져든 드랙의 세계에서 스스로를 발견하는 데까지 보여준다. 더없이 사랑하는 임신한 아내에게까지 커다란 충격을 주었지만, 케이시는 드랙퀸으로 분장한 무대에서 립싱크가 아닌, 자신의 목소리로 노래를 부른다. 새로우며 뜨겁고 흥미진진한 드랙의 세계에서 만난, 또 다른 '뻔뻔한 자아'를 포기하지 않는다.

백석광 배우의 트레이시 역할은 놀라울 정도였다. 박은석의 케이시 등 아름다운 남자들이 무대를 장악했지만, 그 가운데에서도 백석광은 단연 드랙퀸 그 자체로 보였다. 케이시의 아내 죠(박희정)가 털털하며 '예쁘지 않게' 표현된 점도 흥미로웠다. 작품은 화려하게 여장하고 화장한 케이시와 전혀 꾸미지 않고 중성적인 죠의 키스를 마지막에 감동적으로 보여준다. 트랜스된 성의 장면으로 마무리한다. 또한 김승용 배우는 공연의 템포를 완벽하게 조절했다.

공연을 본 후 드랙에 대한 자료를 찾다가 발견한, "계속 드랙을 하다보면, 모든 것이 가면이란 생각이 든다"라는 인터뷰가 기억에 남는다. 남성성, 여성성, 도덕과 가치, 사회적인 잣대는 어느 방식으로든 개인에게 가면을 요구하며, 따라서 가면을 쓰는 것이 자연스러운 일이다. 드랙은 그 가면과 피부 사이에 조그만 틈이 벌어지게 하는 것 같다. 썼다가 벗어 던졌다 하며 가지고 놀면서 말이다. 그런 점에서 〈조지아 맥브라이드의 전설〉은 소수의 특이한 취향에 대한 이야기를 넘어, '자아를 찾아가는 여정'이란 보편의 서사로 확장된다. 인간의 역사는 자유의 성취의 과정이기도 하지만, 동시에 현대사회는 갈수록 개인에게 몰개성적이며 수동성을 요구한다. 인공지능이 개인의 취향과 성격마저 이미 친절하게 알고리즘으로 분류된 세상이다. 그래서 새로운 자신을 발견하기 위한 모험이 늘 설레는 것일까. 개인의 목소리를 갖기 어려운 환경에서의, 작지만 소중한 반란을 위해서? 〈조지아 맥브라이드의 전설〉은 그러한 모험의 판타지를 매혹적으로 충족시켜주는 작품인지도 모르겠다.

글자가 살아나 움직이는 세상

〈퍼포논문〉

#2019.08.16. ~ 2019.08.18. 2019.08.23. ~ 2019.08.25.삼일로창고극장
#〈셀프-리서치그라피〉 #〈좁은 몸〉 #공간과관객과의만남 #여배우의몸

삼일로창고극장의 기획공연 〈퍼포논문〉이 올라갔다. 이 행사는 올해 두 번째로, 작년과 마찬가지로 두 편의 논문이 두 개의 퍼포먼스로 바뀌어 관객과 만났다. 〈셀프-리서치그라피〉(저자·구성·연출 이지혜)와 〈좁은 몸〉(저자·연출 황은후)이다. 왜 논문을 무대에서 만나야 할까. 작년에 이 기획을 처음 접했을 때, 얼핏 '소설낭독공연'이 떠올랐다. 배우(퍼포머)가 일종의 화자(話者)로서 서술형의 텍스트의 의미를 관객에게 말해 준다는 점에서 말이다.

하지만 이 기획의 특이점은 무엇보다 이론과 현장(실천)의 영역 사이를 오가는 데 있다. 이것은 〈퍼포논문〉의 팜플렛을 보면, 잘 설명돼 있다. 논문의 저자들이 현장에서 얻은 영감을 이론화해 논문으로 썼으며, 다시 그 결과물이 현장에 또 다른 영향을 주기를 바라는 간절한 마음들이. 물론 논문은 저자 개인에게 당연히 성찰의, 값진 경험일 것이다. 다만 〈퍼포논문〉은 그 이론들이 삼일로창고극장에서 여러 관객과 만나는 과정을 통해, 개인적 경험을 넘어 공론화돼 퍼져나갈 기회인 듯하다. 특히 연극이론은 공연의 현장과 괴리해 존재한다면 무의미하다. 연극사(史) 역시 현재와 밀착되지 않을 뿐 과거의 연극현장에서 도출된 것이다. 그런 의미에서 〈퍼포논문〉은 실천에서 이론의 영역으로, 다시 또 실천으로의 순환을 돕기 위한 기획이라 할 만하다. 또한 〈퍼포논문〉은 크기가 작으며 가변성이 강한 삼일로창고극장의 물리적 조건과도 잘 어울리는, 영리한 접근으로 보인다. 이 공간에서 특히 의미가 잘 살아날 수 있는 기획인 것이다. 소수의 배우(퍼포머)가 여러 가지 흥미로운 시도로 장면을 꾸릴 수 있으며 그 시도가 객석에 전달되기에 용이하다.

논문, 퍼포먼스가 되다

이지혜의 〈셀프-리서치그라피〉는 논문의 저자 이지혜가 혼자 출연해 퍼포먼스를 보여줬다. 조금 긴장된 듯 떨리는 목소리로, 논문의 핵심 개념인 '시노그래피'에 대해 설명하며 시작한다. 이지혜는 예술고등학교 출신의 배우 경력자답게, 어둠 속에서 그녀만을 쳐다보고 있는 말없는 관객들을 향해 자신 있게 이야기를 이어간다. 그녀의 말하는 행위가 인상적인 것은 그녀가 설명하는 '시노그래피'가 대략 극장(무대)과 관객 사이에서 발생하는, 총체적인 감각적 자극으로 이해되기 때문이다. 이지혜는 '저 조명이 무슨 말을 하고 있는지 상상'해 봤냐며, 극장을 살아있는 존재처럼 대한다. 무대가 생명체처럼 살아있으려면, 그것과 관계 맺고 상상하며 느끼는 관객으로부터 비롯된다. 이지혜는 극장을 대신해 우리들에게 계속해 말을 걸며, 무대와 객석이 더불어 만드는 공연이란 특수한 순간을 좀 더 적극적으로 느끼도록 이끈다.

〈퍼포논문〉의 첫 번째 작품인 〈셀프-리서치그라피〉는 저자 이지혜의 자의식이 두드러진다. 시노그라피의 개념 설명에 이어 좀 더 개인적인 경험이 고백적으로 나온다. 무대감독으로서 극장에서 일했던 일, 다쳤지만 스텝으로서 최선을 다했던 경험, 학생시절 배우였다가 연극의 여러 포지션을 경험한 것이 이론 연구와 논문에 어떻게 맞닿게 되었는지에 대해. 그 경험들은 분명히 진솔하며 감동적이었다. 하지만 퍼포먼스인 만큼 좀 더 드라마틱한 구성을 했다면 어떠했을까. 시노그라피의 개념에서, 그러한 개념을 낳게 한 순간들까지의 연결이 너무 순차적이어서, 뒤로 갈수록 긴장감이나 밀도가 떨어지게 다가왔다. 만일 논문을 쓰며 만났을 괴로웠던 순간, 혹은 자신의 생각과 저항되는 부분들에 대해 표현했다면 어떠했을까. 작품은 이론적으로 좀 더 치밀하게 밀고 갔으면 하는 지점에서 멈춘 것 같다.

황은후의 〈좁은 몸〉은 퍼포먼스적 성격을 강조한다. 논문의 저자인 황은후 외 두 명의 배우가 함께 출연해 장면을 역동적으로 꾸린다. 〈좁은 몸〉은 여성이라고 성별화된 몸이 배우의 연기 표현에 미치는 영향이란, 페미니즘적 시선이 강한 주제를 보여준다. 공간을 마치 패션무대의 런웨이처럼 꾸민 것이 인상적이다. 저자인 황은후의 말대로 여기 모인 관객들조차 시종 연기하는 배우들이 어떤 몸을 가지고 있는지, 얼마나 아름다운지, 얼마나 여성스러운지 판단하며 지켜보고 있는 것 아닐지. 배우들은 지하철의 방송처럼, 일상 속에서 자연스럽게 규율하는 '여성스러움'의 무수한 자극의 사이로 하이힐을 신은 채 아슬아슬 걸어간다. 조명이 밝아질 때마다 마주 앉은 관객들의 몸, 그 존재를 일일이 감지하며 묵직한 존재를 자꾸 좁게만 만드는 것들을 생각하게 된다.

〈좁은 몸〉은 제목을 봤을 때, 피와 살, 맥이 뛰는 육체적이며 감각적인 자극을 기대하게 만들었다. 확실히 공간의 역동적인 사용과 몇몇 장면에서 그러한 부분들이 느껴지기도 했다. 하지만 그보다 대다수의 장면들이 리서치 및 토론의 과정을 보여주는, 이성적인 자극들로 채워져 흐름이 자꾸 끊기는 인상을 받았다. 작품이 말하는 구체적 사례들과 작품에서의 관념적 몸 사이의 간극이 좀 멀다는 생각이 들기도 했다.

그럼에도 삼일로창고극장의 기획공연 〈퍼포논문〉은 필자의 선입견을 깨는 점이 있었다. 논문이 퍼포먼스의 재료로써 그다지 흥미로운 텍스트가 아닐 것이라는 생각. 그 전부터 독특한 기획이라고 생각했지만, 퍼포먼스의 시간 그 자체가 흥미로운지에 대해서는 판단할 수 없었다. 하지만 〈퍼포논문〉의 두 작품 〈셀프-리서치그라피〉와 〈좁은 몸〉은 확실히 글자로 이뤄진 논문만을 만났을 때와는 다른 경험을 남겨줬다. 그리고 그것은 거꾸로 다시 글자의 세계를 들춰 세세하게 그 의미를 읽고픈 마음이 들도록 만들었다.

새로운 탄생은 파괴와 함께 찾아오는가?

〈염소 혹은 실비아는 누구인가?〉

#2019.08.07. ~ 2019.08.11.선돌극장 #에드워드올비 #동물되기 #수간(동물과의성행위) #정상/비정상의범주는어디까지인가 #신랄한언어

〈염소 혹은 실비아는 누구인가?〉(에드워드 올비 작/라성연 연출)가 선돌극장에서 며칠간 공연됐다. 〈누가 버지니아 울프를 두려워하랴〉로 유명한 미국의 극작가 올비의 마지막 작품(2002년 작). 이 정도의 사전 정보만으로 극장을 찾았는데, 상당히 난감함을 느낄 수밖에 없었다. 수간(동물과의 성행위)을 진지하게 다뤘기 때문이다. 왜 이 대단한 작가는 마지막에 광기에 가깝게 다가오는, 인간의 기이한 충동을 다룬 것일까. 이상 성욕에 대해, 작품이 너무 노골적이며 설득력 있게 묘사해 수간에 대해 잠깐 조사해봤을 정도다.

물론 주인공 마틴이 염소와 사랑에 빠지는 것을 상징적 의미로 볼 수도 있다. 이 작품은 탈경계의 시대에 관한 '선언적 작품'이라 자주 말해진다. 50대의 성공한 건축가 마틴이 염소와, 그의 말대로 영혼과 육체를 나누는 관계를 맺는 것은 인간과 동물의 경계를 가로지르는 의미라 해석된다.

마틴은 실비아라 이름 붙인 염소와 성행위를 하며, 동물이 되어 간다. 그가 언어나 기억을 잃어간다는 것도 상징적이다. 작품은 스스로의 변화를 황홀하게 느끼는 마틴을 자주 보여준다. 여기서 경계를 가로지르는 마틴이 인간도 동물도 아닌, '제3의 존재'로 탄생하는 것이라 보는 견해도 있다. 그런 의미에서 마틴의 건축가란 직업도 의미심장해 보인다. 삶을 완성한 오십의 건축가의, 그 이후는 동물과의 성행위를 통해 이전의 쌓아 올린 삶을 산산이 파괴하는 것이다. 거대하게 세우고 쌓아 올리던 시대를 지나, 잘게 부서지고 부유하는 시대로 향한다는 의미일까. 어쨌든 작품은 잔인할 정도로 철저하게 파괴한다. 마틴이 염소를 만난 장소는 미래의 살 곳을 찾던 와중이었다. 마틴의 미래는 무엇인지는 알 수 없지만, 새로움을 맞이하기 위해 현재는 파괴되어야 한다. 그런 의미에서 이 작품은 제의적인 것 같기도 하다. 실제로 작품은 마지막에 희생된 염소를 무대로 들여온다. 탄생을 위한 의례인 것. 이 모든 사건이 이뤄지는 것은 마틴의 50살 생일을 기점으로다.

저마다 강한 에너지를 뿜는

라성연 연출가와 베타프로젝트는 올비의 세상을 설득력 있게 구현한다. 무대는 단란하며 편안한 중산층 가정의 거실로 꾸며져 있다. 작은 소품들까지 빼곡하게 들어차 실제의 가정 같은 정서가 풍부한 공간이다. 아무래도 눈에 띄는 것은 무대 오른쪽의 다양한 크기의 화분들이다. 선명한 녹색의 식물들이 공간을 더 편안하게 느끼게 만들어 주는 한편, 점점 초식동물 염소가 되어 가는 마틴과 연관된 것으로 다가오기도 한다. 마틴의 사랑하는 아내 스티비는 화분을 정성껏 가꾼다.

남편을 쓰다듬듯이 식물들을 매만진다. 남편의 배신을 알게 되고 분노해 무대의 눈에 띄는 온갖 물건을 부숴대는 스티비이지만, 화분들에는 쉽게 손을 대지 않는다.

작품을 흥미롭게 만들어 준 것은 특히 자신의 진실에 충실한 배우들 때문이었다. 배우들은 뛰어난 몰입감을 보여준다. 마틴과 그의 아내 스티비, 아들 빌리, 친구 로스까지 모든 배역은 스스로의 진실을 추구하며, 그 과정에서 서로 공격하고 상처받으며 새로운 관계로까지 나아가는 변화를 성실히 수행한다. 무대는 줄곧 긴장감이 떨어지지 않는다. 염소와의 특이한 관계를 주변에 납득시키려 하는 마틴부터, 믿어온 세계가 부서진 것에 분노하는 스티비, 부모의 새로운 사건에 적응하려는 빌리, 상식과 우정을 붙잡으려는 로스 등은 스스로에게 진실인 것들을 위해 행동하기 때문에 저마다 강한 에너지를 내뿜는다. 무대가 생동감으로 차오르는 것이다.

물론 이것은 희곡이 워낙 탄탄하게 짜여져 있기 때문이기도 하다. 이렇게 지적 설계가 두드러지는 작품의 경우 정보가 풍부하게 논리적으로 제시된다. 하지만 생동적인 희극적 리듬감을 만들어가며 부조리극적 톤의 극 세상을 잘 만든 것은 순전히 창작진의 몫이었다. 이 작품은 이번의 무대 이전의, 공연에서부터 좋은 반응을 얻은 것으로 알고 있다.

이 이야기와 우리는 어떠한 지점에서 만날까

혐오스러운 수간에 빠진, 50살 백인 보수 남성의 이야기와 우리는 어떠한 지점에서 만나는 건가. 글의 서두에서 설정의 상징적 의미에 대해 말했지만, 공연을 보는 순간에 사로잡힌 것은 인간의 깊은 심연의 존재였다. 그 불가해한 충동에 대해 정신분석학, 인지심리학 등등을 통해 다가가려 하지만, 그런 노력과 무관하게 때로 도덕과 사회적 윤리는 편협하며 견고한 가치관을 만든다. 실제로 수간을 행하는 사람들은 존재한다. 그들을 사로잡는 충동은 분명히 우리 안에도 존재하는 것들이다. 심연의 존재를 부정하는 것은 어떤 의미로, 때로 이해할 수 없는 선택을 하는 인간에 대해 이해하기를 포기하는 것이다. 그리고 사회적 취약계층에서 궁지에 몰린 선택들을 하는 경우가 많다고도 생각한다.

염소와의 관계에 빠진 마틴과 게이인 아들 빌리의 존재감으로 이 작품을 소위 '정상의 범주'에 대한 성찰이라 보기도 한다. 실제로 동성애의 경우 오랜 기간 근친상간이나 동물 상대의 성애호와 비슷한 범주의, 정상적이지 못한 성적 취향으로 여겨졌다. 이 때문에 동성애를 여전히 일종의 정신적 장애로 여전히 시선이 존재하는 것이다. 〈염소 혹은 실비아는 누구인가?〉는 마틴, 빌리, 친구 로스 등을 통해 실재하는 남성의 다양한 결을 보여준다라고 할 수도 있다.

하지만 이들 못지않게 흥미로운 인물이 유일한 여성인물 스티비이다. 공연에서 스티비는 그만큼 활동적이며 상황을 주도하는 인물로 표현됐다. 따라서 스티비가 마지막에 남편의 사랑인 염소 실비아를 죽여 끌고 들어오는 장면은 충격적이다. 시뻘건 피가 밴 비닐에 쌓여 끌려 들어오는 염소 사체. 그동안 스티비는 마틴의 행위가 동물 학대에 불과하다며 동물의 권리에 대해 말하는 듯했다. 그녀의 견해는 마틴의 정당성을 무너뜨릴 만큼, 설득력이 있었다. 하지만 결국 참지 못한 채 인간의 우위를 주장하며 동물을 선뜻 도살한다. 그녀는 마치 골칫거리를 제거한 듯 의기양양하며, 양심의 가책은 없다. 스티비의 행위에 의해 염소 실비아는 동물 이상에서, 다시 동물로 돌아간다. 인간에 의해 길들여진, 가축의 존재로 말이다. 그리고 스티비의 선택은 동물과 다르지 않다. 여기에서 〈염소 혹은 실비아는 누구인가?〉는 지구에 존재하는 다양한 생명체 중의 하나의 종(種)에 불과한, 인간이 스스로에 관해 독특한 방식으로 성찰하는 이야기로 다가오기도 한다. 그런 점에서 스티비의 야만성은 신랄하게 다가온다. 그 날카로운 신랄함이 올비 특유의 작가의 세계라고 말하는 이들도 있다.

'그래서, 그 이후는?'에 관한 조심스러운 상상

〈포스트 아파트〉

#2019.06.18. ~ 2019.07.06.두산아트센터스페이스111 #2019두산인문극장 #아파트
#한국인의보편성이자정체성 #공동구성 #다원적인공연언어 #새로우나대중적인

〈포스트 아파트〉(정영두, 정이삭, 카입 공동구성)가 '2019 두산인문극장'의 마지막 공연으로 올라갔다. '아파트'란 주제로 열린 올해의 두산인문극장. 개인적으로 상당히 끌리는 주제였다. 물론 한국사회에서 '아파트'에 관한 담론은 이미 충분히 말해진 듯도 하지만, '공간과 주거(住居)에 관한 이야기'는 요새 새롭게 뜨는 분야이기도 하다. 사는 곳에 관한 성찰은 존재의 의미를 묻는 것과 맞물릴 수밖에 없다고 생각한다. 어쩌면 사는 곳, '아파트'에 관해 묻는 것은 삶이 어떤 것인지, 혹은 어떻게 살아야 하는 것인지에 관해 말하는 것인지도 모른다. '2019 두산인문극장'의 팸플릿에 나온 설명처럼, '한국 사람의 절반 이상이 아파트에 살고 있고, 설령 아파트에 살지 않는다 해도 아파트의 곁에 살고 있는' 우리에게, 아파트는 보편이며 우리 전부를 아우를 수 있는 거대한 렌즈이기 때문이다.

사실 '재현'의 문법을 따른, 두산인문극장의 앞선 두 작품 〈철가방추

적작전〉과 〈녹천에는 똥이 많다〉가 렌즈란 표현에 더 적합할 것이다. 이들은 우리가 어떻게 살고 있는지를 무대에서 충실하게 보여줬다. 반면 〈포스트 아파트〉는 아파트 시리즈의 마지막답게, '아파트의 그 이후는?'이란 미래적 질문을 떠올리게 하는 공연이다. 다원 형식으로 한 매체가 주도적인 역할을 하기보다는, 무용, 건축, 사운드, 영상, '작은 극적 상황들'이 결합돼 있다. 다양한 매체 간의 결합이 비교적 탄탄하게 맞물려졌다고 생각한다. 왜냐하면 각 장르를 독립적으로 만났을 때, 간혹 느껴졌던 아마도 예술가의 자의식에 해당할, 관념적인 부분이 이 공연에서는 잘 보이지 않았기 때문이다. 물론 모든 관념적인 부분이 부정적인 것은 아니다. 깊이와 연관될 때도 있다. 하지만 바라보는 이와의 관계를 절연해 버린 채, 저 멀리 가 버린 작품의 순간들이 아쉬운 것도 사실이다. 그런 점에서 〈포스트 아파트〉는 관객과의 관계 및 만남을 작품의 중요한 콘셉트로 갖고 있으며, 이것이 긍정적이었다. 작품은 새로운 형태이면서도 낯설지 않으며, 진지한 주제를 다루지만 난해하지 않다.

여기저기를 거닐게 되다

작품에서 인상적인 점은 아파트에 대해 일방적으로 부정하지 않는다는 것이다. 〈포스트 아파트〉에서 아파트는 좋든 싫든 이미 우리의 중요한 일부로, 오히려 작품은 오히려 제대로 알아야 한다는 태도 같다. 미워하며 피하기보다는, 받아들여야 한다는 식이랄까. 한국 사람의 절반 이상이 살며 설령 살지 않는다 해도 곁에 살 수밖에 없는 공간이지만, 분명히 그것은 근대화와 도시화의 이식된 존재이자 욕망과 투기의 부조리한 장소다. 어쩌면 정확하게 받아들이는 과정 이후에야 '그래서, 그 이후는?'이라는 물음이 성립할 수 있다는 뜻일까. 그래서인지 공간(정이삭 공간/건축)은 아파트를 극장에 구현하고 있으면서 동시에 사람들, 즉 관객들이 여기 무대에 찾아오는 것을 중요하게 생각한다. 관객들은 극장 밖에서부터 '아파트의 입주민'으로 불려지기도 한다.

공간은 사람들이 적극적으로 돌아다니도록 디자인돼 있다. 두산아트센터의 공간 전체에 층층이 계단이 많은 구조물로 설치돼 있다. 구조물의 사이 사이에는 샤워실, 아파트의 베란다, 모래 놀이터 등의 '발견의 공간들'이 끼어들어 있다. 계단이 사람들의 발걸음을 자연스럽게 이끌며, 재미있게 여러 공간들을 발견하도록 한다. 극장의 벽은 그래프, 사진, 영상 자료가 전시돼 이 또한 사람들을 돌아다니게 만든다. 작품은 장면에 따라 여러 장소에서 진행돼 사람들의 무리가 이동할 수밖에 없다.

이같이 열린 공간에서 이동하는 사람들은 역설적으로 기존의 아파트가 얼마나 막히고 닫혀 있는 공간인지를 깨닫게 한다. 반듯한 성냥갑 모양의 그것은 타인을 반갑게 맞이하기보다는, 배타적이며 개인적인 세계이다. 작품의 중간에 등장한 강연에 소개된 한 장의 사진이 기억에 남아 있다. 우리나라 최초의 아파트 군락이 그 밖의 초가집들 사이에 굳건한 벽을 세워 경계를 세우고 있는 사진이다. 강연의 설명대로 우리나라의 중산층이 시작부터 얼마나 사회적으로 이기적인 존재였는지를, 단적으로 드러낸다.

작품은 '소유'에 대해 사뭇 도발적이기도 하다. 조선시대의 관리가 등장해 당시에 '일부 부자들이 집들을 사들여 땅에 대한 권리를 주장하는데, 이것이 사회적 문제를 일으킬 것'이라고 상소를 올린다. 그는

"땅에 대한 소유의 권리가 영원히 보장된다는 것은 불합리하다, 국가가 나서야 한다"고 주장한다. 실제의 사료 속의 관리의 주장은 빈부의 격차와 직결되는, 현실의 부동산 투기와 겹쳐지며 타당하게 다가온다. 고백하자면, 모든 국민에게 땅의 소유권을 금지하고, 누구나 어떤 공간이든지 빌려 쓰도록 만들면 어떨까, 아마 대혼란과 불만이 일어나겠지라는 '발칙한 상상'을 잠시 해 봤다. '아파트, 그 이후는?'이란 고민을 유도하는 작품이니, 미래에 대한 상상이 자유롭게 펼쳐진다. 아파트를 창의적으로 모방한, 아파트에 관한 설치물을 여기저기 거닐며 그러한 상상에 빠졌다.

〈포스트 아파트〉는 아파트에 관한 동시대적 관점뿐 아니라, 시간을 초월한 '원시적 감각'으로 공간을 바라보고 있기도 하다. 우선 사운드(카입)가 그러하다. 관객들이 안대를 쓰고 시각이 차단된 채 사운드와 직접적으로 만난다. 마치 건설 현장에 도착한 듯한 소리로 지면이 흔들리는 것 같다. 빠른 속도로 부수고 짓는 아파트가 즉각적으로 떠오른다. 혹은 빠른 속도로 역사의 흔적을 간직한 공간들을 부수며 위에 지어지는, 늘 새로운 공간인 그 자체가 시간을 초월한 곳으로 다가오기도 한다.

춤은 그러한 공간의 특성에 관한 인간의 감정의 표현이다. 부재하는 것을 그리워할 수도 있고, 탐색하며 나아가거나 새로운 것을 바랄 수도 있다. 이러한 순간에 관해 무용수들은 춤을 춘다. 작품은 다양한 장면 및 공간에서 춤(정영두 연출/안무)을 보여주는데, 특히 두 가지의 장면이 기억에 남는다. 사방이 아파트로 둘러싸인 한강다리 밑에서 무용수들은 한 평의 투명한 벽 안에 들어가 있다. 영상(백종관)은 멀찍이 떨어져 이들의 이질적으로 보이는, 모습을 담아낸다. 이들의 주변은 한강다리 밑의 녹지라서 더 특이해 보인다. 입체적으로 다룬 장면 외에 영상은 역시 한 평의 평상 위의, 무용수들을 마치 사진처럼 보여주며 평면적으로 다가오게 한다. 나아가 평상 위의 무용수들은 현재의 극장 안의 관객 앞에서 춤을 춘다. 한 평이란 크기는 사람이 누울 수 있는, 매우 '인간적인' 측정의 단위라 하며, 평상은 동네 어귀에 놓여 있다면 누구나 자연스럽게 들르는 관계적인 공간이다. 〈포스트 아파트〉는 바로 평상을 통해 반듯한 성냥갑에서 나아갈 수 있는, 아파트의 새로운 방향에 관해 말하는 것 같다. 아파트의 확장된 베란다처럼, 기존의 그것이 개인이 실내 공간을 넓히는 목적이었다면, 다른 방향에서의 확장이 필요하다고 말이다.

영상은 마지막 즈음에 아파트의 재개발 현장의 사실적인 장면 사이에 슬쩍 평상에 누워있는 무용수들을 끼워 넣는다. 한 평의 평상 위의 안락함과 졸음, 행복이 살짝 인사를 건네는 것 같다. 사실 아파트를 처음으로 개발한 건축가 르 코르뷔지에는 생애의 마지막에, 최고의 건축물로 '숲속의 작은 오두막'을 선보였다. 그는 어떠한 미래를 꿈꿨던 것일까.

오래된 악행들을 말하다

2019 권리장전 원조적폐

#2019.06.05.~2019.09.08.연우소극장 #정치극페스티벌? #4회째 #〈좀비가된사람들〉 #〈슬기로운적폐생활〉 #〈장례〉 #〈우리백사장의식칼〉 #〈민중의적〉 #〈춘의게임〉 #〈마산〉 #〈홍길동전〉 #〈408호아가씨는누가죽였을까?〉 #〈월하의공동묘지를보며〉 #〈하녀들〉 #〈디스이즈햄릿〉 #〈진짜진짜마지막황군〉 #연극을통한저항 #원조적폐

'2019 권리장전 원조적폐'가 6월 5일부터 연우소극장에서 진행되고 있다. 축제는 4년째 지속돼 왔다. 2016년의 답답하고 폐쇄적인 상황 속에서 벗어나고자 알음알음 모여들었던 연극인들의, 하나의 자리가 지금까지 이어진 것이다. 무력한 개인에서 탈출하려는 절박함이 그러한 자리를 만들었던 제일 큰 동력이 아니었을까.

이양구 작가·연출가는 처음 모였을 때를 "아주 즐거웠던, 저항의 시작"이라 기억한다. 2015년부터 조금씩 드러난 국가의, 예술가 검열 사태. 하지만 문제제기는 거듭 묵살 당했고, 연극인들은 몇몇이 '연극작품으로 길게 싸우자(長戰)'는 결심을 다져 축제를 만들었다. 자발적으로 많은 연극단체들이 모여들어 첫해에 5개월 동안 멈추지 않고 목소리를 냈다. 그리고 그때 그러한 마음들은 연극인들만의 것은 아니었던 것 같다. 연극인들의 자유로운 발언은 이에 교감하는 사람들을 연우소극장에 찾아들게 했다. 해마다 축제를 방문한 어느 관객은 "당시에 그런 자리들이 정말 필요했고, 속마음을 시원하게 대변해 주는 것 같았다" 말한다. '권리장전'은 그러한 사회의 욕구를 솔직하게 반영하는 자리로서 이에 교감하는 사람들과 함께 4회를 거듭해 왔다.

'권리장전'은 매해 주제를 갖고 치러졌다. 이것은 비슷한 종류의 연극축제인 '혜화동1번지 페스티벌' 등도 마찬가지다. 축제의 주제는 연극의 하나의 특성인 시의성을 강화한다. 특히 '권리장전'의 참가작들처럼 사회적 주제 의식이 짙은 작품의 경우에 시의성은 매우 중요하며, 축제 측으로선 좀 더 폭발적인 의미를 갖기를 원하기도 한다. 2016년의 '권리장전'의 주제였던 '검열각하'는 문화예술계 블랙리스트에 대한 저항의 의미를 담고 있으며, '2017년 권리장전 국가본색'은 2016년의 주제를 좀 더 심화시킨 접근으로 보인다. 작년의 주제는 사회적 분위기와 특히 잘 맞아 떨어졌다. '2018 권리장전 분단국가'는 갑자기 급물살을 타기 시작한 남북통일의 사회적 의제와 맞물려 뜨거운 분위기를 만들었다.

2019 권리장전의 주제는 '원조적폐'이다. 오랫동안 켜켜이 쌓인 관행과 잘못, 폐단에 대한 말하기. 김수희 예술감독은 올해의 축제에 대해 "정치극 페스티벌이란 타이틀의 부담감에도 불구하고, 말해야 하는 것들을 말하는 연극들"이라 소개한다. 작년에 이어 두 번째로 축제에 참가한 양지모 연출가는 "연극을 통해 말하는, 권리장전의 솔직한 발언의 정신이 맘에 든다."며, "우리가 적폐라고 생각하는 것들에 관해 과연 사람들도 그렇게 생각하는지 알고 싶고 생각을 나누고 싶다"고 한다.

하지만 오래된 악행들에 대한 말하기는 쉽지 않다. 사회의 근저에 오랫동안 자리했던 만큼 그것에 대해 말하는 이와 얕게 혹은 깊이 연루되어 있기 마련이며, 따라서 말할 때 상처를 들쑤시는 것마냥 통증이 따를 수밖에 없다. 또한 혼란스럽고 불편함이 따라오는 이야기들이 대부분이다. 가부장제의 뿌리 깊은 잘못에 대해 말하는 작품이 나의 부모님과 이웃들, 혹은 나와는 전혀 상관없는 이야기라 단언할 수 있겠는가.

사실 축제가 시작되기 전에, 한편으로 적폐에 대해 말하는 행위가 오만하거나 공격적인 태도로 비춰질까 염려스럽기도 했다. 하지만 '2019 권리장전 원조적폐'의 첫 작품 〈좀비가 된 사람들 : Original〉(손현규 연출/창작집단 꼴)이 공연된 후의 사람들의 반응을 보면, 오히려 '좀 더 세게, 혹은 좀 더 구체적으로' 적폐에 대해 말하는 것을 기대함을 알 수 있다. 작품은 언어가 규제되는 미래 사회란 가상 설정을 갖고 있다. 관객들은 현실 속의 언론의 문제와 연관시켜 상상력을 펼쳐나가거나 좀 더 다양한 실제 상황을 자유롭게 떠올리기도 했다.

축제의 참가작 14편은 각 팀들이 바라보는 우리 사회의 적폐를 담고 있다. 언어와 소통불능, 가부장제, 한국의 근현대사, 무심한 말, 흔들리는 대중, 무력한 예술가, 여성 혐오, 빈부 갈등, 문제적 연극인 소환……. 14편의 작품들은 무지개처럼 팔색조의 다양한 적폐의 결을 펼쳐 보여준다. 김기춘과 유치진 등 아직은 말하기 불편한 실존인물들을 데려와 적폐를 통한 발칙한 상상력을 펼치기도 한다.

하지만 무엇을 적폐라 말하고 있는지가 작품의 전부는 아니다. 오히려 소재적 측면에만 몰두할 때 작품들에 관해 빈약하게 이해할 수 있다. 사실 무엇을 적폐라 보는지를 넘어 그것을 꼽은 이유와 어떻게 접근하고 있는지가 작품을 만드는 결정적인 요소이다. 연극은 여러 사람이 공동으로 논의하고 토론하며 만들어가는 팀 작업이며, 그것은 특히

'권리장전'의 참가작들에서처럼 사회와 현실에 대한 해석의 비중이 큰 작품에서 더욱 두드러지는 특징이기 때문이다. 나는 각 팀이 무엇을 적폐라 바라보는지 보다 어떠한 태도를 드러내고 있는가가 더 궁금하다. 또한 어떻게 해야 벗어날 수 있다고 생각하는지 궁금하다. 얼마나 논의하고 함께 고민했는지가 작품에 나타날 때야말로 진짜 흥미롭고 재미있는 장면이 만들어질 것이라고 생각하기 때문이다.

각 팀의 접근방법과 태도에 따라 다양한 말하기 방식이 가능하겠지만, '권리장전'의 참가작들은 소재의 특성상 풍자와 블랙 유머 등의 희극적 색채가 전반적으로 강하지 않을까 예측된다. 이것은 이전의 '권리장전' 작품들에서도 느꼈던 점이다. 축제의 참가작들의 희극성은 비판 정신을 강화하고 작품의 주제를 더 깊이 있게 만들어주며, 결과적으로 의미와 담론을 활성화시킨다. 9월까지 진행될 축제에서 〈우리 백사장의 식칼〉(극장 시9), 〈춘의 게임 : 나쁜 놈들의 대한민국 현대사〉(친구네 옥상 ART), 〈진짜 진짜 마지막 황군〉(공놀이 클럽) 등은 그러한 희극성을 충분히 기대하게 한다. '권리장전'의 첫 작품 〈좀비가 된 사람들 : Original〉은 희극적 요소를 리듬감이 넘치는 장면 연출로 연결했으며, 풍성하고 꽉 찬 장면들로 연우소극장의 한정된 공간을 다양한 방식으로 사용했다. 작품은 벽면에 거울을 설치한 번쩍번쩍한 공간으로 전혀 달라진 연우소극장 공간을 연출했다.

권리장전 축제가 4회를 이어오며, 자연스럽게 신생 단체나 젊은 예술가들이 작품을 선보이는 플랫폼의 기능을 하고 있는 점도 중요하다. 훌륭한 예술 작품이 만들어질 수 있는 길은 창작자들의 경험이 여러 경로로 쌓이는 것이다. 축제의 플랫폼의 역할은 그러한 기회가 될 수 있다. 〈댓글부대〉나 〈어떤 접경지역에서는〉처럼 권리장전 축제를 통해 등장한 작품들이 새로운 관객과 만나는 모습을 보는 것은 기분 좋은 일이다. 경험을 통해 작품과 창작자가 조금씩 성장하는 모습을 볼 수 있기 때문이다.

흐름을 바꾸려는 '전태일기념관'의 목소리

〈섹스 인 더 시티〉, 〈개천의 용간지〉

#2019.06.05.~2019.06.09.아름다운청년전태일기념관
#2019.06.19.~2019.06.23.아름다운청년전태일기념관 #전태일을기념하는소극장울림터
#자본의흐름의방향 #사회운동과예술의성취사이의밸런스 #노동자는누구인가

상반기에 재공연 세 작품이 올라갔다. 〈자본〉(김재엽 작/연출), 〈섹스 인 더 시티〉(송김경화 작/연출), 〈개천의 용간지〉(한현주 작/백석현 연출). 이들은 4월 30일에 개관한 전태일기념관의 공연장 '울림터'에서 연이어 공연됐다. 두 달 사이에 단 며칠씩 짧게 공연되었지만, 대학로의 소극장에서 보았던 작품들의 재공연은 무척 반가웠다. 각 작품들이 단발적으로 끝나기에 아쉬운 완성도를 갖고 있기 때문만은 아니다. 극단의 단독 기획이거나 혹은 이와 유사한 공연의 기회(민간의 축제) 이외의 장(場)에서 이 작품들을 만나는 점이 신선하게 다가왔기 때문이다.

〈자본〉, 〈섹스 인 더 시티〉, 〈개천의 용간지〉 이들 중 앞선 두 작품만 초연을 관람했다. 이들은 예술가의 자의식 및 개성이 강하며 표현이 자유로운, 덜 다듬어진 거친 작품들이다. 그것은 어떤 의미에서, 대학로의 소극장을 찾는 관객들이 기대하는 바와 통하는 것 같다. 사람들은 은연중에 민간의 소극장에서는 여전히 '날것의 무엇'을 기대한다.

그것이 비록 덜 세련된 것일지라도, 또 다른 가치와 쾌감이 있다고 말하면서. 물론 이 작품들의 창작진이나 연출가들을 대학로의 소극장 무대 외의 여러 공간에서도 만날 수 있지만, 그들이 거기에서 만드는 작품들은 이 작품들과는 다르다. 더 정제되었으며, 또 다른 의미론 덜 날카롭다 할 수 있을 것이다. 모든 작품들이 그런 것은 아니지만, 대다수의 작품들이 그러하다. 그런 의미에서 민간의 소극장에서 나온 예술가들은 작업을 계속 이어가지만, 정작 그들이 예전에 만들었던 작품들은 사라지는 것 아닌가 라고 생각한 적이 있다. 그런 와중에 이 작품들을 만난 것은 개인적으로 사라질 뻔한 기회와 운 좋게 마주친 것처럼 인상적이었다. 전태일기념관의 '노동 운동'을 주제로 한 공연 기획이 이들을 한데 모아 줬다.

노동자 전태일을 기념하는 공간과 소극장 '울림터'

세계적인 인문학자 유발 하라리는 인간이 유전자 연구 및 대체 장기의 개발을 통해 곧 영생에 이르는 기술 수준까지 나아갈 거라 진지하게 예고한다. 하루가 다르게 변화하는 과학기술의 발달이 인간을 신의 경지에까지 오르게 할 것이라 본다. 신의 영역을 성취한 대단한 인간. 하지만 그런 대단한 존재마저도 빈곤 및 가난의 문제는 어찌할 수 없나 보다. 아니, 빛보다 빠른 속도의 '자본'은 믿을 수 없을 만큼의 부를 쌓는 한편, 오히려 끔찍한 가난을 불러오기도 한다.

전태일기념관의 소개 동영상을 보면, 우리나라의 5, 60년대의 청계천 봉제 공장의 모습이 등장한다. 허리를 펼 수 없는 높이의 천장의 공장보다도, 당장에 가슴 아팠던 것은 당시의 봉제 공장의 노동자였던 '시다'라고 불린 소녀들의 나이이다. 평균적으로 12세에서 15, 17세로, 일을 하기에 너무 어려 보이는 소녀들의 얼굴이 흑백 필름에 가득 차 있다. 가난 때문에 열악하며 비참한 이곳에 모여든 아이들. 곧 신의 경지에 오를만한 인간이지만, 불과 60년 전의 필름에서의 삶의 풍경은 기술의 발달과는 무관하기만 하다. 그 놀라운 기술 발달의 혜택은 여기에 모여든 소녀들 혹은 비슷한 조건의 사람들에게는 해당되지 않는 것일까. 이제 현재의 청계천의 공장 풍경에서 흑백 필름 속의 영상은 하나의 추억이 되었지만, 가난하고 비참한 삶의 풍경이 완전히 사라졌다고 말할 수 없을 것이다. 다만 이곳에서 다른 어디인가로 자리를 바꾸었을 뿐이다. 이럴 때 자본은 일정한 방향으로만 흐를 뿐인 하천을 연상시킨다. 언제나 고여 있는 곳으로 모여들어 막대한 부를 계속 고이게 할 뿐이다.

청계천의 봉제 공장의 노동자였던 전태일은 이러한 흐름에 항의한 이다. 그는 1970년 11월에 '근로기준법을 지켜라'라고 부르짖으며 분신했다. 그를 기념하는 전태일기념관에 전시된 전시물 중에서 생존 당시의 사진이 기억에 남는다. 공간을 안내해 주신 분의 "아주 멋쟁이였어요. 사진마다 전부 포즈가 남다르다니까요."라는 말씀대로, 사진 속의 청년은 유쾌하고 호탕해 보이는 매력적인 모습이었다. 혹은 정말로 '멋을 아는' 섬세한 청년이었을 수도 있다. 초등학교 교육 중퇴가 전부이지만, 당시의 대통령이었던 박정희 대통령이나 다른 이들에게 노동의 현실에 관심을 기울이기를 촉구하는 편지들의 필력이 놀라울 정도이다. 또한 그는 진취적이며 활동적이었던 것 같다. 당시에 그와 사람들이 만들었다는 '노동 환경 개선을 위한 설문지'를 보면, 굉장히 꼼꼼하게 '일주일에 며칠 일하기를 원하나' 등의 질문들이 세세하게 적혀 있다. 방문했을 당시에 전태일기념관에서는 기획전시로 전태일이 생존했을 당시에 꿈꿨던, 근로기준법을 지키며 노동자를 배려하는 가상의 봉제 공장 '태일피복'을 전시하고 있었다. 만일 태일피복이 실제로 만들어지고 가동되었다면, 그는 얼마나 행복해 했을까.

태일피복은 결국 꿈으로 남았지만, 그가 바라던 노동의 환경, 노동자의 삶에 대한 고민을 이어가기 위한 목소리는 이 공간에서 연극 작품으로 계속 이어진다. 전태일기념관의 공연장 '울림터'가 그곳이다. 울림터 공연장은 노동 운동을 주제로 한 공연들이 펼쳐지는 장으로, 객석 63석 규모의 소극장 공간이다. 개관초청공연(〈자본〉)에 이어 2019 상반기 선정작(〈섹스 인 더 시티〉와 〈개천의 용간지〉) 두 편이 진행됐다. 당장의 눈에 들어오는 극장의 물리적 조건은 썩 좋은 편이 아닌 듯하다. 관객의 시야가 보장되기 힘들며, 무릎 아래 정도의 낮은 높이의 단으로 만들어진 무대 공간이 오히려 공간의 가변성을 떨어뜨릴 것 같다. 하지만 이 공간은 처음의 의미를 유지하며 제대로 운영된다면, 정체성과 성격이 뚜렷한, 귀한 무대 공간이 될 수 있다. 노동 운동을 주제로 한 작품이 상시로 상연되는 극장의 존재는 분명히 의미 있는 일이며, 우리의 연극 풍경을 풍요롭게 만들어 줄 것이다. 또한 각 작품들이 단독으로 공연되었을 때보다, 이번처럼 하나의 주제로 기획되었을 때 각각이 또 다른 의미와 힘을 갖게 된다. 이번이 두 번째 관람인 〈섹스 인 더 시티〉와 처음으로 관람한 〈개천의 용간지〉 모두 인상적인 기억을 남겼다.

노동자는 누구인가라는 질문

〈섹스 인 더 시티〉(송김경화 작/연출)와 〈개천의 용간지〉(한현주 작/백석현 연출)는 '노동자는 누구인가?'란 질문을 진지하게 던진다. 이 작품들이 던지는 물음을 통해, '노동자'란 보통명사가 피와 살을 지닌 구체적이며 특별한 존재로 다가오게 된다. 〈섹스 인 더 시티〉는 리서치와 '소극장의 연극 놀이'를 뒤섞는 표현 방법을 통해, 〈개천의 용간지〉는 충실한 재현의 문법을 통해 질문한다. 방법은 다르지만, 두 작품에서의 어떤 대상의 정체를 파고들며 이야기해 나가는 방식은 작품의 추진력과 연관되기도 한다. 관객의 궁금증을 유발시키며 전개해 나아가는 방식은 고전적이지만, 여전히 유효한 방식이기 때문이다. 두 작품은 관객의 지적 호기심을 계속 자극하며, 새로운 발견에 이르도록 이끈다.

〈섹스 인 더 시티〉는 간호사를 파고들어 새롭게 바라보게 한다. 노동자로서의 간호사. 그런 의미에서 이 작품의 제목에서의 섹스는 '성 역할'을 의미하는 것처럼 다가오기도 한다. 보조하는 열악한 위치의 존재를 의미하는 것으로, '도시의 보조자'라고 할까. 작품은 사회가 이 보조자들에게 얼마나 초인적인 능력을 요구하는지를 낱낱이 보여준다. 간호사의 노동 환경에 대한 실제 데이터 수치들이 자세히 소개될 때마다, 주변의 알고 있는 실제 간호사를 떠올리며 잔뜩 미안해질 정도다.

성을 중심으로 전개해 가는 설정에서 기억에 남는 대목은 두 가지이다. 성행위를 통해 개인적 스트레스를 해소하는 어느 간호사의 이야기. 그녀의 이야기는 일을 위해 임신을 기피할 수밖에 없는 또 다른 간호사의 이야기들과 교차해 맞물리며, 공허한 쾌락에 대한 감각을 전달한다. 작품은 차가운 숫자의 데이터들을 지나 점점 속으로 들어갈수록,

쓸쓸함과 외톨이 정서가 지배적이다. 이성적 판단과 정서적 교감이 번갈아 자극된다. 아마 이것이 노동자로서의 간호사를 바라보는, 창작진 고유의 시선일 것이다. 나아가 〈섹스 인 더 시티〉는 간호사를 조금 슬프게 바라보는 것 같다. 사랑을 베풀도록 요구받지만, 정작 사랑 받거나 배려에서는 멀리 떨어진 존재들이 바로 '도시의 보조자'라 말한다.

〈개천의 용간지〉는 가족의 구성원으로서의 노동자를 말한다. 작품은 일종의 청소년극이다. 청소년 영화 동아리에서 얼마 전의 지역에서 벌어졌던 파업 투쟁 다큐멘터리를 영화로 만들자는 의견과 함께 사건이 시작된다. 지역 거주민 대부분이 회사 직원인 여기에서 파업 투쟁은 아이들에게 커다란 상처를 남겼다. 회사와 노동자들의 싸움에서 발생된 현실적인 고민과 삶의 모습들이 청소년 영화 동아리의 일상을 통해 서서히 드러나며 호소력을 갖는다. 노동자들이 직접 스스로의 이야기를 하는 것보다도, 아이들의 입을 통해 구현되는 그들의 모습이 보다 객관적이며 진실하게 다가온다. 해고가 부른 좌절과 절망의 깊이와 믿을 수 없을 정도의 허약함까지 세밀하게 표현된다.

작품에서 청소년들은 기본적으로 밝고 긍정적이며 성장하는 과정 중의 존재이다. 반면에 어른들은 변화에 적응하기 힘들어 하는 존재로 묘사된다. 그들의 변치 않는 '옹고집'은 노동자로서의 정체성을 자신감 있게 드러내는 한 장면에 압축적으로 표현된다. 여기에서 노동자는 직접 처음으로 등장하는데, 회사와 싸움 중인 노동자들은 회사 제품이 망가져 있자 솔선수범해 고친다. 아이들은 회사와 갈등 중인 노동자들의 분노를 기대했었다. 청소년들은 그 분노를 영상에 담아 다큐멘터리의 현실성을 높일 생각이었다. 하지만 어른들은 파업투쟁을 결심한 조끼가 무색하게, 얌전하고 성실하게 자신의 일을 즐기며 그들이 만들었던 제품을 수리한다. 이 장면은 노동자들이 진정 원하는 것이 무엇인지를 명확하게 보여준다. 노동자는 다만 스스로를, 스스로의 일을 사랑하기를 원한다. 스스로의 존재를 위해 행동하는 것은 당연한 일이다. 5, 60년대의 청계천의 봉제 공장에서 일했던 소녀들과 전태일 노동자가 원하며 바랐던 것도 이와 마찬가지였다.

'자본'의 권위에 대한 도전

상반기의 많은 연극 작품들이 있었지만, 특히 이들이 기억에 남는 것은 막강한 권위에 대해 도전하는 태도를 보여줬기 때문이다. 권위는 강요되며 순응을 요구한다. 그런 의미에서 〈섹스 인 더 시티〉와 〈개천의 용간지〉는 저항과 항의의 메시지를 보여준다. 노동자 전태일이 그러했듯이 말이다. 정형화된 틀대로의 혹은 깔끔하게 정제된 표현보다는, 자유로운 표현 또한 항의에 어울리는 방식이다. 하지만 그러한 자유가 관객과의 소통과는 별개로 이뤄진 것은 아니다. 오히려 작품들은 때로 지나치다 싶을 정도로 관객과 더불어 고민하며 말하려는 듯, 객석과의 밀착된 호흡을 의도한다. 아마 저항과 항의가 함께 하는 과정에서 커지게 된다면, 권위에 대한 도전이 힘을 얻을 수 있기 때문일 것이다.

〈섹스 인 더 시티〉는 초연에 비해 훨씬 작품이 정리돼 제시됐다. 연출가 개인적 이야기로 빠지는 듯한 부분이 정리되었으며, 대신에 아르바이트 노동자 부분이 강화되며 주제의 확장이 이뤄진다. 〈개천의 용간지〉는 작가와 연출가의 만남이 서로 상승의 에너지를 일으킨 것 같다. 작가 특유의 미묘하고 섬세한 상황 설정과 자유로우면서도 세밀하게 무대를 표현하는 연출가의 화법이 어우러져 작품의 균형감이 뛰어나 보였다. 다양한 공간이 필요해 보였던 〈개천의 용간지〉는 또 다른 무대 공간이라면, 어떤 모습일지 궁금해지기도 했다.

사회 운동 혹은 노동 운동을 주제로 하는 작품들을 만날 때마다, 예술적 성취와 운동의 의미 사이의 균형이 개인적으로 궁금한 지점이었다. 이러한 작품들에서 과연 예술적 가치는 어떤 의미를 가질까. 만일 작품이 의도대로 운동적인 효과가 크다면, 이에 비해 예술적 부분들은 별로 중요하지 않은 것이 아닐까. 사실 이전에는 반대의 입장이 컸다. 무조건 연극예술은 작품이어야 한다는 생각이 우선했었다. 하지만 〈섹스 인 더 시티〉나 〈개천의 용간지〉 등의 작품을 만나게 되면, 이러한 생각이 잠시 유보된다. 이들이 덜 예술적이란 의미가 아니라, 작품이 의도하는 바가 다른 데에 있으며 바로 그 지점이 강력한 매혹을 던지기 때문이다. 거대한 권위에 대한 도전이 주는 쾌감, 여기에서 운동의 의미와 예술적인 성취의 우위가 마침내 흐릿해지며 흔들리기 시작한다.

중요한 것은 말하지 않는다

〈해주미용실〉

#2019.08.29.~2019.09.08.나온씨어터 #장애인에대한혐오
#심리적이며강렬한드라마 #뻔뻔스러우며안타까운사람들

이 작품은 제목이 많은 것을 상상하게 만드는 것 같다. '해주미용실'. 어느 산동네의 후미진 곳에 자리할 법한, 구석진 공간에서 벌어지는 이야기. 그렇지만 매혹적인 제목이라고는 말하지 못하겠다. 화려하거나 아름다운 것을 떠오르게 하지는 않으니. 오히려 거칠며 한참이나 촌스러운 감성에 가깝다. 그리고 요즘과는 어울리지 않을 것 같은 감성을 '대놓고' 제목으로 삼은 작품의 태도가 다소 '뻔뻔스럽게' 다가오기도 한다. 이런 제목의 연극은 과연 어떠한 모습일까. 나온씨어터에서 공연된 〈해주미용실〉(송희연 작/연출)은 이런저런 여러 가지의 복잡한 심경으로 극장을 찾게 만들었다.

만나 본 작품은 평범한 것처럼 보이는 상황들을 이상하게 쌓아가는 방식이 인상적인 작품이었다. 해주미용실에 사는 현주와 현주의 친한 이모 화순, 여기에 몰려드는 남자들과 그리고 현주의 죽은 어머니 해주. 시각 장애인 현주를 중심으로 주변의 인물들이 만드는 상황들을 작품은 무심하게 보여준다. 큰 소리로 화를 내거나 울음을 터트리는 사람이 하나도 없이 〈해주미용실〉은 소소한 상황을 연결해 주인공 현주가 그녀의 마지막 거처에서조차 쫓겨나, 완전히 마음을 닫아버리는 데까지 보여준다. 세상과 주변은 너무 쉽게 그녀를 자발적 자폐의 상태로 몰아넣었다. 조용하게 안으로 쌓인 드라마는 강렬하다. 마지막의, 현주가 조금 거칠게 벗어던진 선그라스가 쓰레기통에 부딪치는 달그닥 소리는 그녀의 감정의 표현인 듯 여운을 남긴다.

초연을 보지 못했지만, 이 작품은 2015년의 작은 신화의 '우리연극만들기' 기획으로 다른 연출가에 의해 공연되었다. 자료를 보니 라이브 밴드 등이 나오며, 이번과는 다른 모습이었을 것이 짐작된다. 송희연 작가가 직접 연출한 이번의 나온씨어터의 〈해주미용실〉은 조용하게 강렬한 드라마에 집중한 모습이다. 특별한 사건이 중심이 아니라, 시간의 흐름과 현주의 심리에 집중해 흘러가는 특성상 작품은 장면이 비약하거나 가끔 에너지가 흩어지는 순간들도 있었다. 하지만 한편으로 하나 같이 타인을 파괴하는 약점을 지닌 캐릭터의 묘한 구석들이 작품을 굳건히 지켜줬다.

완벽히 선하지도 악하지도 않은

이 작품을 보면, 완벽한 선(善)은 존재하지 않는 것 같다. 현주의 캐릭터가 특히 그러하다. 현주는 복잡한 캐릭터이다. 그녀의 순수함과 선한 의지는 나약함과 함께하며, 스스로를 파국과 무지함으로 몰고 간다. 그녀는 매사에 밝고 긍정적이고자 하지만, 상황은 부정적으로 흘러간다. 현주는 주변에 좋은 영향을 주기보다는, 미용실에 한가득 이기적이며 나쁜 사람들을 불러들이는 원흉이기도 하다. 현주의 주변에는 벌레가 꼬이듯, 악의를 가진 자들만이 모여들게 되며, 그것은 어느 정도 현주의 책임으로 보인다. 현주는 친한 언니 화순의 망상을 막지 않으며, 억지 결혼에 저항하지도 않는다. 현주도 진실보다는, 스스로 믿고 싶은 것만큼만 믿는다. 그렇게 선택했다. 만일 〈해주미용실〉이 이렇게 복잡한 현주를 보여주지 않았더라면, 단순히 착한 시각 장애인이 사기를 당하며 절망해 가는, 평범한 보통의 이야기로 흘러갔을 것이다. 또한 이러한 태도는 시각 장애인에 대한 또 하나의 편견을 담은, 상식적인 이야기로 빠졌을 가능성도 있다.

현주를 비극적 상황으로 몰아넣는 주변 사람들의 경우에도 명백한 악인이라기보다는, 자기 욕망에 충실한 것임이 강조된다. 화순과 현주의 어머니가 특히 그러하다. 뒤늦은 가수를 꿈꾸는 화순은 욕망이 간절한 만큼, 현주를 가장 큰 곤경에 빠뜨리는 장본인임에도 너무 천진난만하다. 잠깐 등장하지만, 강렬한 존재감을 보여주는 어머니의 경우는 한층 복잡하다. 우선 이 작품의 공간인 해주미용실은 그녀의 이름을 단 가게이다. 현주의 어머니는 현주의 시각 장애를 수치스럽게 여겨 현주를 타인과 바깥세상에 접촉하지 않도록 최대한 격리해 키웠다. 자식을 사랑하면서도 자신을 수치스럽게 여기는 어머니에게 양육된 현주는 여기 미용실에서만 곱게 간신히 설 수 있을 뿐, 바깥세상에서 타인과 부딪치며 살 존재가 아니다. 어머니의 비뚤어진 욕망은 현주에게 이어져 자포자기의 음주 습관으로 이어진다.

남자들은 한층 능청스러우며 뻔뻔하다. 현주를 진심으로 좋아하며 이해하는 듯한 남자 짱깨가 잠시 등장하지만, 현주에게 한순간의 기억을 남길 뿐 방랑벽으로 떠난다. 나머지들은 전형적인 사기꾼으로, 그들은 현주와 해주가 순진하며 저항할 수 없는 점을 이용해 미용실을 빼앗는다. 무서운 어머니처럼, 한편으로 현주를 가두었던 공간에서의 해방이지만, 실은 정상인의 사회에서의 완전한 분리이기도 하다. 남자들과 해주, 이모는 비슷한 사람들끼리 있으면 현주가 한층 외롭지 않고 행복할 거라 멋대로 말한다. 시설로 들어가는 현주는 별 말이 없다. 감정을 드러내지 않는다. 해주미용실의 마지막은 주변의, 정상의 사람들이 맛집에 관해 떠드는 천박한 웃음소리만이 하이톤으로 울릴 뿐이다.

완벽하게 좋고 긍정적이며 선한 이는 없다. 마찬가지다. 자기 욕망에 충실하며 이를 위해 타인을 이용하는 솔직한 사람들이 있을 뿐이다. 그렇다면 이들이 하나로 어울려 빚어내는 하모니는 무엇일까. 한데 어울려 살아가는 모습은 어떤 모습인가. 거기에서 왜 시각 장애인인 현주는 서고 존재할 곳을 점점 잃어가야 하는가. 〈해주미용실〉은 시작할 때, 어느 지체 장애인이 간증 장면을 작품의 프롤로그로 꽤 길게 넣었다. 그녀는 뒤틀린 신체와 부정확한 발음으로 '하나님의 사랑'을 진심으로 간증한다. 그 사랑은 정말로 그렇게 한없이 깊고 넓으며 따라서 모두에게 공평한 것인가. 그렇다면 같은 구성원인 현주는 왜 설 곳을 빼앗겨야 하는가. 그녀는 어디에서 살아야 하는 것일까.

혐오에 관한 성찰

〈해주미용실〉은 사회의 정상인의, 장애인에 대한 숨겨진 혐오에 관한 이야기라 생각한다. 그 혐오에서 해주가 딸을 정서적으로 학대해 '해주미용실에 살았던 현주에 대한 이야기'가 나왔듯이, 강렬한 드라마가 나온 것이다. 아마 작품은 그래서 시작할 때 현주의 하얀 눈동자와 지체 장애인의 신체를 다소 충격적으로 보여준 것 같다. 정상인들을 시각적으로 자극하는 장애들을 강조한 것이다. 하지만 그런 별것 아닌 시각적인 자극에서 나온 혐오가 한 존재를 너무 쉽게 떨어낼 수 있다는 점이 진정으로 끔찍한 일이다. 사실 〈해주미용실〉의 현주를 제외한 주변의 정상인들의 능청과 뻔뻔스러움, 가식은 장애 이상의 혐오스러운 모습이었다. 〈해주미용실〉은 눈이 보이지 않는 현주가 주변 사람들의 얼굴을 보지 못했듯이, 사람들의 표정 뒤에 숨은 진짜 저의를 말하지 않는다. 〈해주미용실〉은 중요한 것은 말하지 않는다.

대중의 기호에 대한 흥미로운 시도

〈리처드 3세〉, 〈아마데우스〉

#2018.02.06.~03.04예술의전당CJ토월극장 #2018.02.29.~04.29광림아트센터BBCH홀 #제작사의프로덕션시스템 #대중이좋아하는 것 #뛰어난완성도와폭넓은관객층 #대중성

제작사의 '프로덕션(PD) 시스템'에 의한 작품 제작 능력이 점점 진화하고 있다. 올해 초 〈리처드 3세〉(한아름 각색/서재형 연출)와 〈아마데우스〉(이지나 연출)는 흔히 연극의 비수기라 여겨지는 봄 시즌에 두 작품 모두 놀라운 흥행 기록을 세우며 막을 내렸다. 물론 제작사의 전문적인 홍보·마케팅을 떠올리며, 관객의 숫자를 이에 따른 부수적 결과로만 여기고 큰 관심을 두지 않을 수도 있다. 이들은 각각 샘컴퍼니와 페이지1프로덕션이란 제작사의 작품이다. 하지만 사람들은 단지 광고에 따라 작품을 선택하지만은 않는다. 관객의 숫자가 이야기해주는 또 다른 측면, 즉 사람들이 좋아하는 것 혹은 대중의 욕망이 어디로 향하는지에 주목한다면, 논의는 새롭게 이어질 수 있다. 대중예술로서의 속성은 연극의 근본적인 한 측면이며, 두 제작사는 이를 성취한 것이기 때문이다.

연극계에 기획 영역의 부상과 활성화는 90년대 중후반부터이다. 이

때부터 에이넷 코리아, 공연기획 이다, PAPA, Cultizen, 신시, 환 퍼포먼스 등의 공연 전문 제작사들이 생겨난 한편, 극단 내에 전문적인 기획 인력의 필요성을 인식하기 시작했다. 연극열전은 2000년대부터 대표적인 연극 공연 전문 제작사로 다양한 작품들을 제작하며, 대학로의 연극 풍경의 한 축을 담당하기도 했다. 제작 회사 및 이들이 제작한 작품들의 대거 출현은 연극예술이 상품이라는 다소 불편할 수 있는 인식의 전환과 함께, '연극의 대중성'에 대한 관심을 불러일으킨다. 다양한 작품에서 연극의 대중성을 획득하기 위한 일련의 시도들은 꾸준히 활발하게 이어지고 있다. 〈리처드 3세〉와 〈아마데우스〉는 그동안 주로 뮤지컬 쪽에서 활약하던 이들이 연극 제작에 뛰어들어 대중적인 성공을 거둔 경우다.

뛰어난 완성도를 보여주는

세련된 이미지는 대중적인 연극에서 매우 중요한 요소다. 하지만 세련된 이미지의 구현은 무조건 현란하고 화려한 과잉의 미술적 요소를 의미하지 않는다. 광고 및 각종 매체에서 쏟아내는 이미지의 자극에 익숙한 사람들에게 연극예술의 세련된 느낌을 구현하기 위해서는 정교한 무대 미술과 섬세하며 정확한 조명이 필수적이다. 오히려 지나치게 거대하며 화려한 무대미술은 최근의 대중적 기호에 뒤처진 것으로 다가올 수도 있다. 따라서 창작진은 무대의 기술적 원리에 노련해야 하는데, 그러한 점에서 〈리처드 3세〉의 각색자와 연출가인 한아름, 서재형은 적절한 선택이라 여겨진다. 특히 서재형 연출가는 그동안의 예쁘며 자극적인 그림이 아닌, 담백하며 절제된 깔끔한 장면들을 통해 변화된 모습을 보여준다.

샘컴퍼니의 〈리처드 3세〉는 제작사가 제작한 작품으로선 다소 이례적으로 평단의 주목을 받았다. 제작사가 제작한 작품들의 경우, 일간지를 제외하고 리뷰의 대상에 잘 포함되지 않는 경우들이 많다. 〈한국연극〉에 실린 김중효의 〈셰익스피어의 역사극은 어떻게 관객의 호응을 받았나?〉란 리뷰는 특히 각색에 주목한다. 다소 난해할 수 있는 원작의 경제적인 축약, 사건 중심의 전개 방식, 유려한 대사 감각을 인상적이라 분석한다. 각색의 기술에 대한 자세한 분석은 한편으로 이 작품이 작가의 기술적 면모에 크게 기대어 있는 작품이란 점을 알려준다.

세련된 이미지의 구현을 위한 무대의 기술적 원리의 통달, 각색을 위한 작가의 기술적인 면모 등은 연극예술의 기교에 해당하는 영역으로, 쌓인 경험과 시간을 들인 노력 등의 전문성을 갖춰야 하는 영역들이다. 또한 소극장 공간보다는, 분화되고 복잡한 대규모의 프로덕션이나 다양한 관객들과 만나야 하는 대형 극장에서 반드시 갖춰야 할 것들이기도 하다. 대중성은 일반 대중에게 친숙하게 다가가며 즐기기 쉬운 것이지만, 연극예술을 통해 획득하기 위해선 검증되며 높은 수준의 전문성이 필요한 셈이다. 물론 그것은 대중적 지향성을 가진 작품에서 새로운 시도가 어렵거나, 젊은 창작진들의 진입 장벽이 높은 이유가 되기도 한다.

샘컴퍼니의 〈리처드 3세〉는 어느 한구석 특별히 나무랄 데 없이 깔끔하다. 장면마다 꼼꼼하게 만들어져 차분하게 의미를 쌓아간다. 연출, 각색, 연기, 무대 모든 요소들이 모두 일정 수준 이상의 높은 기량을 보여주며, 균형 감각 속에서 안정적으로 운영된다. 연출적으로 역동적인 극전개가 인상적이다. 지루할 틈 없이 장면들이 이어져 빠른 속도로 흘러간다. 이것은 각색의 역할도 크지만, 슬프며 파괴적인 에너지가 강한 장면과 코믹하거나 비어 있는 장면들을 감각적으로 배치해 호흡을 잘 만들었기 때문이다. 다만 세 번 정도 사용된 영상 이미지는 설명적으로 다가오며 극에 잘 묻어나지 못했다. 마지막에 쓰인 충격적 영상 외에, 극의 중반에 사용된 이미지들은 장식적으로 다가오며 극의 흐름을 정체시키는 듯했다.

리처드 3세로 분한 황정민 배우의 연기를 빼놓고선 이 작품에 대해 충분히 이야기했다 말할 수 없을 것이다. 그만큼 작품에서 비중이 컸는데, 만일 스타로서의 기존의 이미지의 재현에 그쳤다면 사람들의 호응을 이끌어내지 못했을 것이다. 유연성과 집중력, 사람들을 중요한 순간에 집중시키는 전달력이 인상적이었다. 특히 복잡한 악당인 리처드 3세의 다양한 면모를 설득력 있게 보여줘 작품의 완성도를 높인다.

리처드 3세는 권력을 위해 가족을 살해하면서도 일말의 주저함이나 양심의 가책 따윈 보여주지 않는 살인광이면서, 자신의 장애나 악행들을 거리감을 두고 성찰하거나 희화화의 대상으로 삼는 '광대'같은 면이 있으며, 냉정한 현실주의자이자 뛰어난 지략가이기도 하다. 황정민은 그러한 복잡한 면모를 매순간 등장할 때마다 새롭고 강렬하게 제시하며 관객의 주의를 집중시킨다. 악인의 다양한 면모는 굉장히 매혹적인 측면이 있어 사람들의 흥미와 관심을 끈다. 사실 악한 감정은 누구나 갖고 있는 또 다른 본능이기도하다. 잔인함과 슬픔, 파괴력에도 불구하고 리처드 3세의 모든 악행의 출발점은 '불만'이란 사소한 감정적 요소에서 출발한 것인지도 모른다. 마지막 장면은 그러한 악행이 지나간 자리를 암시한다. 작품은 마치 미사일에 폭격된 듯 무대 바닥이 내려앉으며, 많은 이들이 희생되고 아무것도 남지 않은 허무의 공간을 시각적으로 보여준다.

폭넓은 대화를 위한 노력

페이지1프로덕션의 〈아마데우스〉(이지나 연출)는 대중의 기호를 사로잡기 위한 많은 노력을 보여준다. 제작사의 첫 작품이지만, 연출은 뮤지컬에서 오랜 내공을 쌓은 이지나 연출가이다. 〈리처드 3세〉와 마찬가지로 대중성을 획득하기 위해 숙련된 기교의 창작진을 갖춘 경우이다. 예술의 전당 토월극장에서 공연된 〈리처드 3세〉보다 훨씬 더 큰 공간인 광림아트센터에서 공연되었기 때문이기도 할 것이다. 〈아마데우스〉는 대규모의 공간을 채우기 위한 다양한 장면 연출을 보여준다.

페이지1프로덕션의 〈아마데우스〉는 살리에르를 부각시켜 대중의 감정적 몰입을 유도한다. 이것은 물론 영화의 기본적인 설정이기도했지만, 연극은 특히 살리에르의 긴 내면의 독백, 무대 전면의 배치, 매력적인 배우 기용 등의 갖은 장치로 관객들을 살리에르에게 감정이입하도록 이끈다. 살리에르는 주인공이 아니면서도 사람들의 주의와 관심의 대상이 된다. 사실 모차르트가 아닌 살리에르, 천재가 아닌 평범한 사람, 그가 가진 질투는 평범한 보통 사람인 관객들 대다수에게 매우 친숙한 것이다. 살리에르는 사소한 감정인 질투로 인해 모차르트를 죽음에 이르게 하는 악당이지만, 사람들은 접근하기 어려운 비범한 천재 모차르트 보다 노력하며 좌절하는 살리에르에게 마음을 준다. 모차르트에게 음악적으로 패배하는 살리에르의 비루하며 치졸한 파멸에 이르기까지의 과정을 흥미롭게 지켜본다. 영웅보다 악당에 대한 인기가 높아지는 것은 최근에 유행하는 감성이기도 하다.

작품은 살리에르에게 비중을 두는 만큼, 살리에르가 만들어내는 드라마의 반향에 비해 모차르트의 이야기가 약화된 면이 있다. 영화는 천재의 재능 뒤의 광기가 갖는 기괴함을 강렬하게 전달하지만, 연극은 주로 천진난만한 악동 같은 이미지로 연출한다. 작품은 모차르트를 정신적으로 어른이 되지 못한 어린이에 가까운 모습으로 그린다. 천재에 대한 이러한 해석은 친숙하며 익숙한 것이기도 하다. 그러한 방향은 무대 위 등장인물 중 유일하게 현대적인 의상을 입은 콘셉트로 강화된다. 모차르트는 원색계열의 개성적인 코트나 농구화 등을 착용한다. 이것은 당대에 승리한 음악가는 살리에르지만, 현재까지 생명력을 가진 음악가는 모차르트라는 전언에 대한 은유일 수도 있고, 어린이처럼 자유로운 영혼의 불멸하는 예술가의 이미지를 상징하는 것일 수도 있다.

〈아마데우스〉는 큰 공간에서 공연된 대규모의 작품이지만, 대형의 무대 장치를 사용하지 않는다. 연출은 여러 장면에서 춤과 음악의 뮤지컬적인 기교를 통해 장면을 만든다. 하지만 그것은 전혀 어색하지 않으며, 특히 음악은 장면과 어우러지는 짜임새 있는 배치로 호응을 얻었다. 장면에 사용된 춤 역시 장면의 의미와 이야기의 전개를 압축적으로 전달하는 움직임에 가까워 보여 노련함과 더불어 기존의 연극무대에서 경험했던 친숙함을 전달한다. 몸으로 장면 만들기는 연극무대에서도 자주 볼 수 있다. 다만 정돈되거나 경제적인 느낌 면에서 아쉬움이 있었다.

연극예술에서 대중의 기호를 사로잡기 위한 시도들은 꾸준히 이뤄지고 있다. 그것은 불특정 다수를 향한 폭넓은 대화를 시도하는 일이자, 보통의 평범한 사람들 사이에서 연극의 생존을 위한 노력이기도하다. 흔히 엘리트주의와 반대되는 의미로 여겨지는, 일반 대중이 친숙하게 느끼며 좋아하는 대중성을 연극예술에서 제대로 구현하기는 전혀 쉽지 않다. 기획 영역의 전문화와 더불어 연극의 대중성이란 개념이 성장했듯이, 그것은 연극예술의 각 영역의 세분화 및 전문화, 제작 과정의 계획적 설계, 자본의 뒷받침 등의 조건들이 복잡하게 갖춰진 이후에 비로소 성취될 수 있는 어려운 것인지도 모른다. 〈리처드 3세〉와 〈아마데우스〉는 이러한 대중성을 갖춘 작품들이다.

냉혹한 세상에 던져진 힘없는 존재들

〈어떤 접경지역에서는〉〈대한민국난투극〉

#2019.05.03.~2019.05.12.동양예술극장2관 #2019.05.17.~2019.05.26.동양예술극장3관 #평범한소시민에게냉정한세상 #무력한개인 #오래된무대화방식 #공간사용의문제

〈어떤 접경지역에서는〉(홍지연 작/박혜선 연출)과 〈대한민국난투극〉(이기쁨 작/연출)이 2019 제40회 서울연극제의 참가작으로 공연되었다. 두 작품을 주목한 이유는 이들에게서 서울연극제의 면면이 드러난다 여겨졌기 때문이다. 서울연극제는 예전부터 필자에게 '한국연극이란 무엇인가'란 질문을 던져주는 자리였다. 축제의 성과나 관객들의 흥행 여부, 개별 작품들의 작품성 및 예술성에 대한 논의 여부에 앞서, 민간의 연극 창작진들이 무엇을 무대화 하려 하는지, 그것을 얼마나 실현하고 있는지에 대해, 정직하게 드러나는 자리라 생각했기 때문이다. 물론 그것이 항상 납득할 만하거나 긍정적인 모습만으로 다가온 것은 아니었다. 사실 대다수의 연극평론가들이 그러하듯이, 필자 역시 서울연극제에 대한 비판적 평을 쓴 적이 있다. 축제의 형태나 목적, 전문성과 개별 작품들에 성취의 면과 축제의 주최인 집행부의 성격에 따라 축제가 크게 영향 받는 점, 시상식 제도에서 드러나는 축제의 정체성의 모호한 지점에 대해서 말이다. 그럼에도 매해 진행된 서울연극제가 그 자체로 한국연극이 지향하고 있는 것을 드러낸다는 점은 늘 인지하고 있다. 그것은 어쩌면 연극제를 통해 던져지는 가장 중요한 물음일지도 모른다. 올해의 연극제의 프로그래밍에도 이 점은 잘 드러난다.

한국사회의 모순적 현실을 무대화 하려는 시도는 서울연극제의 참가작들에게서 드러나는 뚜렷한 특징 중 하나이다. 장강명의 소설을 무대화했으며 서울연극제에서 세 번째로 상연된 〈댓글부대〉(장강명 원작/이은진 연출)는 특히 그러한 시도를 잘 보여주는 작품이다. 〈어떤 접경지역에서는〉과 〈대한민국난투극〉도 이와 함께 꿰어지는 작품들이다. 이들은 연출적으로도 유사한 특징을 보여준다. 재현을 기본 문법으로 한국사회를 사실적으로 촘촘히 그리는 한편, 모순과 문제적 현실을 강조하며 충격적 효과를 주기 위한 강한 스타일이 작품 내에 끼어들어 있다. 작품 중간에 시각적으로 인상적인 미장센을 시도하는 것이다. 이들은 장면의 리듬감과 속도감을 만들어내기도 한다. 대표적으로 〈댓글부대〉는 가면 등을 사용한 파티 장면 등이 있으며, 〈어떤 접경지역에서는〉은 댄스 등의 해설적 장면들이 삽입돼 있거나 〈대한민국난투극〉은 액션활극이란 부제와 함께 무술액션을 끌어들였다. 초연 이후에 이번의 서울연극제에서 두 번째로 공연된 〈어떤 접경지역에서는〉과 〈대한민국난투극〉은 주제나 무대화의 방식을 들여다보면, 이야기할 만한 요소들이 있다.

단절되고 무력한

〈어떤 접경지역에서는〉과 〈대한민국난투극〉은 뿔뿔이 흩어진 개인을 보여주는 작품들이다. 사회나 집단은 개인의 소외를 부를 뿐, 작품은 사회와 어울리지 못하는 사람들을 보여준다. 두 작품의 창작진은 이 점을 중요하게 포착한다. 특이한 점은 이들이 사회와 어울리지 못하는 소외의 이유가 뚜렷하지 않다는 것이다. 사회적 약자라 보기에는, 다른 작품에서 다루는 삶의 조건들에 비해 오히려 평범한 소시민에 가깝다. 하지만 소시민에게도 여기 극 세상은 만만한 곳이 아니다. 창작진은 한국사회의 지배적인 정서가 포용하며 너그럽기보다는, 배제하며 단절시키는 냉혹한 세상이라 말하고 싶은지도 모른다. 두 작품은 냉혹한 세상에서의 개인의 고군분투를 그린다. 이들에서 개인은 단절되며 무력해질 따름이다.

〈어떤 접경지역에서는〉은 가까운 미래의 가상의 시공간에서 펼쳐지는 이야기다. 북한과 가장 가까운 어느 시골 마을에서 남북통일이 이뤄진 이후 벌어지는 상황이다. 통일을 통해 북한과의 문제가 중요해질 것 같은가. 작품은 오랫동안 분리돼 지낸 민족 간의 배타성과 사회문제보다도 작은 시골 마을의 '세대 간의 갈등'이 더 크다고 말한다. 아마 이것은 창작진이 한국사회의 문제적 현실 중 가장 교감하는 지점일 것이다. 통일 이후 자연스럽게 떠오르는 '화합'이라는 이슈. 하지만 작품 속의 공간에서 화합은 멀기만 한 일이다. 마을의 땅을 소유한 할머니들과 땅이 없고 노동력을 팔아야 하는 젊은이들 사이에서 '가족 같은 관계'의 허상이 드러나고, 이기적인 본능만이 분출된다.

작품은 세대 간의 권력투쟁을 중심으로 전개된다. 젊은 세대는 토지개발을 노린 기업과 손을 잡고 마을을 변화시키려 하지만, 노인들의 의지와 욕망 앞에 패배한다. 작품이 두 세대 중 어느 한쪽의 입장에 서 있는 것은 아니다. 양쪽 모두 욕망의 이유와 그 이유들의 허점에 대해 공평하게 드러내려 한다. 기성세대인 할머니들은 기존의 것을 지키고 싶어 하고 변화를 싫어한다. 그들의 욕심과 인색함이 세세히 드러난다. 젊은 세대는 허황된 꿈을 좇고 있다. 이들은 어리석으며 무모한 열정을 갖고 있다. 하지만 작품에서 이들은 결코 화합하지 못하며, 자신을 위해 입장이 다른 타인을 공격하며 밀어낸다. 작품은 이 점을 가장 안타까운 듯 보여준다. 한쪽이 살기 위해서는, 반드시 다른 쪽은 없어져야만 하는가 라 묻는 것 같다.

〈대한민국난투극〉은 인터넷의 무술 동영상을 둘러싼 실제 사건을 연극화한 것이다. 한 고등학생이 친구들에게 강해보이기 위해 30대의 청년을 고용해 싸움 장면을 연출한 사건이다. 이들은 무술 동영상을 통해 알게 됐다. 다소 황당한 설정으로 출발해 작품은 고등학생과 청년이 교감하게 되는 상황을 자세히 보여준다. 학교에서 공부에 관심이 없고 친구들 사이에서 고립되어 혼자만의 세계에 빠지게 된 학생의 사연과 만년 고시 준비생으로 돈이 필요해 술집에서 아르바이트를 하게 되는 청년의 사연이 교차된다.

무술은 이들의 현실도피적인 욕망의 세계이다. 가상공간에서 강자인 청소년과 그를 흠모해 무술을 배우려는 청년의 욕망은 현실적이다. 현실에서 채워지지 못하는 욕망은 가상 세계에서나마 위로받을 수 있기 때문이다. 작품은 이들의 허황된 욕망에 대해 판단내리는 대신에, 이해와 공감을 권유하려는 듯하다. 이들은 영악하거나 뛰어나지 못해 사회 속에 어울리지 못하지만, 그것이 타인에게 위해를 가하는 용서하지 못할 결함은 아니다. 작품은 바로 그 점을 말하려는 듯, 끝끝내 엉뚱한 사건을 벌이며 해결하지 못하는 상황을 불러들이게 되는 이들에 대해 끝까지 따라가 바라보려 한다. 청소년과 청년은 그들 각자를 둘러싼 문제를 해결하지는 못하지만, 서로를 얻게 된다. 그렇게나마 작품은 이들에게 힘을 불어 넣어주고 싶어 하는 것 같다.

무대화의 아쉬운 점들

〈어떤 접경지역에서는〉은 해설적 존재들이 극의 중간 중간에 삽입된다. 때로 설명을 하거나, 희극적 장면을 짧게 보여주거나 혹은 전혀 비현실적인 상황을 연출해 새로운 시공간을 만들고자 한다. 이러한 연출은 극의 상황을 지나치게 현실적으로 받아들이지 않도록 돕는다. 극 상황인 일촌리란 마을에서 벌어지는 사람들의 이야기와 심리에서 빠져나오도록 만드는 것이다.

이러한 연출적 전략은 부분 부분 설득력과 나름의 효과를 보여주었다고 생각된다. 하지만 역시 좀 더 섬세하며 계산된 설계가 아쉽다. 드라마로 밀고가야 하는 장면과 뒤섞여 제시되며, 오히려 극의 흐름이 끊기며 늘어지게 만드는 구석이 있었다. 특히 후반부로 갈수록 그렇게 다가왔다. 해설과 장면을 비트는 연출은 의미를 축약해서 전달하거나 상황을 우회해 오히려 직설적으로 던지며 반전과 의미의 도약을 보여주었으면 했다. 하지만 작품 안에서 오히려 반복적으로 다가오거나 장식적으로 느껴질 때가 있었다. 객석이 이미 짐작하는 것 이상을 제시해야 했지만, 이야기의 드라마로 전달되는 정서 이상의 것을 제시했는지가 아쉬웠다.

〈대한민국난투극〉은 특히 공간의 사용이 아쉽다. 이것은 그동안의 창작진이 보여줬던 장점과 상반되는 지점이어서 더 두드러지게 다가왔던 듯하다. 〈손〉과 〈헤카베〉의 경우 연극적인 장면 전개와 역동성을 만드는 공간 사용이 큰 장점이었다. 하지만 〈대한민국난투극〉은 이 작품에 반드시 필요한 공간이 아닌, 마치 그동안의 작품에서 봤던 무대를 그대로 들여온 듯 나무문이 달린 뒷무대와 앞의 사각무대를 사용한다. 이러한 선택은 안일하게 다가왔다. 왜냐하면 '액션활극'이란 부제와 어울리지 않게 뒷무대는 배우들의 동선을 제한하는 것으로 다가왔으며, 사각형의 무대도 인물들에 대한 시선을 하나로 모으며 장면을 집약적으로 만드는 효과가 있었는지 의문스럽다.

작품들의 개별적인 완성도나 취향의 문제를 떠나서 서울연극제의 작품들을 관람하면, 창작진이 한국사회를 어떻게 바라보는지를 느낄 수 있어 흥미롭다. 올해의 서울연극제의 모든 참가작이 그러한 특징을 보여준 것은 아니었지만, 역시 몇몇 작품에서 마찬가지로 사회현실에 대한 예술가의 긴장을 느낄 수 있었다. 〈어떤 접경지역에서는〉과 〈대한민국난투극〉은 현실에 대한 예술가의 관심을 무대화로 옮기고자 시도한 작품들이다. 이들은 냉혹한 세상에서 고군분투하는 힘없는 존재들을 주목한다. 평범해 보이는 소시민에게조차, 감당하기 힘든 비극적 상황을 불러오는 냉혹한 세상이란 지점은 정직한 울림을 주는 측면이 있다. 개인을 둘러싼 보다 첨예하고 복잡하며 차가워진 갈등의 상황들을 무대에서 더 자주 마주치기를 바란다.

순수함은 반드시 패배한다

〈강철왕〉

#2015.08.14.~08.30대학로예술극장소극장 #극공작소마방진스타일
#속사포같은화술 #강철왕부터홍도까지 #스타일이강하면메시지가약할까

'마방진 스타일'의 출발

대학로예술극장 소극장에서 공연된 〈강철왕〉은 최근 가장 '핫한' 연출가 고선웅과 극단 마방진의 조합을 볼 수 있는 작품이다. 같은 기간 예술의 전당에서 공연하는 〈홍도〉와 함께 극단 마방진(대표 고강민 프로듀서)의 10주년 기념 작품으로 기획됐다. 특히 극단 측은 '〈강철왕〉(2008년 초연)부터 〈홍도〉(2014년 초연)까지, 마방진 스타일의 출발과 최근'을 볼 수 있는 기회라 밝힌다.

그런데 연극에서 '스타일'은 어떤 의미를 가질까. 최근의 연극에서 스타일이 강하다는 것은 이중적인 의미를 지니는 것 같다. 고유하며 독창적인 색깔이 분명하다는 의미와 주제나 메시지보다 형식미에 큰 비중을 둔다는 양가성 말이다. 독보적인 매력에 대한 인정과 함께 스타일의 과잉에 대한 의구심으로 작품을 바라보게 된다. 사실 〈강철왕〉

은 전자보다 후자에 가까운 듯 보이는 작품이었다. 어쩌면 〈강철왕〉부터 〈홍도〉까지는 확연히 '튀는' 요소들의 절제와 정제를 통해 독특한 매력으로 가꾸는 과정이었을지도.

〈강철왕〉은 〈홍도〉와 마찬가지의 구성을 보여준다. 순수하며 선한 존재가 악인(혹은 악한 세상)에 의해 패배하게 되는 이야기. 살짝 작가의 세계관인 듯도 한 이야기의 패턴은 강렬하며 호소력이 강한 인물로 완성된다. 〈강철왕〉은 자유로운 무용수이지만, 아버지의 철공소를 물려받게 되는 청년(왕기)을 보여준다. 청년은 아버지의 의지에 따르는데, 그것은 그에게 '강철왕'이란 괴생명체로서의 삶을 안겨주며 끝내 자살한다. 청년은 철공소를 연상시키는, 거무튀튀하며 삭막한 공간에서 적응하지 못한 채 죽어간다.

작품은 사실적이면서 환타지적 요소가 자연스럽게 껴들어 있으며, 전체적으로 희극이면서도 서정적이며 비극적인 톤과 하드보일드의 서늘함 등 여러 장르가 뒤섞여 있다. 이 역시 〈홍도〉와 마찬가지의 특성이다. 하지만 〈홍도〉는 각각의 이음새가 완벽할 정도로 깔끔한 반면에 〈강철왕〉은 상당히 거친 편이다. 〈강철왕〉의 형식적 특성은 어느 정도 의도로 여겨지기는 하지만, 때때로 극전개의 속도를 떨어뜨리며 효율성이 의심되기도 했다. 〈강철왕〉은 이야기의 전개가 매끄럽지 못하며 후반부에 갈수록, 느닷없이 급하게 사건을 마무리하는 인상을 주기도 한다.

획일적으로 표현된 인물들이 아쉬워

배우들의 연기술은 마방진 스타일의 핵심을 맛보게 해 준다.

〈강철왕〉도 소위 '속사포 같은 대사와 멈추지 않는 액션'이 등장한다. 이들을 통한 효과는 명백해 보인다. 극적 역동성, 즉 정체되지 않고 끝없이 움직이는 에너지가 공간을 채우게 된다. 이러한 방식의 극적인 밀도 쌓기는 마방진의 경우에, 강렬하며 호소력이 강한 캐릭터와 만났을 때 상승의 효과를 거둔다. 〈강철왕〉은 특히 아버지와 아들의 대립, 철공소 노동자들과 왕기의 만남, 미스황의 장면 등에서 꽉 찬 장면을 만들어 낸다. 하지만 '튀는' 캐릭터들의 만남을 통해 궁극적으로 여러 방향으로 튀어나가야 했을 이야기는 결국 제일 처음 제시한 갈등으로 되돌아와 다소 평범하게 마무리 되는 듯하다. 따라서 아버지와 왕기의 대립은 '사춘기 소년의 철없는 반항' 정도로 작게 남으며, 울림이 적다.

인물들이 거의 획일적인 톤으로 표현된 것 또한 아쉬운 점이다. 사실 〈홍도〉는 같은 연기술을 사용하면서도 인물마다 '게스투스'에 비교될 정도로 적확하게 캐릭터를 표현하며, 비극적 감성 분출 혹은 희극적 효과 등의 저마다 다른 방식으로 객석과 관계 맺고 있었다. 연출은 이를 섬세히 계산해 장면을 만들고, 필요에 따라 전혀 다른 분위기로 자연스럽게 전환하는 솜씨를 보여줬다. 그러나 〈강철왕〉은 인물마다의 그 같은 배려보다, 박진감이 우선인 듯 개별적으로 살아있는 대신에, 무언가를 날려버리려는 듯한 에너지를 주로 표현하려 한다. 그것은 작품의 메시지와 연결되는 것으로 여겨지는데, 〈강철왕〉은 그 에너지를 건강하게 혹은 입체적으로 바라보도록 이끄는 데 조금 부족했다.

그 가족 이야기:
사랑과 미움, 분노
그리고 질문이 계속되는 관계에 관해

〈듀랑고〉

#2019.1.9.~1.19한양레퍼토리씨어터 #줄리아조작가와정승현연출가의만남
#가족서사의매력 #여행의끝과시작

여행을 소재로 한 텍스트의 공식 중 하나로 '자신으로의 여행'이란 모티프가 있다. 이러한 여행 이야기는 표면적으로 새로운 장소를 향해 이동하는 이야기지만, 정작 만나게 되는 것은 인물들의 상처나 잊고 있던 기억들이다. 즉 주인공이 만나는 것은 자신과 강력히 연관된 무엇이다. 물론 부모나 자식을 만나기 위한 설정 등의 여행의 표면적 목적으로 드러나는 경우도 있지만, 서브 텍스트로 숨기는 편이 많다. 이러한 '자기로의 여행'에서는 중요하며 내밀한 비밀, 참혹한 상처 등이 현재의 무심코 스쳐가는 대화나 관계 중에 툭 비어져 나오며 이상한 분위기를 만들어 낸다. 연극 〈듀랑고〉도 마찬가지이다. 미국 남서부의 애리조나 주에서 어느 날 해고 통지서를 받은 아버지가 아들 둘에게 별안간 '듀랑고'로 떠나자고 제안하며, 탐탁지 않아하는 아들 둘과 함께 여행지로 향하게 된다.

〈듀랑고〉는 재미작가 줄리아 조와 정승현 연출가가 〈가지〉(2016) 이후에 두 번째로 만난 작품이다. 2016 동아연극상 작품상을 수상한 〈가지〉로 인해 〈듀랑고〉는 개막 전부터 꽤 많은 주목을 받았다. 여러 기사 중에 이 작품이 줄리아 조 작가의 '사막 시리즈' 중 하나이며, 작가는 '사막이 매우 아름답고 또 고립될 수 있는 공간이라 생각하며, 고독이 내 작품의 주제'라고 말한 점이 인상적이었다.* 왜 '고독'이란 주제를, 하필 가족 여행이란 서사를 통해 말할까란 의문이 들었기 때문이다. 고독과 가족, 양 극단의 성질의 소재가 아닐까. 이러한 점들이 작품에 대한 궁금증을 증폭시켰다. 이들을 변주할 작가의 솜씨가 궁금했으며, 연출가는 과연 무엇을 핵심적으로 풀어냈을지 궁금했다.

한편으로 〈가지〉에서의 섬세하며 따뜻한 온기가 또 다시 기대되기도 했다. 하지만 연극 〈듀랑고〉는 〈가지〉에 비해 한층 차가워 보인다. 〈가지〉가 음식을 매개로 한, 끊어질 듯 이어지는 관계에 관해 보여줬다면, 〈듀랑고〉는 가족이 함께 하는 여행을 매개로 개인의 숨길 수 없는 고독에 집중한다. 작품이 보여주는 '고독'은 한편으로 상당히 본질적이며 본능적인 인간의 감정이다. 그것은 선택하고 회피할 수 있는 감정이 아니다. 그렇다면 사람은 고독감을 진하게 느끼는 가운데에서도, 또 한편으로 가족의 존재를 느끼며 사랑할 수 있을까. 철저히 혼자라는 감정은 가족이란 관계를 결국 희미하게 만들지 않을까. 〈듀랑고〉는 명확한 답을 보여주는 연극은 아니다. 오히려 계속되는 반문을 통해 '그 가족 이야기'에 대해 되뇌이도록 만든다. 사랑과 미움, 분노 그리고 질문이 계속되는 그 관계를 깊숙하게 들여다보도록 안내한다.

* 〈프리뷰 : 연극 〈듀랑고〉 - 이 가족의 가장 은밀한 여행〉, 『아트 인 사이트』, 2019. 12. 28

공간 사용의 아쉬움

한양 레퍼토리 씨어터에서 공연된 〈듀랑고〉는 별다른 세트를 세우지 않은 채 고집스러울 정도로 빈 무대를 사용한다. 자동차는 검은 박스를 쌓아 만든다. 전체적으로 검은색의 차분한 분위기가 강조된, 무채색의 공간이다. 이동의 여행의 서사가 이러한 공간에서 잘 표현될 수 있었을까.

사실 공연은 전반적으로 공백이 도드라져 보였다. 영상의 사용이 장면을 좀 더 효과적으로 표현하지 않았을까 여러 번 생각이 들 정도였다. 의도는 한편으로 이해되기도 한다. 서투르게 영상을 사용하기보다는, 차라리 인물의 내면이나 상황, 미묘한 관계에 초점을 두고 싶기도 했을 것이다. 하지만 주(州)를 가로지르는, 길고 험한 자동차 여행이란 특수한 상황이 몇 개의 나무박스 위에 걸터앉은 배우들로 충분히 표현되기에는 무리였다. 또한 무대와 객석이 다소 멀게 떨어진 배치의, 전형적인 블랙박스 씨어터 형태의 공간이란 점도 현재의 설정만으로 공간의 특성을 효과적으로 드러내기에 적합지 않아보였다. 극장은 정확히 사실적인 환영을 필요로 하는 공간이었다. 하지만 공연은 이를 선택하지 않았으며, 그것은 작품에 대한 집중력을 반감시켰다. 무대와 객석이 더 밀착된 대학로의 다른 소극장, 혹은 다른 공간이었더라면 다른 그림과 상상력이 가능했을지도 모른다.

물론 이러한 공간 사용은 환상적인 레드엔젤이나 과거의 인물들이 자연스럽게 등장하며 효율적으로 공간을 이용하는 방편이 되었다. 사실과 환상이 경계 없이 뒤섞인 것이다. 하지만 이러한 점들이 세련되게 다가오기보다는, 극의 리듬과 템포가 지나치게 밋밋하게 이어진다.

이동의 서사란 역동성을 잘 표현하지 못하고 있는 면면들이 아쉽게 다가온다. 극장의 특성과 어긋나는 공간의 설정, 표현의 선택들이 작품의 중요한 하나의 측면을 예리하지 못하게 만들어 버린 것 같다. 〈듀랑고〉는 이 가운데에서 철저히 아버지와 아들들 사이의 드라마에 집중한다. 아버지와 아들들의 엇나가는 관계에 대해서. 부자 간의 서로를 향해 쏟아내는 말들은 객석에 콕콕 박힐 때가 꽤 있었다.

아버지와 아들 둘의 이야기

앞서 자동차가 엉성하게 표현되었다고 말했음에도, 이 연극에서 아버지 부승과 첫째 아들 아이삭, 둘째 아들 지미가 운전하는 차 안에서 각자 정면을 바라보는 이미지는 기억에 오래 남을 듯하다. 각자 자신의 눈앞을 바라보며 자신의 생각에 골똘히 빠져 있는, 그럼에도 함께 이동하는 모습 말이다. 이 남자들은 그렇게 위태로워 보이며 고집스럽게 앞으로 나아간다. 서로에게서 위안을 찾지 않으며, 하지만 함께하는 것을 거부하지 않고 여정을 이어간다. 이것이 이 가족의 단면을 정직하게 드러내는 장면이다.

아버지 부승은 상당히 복잡한 인물이다. '듀랑고'를 향하는 막무가내의 열정을 보여주는 그를 단순히 가부장의 권위적 가장으로만 이해하는 것은 단편적인 것이다. 물론 그러한 면도 있지만, 부승의 고독과 고집은 보다 개인적이며 근본적인 것이다. 부승의 정체성과 연관되어 있다. 우선 부승이 해고된 이유대로 이민 1세대인 그는 여전히 언어(영어)에 서툴다. 평생 일해 온 직장에서 엉터리 영어 때문에 은퇴 직전에 해고되었다는 것은 한평생 그가 주변과 잘 소통하지 못했다는 점을 알려준다. 그렇다면 그는 가족과 진정으로 마음을 나눴을까. 아들들과의 다툼 가운데 불쑥 드러내는 그의 동성애적 성향은 꽤 난폭한 고백으로 다가온다. 과거에 그는 친구를 사랑했다. 하지만 가정을 꾸리는 것을 선택하며 그와는 헤어졌다. 현재 사별한 아내와의 결혼 생활이 불화의 연속이었음이 아들들과의 대화에서 드러날 때마다 부승의 한평생의 고립과 고집이 드러난다. 부승은 친구를 사랑했음에도 여성과 가정을 꾸렸으며 두 아이를 낳고, 일생을 말이 통하지 않는 사람들 사이에서 가족을 부양하며 일한 것이다. '듀랑고'는 과거에 친구와 함께했던 곳임이 드러난다.

부승을 연기한 이대연 배우가 부승의 여러 층위를 섬세하게 드러냈는지에 대해 아쉬운 부분들이 있다. 물론 특유의 존재감만으로 기이한 여행에 대한 이해할 수 없는 열정에 휩싸인 위태로운 남자의 면면이 드러나는 점들이 있었다. 하지만 동성애적 취향에 대한 고백이나 아들들을 강하게 몰아붙일 때의 태도들이 지나치게 일관된 방법으로 표현되었다. 다른 호흡이나 상대 배우와의 대화와 속도를 조절하는 등의 기술들이 좀 더 첨가되었으면 어땠을까. 전형적인 보수적 아버지상에 갇혀 있는 듯했으며, 좀 더 다양한 캐릭터의 표현을 주문하고 싶어진다.

아버지와 아들은 서로를 비추는 '거울'이란 속설이 있다. 부승과 그의 두 아들 아이삭과 지미가 그러하다. 첫째 아이삭은 부승의 치우친 고집과 괴벽을 닮았다. 학교에서도 친구들과 원만하게 지내지 못하는 아웃사이더이다. 반면에 한결 여성적인 지미는 초반에 어머니를 닮은 것처럼 여겨지기도 한다. 실제로 지미는 가족 사이에서 부재하는 어머니의 역할을 도맡는다. 아버지의 기분과 변덕스러운 비위를 맞추며

형과 아버지 사이를 연결하려 노력한다. 하지만 지미는 동성애적 성향의 비밀을 갖고 있다. 아버지의 일부분이 정확히 아들에게로 유전된 것처럼. 두 아들들은 아버지의 부분들을 사이좋게 나눠 갖고 있다. 그리고 아들들은 아버지에게서 물려받은 것을 싫어하고 부정하며 그 점 때문에 아버지와 끝없이 다투며 갈등한다. 아이삭은 아들의 의사와는 상관없이 의대에 진학시키려는 아버지의 고집에 치를 떨고 반항하며, 지미는 스스로의 동성애적 성향을 수용하지 못한 채 방황하고 끝내 숨긴다.

아이삭을 연기한 박상훈은 무대에서 굉장한 집중력과 몰입력을 보여주었다. 이전의 무대에서 보여주었던 것들보다 한결 배역에 깊숙이 들어간 듯 보였다. 이대연의 거칠고 변덕스러우며 강한 존재감에도 불구, 밀리지 않고 감정을 적절히 터트리며 맞선다. 지미 역의 허진도 비교적 세 부자 간의 앙상블을 조화롭게 만들어 냈다. 아이삭과 지미의 형제 간의 대화의 장면에서 특히 꼼꼼하게 의미와 감정을 쌓고 있다. 그동안의 이대연 배우의 연기에 비해 아버지 부승이 다소 편향되게 표현된 것에 비해 박상훈과 허진의 아이삭과 지미는 예상보다 섬세한 표현과 힘, 적절한 정서의 완급 조절, 리듬감을 표현한다.

여행은 언제 끝나는가

작품을 중반 이후까지 보게 된 관객이라면, 어느 정도 짐작할지도 모르겠다. 이들 여행의 목적지 '듀랑고'에 이들은 결코 도착하지 못하게 될 것이란 사실을. 부승과 아이삭, 지미는 종일 운전을 하고, 호텔에서 1박을 하고 다시 운전을 해 '듀랑고'로 출발하는 기차역에 마침내 도착한다. 그 여정 중에 그동안 숨겨왔던 비밀과 서로에게 내뱉은 공격, 난폭한 후벼 파기, 자책 등은 이들 가족의 관계를 여실히 드러냈다. 이 여행은 아이삭 얘기처럼, 처음부터 불안한 것이었다. 좁은 자동차 공간 속에서 서로에게 던지는 말들은 일상이 견디기에는 힘겨운 감정들을 때마침 분출시켰고, 그런 것들이 특별한 여정 속에서 기회를 틈타 솟아올랐다. 그래서 서로가 서로의 비밀을 알게 되고, 그 비밀에 대한 충격과 더불어 자신에게 숨겨왔던 배신감과 서운함 속에서 바닥까지 내려간 이들의 관계는 앞으로 어떻게 될까.

간신히 기차역에 도착한 부승의 가족에게 닥친 비보는 '듀랑고'로 향하는 기차가 이미 향후 몇 달간의 예약까지 끝나있다는 것이다. 아이삭은 부승에게 처음부터 여행지를 조사했었어야 했다고 몰아 부친다. 어떻게 간단한 검색도 하지 않고 아들들을 데리고 나올 생각을 했느냐고 분노를 터뜨린다. 그것은 부승에게 이 여행이 '듀랑고'로 향하는 것이 목적이 아니라, 당장에 그곳을 떠나야 하는 목적에서 비롯된 것임을 짐작케 한다. 과거에 동성애적 관계의 친구와의 위안의 장소였던 그곳을 현재, 떠나는 무모함은 부승이 이미 현실적인 판단능력을 많이 잃어버린 상태임을 짐작케 한다.

위태로운 부승의 여행에서 아이삭의 아버지에 대한 반항과 지미의 정체성 폭로(아이삭에게만)는 예기치 않은 성과인지도 모르겠다. 아마 이 요소들은 앞으로 이들 가족 관계의 모습과 지형을 또 다시 새롭게 바꿀 중요한 요인들이다. 셋은 이것을 확인하고, 다시 사막으로 운전대를 되돌린다. 집으로 돌아가기 위해서. 어쩌면 가족의 또 다른 새로운 여행은 이제 집으로 돌아가는 길에서 시작되었으며 집에서부터 전혀 새로운 인생의 행로가 펼쳐질지도 모른다. 부승의 은퇴 후의 새로운 인생에 대한 계획과 모습, 아이삭의 진로와 선택, 지미의 정체성에 대한 고민, 이 모든 것에 대해 물음표를 남긴다. 〈듀랑고〉는 다음 질문은 인물들에게 넘기는 것 같다. 여기까지만 보여준다.

정승현 연출가는 전체적으로 〈가지〉와는 다른 분위기이면서도, 가족 관계에 대한 섬세한 관찰과 진실 된 포착을 〈듀랑고〉에서 보여준다. 이것은 연출가의 분명한 장점인 듯하다. 레드엔젤의 해석, 공간 설정, 작품 전체의 완급 조절, 또 연출적 미장센에서 아쉬운 점이 있었지만, 무엇보다 세 부자가 진심으로 정직하게 스스로와 서로에게 부딪치는 장면들은 울림과 잔상을 남기는 점들이 있었다.

'도대체 이 가족 왜 이래?' 〈듀랑고〉를 본 후에, 잠시 이런 생각이 스칠 수도 있다. 하지만 생각을 멈추고 당장의 주변만을 둘러보아도, '완벽한 가정', '가족의 전형' 등은 한낱 머릿속의 관념임을 깨달을 수 있다. 그만큼 현실의 가족의 모습은 천차만별 다양하다. 평범한 가족이란 존재하지 않는 허상일 것이다. 인간의 가장 본질적이며 본능적인 관계이면서, 다양한 실체와 현상 속에서 탄생하는 '가족 이야기'는 그래서 무궁무진하다. '사랑과 미움, 분노 그리고 질문이 계속되는 그 관계'에 대한 탐험은 사람들의 지속적인 관심 속에서, 무대는 물론이며 다른 예술 장르에서도 늘 설레는 대상임이 분명하다.

5. 18 광주 민주화 운동, 경험에서 기억으로

〈나는 광주에 없었다〉

#2020.5.12.~5.18국립아시아문화전당예술극장극장1 #관객참여를극대화하다
#경험의의미 #기억해야할것들

'경험'은 사전적으로 '실제로 겪어본 일 혹은 거기서 얻은 지식이나 기능'이라 정의된다. 즉 어떠한 일이 일어난 것 혹은 현상 그 자체만으로는 경험이라 할 수 없다. 경험을 설명할 때 흔히 '불에 손을 덴 아이'의 예를 든다. 아이가 불에 손을 데었을 때, 덴 것 자체로는 경험이 아니며 데었을 때 겪은 고통까지를 경험이라 한다. 경험은 앎과 깨달음을 포함하는, 인간의 인지적 행위인 것이다.

〈나는 광주에 없었다〉(김경주, 안준원, 고선웅 작/고선웅 연출)를 보며 언뜻 떠오른 단어가 바로 이러한 '경험의 의미'이다. 〈나는 광주에 없었다〉는 작년의 초연 이후 올해 '5. 18 민주화 운동 40주년 기념 공연'으로 다시 공연됐다. 초연을 보지 못했지만, 초연 때에도 긍정적 반응이 많았던 것으로 기억한다. 또한 이번의 공연도 사전에 뜨거운 반응을 자주 소식으로 들었다. 아마 사람들의 호응은 이 작품이 경험의 의미를 여러 방법으로 실현하고 있기 때문이라 생각된다.

작품은 이머시브의 형식을 의도한다(공연 팸플릿 참조). 이머시브는 관객의 몰입을 극대화하며 궁극적으로 관객의 참여로 완성되는 공연을 의미한다. 또한 관객의 적극적 참여가 의미의 생성까지 연결되며, 관객에 따라 능동적으로 서사를 구성해 공연의 주체가 되는 특징을 가진다. 그래서 이머시브는 어떻게 체험되냐에 따라서 공연의 형태마저 하나가 아닌, 여럿인 경우들도 있다. 이머시브를 표방한 많은 공연들이 그러하다.

엄밀히 따져 〈나는 광주에 없었다〉는 그러한 경우는 아니다.* 작품 스스로 이머시브를 표방함에도 그것이 서사 및 의미의 다양화, 단일화가 아닌 다수화를 목표로 하기보다는 참여의 농도와 깊이를 끌어내는 것에 보다 기울어 있다. 정확히 말해 이 공연은 관객 참여를 극대화한 경우로 보인다. 그런데 그 점이 〈나는 광주에 없었다〉의 강렬한 극적 체험과 연결된다. 작품은 관객들을 당시 5. 18 광주 민주화 운동에 참여한 시민군의 일부로 만든다. 그렇게 몰입되도록 만드는 장치가 공연 곳곳에 배치돼 있다. 관객은 자연스럽게 공연을 통해 배우들과 어우러

* 이 점은 논란의 여지가 있다. 작품은 스스로를 이머시브 형식을 취한다고 밝히고 있으며, 몇몇 전문 관객들 또한 이 공연이 성취한 이머시브의 의미(관극 몰입의 극대화)를 긍정적으로 평가한다. 하지만 동시에 이머시브 형식을 통한 공연의 목표 지점에 대해서는 이견이 있을 수 있다. 〈나는 광주에 없었다〉는 객석과 무대의 벽을 허무는 장치를 가지지만, 그것을 통해 오히려 관객들이 경험의 자유를 가졌는가하는 점에 대해서는 의문이다. 오히려 이 작품의 경우에 참여가 강조되며 자유가 일부 제한되지 않았는가 한다. 그렇다면 이 작품이 스스로 표방한대로 과연 이머시브 형식이었는가 하는 지점에 대해 논란의 여지가 있을 수 있다.
그럼에도 필자는 본문에서 밝혔듯이 〈나는 광주의 없었다〉의 선택이 궁극적으로 관객들에게 중요한 점을 깨닫게 하며, 공연의 감동을 더한다는 점에서 긍정적으로 보았다.

져 시민군의 일부가 되는 경험을 갖는다. 공연의 과정에서 광주 민주화 운동의 중요한 점을 깨닫도록 만들며, 경험의 의미를 완성한다. 시민군은 다름 아닌 우리들과 마찬가지의 평범한 시민들이었음을 공연 경험으로 알게 된다. 그토록 통렬한 비극과 억울한 희생, 나아가 숭고한 족적을 남긴 이들이 다름 아닌 학생, 주부, 상인, 회사원 등의 우리 곁의 소시민이었다는 사실이 진한 여운을 남긴다.

공간의 해석

〈나는 광주에 없었다〉는 국립아시아문화전당 예술극장 전체를 넓게 사용한다. 극장의 중간 공간이 주요 연기 공간이며, 관객들이 가운데 공간을 둘러싸고 있다. 마당극의 공간이 연상되기도 한다. 공연에서 객석은 자주 허물어진다. 관객들은 앉은 자리에서 가운데의 연기 공간에 수시로 초대된다. 의도적으로 무대와 객석의 구분을 없애려 한다. 이것 역시 마당극의 공간과 통하는 지점이다.

가운데의 연기 공간은 도로, 즉 광주의 금남로를 연상시킨다. 금남로는 당시 광주 시민들의 시위대와 진압 군대가 격렬히 대치하며 오갔던 공간이다. 이러한 무대는 광주 민주화 운동의 기록 사진들과 즉각 연결된다. 누구나 몇 번 정도 보았던 기록 사진들 말이다. 과거의 역사가 효과적으로 소환되는 공간 설정이다. 무대 공간에서 여러 가지 감정과 의미가 압축적이며 직관적으로 전달된다. 실제로 국립아시아문화전당의 극장 옆의 미술관에는 '시민들이 걸어가는 대형'을 여러 가지로 모티프로 차용해 전시한 전시물들이 많았다.

작품은 연기 공간을 단지 사실적으로만 사용하지는 않는다. 〈나는 광주에 없었다〉는 실제로 시민군과 진압군이 대치했던 열흘간의 시간을 다룬다. 하지만 시민들을 연기하는 배우들이 역사적 사실을 환기시키는 한편, 할아버지와 유령 등의 환상적 인물들도 등장한다. 이들은 공간의 환상적 특징을 부여한다. 작품은 후반부에 거대한 인형을 사용하기도 한다. 진압군의 대장을 상징하는 거대한 인형이 공간을 장악할 때면, 공포스러운 분위기가 연출된다. 마방진의 성격대로 사실과 환상이 자연스럽게 어우러지는 무대이다. 연기의 톤도 매우 사실적인 것뿐 아니라, 무용적 움직임이 뒤섞여 의미를 압축시키거나 공연의 다양한 스펙트럼을 만들어내곤 한다.

이미 알고 있는 '드라마'를 어떻게

5. 18 광주 민주화 운동은 비극적 사건으로 어떻게 시작되어 어떤 결말을 맞이하게 되는지 모두가 알고 있다. 시민군의 저항과 진압으로 이어지는 비극이다. 물론 이 자체가 매우 강렬한 드라마이지만, 결말이 결정되어 있기도 하다. 역사적 사실이 극화될 때의 약점이다. 극 전개시 긴장감을 유지하기 위한 특별한 처방이 필요한 것이다. 대부분의 경우에 특별한 인물을 추가해 사건을 만들곤 한다. 캐릭터 중심으로 극을 끌어가는 것이다.

하지만 〈나는 광주에 없었다〉는 이러한 방식을 따르지 않는다. 시민군 전체 모두가 주인공이다. 유일하게 인물의 전사를 가진 소녀가 등장하지만, 인물로서 라기보다는 작품의 시작과 마무리의 역할을 한다고 보는 것이 정확하다. 이 작품에서 가장 눈에 띄는 방식은 글의 서두에 밝혔듯이 관객의 참여를 극대화하는 것이다. 이를 통해 관객들은 관조나 관망이 아닌, 직접 시민군이 되어 진압군과의 팽팽한 대결과 긴장감을 체험하게 된다. 감각적으로 극적 긴장감이 형성되는 것이다. 관객들은 배우들의 독려에 따라 함께 구호와 노래를 외치며 연기 공간에서 걷고 대열을 형성해 시위에 참여한다. 처음에는 간단한 구호에서 시작해 점점 강도를 더해가며 관객들의 몰입감이 크레센도로 커지게 된다.

가요는 이때 상당히 효과적인 요소로 들어온다. 작품은 여러 가지 대중가요를 곳곳에 배치해 때로는 관객들과 함께 부르기도 하고, 때로는 공연의 음악으로 사용한다. 특히 가수 정태춘의 민중가요 〈5. 18〉은 또렷이 들리는 가사가 멜로디와 함께 공간을 꽉 채우며 특별한 경험을 남긴다. 작품은 시민군의 마지막 저항의 날에 〈5. 18〉을 배치한다. 시민군 한 사람씩 총을 맞으며 쓰러져 갈 때 "어디에도 붉은 꽃을 심지 마라. 우리들의 오월은 아직 끝나지 않았다. 깃발 없는 진압군과 탱크들의 행진소리"라는 노랫말이 공간을 가득 채운다. 그날 시민들이 흘렸을 붉은 피가 노래가사와 더불어 관객들의 가슴 깊숙이 새겨지는 순간이다.

관객의 참여를 극대화 하는 또 다른 방법으로 작품은 중간에 관객들이 이야기를 발표하는 순간을 연출한다. 배우들이 광주의 시민으로 발표하는 한편, 실제의 광주 시민들이 이야기를 할 수 있는 자리를 만들었다. 이것은 자칫 공연 중 '날것의 현실'이 끼어들어오며 공연의 긴장감을 떨어뜨릴 수도 있는 모험이다. 하지만 필자가 관람한 날의 경우 과거 실제의 시위에 참여했던 중장년의 남성이 기억을 더듬으며 이야기하는 모습이 오히려 진한 감동으로 연결되었다. 〈나는 광주에 없었다〉는 제목과 달리 광주의 '그 장소, 그 시간'을 함께 경험하는 듯한 순간을 자주 만들어낸다.

우리들의 경험, 모두의 기억으로

〈나는 광주에 없었다〉는 어디론가 가서 집에 오지 않는 오빠를 기다리는 소녀와 엄마를 보여주며 시작한다. 작품의 마지막은 해마다 오빠의 무덤을 찾는 소녀이다. 시간이 흘러가며 소녀는 점점 자라지만, 오빠는 그대로다. 광주 민주화 운동에서 희생된 이들의 가족들도 마찬가지일 것이다. 시간은 지나지만 잃어버린 이에 대한 그리움은 멈추지 않는다. 소녀는 오빠를 여전히 찾아오지만, 마지막에 이제 오빠의 얼굴이 기억나지 않는다며 울음을 터뜨린다.

〈나는 광주에 없었다〉를 보며 새삼 알게 된 것은 5. 18 광주 민주화 운동에서 희생된 시민들의 죽음에는 슬픔 이상의 감정이 깃들어야 한다는 점이다. 그것은 작품의 부제이며, 열사의 일기이기도 한 '우리가 사랑했던 것, 헛됨은 없어라'란 문구가 잘 말해준다. 시민들의 희생은 민주화 및 정의와 믿음의 가치를 위한 뜨거운 사랑과 애정에서 비롯된 것이다. 그것은 단지 그들의 저항과 죽음을 슬퍼할 뿐 아니라, 기억하고 뒤이어 행동해야 할 이유이다.

그러한 지점에서 〈나는 광주에 없었다〉는 모두의 기억을 위한 공연이라 할 것이다. 기억을 위해 광주의 그 시간, 그 장소를 사람들에게 경험하도록 만든다. 경험은 단지 현상과의 만남만을 의미하지 않는다. 개인이 5. 18 광주 민주화 운동이란 역사적 사건을 단순히 통과하도록 내버려두지 않는 것이다. 〈나는 광주에 없었다〉를 통해, 관객들은 제목처럼 '없던 자리'에 5. 18 민주화 운동의 경험이란 인지적 행위를 채워

넣게 된다. 비어 있던 곳에 자리한 새로운 경험이 또 다른 시작과 새로운 앞을 열어줄 것이다. 작품은 이를 축하라도 하는 듯 마지막에 극장의 문을 열어 굿판을 벌이며 마무리된다.

얼어붙은 마음을 녹여달라는 외침

〈사물함〉

#2018.4.25~5.6국립극단소극장판 #부모를 증오하게 되는 아이들
#압박감과초조감의강도높은긴장

우연하게도 〈사물함〉(김지현 작/구자혜 연출)을 보기 바로 직전에, 청소년이 주인공으로 등장하는 또 다른 작품 뮤지컬 〈전설의 리틀 농구단〉(박해림 작/손지은 연출)을 관람했다. 두 작품은 여러모로 대조적이다. 무대 위의 청소년의 모습이 극과 극이라 할 만하다. 〈전설의 리틀 농구단〉은 희망과 긍정의 모습을 보여준다. 아이들은 "농구 한 판이면 돼."라며, 그들이 처한 스트레스와 불안, 걱정과 정면으로 맞선다.

반면에 〈사물함〉은 절망하는 아이들을 보여준다. 친구의 죽음 앞에서 친구, 가족, 사회에 대한 믿음을 잃은 채 고립돼 버린다. 아이들은 마음이 얼어붙어 타인도 스스로도 돌아볼 여유조차 없다. 어느 모습이 진짜일까. 아마 극과 극의 청소년의 모습 둘 다 오늘을 살아가는 아이들의 모습일 것이다. 아이들은 잘못된 어른들의 세상의 피해자로 연약하게 파괴돼 갈 수도 있다. 혹은 아이들은 감히 어른들이 상상하지 못할 정도의 강한 존재로, 어리석은 어른들의 부조리를 뚫고 성장해 갈

수도 있다. 〈사물함〉은 오늘을 살아가는 아이들의 모습 중에서 어둡고 슬픈 이면을 파고든 작품이다. 작품을 관람한 어른 관객으로서 아이들에 대한 책임감으로 부쩍 미안해질 정도로 말이다.

아이들의 현실을 치열하게 그리려는

〈사물함〉의 무대는 거대한 흰 공간이다. 국립극장 소극장 판의 공간을 최대한으로 사용해 앞으로 길게 돌출된 흰 바닥의 무대를 사용한다. 극 중 무대는 고급스러운 건물 내부로 지칭되기도 한다. 이러한 무대는 우선 배우들의 연기와 대사에 최대한 집중하도록 유도한다. 〈사물함〉은 강렬한 드라마나 사건이 있지 않다. 대신에 섬세한 감정의 변화, 아이들의 관계를 면밀히 살펴봐야 하는 작품이다. 따라서 무대는 관객석의 코앞까지 돌출돼 배우들을 바라보도록 함께 호흡하도록 한다. 바닥의 무대의 삼면을 둘러싼 객석의 안으로 깊숙하게 자리한 무대는 마치 관객들(어른들)의 삶 속으로 뛰어드는 한편, 무대 위의 고요한 정적에 귀 기울여 달라 말하는 것 같다. 밖으로 큰 사건이 거의 일어나지 않지만, 아이들의 마음속에 거세게 소용돌이치게 되는 불안에 대해서 말이다.

그런데 작품에서 이렇듯 불안에 대해 그리는 방식에 대해선 호불호가 갈릴 듯하다. 사건 중심이 아닌, 일상이 조용히 흘러가는 희곡의 특성을 반영하고 있는 것으로도 이해되지만, 그래도 〈사물함〉은 지나치게 분위기를 강조 혹은 의존하고 있는 것이 아닐까. 작품은 상당히 뜨거운 편이다. 아이들은 불안과 스트레스를 최대한 드러내지 않으며 살아가지만, 감추고 있을 뿐으로 시종 강도 높은 긴장 관계를 보여준다.

그래서 무언가 위압적으로 가해지는 긴장이 작품 내내 휘감고 있으며, 이를 작품의 고유한 특성으로 혹은 과도한 분위기의 연출로 여길 수도 있을 듯하다. 사실 잘 공감되지 않는 상황에서의 지나친 듯한 몰입의 유도는 오히려 집중력을 떨어뜨릴 수도 있다.

물론 아이들이 처한 상황을 보면, 작품이 왜 이렇게 위협적인 힘에 집착하는지가 조금 이해되기도 한다. 〈사물함〉의 색다른 점은 아이들이 처한 현실, 오늘의 지금, 여기에 대해 상당히 치열하게 접근하며 열정적으로 드러내려 한다는 점이다. 아이들의 삶은 자본이 만들어내는 갖은 장벽에 가로막혀 있다. 친구 관계는 집안의 재력에 영향 받으며, 성적은 아이들의 성취를 넘어 부모의 계층적 차이를 드러내는 것이다. 건물주인인 할아버지의 사랑스러운 손녀로 고액의 과외를 받는 아이와 할머니 밑에서 자라며 편의점 아르바이트를 하는 아이는 한반에서 같은 시공간에서 살지만, 전혀 닮지 않은 삶을 살며 서로에게 다가갈 수 없다. 작품은 무대에서 보기엔 자못 도전적으로 여겨지는 현실감이 뛰어난 설정들을 보여준다.

하지만 여전히 작품이 아이들이 처한 부조리한 상황 고발에 지나치게 집중하며 정작 무대 위에서의 드라마 쌓아가기 혹은 사건의 구현에 다소 미흡하지 않았나 생각이 든다. 사물함에서 언제 어떠한 냄새가 났다는 것인지, 그것을 열지 못하는 이유는 무엇인지 등부터, 많은 대목들이 사건으로 드러나기 보다는, 긴장된 분위기와 불안, 강박, 초조함을 호소하는 대사로 제시된다. 따라서 장면들이 곳곳에서 매끄럽게 연결되지 못하게 다가왔으며, 작품이 지나치게 단일하며 비슷한 톤으로 흘러간다는 인상도 받았다. 장면에 따라 아이들의 좀 더 다양한 모습이 드러나지 못한 듯하다. 혹은 그러한 점에서 낭독 공연으로 출발한 작품이 여전히 낭독 공연의 틀을 지나치게 많이 차용하고 있는 것으로 다가오기도 했다. 희고 거대한 무대는 아이들의 혼란스러운 감정에 따라 여러 가지 색으로 물들이며 때에 따라 달라지는 공간의 변화를 상상할 수 있기도 했지만, 그것은 개인적 감상일 뿐 좀 더 외형적으로 드러날 수 있는 연출이 필요하다 생각된다.

부모를 증오해야 하는 아이들

〈사물함〉은 편의점에서 아르바이트를 하는 가난한 반 친구 다은이의 갑작스러운 죽음 이후의 상황이다. 다은이의 죽음은 충격적이지만, 무대 위의 아이들과 직접적인 연관은 없는 듯하다. 왜냐하면 한결, 재우, 혜민은 함께 고액의 과외를 받는 공부 잘하는 아이들 그룹으로, 다은이와는 크게 관계할 일이 없어 보이기 때문이다. 다은이는 성적이 최고 관심사인 안정적인 혹은 부유한 가정의 아이들과는 다른 세상에 사는 듯하다. 그런데 다은이의 죽음 이후 다은이의 가장 친한 친구였던 연주가 이 그룹에 들어가고 싶어 하며, 아이들의 동요가 시작된다. 연주는 왜 이 그룹에 들어가고 싶어 하는 것일까. 그리고 아이들의 동요는 단순한 배타적인 감정에서 인가, 아니면 그 이상의 무엇이 있는 것일까.

작품은 일종의 미스터리 설정처럼 수수께끼를 풀어가게 돼 있다. 하지만 이러한 구성은 관객을 교란하는 장치일 뿐, 플롯과 연관되는 비밀이 숨어있는 것은 아니다. 관객을 거짓된 정보로 안내하는 장치들은 재우의 담배 에피소드 등에서도 나타난다. 작품은 사실 의도적으로 비밀을 풀지 않은 채 일부러 관객에게 제시하고 있다. 다은이는 혜민의 부모님이 운영하는 편의점에서 일을 했던 것이며, 그 편의점은 한결의 할아버지 소유의 건물에 세든 것이었다. 다은이는 편의점의 창고가 무너져 죽음을 당하게 되는데, 법이나 사회는 다은이의 죽음에 책임을 질 존재를 묻지 못한다. 직원 관리의 문제일까, 건물의 안전의 문제일까, 본인의 책임일까. 작품에서 얼핏 드러나지만 다은이는 불법적으로 일을 했던 것으로, 스스로 권리를 포기해 법의 보호를 받지 못함이 드러난다. '죽음은 있되, 책임질 이가 없는 것이 현실이다. 이것에 만족하는가'라고 작품이 묻고 있는 듯하다.

〈사물함〉이 보여주는 세상은 세월호 사고를 겪은 우리 사회의 상처를 드러내고 있다는 견해들이 있다. 동의가 되는 의견들이다. 사실 〈사물함〉은 여기서 한 발 나아가, 기성세대에 대한 불신과 의혹, 분노를 보여준다. 작품은 한결의 할아버지와 혜민의 부모가 사건을 무마하려하며, 마치 이들 사이에 뒷거래가 오가는 인상을 암시한다. 혜민이는 다은이를 위해 무엇인가를 하고 싶어 하지만, 작품은 이들이 증오해야 할 대상이 바로 자신들의 부모임을 깨닫고 동의하거나 거부하거나 선택해야 하는 상황에 놓인 것처럼 제시한다(혜민의 새로 산 비싼 운동화와 한결의 "너 정말 몰라"라는 말들). 그런데 이러한 설정이 누구도 책임질 수 없는 다은이의 죽음처럼, 사회나 법망의 밖에서 사건들이 벌어지는 현실을 대하는 데 있어, 어떠한 의미를 가질 수 있는 것일까. 그런 점에서 〈사물함〉은 '책임질 존재가 없는 현실'에 대한 분노와 기성세대에 대한 공격적인 인식을 보여준다. 새로운 주체로서 어른이나 기성과는 다름을 주장하는 특성은 기존의 청소년극에서도 나타나지만, 이처럼 세대 간의 대립과 간극을 보여주는 것은 드물어 보인다.

작품에서 가장 가슴이 아팠던 부분은 아이들이 자신들의 동료인 친구마저 서로 잃게 되며, 고립돼 간다는 점이다. 가장 기초적인 관계인 부모와의 관계에서 어긋나게 되어서인지, 아이들은 서로마저 믿지 못하며, 이기적인 욕망을 드러내는 데 거침이 없어진다. 연주는 다은이를 완전히 잊은 채 공부 잘하는 아이들 그룹에 끼어 성적이 올라가 만족스러워 한다. 어쩌면 아이들은 곁에 있는 친구들을 진정으로 사랑할 줄 모르기 때문에, 외로워하며 사랑받고 싶어 하는 지도 모른다. 그런 점에서 다은이가 편의점 아르바이트 중에 찍은 유튜브 영상은 아이들의 외로움, 소통하고 싶어 하는 마음을 드러낸 것 같아 여운이 오래 남는다. 다은이는 유튜브에서 자신을 온전히 자유롭게 드러냈다. 다은이의 죽음 이후에 영상만이 남아 아이를 추억하도록, 외로움에 손 내밀어주지 못한 그녀의 친구들과 어른들을 자책할 뿐이다.

'광대들이 들려주는 판타지'의 흥미로운 질주

〈환상동화〉

#2019.12.21.~2020.03.01.동덕여대공연예술센터커튼홀 #김동연연출가
#광대의매력적인존재감 #연극적환상 #대상의본질을드러내다

연극 〈환상동화〉(김동연 작/연출)는 꽤 오래된 작품이다. 오랫동안 살아남은 작품인 것이다. 2003년 변방연극제에서 초연한 후에도 간간이 대학로에서 공연되었으며, 이번에 12월부터 장기상연된 것은 6년 만이다. 관객들의 사랑을 상당히 많이 받아 온 작품이다. 유행에 민감한 연극계의 상황을 고려할 때, 이러한 장수 레퍼토리의 선전은 의외로 다가온다. 연극 〈환상동화〉의 선전은 '코로나 바이러스 19'로 인한 타격도 비껴간 것으로 안다. 이번에는 특히 유명 배우 강하늘의 출연이 한몫을 했겠지만, 그 외의 다른 이유는 과연 없는 것일까. 관객들이 작품을 찾도록 만드는 연극 〈환상동화〉의 매력은 무엇일까.

〈환상동화〉를 쓰고 연출한 김동연은 최근에 연극보다는 뮤지컬 쪽에서 크게 주목받는 연출가이다. 〈어쩌면 해피엔딩〉, 〈신과 함께-저승편〉, 〈젠틀맨스 가이드〉, 〈신흥무관학교〉 등에서 활약하며, 생동감 속에서 섬세한 감정선을 잘 살리는 연출을 인상적으로 보여줬다. 연극

〈환상동화〉는 오래된 작품이기는 하지만, 그만큼 작업자에게 애착이 깊은 작품이라고 한다. 얼핏 2003년이란 〈환상동화〉 초연의 제작연도를 보면, 거의 초기작이었음을 짐작케 한다.

저마다 주인공이 되려는 광대들

필자는 한때 '광대'에 매료된 적이 있었다. 물론 필자뿐 아니라 광대는 동서양을 막론하고 강력한 예술의 영감과 원천이 돼 왔는데, 특히 광대가 가지는 특유의 존재감이 매혹적이다. 광대는 주변에 반드시 영향을 끼친다. 가치가 전도되거나 새로운 것이 만들어지거나 광대의 등장은 언제나 사건과 연결된다. 그래서인지 등장을 목격하는 것만으로 주의를 집중하며 기대하도록 만든다. 여기에 광대 자체의 모순적이며 복잡한 캐릭터도 흥미롭다.

연극무대에서 광대는 연극성을 흥미롭게 구현하는 방식으로도 사용돼 왔다. 연극이, 무대 위의 환영이 무대와 관객과의 능동적 약속에 의해 만들어지는 것임을 광대를 이용해 효과적으로 전달했다. 특히 마임무대에서 이러한 '약속에 의한 놀이'의 장면 만들기를 자주 볼 수 있으며, 한때 극단 공연창작집단 뛰다에서는 광대 메소드를 연극 만들기에 적극적으로 시도하기도 했다. 이렇게 광대가 등장할 때에는 현실과 허구의 다양한 층들을 장면으로 보여주며 연극적 재미를 준다.

〈환상동화〉도 광대를 중요한 콘셉트로 갖는다. 전쟁광대, 예술광대, 사랑광대 세 명의 광대가 극을 이끌어간다. 연극은 처음부터 광대들이 스스로를 신이나 창조자라 밝히며, 무대가 광대들이 들려주는 이야기임을 강조한다. 광대들이 들려주는 환상적인 이야기. 광대들의 이름은 그 환상의 중요주제들로, 전쟁, 예술, 사랑 세 가지 요소들의 조합으로 만들어내는 환상세계를 관객이 들여다보게 된다.

사실 광대가 주요 콘셉트란 사전정보를 통해 광대의 피지컬한 요소들을 짐작했었다. 그러나 〈환상동화〉의 광대는 서커스를 연상시키는 육체적 역량보다는, 이야기꾼이라 해야 한다. 세 광대가 서로 자신이 돋보이기 위해, 자기가 잘 알고 있는 주제로 이야기를 끌고 가기 위해 옥신각신한다. 이들의 옥신각신 다툼이 장면의 길이, 리듬을 만든다. 배우들은 강력한 존재감으로 무대를 압도하기보다는, 능청스러우며 안정적인 호흡으로 장면을 흥미롭게 만들어갔다. 전체적으로 오밀조밀하며 세심하게 만들어 간 작품이었다. 이러한 섬세한 접근이 전쟁, 예술, 사랑이란 자칫 거대하며 자극적일 수 있는 소재에 대한 나름의 절제된 태도를 보여준다.

애절하며 절대적인 판타지

그런데 〈환상동화〉에서 광대들이 들려주는 이야기를 들여다보다가 광대로 인한 또 다른 효과가 진하게 체감되었다. 광대가 보여주는 세상이기 때문에 관객이 무조건 믿는다는 것이다. 이것은 무대 위의 판타지를 극대화할 수 있는 요소이다. 무대라는 환상과 거짓말을 들여다보도록, 연극이 관객에게 거는 '최면'을 위해서는 두 가지의 접근이 가능하다 생각한다. 하나는 무대가 '관객들의 이야기'인 것처럼 최대한 가장하는 것이다. 무대와 동일시하며 극 세상에 빠지게 된다. 또 다른 접근은 반대로 거짓말과 가짜임을 오히려 자꾸 폭로하는 것이다. 관객은 판타지가 더 극적이며 자극적이기를 바라며 기꺼이 환상에 동참한다. 그리고 작품은 환상을 통해 어떤 대상의 속성을 명징하게 드러낸다.

〈환상동화〉가 선택한 판타지는 사랑이다. 과연 어떤 사랑이 '사랑의 궁극적 이데아'를 보여줄 수 있을까. 서로의 매력에 이끌리는 사랑도 감각적이지만, 서로가 생존의 조건이 되는 사랑은 절박하며 절대적이다. 2차 세계대전을 배경으로 독일군 한스와 점령국가의 무용수 마리는 역시 전쟁에 참전한 마리의 오빠로 인해 만나서 사랑에 빠지게 된다. 그런데 한스는 전쟁 속에 청력을 잃고 음악가로서의 자아를 잃는다. 마리 역시 시력을 잃고 춤을 추지 못하게 된다. 연극은 이들이 서로를 통해 '듣지 못하는 소리가 들리고, 보이지 않는 세상이 보이는', 사랑을, 삶의 이유를 찾는 모습을 보여준다. 총과 폭탄이 터지는 전쟁의 시끄러운 소음 속에서 피아노를 치는 남자와 춤을 추는 여자는 사랑과 삶으로 만연한 전쟁의 죽음에 저항한다. 마지막은 해석의 여지가 있지만, 도망 대신에 함께 죽는 것을 선택한 것처럼 보인다.

자주 공연돼 온 만큼, 작품 속 세세하며 충분히 쌓여 있는 장면들이 눈에 띈다. 자칫 상투적일 수 있는 사랑의 상황들을 세련되게 만들어 놓았다. 이것은 한편으로 마리 오빠의 사연, 카페 설정 등의 배경들을 나름 탄탄하게 만들어 놓았기 때문이다. 배우들의 감정선을 오밀조밀 촘촘하게 쌓아가는 한편, 광대들은 '이 이야기 안 할래'라며, 과감하게 분위기와 템포를 전환한다. 각기 다른 역할을 가진 장면들에서 에너지가 적절히 배분되어 정확하게 연출돼 있다. 동화와 '로미오와 줄리엣'의 극중극 장면도 비슷한 효과를 보여준다. 다만 극중극 장면은 에너지가 다소 흩어지며 기대했던 것만큼 효과적이진 않아 보였다.

공공지원의 밖에서 제작되는 연극에 관해 늘 궁금증을 갖고 있다.

그러니까 어떠한 창작진들이 있으며, 어떠한 작품이 주로 공연되며, 어떠한 관객들이 있으며, 어떻게 제작 및 유통되는지에 관해서 말이다. 제작사에 의한 제작 연극들을 간단하게 '상업극'이라고 부르기엔 이 작품군 안에서, 작품들의 차이를 지나치게 단순화한 것이다. 또한 공공지원으로 제작되는 연극들 역시 티켓 판매를 하고 있기 때문에, 소위 이들 사이의 '경계'는 갈수록 흐릿해진다고 생각된다. 사이를 오가는 창작진들 역시 점점 늘어나는 듯하다.

〈환상동화〉는 이미 그 사이를 흥미롭게 질주한 작품이다. 최초에 변방연극제에서 기획되어 장기 레퍼토리로 변화했다. 아마 광대란 주요 콘셉트는 처음에 과감하며 실험적인 요소로 접근했다고 생각된다. 현재의 〈환상동화〉는 많은 관객들과 만나오며, 섬세한 호흡과 흥미를 유지하는 장면 연출을 만들어 왔다. 자칫 구질구질해 보일 수 있는, '전쟁 속의 피어난 애절한 사랑'이란 테마를 세련되게 변주하는 솜씨로 보아 그 질주는 당분간 지속될 것 같다. 그리고 이 모든 것의 시작과 핵심이 '광대'라는 것, 필자에게는 그 점이 상당히 매력적이다.

재난으로 길을 잃다

〈버닝필드〉

#2020.02.15.~2020.02.16.대학로예술극장소극장 #이머시브씨어터
#메시지의수신인으로서의관객 #여러갈래의서사완성 #아버지와아들의이야기
#재난속에서인간과예술의역할

'차세대열전 2019!'의 연극 중 하나인 〈버닝필드〉(우종희 작/연출)는 현재의 상황과 묘하게 맞아떨어진다. 전 세계적으로 뜻밖의 재앙과 고난 속에서 모두가 갈 길을 잃은 듯, 휘청거리는 현재와 말이다. 이러한 일상을 겪은 적이 있었나. 날마다 급변하는 상황은 혼돈과 공포를 키우기만 한다. 재난 속에서 우리는 무엇을 해야 하나. 재난을 겪으며 예술은 무엇을 할 수 있을까. 의도한 것은 전혀 아니겠지만, 〈버닝필드〉는 '재난과 인간'을 다룬다는 점에서 현재와 통하는 작품이다.

〈버닝필드〉는 아주 짧게 공연된 작품이었다(2.15~16). 하지만 현장에서의 반응, 공연을 관람한 몇몇 지인들과의 대화, 공식적 리뷰를 통해 좋은 반응을 확인한 작품이기도 하다. 이것은 최근의 '이머시브 연극'에 대한 관심에서 비롯된 것이다. 확실히 〈버닝필드〉는 이머시브 창작극으로서, 전혀 신예답지 않게 굉장히 깔끔하며 노련하기까지 한 만듦새를 보여준다. 이것은 아마 창작자의 해외에서의 경력과 무관하지 않을 것이다. 하지만 단지 형식뿐 아니라, 작품이 다루고 있는 소재가 눈길을 끈다. 2019년 고성부터 속초까지 대규모로 벌어졌던 '대형산불 사건'이란 실화를 가져왔다.

2019년 연말에 우연히 강원도를 방문했다가 새카맣게 타버린 집 몇몇을 눈앞에서 보고 크게 놀란 적이 있다. 산불은 바람을 타고 불덩어리가 속수무책으로 퍼지며, 걷잡을 수 없이 커진다고 한다. 이러한 고성화재사건은 인간이 싸울 수 있는 범위를 넘어서는, 거대한 영역에서 가해지는 고통과 고난이었다는 점에서 공포의 재난이었다. 그리고 재난의 한가운데나 주변에서 겪은 사람들이 쉽게 치유되기 어려운 상처를 갖게 되는 것은 당연해 보인다. 작품은 평생을 불과 싸워 온 어느 소방관 아버지를 중심에 두고, 그를 바라보는 아들의 시선을 따라간다. 재난 속에서의 인간의 다양한 감정들, 공포와 상처, 좌절, 희망에의 노력 등으로 걸어 들어 간다. 이머시브의 '담그다'(immersive)란 의미대로, 한 개인의 어두운 내면의 깊숙한 곳으로 담그게 되는 듯하다(물론 '이머시브 연극'에서 이머시브의 의미는 대개 관객의 참여 형식을 뜻하는 의미로 통용된다).

관객의 역할

이머시브 연극은 관객의 참여로 완성되는 연극을 의미한다. 이 작품에서 관객은 '메시지의 수신인'의 역할을 맡는다. 극장 밖에서부터 관객들은 각자 무전기를 받는다. 무전기는 몇 개의 채널을 선택할 수 있도록 되어 있다. 극장 안에서 몇몇 소방관들이 각자의 연기 구역에서 무전기에 대고 대사를 말한다. 관객들은 자신의 무전기로 여러 소방관들의 독백을 수신한다. 무전기 속의 기계음 사이로 목소리가 나온다. 목소리들은 마치 라디오를 청취할 때처럼, 소리의 질감, 느낌 등이 확장되어 상당히 감성적으로 전달된다. 극장에는 무대와 객석의 구분이 없으며, 관객들은 작품 내내 자유롭게 이동할 수 있다.

관객들은 자신에게 들리는 목소리의 주인공 배우를 찾을 수 있으며, 이때에는 목소리뿐 아니라 시각적으로도 배우의 연기를 동시에 관람한다. 작품에서 무전기를 통한 배우의 목소리의 수신은 매우 영리한 선택으로 여겨진다. 일단 기능적으로 대사를 매우 효율적으로 전달할 수 있었다. 또한 마치 '내 귀'의 옆에서 속삭이며 말하는 듯, 감각적이다. 인물들의 목소리의 수신인으로서, 배우와 관객 간의 '정서적 거리'는 상당히 좁혀진다. 마치 관객 개인과 일대일로 대화를 나누는 것 같다.

왜 소방관들과 맞대면하는 듯한 '감정적인 밀착'이 필요한 것일까. 소방관에 대한 사회적 인식은 점점 나아지고 있지만, 그것은 최근의 일이다. 특히 우리 사회는 공공을 위한 직업군의 희생의 가치에 대해 인색한 편이다. 따라서 무전기를 타고 들려오는, 소방관의 공포와 고통, 슬픔, 외로움에 대한 독백은 소중한 고백을 들은 것처럼 기억에 남는다. 화마(火魔)와 싸우는 소방관들은 분명히 범인들보다 용감한 이들이겠지만, 그렇다고 그들에게 두려움이 없는 것은 아니다. '소방관치고 어깨 위에 귀신 하나 안 매단 이 없다' 등의 대사가 알려주듯, 유령을 일상처럼 느끼며 미신을 깊게 믿는 이들의 일터는 죽음의 바로 곁이다. 그리고 이들이 기꺼이 죽음 곁에 머무는 이유는 연고 없는 타인의 생명을 구하기 위해서이다. 무전기는 그러한 이들의 고통과 아픔, 고독에 잠시 관객의 시간을 내어주도록 이끄는 장치다. 타인을 위해 생명을 내놓는 이들을 위해, 관객들은 그들의 갖가지 소리에 귀 기울인다.

불 속에서 길을 잃다

〈버닝필드〉는 창의적인 영상 기술의 운용을 보여준다. 이동형 스크린 구조물 네 개로 여러 가지 흥미로운 그림을 만든다. 스크린 구조물에는 무선 프로젝트가 장착돼 영상을 보여준다. 이것은 네 개의 스크린 각자에 다양한 이미지를 가능케 하며, 무선이기 때문에 자유롭게 이동하며 스크린 구조물의 효율적인 사용을 보여준다. 실제로 네 개의 구조물이 움직이며 연기 공간을 구획하며 극의 리듬과 템포를 만든다. 별도의 무대가 없는 작품에서 이러한 공간 사용은 관객의 몰입을 유도하는 역할도 한다. 구조물의 이동으로 공간이 계속 변화하며, 관객은 시선의 이동뿐 아니라 움직이며 몸으로도 변화를 느낀다. 공연의 호흡이 만들어진다. 구조물이 별안간 넓게 펴지며 가운데 소방관들이 운동하는 운동장이 만들어지거나, 각자의 연기구역에서 소방관의 정보전달 시간이 만들어지기도 한다.

백미는 네 개의 스크린을 연결해 거대한 불을 형상화 했을 때이다. 때마침 고성산불에 대한 실제의 뉴스 보도가 긴박하게 제시되고, 정신적 질병으로 아픈 소방관 아버지가 사라졌다며 아버지를 찾는 아들의 마지막 추적이 이어진다. 이어 극장의 한가운데 네 개의 스크린이 연결돼 빨갛게 타오르는 불길을 시각적으로 보여준다. 한 영상에 한 개의 이미지가 아닌, 네 개의 개별적 스크린 영상을 연결해 하나의 이미지를 만들어 보여주는 것은 고난이도의 영상 기술이라 한다. 불길은 소방관 아버지의 영혼마저 낱낱이 갉아먹어 버릴 듯 맹렬하기만 하다. 소방관 아버지는 불 속에서 사람을 구한 뒤에, 아들의 소망을 뒤로한 채 스크린 뒤로 걸어 들어간다. 뒤이어 그가 불이 꺼진 숲속에서 목을 매 자살했다는 소식이 전달된다.

작품은 아버지를 구하려는 아들의 절박한 서사를 사회적으로 확장시키고 싶어 한다. 불 속에서 길을 잃은 아버지를 따라 아들 역시 심연에서 함께 헤매며 의사에게 묻는다. 고통 받는 이들을 위해 할 수 있는 일에 대해 고민해야 한다고 말이다. 아들의 인식과 함께 작품은 '사회적 치유의 서사'에 대한 물음을 남긴다. 아버지와 아들이 거대한 파도가 치는 해변에서 대화를 나누는 장면은 이러한 물음에 의미를 더하는 장면일 것이다. 어릴 적의 놀러갔던 추억의 장소에서, 아버지와 아들은 즐겁게 대화를 나눈다. 아버지의 마음까지 태워버렸던 잔인한 불길을 차갑게 식혀주려는 듯 푸른 바닷물이 네 개의 영상 스크린 구조물에 거대하게 출현한다. 부글거리는 거품으로 시원하게 내려치는 파도의 영상은 열기로 데워진 극장마저 고요히 침묵시키며, 질문을 오랫동안 머금게 한다.

컨베이어 벨트 속의 당신과 나, 무엇을 해야 할까

〈동시대인〉

#2020.03.28.~2020.04.05.대학로예술극장대극장 #드라마적인것들로부터탈피하기 #가장극적인 것 #재현의독특한방법과시선

코로나로 대부분의 공연이 취소 및 연기되고 있는 요즈음의 극장가에 극단 그린피그의 신작이 올라갔다. 대학로 예술극장 대극장에서 공연된 〈동시대인〉(전성현 작/윤한솔 연출)이 그것이다. 물론 최근의 온라인 생중계의 '랜선 공연'의 경험도 새로운 콘텐츠로서 신선하며 자극적이긴 하다. 하지만 현장을 직접 방문하지 않는 데서의 '목마름' 역시 분명히 존재한다. 오랜만에 대극장의 무대에서의 중량감 있는 자극을 기대하며, 우호적인 태세로 극장에 방문했다. 아마 이 시기에 극장을 방문한 관객들 대부분이 비슷한 마음이었을 것이다.

리플렛으로 사전 정보를 접했음에도, 공연 관람은 퍽 당혹스러웠다. 〈동시대인〉은 실험적 외형이 두드러진다. 그것도 익숙하게 봐 온 실험적 외형인, 연출의 미장센이나 몸의 강조 혹은 해석적 측면이 아닌 '실험적 글쓰기'로 무장한 작품이다. 작품은 두 인물이 나누는 짧은 대화의 장면 45개가 연결돼 있다. 기승전결의 드라마적 구조는커녕, 평면적인 열거 외에 어떤 극 구조도 발견하기 어렵다. 음악으로 비유하자면, 정체불명의 '같은 음의 건반'이 반복해서 두드려진다고 말할 수 있을 듯하다. 익숙한 화음과 선율이 존재하지 않는 음악에서는, 어떤 아름다움을 어디에서 찾아야 하나.

여기까지의 설명에서 짐작했듯이, 이 작품은 소위 '드라마적인 것들'로부터의 탈피를 목표하는 것 같다. 긴장감을 불러일으킬 만한 갈등이 없으며, 따라서 심리적으로 쌓여가는 장면의 의미도 애써 피해 간다. 그럼으로써 〈동시대인〉은 애써 어떤 현상의 얇은 껍질, 표피만을 무대화하려는 듯하다. 〈동시대인〉의 작가 전성현의 전작을 미처 보지는 못했지만, 자료를 찾아보니 이번 작품의 만듦새 역시 전작과 비슷해 보인다. 비슷한 방식의 실험은 우선 고민의 심화라는 측면에서 긍정적으로 보인다.

2015년의 문예위 AYAF 선정작 〈174517〉(전성현 작/윤한솔 연출)도 '재난을 겪는 인간'이란 주제 아래에서 거대한 무대에 다양한 인간 군상을 훑듯이 나열해 보여주었다. 그에 비해 이번의 〈동시대인〉은 훨씬 광의적이며 열려 있다. 45개 장면의 등장하는 두 명의 인물들은 전부 다른 주제에 대해 말한다. 이것은 작품을 더 모호하게, 혹은 더 무의미하게 만드는 것 같기도 하다. 모호성과 무의미함은 작가가 바라보는 동시대의 중요한 특징일 수 있다. 그리고 이것은 동시대와 동시대인에 대해 말하고자 하는 작가 고유의 태도를 드러내는 것처럼 다가온다. 작가가 자신이 속한 세계에 대해 관찰하고 말하는 행위, 그것은 필연적으로 의미 부여와 주관적 해석의 행위일 수밖에 없다. 그럼에도 최대한의 객관성의 확보를 위해, 현상을 임의적으로 채색하는 대신에, 있는 그대로 순수하게 드러내려는 태도를 보여주는 것이다.

까다로운 재현의 방법

따라서 이 작품은 '드라마적인 것들'로부터 탈피하려는 갖은 장치들과는 별개로, '사실적 재현'이란 극적인 목표를 추구하는 점이 드러난다. 소위 연극적이라 알려진 기법들을 피해가며, 소기의 극적 목표를 달성하고 있는 것이다. 그러면 〈동시대인〉은 어떤 풍경을 이토록 까다롭게 사실적으로 재현하고 있을까.

무대는 대학로 예술극장 대극장 전체를 넓고 깊게 사용한다. 무대 전체가 거대하며 완벽한 세상이다. 뒷벽에는 거대한 흰 천의 스크린이 내려와 있고, 앞에 실내와 실외의 일상의 다양한 풍경들이 가구와 소품으로 세련되게 표현돼 있다. 각 공간은 구분 없이 서로에 자연스럽게 연결돼 있어 다양한 목적의 공간들이 어우러진다. 비유하자면, 크고 완벽한 편의시설의 대형 쇼핑몰이 언뜻 연상되기도 한다. 군데군데 밝은 초록빛의 식물들과 푹신해 보이는 소파, 야외의 쓰레기통, 철조망 벽 등 실내와 실외를 의미하는 요즘의 다양한 성격의 공간이 연결되어 있는데, 문득 숨이 막히는 듯 '답답한 느낌'은 왜인 것일까.

이 거대하며 완벽한 세상에, 두 명의 인물들로 이뤄진 45개의 장면들이 하나씩 제시된다. 상황은 다 다르다. 친구, 연인, 고용주와 노동자, 직장동료, 부부 등이 등장해 회사 생활, 이사, 고용, 시험, 소문 등에 대해 서로 의견을 나눈다. 인물들의 등퇴 순서도 특별한 의미는 없어 보인다.

그러고 보면 한 쌍의 사람들은 모두 다른 주제에 대해 이야기를 나누지만, 실제로는 각 커플들의 등퇴가 계속 같은 길이, 같은 톤으로 반복되며 일종의 기다란 컨베이어 벨트가 이어지는 것 같은 효과를 전달한다. 끝없이 지루하게 이어지는 사람들의 행렬. 아마 그들이 나누는 대화의 주제가 강렬하거나 심오한 의미, 혹은 크게 웃기기라도 했다면 달랐을 것이다. 대화는 진지하되 심각하지 않고 대개 자신의 기분이 어떠한지에 대한 내용들이다. 각 상황에서 가장 많이 등장하는 대사는 이것이다. "열심히 생각해야지. 딱 1분만." 컨베이어 벨트 라인의 조립을 기다리는 부속품들처럼, 사람들의 모습은 불완전하며 대개 고만고만하다. 다 다른 상황인데, 다 비슷한 모습이다.

재미없는 농담과 진부한 화제로 이어지는 대화의 행렬이 2시간가량 쉼 없이 같은 호흡으로 흘러간다. 부러 밀도 없이 얄팍하게 만들어진 장면들을 바라보며, 작가와 연출이 말하는 '이 절망의 시대 속에서의 사람들의 연대의 희망'이 진지하게 궁금해졌다. 작가와 연출은 리플렛에서 이를 반복해 강조한다. '희망을 찾으려면 영웅이 아닌 우리의 시대의 우리의 모습 그 자체에서 찾아야 한다.' 그것이 과연 가능할까. 단 두 명의 사람들 간의 소통도 자신의 기분이 어떠한지를 드러내는 것 이상의 관계로 나아가지 못하는데 말이다. 45개의 장면들에서 서로에게 영향 받아 행동하는 이는 없었다. 각 장면의 상황은 행동하기 전에 잘려진다. 이렇게 철저히 개인으로 존재하는 '동시대인'에게 연대가 어떻게 가능하다는 것일까. 그리고 과연 무엇을 위해서?

질문을 남겨두다

〈동시대인〉은 뒷벽에 걸린 거대한 흰 천의 스크린에 실시간으로 영상을 입힌다. 무대에서 인물들의 상황마다 얼굴을 근접 촬영해 뒷벽에 커다랗게 드러낸다. 밋밋한 대화의 내용에 따른 청각적 자극이

미비한 대신에, 크게 확대된 사람들의 표정이 큰 자극으로 다가온다. 훤히 드러난 그들의 얼굴은 낯설면서도 시시각각 미묘하게 변하는 표정으로 '살아 있음'을 전달한다. 삶, 존재한다는 것은 사실 별일이 아니거나 무의미하게, 그렇게 영속적으로 부지런히 움직이는 열렬한 생체반응이다. 그것이 컨베이어 벨트의 라인 속으로 속절없이 끌려들어가야 하는 운명 속에서도 '살아 있음'을 느끼며, 열심히 찾으며 노력해야 하는 이유일 것이다.

작품의 마지막은 다소 황당하며 괴기스러운 결말이다. 쓸쓸함과 공허감이 드러나는 노랫말을 배우 한 명이 부르는 가운데 별안간 스크린 뒤에 숨겨져 있던 거대하게 부푼 공이 별안간 무대 전체에 구르며 세상을 덮친다. 이런 다소 생뚱맞은 어법은 장면의 중간 중간에 맥락 없는 유머로 제시되며 관객에게 주의를 환기시키곤 한다. 별안간 비둘기 가면의 동물 떼가 등장한다든지 등의 이질적이며 뻔뻔한 태도를 보여준다. 이것이 극단 그린피그만의 비릿한 질감인 것 같다. 질문에 대한 답 대신에, 질문을 질문으로 남겨두는 그들만의 방식이다.

'빅 브라더'는 모두를 지켜보고 있다

〈그라운디드〉

#2020.5.14.~24우란문화재단우란2경 #차지연 #모노드라마 #배우의연극 #모순적인인간성 #전쟁의공간과일상의공간을허물다

우란문화재단의 기획프로그램 '우란시선'에서 〈그라운디드〉(조지 브랜트 작/오경택 연출)가 5월 14일부터 공연됐다. 〈그라운디드〉는 〈베르나르다 알바〉, 〈살아있는 자를 수선하기〉 등에 이은 프로젝트 그룹 일다와 우란과의 공동기획 작품이다. 이외에도 우란은 최근에 〈집에 사는 몬스터〉, 〈시적극장〉, 〈닐스를 위한 인덱스〉, 〈더 머조리티 : 사우스 코리아〉, 〈음악극 태일〉, 〈섬:1033~2019〉, 〈살아있는 자를 수선하기〉 등 다원예술부터 뮤지컬, 연극 등 스펙트럼이 넓은 작품들을 보여주고 있다. 이들은 다양한 장르뿐 아니라, 실험적 콘셉트부터 예술적 완성도, 혹은 대중성 등 서로 어울리기 어려운 가치들 가운데서도, 묘한 밸런스를 유지한다. 이러한 포지셔닝으로 2018년부터 두각을 드러내는 활동을 보여준다.

이번의 〈그라운디드〉는 모노드라마란 점에서 여러모로 작년 연말의 〈살아있는 자를 수선하기〉를 연상시키는 작품이다. 하지만 보다 대중적 가치가 두드러져 보인다. 〈살아있는 자를 수선하기〉(마일리스 드 케랑갈 원작/민새롬 연출)가 소설 원작 및 창작진의 구성에서 젊고 새로움에 좀 더 무게를 두는 선택을 보여줬다면, 〈그라운디드〉는 해외에서 이미 검증된 희곡을 경험이 풍부한 중견 연출가에 의해 무대화된다. 무엇보다 모노드라마의 배우가 대중적 인지도가 높은 뮤지컬 배우 차지연이다. 〈그라운디드〉는 배우 차지연의 연극 복귀작으로 개막 이전부터 자주 이슈화됐다.

〈더 머조리티 : 사우스 코리아〉, 〈살아있는 자를 수선하기〉, 〈그라운디드〉까지 우란에서 기획된 해외 작품들의 경우 특히 소재의 이슈성이 강한 것 같다. 영국의 브렉시트에서 출발했거나, 심장 이식, 전투용 드론을 다룬다. 동시대적으로 공감이 가는 소재들을 선택한다. 이러한 요소는 이들 작품에서 모노드라마의 색다른 활용과 어우러져 긴장감을 만든다. 관객과의 상호작용이 극 전개의 핵심적 요소인 모노드라마는 대개 관객이 동일시하며 감정이입 되기 쉬운 인물을 보여주곤 한다. 그러나 〈그라운디드〉는 그렇지 않다. 〈살아있는 자를 수선하기〉도 심장 이식의 숨 가쁘게 바쁜 과정 가운데, 삶과 죽음의 모호한 경계 앞에서 다소 냉정해 보이는 심장 전문의를 보여주었다. 〈그라운디드〉의 여주인공 파일럿이 처한 상황도 단번에 이해하기에는 좀 복잡하다.

너도, 너도, 너도!

'그라운디드'의 의미 중 하나는 '비행이 금지된'이다. 이것이 얼마나 주인공에게 비극적인 상황인지는, 작품에서 반복적으로 강조된다. 차지연이 연기한 전투기 조종사에게 비행은 자존심이자 그녀의 본질로 설명된다. 그녀는 비행 중 하늘에서의 '찰나의 블루'를 진지하게 사랑하며, 거대한 창공 속에서 커다란 기체를 조종하며 느끼는 감각이 쾌락이자 생동감이라 이야기한다. 우주비행사의 '검은 세상'에 비교될 만큼, 그녀에게 '블루'는 세상 전부이다. 그녀에게 하늘은 '집' 같다. 스스로가 자연스럽게 존재하며 소속된 곳. 그녀에게 약속된 그녀의 세상. 그녀의 것. 그녀에게 전투기 조종은 운명적이며, 그런 점에서 그녀의 파일럿 의상은 자연스럽게 벌거벗은 누드와도 같다.

차지연과 이 배역은 굉장히 잘 어울렸다. 서양적인 외모와 골격이 큰 건강한 몸은 동물적 감각이 발달한, 다소 거친 미국의 비행기 조종사를 여지없이 떠오르게 한다. 특히 그녀는 본능적이며 직관적인 면모를 캐릭터에게 많이 끄집어냈다. 중성적이며 강한 그녀는 휴가 중에 남자를 만나 열정적인 관계에 빠지게 되고, 임신 후에 사랑에 빠져 그와 결혼한다. 대담한 그녀는 임신으로 배불뚝이가 된 자신을 여전히 생동감 넘치는 파일럿으로 똑같이 바라봐 줄까 여린 모습을 보여주기도 한다. 뒤이어 밝혀지지만, 차지연이 연기한 이 파일럿은 건강하며 강인해 보이지만 균형을 잃게 되면 걷잡을 수없이 무너진다. 특히 본능이 거부당했을 때, 회복력이 있거나 적당히 타협할 줄 아는 이가 아니다. 직진 외에 길은 없다는 듯이 한 길을 내달릴 뿐이다. 뒤이어 그녀가 내려 꽂게 되는 미사일처럼 말이다.

그녀는 전투기 조종사로 '찰나의 블루'를 사랑하는 낭만적인 이이면서도, 전쟁 폭력의 집행자이다. 아이를 낳은 후 비행이 금지된 그녀는 전투용 드론의 조종사로 재배치된다. 여기서 그녀가 비행을 하지 못하게 된 이유가 여자라서라기 보다는, 기술에 발달에 따른 것으로 약간 애매하게 넘어간다. 직접 비행해 적을 공격하기보다는, 드론을 출격시키는 것이 아군의 피해도 없앨 수 있으며 정확성도 높이며 효율적이기 때문이다. 이제 그녀의 용맹함과 저돌성은 적외선 카메라를 응시해 적을 추적해 살해하며 아군을 보호하는 '직무'로 바뀌어야 한다. 물론 그녀는 이전에도 전투기 조종사이자 군인이었고, 현재에도 마찬가지다. 다만 비행을 하지 못하게 된 비행사일 뿐이다. 위험은 전부 인공지능 드론에게로 넘어갔다. 그러면 그녀는 이제 안전해졌을까. 어쩌면 전쟁이 벌어지는 폭력적 상황에서 벗어났으니, 그러면 된 것 아닌가. 행복한 일상 아닐까.

〈그라운디드〉는 역설적인 상황을 잘 이용한다. 푸른 창공을 가르는 대신에 회색의 적외선 카메라를 응시하고 저격을 결정하는 그녀는 이전보다 훨씬 폭력적인 상황에 노출된 듯 보인다. 살해를 직접 지시하는 것은 물론, 자신이 죽여야 할 적의 얼굴마저 또렷하게 볼 수 있다. 이상한 일이다. 드론 인공지능의 조종사 그녀는 남편과 딸과 함께 라스베가스 근처의 조용한 주택가에서 사는 일상을 누리고 있다. 아주 안전한 환경 말이다.

그러나 그녀는 오히려 마치 컴퓨터 게임을 하듯 낮의 근무 시간에 적군을 소탕하는 '전쟁 시간'과 자신을 둘러싼 가족의 평화로운 일상을 헷갈리기 시작한다. 바로 자신처럼 누군가 회색의 적외선 카메라로 가족을, 사랑하는 딸을 지켜보고 있을지도 모르는 일 아닌가. 자신과 딸이 가는 백화점의 카메라 뒤에서 누가, 적군에 의해 외주를 받은 인도인들에 의해 정보가 적군에게 흘러가는 것 아닌가. 분명히 전쟁은 드론 인공지능이 할 뿐인데, 역설적으로 그녀는 그녀를 둘러싼 모든 곳에서 전쟁 폭력을 느끼며 감각하기 시작한다. 그녀는 다시 '블루'를 보기 위해 시선을 돌리지만, 파란 빛은 무대의 조명기에서 초라하게 비어져 나올 뿐이다. 모두가 폭력 속에 노출돼 있다. 그녀는 무대에서 관객을 한 사람씩 저격하며 말한다. 너도, 너도, 너도!

전쟁의 기술은 한층 교묘해질 뿐

보다 발달하며 교묘해진 전쟁의 기술, 기술 발달에 따라 평화가 오리란 것은 환상일 뿐이다. 기술과 자본이 결합해 권력화되고 그 가운데서 폭력성은 한층 교묘하며 섬찟해지고 인간성은 파괴된다. 불안 속에서 모두 허물어져 갈 뿐이다. 그녀는 문제적 현실 속에서, 자신의 목표 타깃(이슬람 지도자)의 딸과 자신의 딸을 동일시하며, 악몽이 된 현실 속에서 빠져나오지 못하게 된다. 자연스러운 누드 같던 파일럿 복장이 살인자의 수의에서 벗겨지지 않는 죄책감, 병원의 환자복으로 되는 것 같다. 오경택 연출가는 전체적으로 과하지 않은 연출로 작품의 완급 조절을 적절하게 유지했다. 〈그라운디드〉는 동시대인이 궁금해 하고 고민할 만한 이슈를 담은 작품을 정확히 찾아내 적절하게 구현해낸다.

루마니아 연극제와 젊은 평론가 세미나 참관기

#2013.10.25.~11.3루마니아부카레스트극장루마니아연극제
#루마니아창작극 #루마니아연극의특징 #탄탄한배우진

루마니아 연극제(National Theatre Festival of Romania, 약칭 FNT)가 2013년 10월 25일부터 11월 3일까지 9일간 루마니아의 수도 부카레스트에서 개최됐다. 젊은 평론가 세미나는 10월 31일부터 11월 3일까지 4일간 진행돼 축제의 공연을 관람하는 한편, 세미나에 참가할 수 있었다.

축제가 열린 부카레스트 도시는 대형 백화점을 비롯해 고급 호텔, 샤넬과 구찌 등의 명품샵 까지 자본주의가 완전히 정착된 모습을 보여주는 한편, 진짜 '그래피티'가 가득 휘갈겨진 채 악취를 풍기는 커다란 빈 건물들(시 소유의 공공건물이라고 했다), 그리고 공산당의 독재 시절을 기념하는 듯한, 아름다운 근대 건축 유물들 및 거대한 차우셰스쿠 동상들이 자연스럽게 한데 어울려 있는 기묘한 느낌을 주는 공간이었다. 루마니아 연극제는 부카레스트의 중심가에 흩어져 있는 극장 곳곳에서 진행되어 세미나의 참가자들은 도시의 거리를 실컷 걸으며 한 블록

지날 때마다 확확 달라지는 풍경을 만나곤 했다. 또한 낮에는 선남선녀들로 붐비는 활기찬 곳이지만, 밤에는 아무렇지도 않게 작은 이불을 뒤집어쓰고 잠을 청하는 홈리스 어린아이들과 어른들이 많은 이율배반적인 곳이기도 했다.

올해 23회째로 개최된 루마니아 연극제는 루마니아 축제 중 대표적인 축제 중 하나로, 현지인들은 축제에 대한 자부심이 무척 커 보였다. 축제 중 관람한 연극 공연의 경우도 텔레비전 중계를 비롯해 대개가 만석으로 진행된 극장의 상황을 통해 현지인들의 축제와 연극에 대한 관심을 확인할 수 있었다. 루마니아 연극제는 도시 곳곳의 다양한 형태의 극장 공간만큼 다양한 연극을 보여주었다.

창작진의 의욕이 돋보이는《파파라치》와 《곤충들의 삶의 사진-일상적이며 미스테리한 뮤지컬》

루마니아 연극제의 공연들 중 루마니아 현대극은 드물었다. 대개 몰리에르부터 체홉이나 카릴 차펙, 테네시 윌리암스 등의 고전부터 현대까지의 해외의 유명한 희곡을 연출가의 재해석으로 올린 공연들이 대다수였다. 현지인들도 그 부분에 대해 많이 아쉬워하는 듯 보였다. 그런 점에서 루마니아의 젊은 극작가의 희곡을 젊은 창작진이 상연한《파파라치》(마티 비넥 작/오비디우 캐타 연출)는 관심을 모았다.

《파파라치》는 복잡한 서사와 다양한 인물이 등장하는 작품이었다. 하지만 사건은 '창녀, 포주, 퇴폐 경찰, 방송인, 거지 등이 보여주는 도시 뒷골목 인생의 삶의 리얼한 풍경'이란 비교적 익숙하며 쉬운 이야기다. 그다지 흥미롭지 않은 이야기 탓에 관극이 흥미롭기는 조금 어려웠다. 개인적으론 아버지에게 착취당하며 몸을 파는, 마리아와 창녀의 전형성을 지닌 듯한 가련하며 불쌍한 창녀 여주인공이 가부장적 시선의 지나친 미화로 다가와 불편하기도 했다. 또한 작품은 사실주의 스타일과 비사실주의 스타일 사이의 어중간한 선택을 보여주고 있어 몇몇 장면에선 압축성과 상징성이 아쉬웠고, 몇몇 장면은 지나치게 거칠게 혹은 감성적으로만 훑는 듯하다.

《파파라치》는 좁고 깊이감이 없는 얄팍한 공간을 효율적인 동선으로 아기자기하게 사용한 무대 연출이 그럭저럭 작품을 지탱해 준다. 특히 작품은 무대 위의 모든 상황이 사람들을 파파라치하는 남자 주인공의 훔쳐보기와 간섭으로 이뤄지는 점이 특이한 사항이었는데, 정작 그는 2층 무대 창문 뒤에서 작품이 끝날 때까지 목소리만 등장하며 꼼짝하지 않는다. 남자주인공을 좀 더 활용해 작품의 톤이나 호흡을 만들어 가지 않는 점이 아쉬웠으며, 따라서 구원에 대한 희구의 메시지도 설득되기 어려웠다.

카릴 차펙의 희곡《곤충희극》을 재해석한《곤충들의 삶의 사진 - 일상적이며 미스테리한 뮤지컬》(빅터 아이온 프룬 연출)은《파파라치》에 비해 연출적으로 명확한 콘셉트, 스타일리시한 접근으로 좀 더 연극적인 완성도가 뛰어난 작품을 보여준다. 작품은 각종 보호구 장비를 어설프며 우스꽝스럽게 착용해 잔인하며 단순한 곤충들로 분한 인간 군상을 보여준다. 키치적인 스타일은 퇴폐적이고 음울하며 괴짜적인 톤을 잘 만들어냈으며, 특히 이는 젊은 남자주인공의 카리스마 있는 연기와 노래를 통해 잘 표현됐다. 루마니아어로 진행되어 필자로선 더 이상의 섬세한 읽기는 불가능했지만, 현지인들을 통해서도 남자주인공이 루마니아의 훌륭하며 유망한 젊은 배우라는 것을 확인했다.

특히 《곤충들의 삶의 사진 - 일상적이며 미스테리한 뮤지컬》은 갖가지 곤충들의 상황과 인간인 주인공의 독백이 띄엄띄엄하게 연결된 듯 하면서도, 장면의 톤이나 크기 리듬의 변화를 통해 흥미롭게 구성한 극의 전개가 뛰어났다. 아마도 이것은 부분적으로나마 뮤지컬의 형식을 취하기 때문으로도 보인다. 무대도 소극장의 공간을 인상적으로 사용, 야성적이며 날것의 철골 구조로 이뤄진 2층 무대를 강렬한 이미지로 제시하다가 곧바로 작은 곤충상자 공간으로 혹은 피아노를 중심으로 한 서정적인 장소로 이동하는 등 잦은 변화와 함께 풍성한 색채를 전달한다. 인간성에 대한 통렬한 비판보다 감각적인 유희에 보다 치중한다는 견해도 일견 타당해 보이지만, 관객과의 소통에 있어 장점을 가진 공연인 듯하다.

작품상을 수상한 《욕망이라는 이름의 전차》와 다소 과한 듯한 《갈매기》

올해 루마니아 연극제의 작품상은 《욕망이라는 이름의 전차》(테네시 윌리엄스 작/안드레이 안드레아 그로수 연출)가 수상했다. 운 좋게도 세미나의 기간 중에 관람한 작품이었다. 확실히 독특한 연출의 해석이 도드라지는 작품이었으며, 수상 소식 역시 사건이라 할 만한 일이었다. 현지인이 이 공연이 상연된 극장이 위치한 거리에 왔다는 것만으로 본인은 큰 모험을 한 것이라 고백할 만큼, 《욕망이라는 이름의 전차》는 작품뿐 아니라 작품을 만드는 창작진의 연극하는 태도도 유별난 것이었기 때문이다. 극장은 우범 지대에 위치해 있었으며, 슬럼가 도시 속의 그들의 열악한 작업 환경에 저항이라도 하듯 작은 지하의 건물은 거칠고 괴기한 느낌의 그림, 작은 조각들이 무심한 듯 전시된 '짝퉁' 갤러리와 유사해 보였다.

《욕망이라는 이름의 전차》는 명확한 텍스트 분석과 설득력이 뛰어난 감성적인 시각화가 돋보이는 공연이었다. 특히 무대가 채 한 평도 되지 않는 둥그런 회전 무대 공간으로, 약 50여 석 정도의 객석이 그 주위를 뺑 둘러싸 있다. 공연은 그 작은 무대를 길고 하얀 웨딩드레스로 온통 꽉 채우고 서 있는 웨딩드레스의 블랑쉬로부터 시작된다. 원작에 비해 훨씬 젊고 육감적인 듯 느껴지는 배우의 블랑쉬는 이후에도 상당히 섹스 어필하게 등장하며, 미치와의 폭력적인 성대결이 관객의 코앞에서 상당히 직설적으로 펼쳐진다. 무대는 장면이 바뀔 때마다 회전돼 리드미컬함을 살리며, 천장의 열악한 백열등이 다닥다닥 미치의 허름한 아파트 공간을 상기시키며, 최종적인 여기에서마저 이탈해 사회의 밖으로 내던져지는 블랑쉬의 비극을 보여준다. 블랑쉬는 소속되기를 원하지만, 한 평의 미치의 공간은 가부장적 폭력으로 그녀를 강간하고 해한다.

공연은 단순하며 명확한 해석을 보여준다. 또한 관객의 감정적 몰입을 중시한 공간의 사용이 돋보이며, 배우의 존재감 또한 부각시킨다. 배우들은 한 사람 한 사람이 타이밍이나 리듬감에 있어 테크닉적으로 매우 노련하거나 뛰어나 보이지는 않았지만, 오랜 시간 호흡을 맞춰온 듯 앙상블이 뛰어나 보인다.

체홉의 《갈매기》(유리 코르도스키 연출)를 역시 루마니아 연극제에서도 만날 수 있었다. 루마니아의 《갈매기》는 특히 배우들이 감정을 폭발적으로 분출, 또한 장면들도 대개 그 같은 원리로 만들어진 것이 특징이었다. 세미나의 참가자들이 이 공연에 대해 '너무 과한 듯하다'고 말한 것이 적절해 보인다. 《갈매기》는 무대미술, 연기자들의 감정, 관계, 공간의 사용 등 모든 면에서 갖은 설정으로 넘쳐날 듯한 공연이었다. 트레플레프가 연극이 맘에 안 들 때 신발짝을 냅다 집어던지는 것은 예사이며, 니나의 배신을 예견할 때에는 갈매기의 피를 얼굴과 온몸에 바른다. 아르까지나와 트레플레프의 모자 관계를 넘어선 애정 결핍 과잉의 관계는 거의 성행위와 유사한 행위로 묘사되며, 아르까지나는 무척 젊고 늘 술에 취한 듯 망가져 있으며 니나와 트리고린뿐 아니라 트레플레프를 놓고 대결한다. 트리고린과 니나 역시 무대 위에서 파격적으로 성행위를 벌이기도 한다.

세미나를 이끈 마이클 연극평론가는 최근의 세계적으로 공연되는 《갈매기》를 비롯한 체홉의 작품들이 '섹스와 죽음'의 욕망을 노골적으로 드러내는 것이 전반적인 경향이라 말하기도 했다. 감정과잉 상태의 인물 군상은 설득보다는 동의를 요구하는 듯 다소 부담스럽게 다가오기도 했다. 다만 루마니아의 《갈매기》는 트레플레프의 극중극을 다른 《갈매기》에서와 달리 굉장히 오랜 시간 진지하게 보여줘 기억에 남는 장면 연출을 보여주었다. 니나는 흰 타이즈 의상을 머리에서부터 뒤집어 쓰고 표현주의적 무용과 유사한 몸짓을 하며 극중극의 독백을 길게 아름답게 읊는다. 트레플레프는 니나와 똑같은 동작을 하며 둘이 함께 극중극을 연기하는데, 이는 반복적으로 등장하며 둘의 관계를 산뜻하게 보여준다.

대사 위주의, 텍스트가 강한 루마니아 연극

루마니아 연극제의 루마니아 작품들은 대사 위주의 텍스트가 강한 연극들을 거의 보여준다. 연출은 대개 미장센 위주보다는 배우 위주의 연출적 선택을 하는 듯이 보였고, 배우들은 테크닉적인 연기보다는 느낌이 충만하며 개개인의 상황에 대한 몰입력에 따라 연기의 선을 능동적으로 만들어 가는 스타일을 주로 보여주었다. 극장의 공간 사용은 무리이다 싶을 정도로 객석 사이를 이용하거나 관객석의 파격적인 배치를 선택하는 등 퍽 자유로운 듯 보였다. 루마니아 연극은 특히 가까운 동유럽의 나라들에게 국제적으로 높은 관심의 대상으로 보였으며, 축제 역시 성황리에 조직적으로 치러진 듯하다.

전체적으로 예쁘고 야무진 것이 아닌, 마치 마감이 덜 된 듯 일견 거칠고 소박해 보이는 미장센들은 특히 아날로그적인 정서를 많이 불러일으킨다. 냉정하며 이성적이기보다는 감성적인 특성이 두드러지기도 하다. 반면에 몰리에르 원작의《아내들의 학교》(크리스찬 정크 연출)는 초현실주의적인 무대미술을 사용했지만, 작품과 동떨어지게 다가오며 낡은 듯한 느낌이 강화되었다. 초현실주의적 접근임에도 차갑고 중성적이기보다는 지나치게 따뜻하고 익숙했다. 공연의 중견의 남자배우는 무척 유명한 루마니아 연극배우인 듯했는데, 그의 인기는 객석의 열띤 호응으로 충분히 알 수 있었으며, 특히 희극 연기에 있어 정확한 타이밍과 리듬감, 뛰어난 화술을 선보였다. 하지만 뛰어난 역량의 배우에도 불구 큰 극장 공간을 다소 부적절하게 해석한 무대미술과 익숙한 장면 연출 때문에 공연이 크게 흥미롭지는 않았다. 뛰어난 역량의 인기 배우의 연기술에 기댄 안정적인 상업적인 연극을 관람한 듯도 했다.

루마니아 연극제는 다양한 작품들이 자리한 연극 축제였다. 언어 위주의 텍스트가 강한 루마니아 연극 관람의 경험은 필자에게 빈 곳이 많을 수밖에 없는 시간들이었지만, 세미나를 통해 모인 각국의 젊은 평론가들의 자유로운 의견 개진을 통해 많은 것을 생각하며 음미하는 시간을 보낼 수 있었다.

일상, ‘참을 수 없는’ 가벼움의 시공간?

성기웅 연출의 『과학하는 마음-발칸동물원』

#2006.8.11.~2006.9.17.연극실험실혜화동1번지 #성기웅연출의일상극
#현대성의정체 #부글거리는일상이라는시공간의특수성

언제부터인지 자연스러운 말투, 특별히 극적이지 않은 소소한 사건들이 나열된 연극들이 종종 눈에 띈다(2002년 극단 차이무의『거기』를 시작으로 올초 많은 관객의 호응을 이끌어낸 김한길 작·연출의『임대아파트』까지, 일상적 소재를 재현하는 소위 ‘일상극’들이 꾸준히 이어지고 있다). 이런 일상극류 연극들은 현실을 그대로 옮겨 놓은 듯 보이는, ‘바로 내 이야기’ 같은 친근함이 강점이다. 하지만 이 친근함에 안주할 때, 일상극은 현실의 이면(裏面)을 파고들어가는 대신 관객이 기대하는 대로의, 익숙하거나 혹은 낭만적인 리얼리티를 생산하는 데 그치곤 한다. 올가을 초 올라간『과학하는 마음-발칸동물원』(히라타 오리자 작/성기웅 연출, 8.31 ~9. 17)은 이와는 조금 다른 일상을 보여주고자 한 작품이기에 주목된다.

이 연극은 분명히 내 주변의 친숙한 풍경을 보여주는 데도 불구, 결코 편안치 않은 관극 경험 시간을 제공하고 있다. 무엇을 봐야할지 포커싱 해주지 않는 장면들, 무엇을 들어야 할지 강조되지 않아 스쳐 지나가는 언어들, 무엇보다 중심의 한 목표를 위해 짜여지지 않은 극 구조 때문에 동일한 에너지로 흘러가는 리듬감을 갖고 있어, 이 극은 다소 지루하다 말할 수 있다. 하지만 지금의 현실이 (전통적 의미의 사실주의극 틀에서 제공되는) 인과율로는 포획하기 힘든, 불연속성과 우연적 요소로 이뤄진 것을 상기한다면, 일본작가 히라타 오리자와 연출가 성기웅이 보여준 이 일상극의 '밋밋한' 구조는 오히려 현대성을 담아내기 위한 하나의 시도로 읽혀진다.

『과학하는 마음-발칸동물원』에서 특히 주목되는 것은 독특한 시공간이다. 극은 일본의 국립대학 과학 연구실의 2시간의 일상을 주목했는데, 이곳이 (우리의 대학 과방과 유사한) 연구생들의 '휴게 공간'이란 점이 시사하는 바가 크다. 연극은 실제로 실험이 진행되는 실험실이 아니라 연구생들이 서로 장난치고, 옷 갈아입고, 숙제하고, 실험을 하러 가기 전에 잠깐 들르는, '휴게 공간'을 우리로 하여금 자세히 관찰하도록 만들고 있다. 이것이 갖는 우선적 효과는 과학 연구의 진정한 이유 – 인간 삶의 개선을 위함이란 – 가 진실하게 설득된다는 것이다. 십여 명의 연구생들의 연애, 진로에 대한 고민, 학문적 호기심, 껄끄럽지 않은 인간관계 맺기 등의 지극히 (인간적인) 생활적인 요소들 사이에 "뇌 이식 수술에 있어 뇌와 몸이 각각 다른 사람의 것이라면, 그는 누구라 말할 수 있는가?" 류의 인간 정체성에 관한 본질적 질문이 던져지기 때문에, 화두는 개념의 유희에 머물지 않고 현실의 담론거리로 살 붙여 갈 여지가 생긴다. 삶의 디테일한 부분들이 살아난 과학도들의 초상이 그려지는 것이다.

여기까지가 이 연극의 일상에 대한 일반적 탐색이라면, 일상이 갖는 좀 더 다른 의미는 휴게 공간의 주변적 특성을 짚어볼 때 드러난다고 볼 수 있다. 극은 등장인물들의 쉴 새 없는(거의 정신없을 정도의) 드나듦을 보여줌으로써 무대 밖의 공간의 존재를 객석에 각인시키는데, 밖에서 들어온 인물들에 의해 전해지는 (보이지 않는) 무대 밖의 정보는 무시무시하다. 2010년이란 임박한 미래를 설정한 이 연극은 종교, 민족상의 문제로 일어난 가상의 전쟁을 설정하고 있다. 전쟁 참전 후 뇌만 살아있게 된 어느 과학자의 사연이 그의 뇌를 기증하러 온 여자를 통해 소개된다. 해결점을 찾기 불가능해 보이는 격렬한 갈등(지금도 세계 어딘가에서 진행 중인 모든 종교와 민족상의 분쟁 역시 마찬가지일 것이다)이 진행 중인 밖의 공간에 비해 인물들이 거주하는 안의 공간은 고민의 크기 면에서 작아 보인다. 무대 안 인물들은 연애와 진로문제, 학문에 대한 호기심이란 지극히 개인적 문제 속에서 살고 있었기 때문이다. 개개인에게 절실할 수밖에 없는 삶의 과제들과 동시대인으로서 짊어지고 가야 할 (하지만 개인이 감당하기에 너무 거대한) 시대적 과제 사이의 거대한 '간극', 이것이『과학하는 마음-발칸동물원』이 보여준 일상의 정체이다.

연극이 올라간 혜화동 1번지 소극장은 기묘한 현대성을 보여주고자 한 이 연극에게 특히 적합했다고 말할 수 있다. 그동안 혜화동 1번지는 연극과 사회에 대해 날카로운 발언을 하고자 하는 소위 '젊은 연극인의 실험의 장소'로서의 움직임을 시도해 왔기 때문이다('연출가 데뷔전'이 지속적으로 올라가고 있다). 스무 평이 채 안 될 정도의 공간에 무대와 객석이 모두 들어있는 이 작은 공간은 무대와 객석 사이의 친밀한 교류를 담보해 준다.『과학하는 마음 - 발칸동물원』은 관객이 입장해 자리를 찾기 전부터 이미 시작돼, 더 끈적이는 교류를 유도하기도 했다(마치 우리 일상처럼 객석에 등을 대고 의자에 앉아 있거나, 무대 안팎을 오가는 인물들로 시작하는 것은 '극사실주의'를 표방하는 히라타 오리자 연극의 특성이기도 하다). 극은 인물들이 대사를 시작하며 본격적으로 극이 시작된 이후에도 용감하게 오 분가량 객석의 불을 켜놓은 채 진행하며, 객석을 관음증 환자가 아닌 대화의 상대로 만들기 위해 노력한다. 객석에게 무대 위 상황에 대해 적극적인 참여를 요구하고 있는 것이다.

그렇다면, 극은 거대한 간극을 포함하고 있는 기묘한 일상을 어떻게 표현했을까? 시각적으로 제일 먼저 들어오는 것은 불편함이 느껴질 정도의 하얗고 깨끗한 공간 상태다. 우리가 현대적으로 만들어진 깨끗한 빌딩 속에서 가끔 느끼게 되는 것과 비슷한 종류의 차가움과 이물감이 느껴지는 공간. 빼곡하게 벽면을 차지한 개인 캐비넷들, 테이블과 의자, 무대 오른편의 화이트 보드는 익숙한 과방 풍경을 재현한 듯하면서도 (그들의 재료였던) 철재 소재와 주 색이었던 흰색으로 인해 사람의 손길이 느껴지는 편안함 보다는 차갑고 중성적인 느낌을 준다. 의상도 마찬가지다. 그들의 흰색 실험 가운은 피와 때 같은 생활의 흔적이 전혀 보이지 않는 이상한 청결상태를 보여주고 있었다. 극은 무대와 의상을 통해 이 일상 공간에 자연스럽지 못한 인위적 성격을 부여한다.

무대와 의상에서 드러나는 인위성은 무대 안 등장 인물들이 깊이 있는 관계를 맺지 못하도록 만드는 구실을 한다. 금방 앉았다 일어나야 되는 이곳에서, 편안하기 보다는 불편한 이곳에서, 자신을 개방하고 상대와 교류하는 것은 불가능한 일일 것이다. 이 연극의 쉴 새 없이 들고 나는 사람들의 동작선은 깊게 관계 맺지 못하는, '부유하는' 인간 군상에 대한 이미지를 객석에 각인시킨다.『과학하는 마음 - 발칸동물원』이 표현한 현대인 특유의 인간 관계에 대한 묘사는 무대 안에서 절대로 '부딪치지 않는' 사람들의 모습을 통해 드러난다. 2004년 서울국제

공연예술제에서 히라타 오리자와 함께 작업하기도 했던 성기웅 연출은 배우들에게 최대한 감정을 드러내지 않는 건조한 연기 스타일을 주문함으로써 (반어적인 의미에서) 참 평화롭게 관계 맺으며 지내는 사람들을 보여준다.

그들은 어떤 의미에서는 놀라울 만큼 소통이 잘 되는 인간 집단이다. 케이크를 누가 먹었는가에 대한 실랑이도, 타 전공에 대한 몰이해와 비난도, 직장을 얻은 졸업생과 학교에 남아 연구를 하는 학생 사이의 차이도, 미리 알아서 서로를 배려하는 등장인물들의 태도 속에서 갈등이 무마되고 있다. 이들은 시종 빙글거리는 낯으로 서로를 대하며 휴게 공간을 화합의 분위기로 유지시킨다. 후배들이 교생 실습을 할 때에는 모두 자발적으로 거기에 집중해 줄 정도로. 하지만 그들의 배려가 진짜 상대를 위한 것이었을까? 아니면, 내 영역이 중요한 만큼 남의 영역도 중요하니 그것을 침범하지 않으려는 조심스러움의 소산이었을까?(남에게 폐 끼치는 것을 극도로 싫어하는 일본 문화 특유의 개인주의가 발현되는 장면이기도 했다)

자세히 살펴보면, 이 연극에서 심각한 문제거리를 몰고 오는 사람들의 경우 객석에 등을 보이는 자리에 앉거나 중앙이 아닌 주변에서 서성이다 나가며 중앙의 무대에서 주변으로 밀려나는 미장센을 보여준다. '인간의 자폐증을 고치기 위해 침팬지에게 유전조작을 가해 자폐증에 걸린 침팬지를 생산하는 것이 과연 정당한 것인가'라 묻는 안자이나 키미죠에게 일방적으로 연인 관계를 파기당한 오오니시의 경우 아예 그들과 갈등 관계에 부딪치는 사람들을 무대에 남겨둔 채 본인들은 밖으로 나가 돌아오지 않는다.

때문에 갈등을 빚지 않으며, 소통에 능숙해 보이던 이들의 초상은 사실 현대인 특유의 얕은 인간관계에 대한 표상으로 보인다. 즉 이들이 관계 맺는 정도가 워낙 얕았기 때문에 그렇게 서로서로 잘 소통할 수 있었던 것. 이들의 소통의 이뤄짐은 마치 진짜 곤란한 논쟁거리가 나오면 그냥 슬그머니 자리를 피해버리는 장면에서 알 수 있듯, 가볍기 그지없는 것으로 소통이 잘 된 것처럼 보인 장면들은 오히려 깊이 얕음에 대한 반증을 위해서였던 것이다(극에 등장하는 두 개의 연애 사건이 불발에 이르는 것 역시 소통에 실패하는 인간관계를 보여주는 설정이라 말할 수 있다. 이 극에서 인간관계는 모두 분열의 방향으로 나타나고 있다). 무대는 정작 치열한 갈등의 현장인 전쟁이 무대 밖에서 일어났던 것과 마찬가지로 사람들 간의 관계 역시 진정한 부딪침이 일어나지 않는 공간이다.

중심 사건 없이 십여 명의 연구생들의 일상을 후루룩 훑는 듯한『과학하는 마음 – 발칸동물원』은 연기 면에서 볼 때 섬세한 '자연스러움'이 요구되는 공연이었다. 2시간의 일상은 배우들 각각의 목표가 정확하게 잡혀 있는 것이 매우 중요했으며, 배우들은 자신의 에너지만으로 극을 밀고 가는 게 아닌, 상대방과의 호흡 속에서 극의 리듬을 찾아야 했다. 겉으로 보기엔 그냥 '자연스러운 것'으로 평범해 보이는 연기일지 몰라도, 사실 항상 극 전체의 흐름 속에서 자신의 흐름을 인식해야만 하는 섬세한 기술이 요구되는 연기였다.

이 같은 기술이 잘 보인 부분은 특히 사람들이 '뜨거운 감자' 류의 논쟁거리(이종교배를 통해 머리부터 가슴까지 닭이고 날개부터 그 이하가 뇌조인 새가 태어났다면, 그 새는 스스로를 뭐라 인식할까? 뇌는 닭이니까 뇌조 부분은 자기가 아니라고 부정할까? 등등)로 한창 뜨겁게 토론하다가 열띤 논쟁이 오히려 (무의미한) 소음을 만들어내는 장면이었다. 소음 뒤에는 반드시 모두가 함께 할 말을 잃은 듯 공허한 정적의 순간을 잠시 가졌었는데, 그 같은 정적은 이들의 논쟁적 담론들의 허망함을 부각시킨다. 마치 부조리극의 침묵이 수많은 말보다 더 사람들의 소통불능을 표현하듯. 히라타 오리자의 동시다발대화법(두 가지 이상의 화제가 무대에서 동시에 진행되는 것)은 부조리극의 침묵과는 다른 방법이었지만, 그 효과는 같았다.

동일한 에너지로 진행되기에 지루하게 느껴지는 『과학하는 마음 - 발칸동물원』의 느린 일상의 시간은 마치 이 연극에서 말하던 과학 발전 속도의 느림과 닮아있는 것 같다. 이들의 발화 속의 현대 과학은 신체에서 정신 영역에 대한 탐구로 방향을 선회해 '인간다움'에 대해 묻는 인식틀의 기능을 갖고자 함이 드러난다. 즉, 과학을 인간 정체성에 대해 문제제기하는 방법으로 삼고자 하는 것이다. 하지만 이들의 연구는 실상 아직 '뇌의 생존 보존을 유지하는 기술'까지 왔을 뿐, 아직 갈 길이 멀다.

무엇보다 『과학하는 마음 - 발칸동물원』이 드러내는 현대인은 '생각하는 컴퓨터'를 만들 정도의 초이성적인 얼굴과 (동물이든 인간이든) 누군가를 죽이는 가운데 생존을 유지하는 극야만적인 얼굴의 공존 상태다. 히라타 오리자와 성기웅이 꼼꼼히 그려낸 2시간의 일상은 이 모순투성이의 얼굴 때문에 '힘들게' 현재를 유지하고 있는 '가벼운' 현대인에 대한 초상에 다름 아니다. 일상, 그 '참을 수 없는' 가벼움의 시공간을 주목한 그들의 시선은 '지금, 여기의' 이야기를 한다는 점에서 날카로우며 신선했다.

엄현희의 재밌는 무대이야기 1

한겨울에 들려주는 한여름 밤의 이야기

〈한여름 밤의 꿈〉

#2019.12.04.~12.29명동예술극장 #컬럼 #셰익스피어의희극 #희극의두가지의미 #희극의사회성

영국의 위대한 극작가 윌리엄 셰익스피어(1564~1616). 〈햄릿〉, 〈맥베드〉, 〈오델로〉, 〈리어왕〉까지 우리는 그를 뛰어난 비극(悲劇)의 작가로만 기억하곤 하지만, 셰익스피어는 훌륭한 희극(喜劇)도 많이 남겼다. 요정들이 등장하는 환상적인 세상의 〈한여름 밤의 꿈〉이 바로 그러한 대표적 희극 중 하나이다. 2019년 연말에 국립극단은 〈한여름 밤의 꿈〉(셰익스피어 원작/문삼화 연출)을 명동예술극장에서 공연했다. 한겨울에 한여름 밤의 이야기라니, 이색적으로 다가온다.

셰익스피어의 〈한여름 밤의 꿈〉은 아테네의 청년들이 사랑의 도피를 위해 숲에 들어갔다가 요정을 만나 벌이는 한밤의 소동을 다룬다. 요정들은 청년들의 눈에 무조건 첫눈에 반하게 되는 묘약을 바르고, 묘약에 홀린 청년들이 사랑의 상대가 뒤바뀌며 상황이 점입가경으로 꼬인다. 여기에 아테네의 왕의 결혼식에서 연극을 보여주려는 노동자들의 연극 연습에, 요정들의 왕과 여왕의 부부 싸움까지 가세해 도대체 이야기가 어디로 향할지 짐작도 못할 만큼의, 소동과 난장이 계속된다. 〈한여름 밤의 꿈〉은 제목 그대로 한여름 밤의 놀라우며 특이한 꿈같은 세상을 보여준다. 그렇다면, 이 작품은 깨어나면 전부 사라져버리는 덧없는 꿈과 같은 소동만을 보여주는 작품일까.

철학자 아리스토텔레스는 일찍이 코미디, 희극(喜劇)이 주는 웃음에 대해 두 가지로 구분했다. 하나는 우스운 상황에 대해 반응하는 단순한 웃음이며, 두 번째는 사회적, 문화적 배경을 이해해야 가능한 이성적(理性的)인 활동으로서의 웃음이다. 수많은 예술작품에서의 사회풍자적인 웃음의 코드가 바로 두 번째를 활용하는 것이라 할 것이다. 셰익스피어의 〈한여름 밤의 꿈〉은 두 가지의 웃음이 적절히 섞여있는 경우이다. 황당한 이야기가 주는 즉각적인 웃음과 아테네 도시의 모습에 대한 비판이 작품에 숨겨져 있다. 한바탕 웃어넘긴 후 잊어버릴 이야기가 아닌, 여운이 길게 남는 작품인 것이다.

국립극단은 특히 이번의 〈한여름 밤의 꿈〉 공연에서 '여성들의 부조리한 입장'을 뚜렷하게 보여줬다. 아테네의 왕이 결혼할 상대는 사랑해서가 아니라, 전쟁에서 정복한 나라의 여왕이었다. 여왕은 결혼식을 기뻐하지 않으며 불행해 한다. 딸들은 아버지의 뜻대로 또는 왕의 명령에 따라 결혼해야 한다. 아테네 도시는 왕의 법이 지배하는 냉혹한 곳이었다. 또한 아테네 도시의 귀족 계급과 노동자 계급의 차이를 분명히 보여준다. 귀족들은 노동자들을 멸시하며, 노동자들은 연극을 올리려는 그들의 희망을 끝내 이루지 못한다. 요정들에 의한 한밤의 소동은 끝났지만, 왕이 지배하는 한낮의 아테네 도시도 결코 평화롭지만은 않다. 연극은 또 다른 소동과 갈등을 예고하며 끝난다. 한밤의 엉뚱한 마법의 세상이, 차라리 뒤죽박죽이던 세상이 훨씬 행복해 보였던 것은 단지 필자만이었을까.

엄현희의 재밌는 무대이야기 2

공연을 즐기는 새로운 방식

〈위대한 개츠비〉

#2019.12.21.~2020.2.28.그래뱅뮤지엄 #이머시브씨어터 #찬란하고도어두운현실 #하나의이야기가관객을매개로수많은이야기로확장되다

〈위대한 개츠비〉는 F.스콧 피츠제랄드가 1923년에 발표한 미국의 소설이다. 미국의 대공황 직전의, 찬란하고도 어두운 시기를 가감없이 묘사한 이 소설은 현대 미국 소설의 걸작으로 꼽힌다. 레오나르도 디카프리오가 주연한 영화로도 제작돼(2013년) 사람들에게 더 가까이 다가갔다. 이러한 〈위대한 개츠비〉가 연극으로도 무대화됐다. 연극은 2015년 영국에서 초연된 후 전 세계에서 공연되고 있으며, 이번에는 라이선스 공연으로 국내 관객들과 만났다. 2월 28일까지, 두 달 넘게 '그레뱅 뮤지엄'(개츠비맨션)에서 공연한다.

왜 연극이 극장이 아닌 장소에서 공연되는 것일까. 이 공연은 '이머시브 형식'으로 화제가 되고 있다. 이머시브는 관객의 참여를 통해 완성되는 공연을 뜻한다. 이머시브 공연에서 관객은 얌전히 객석에 앉아서 무대를 바라보고만 있는 존재들이 아니다. 관객은 마음먹은 대로 여기저기를 돌아다닐 수 있으며, 보고 싶은 장면을 골라 볼 수 있다.

관객들마다 경험하게 되는 이야기가 조금씩 달라질 수 있으며, 하나의 공연이 다양한 관객들과 만나며 수많은 이야기로 확장된다.

이러한 이머시브로 만들어진 〈위대한 개츠비〉는 관객을 파티에 초대된 손님으로 가정한다. 공연을 보러 온 관객들은 1920년대의 미국의 개츠비 집의 파티 속으로 일종의 시간여행을 하는 셈이다. 실제로 공연 현장에는 화려한 장식과 예쁜 드레스를 차려 입은 사람들이 많았다. 관객들은 공연을 보러와 파티에 참석한 것처럼, 술과 음료를 마시며 자유롭게 춤을 춘다. 배우들은 이러한 관객들의 코앞에서 애절한 사랑과 갈등, 살인, 사기, 음모의 이야기를 보여준다. 감각적으로 아주 생생하게 말이다. 여기서 배우들은 관객들과 자연스럽게 대화를 나눌 뿐 아니라, 일부를 데려가 비밀을 들려주며 내밀한 분위기를 연출하기도 한다. 소설의 줄거리를 미리 알고 있다면, 이야기를 더 풍성하게 만드는 상상의 장면들을 체험한다.

개츠비의 파티에서 만난 그들의 이야기는 100여 년의 시공을 뛰어넘는 호소력을 보여준다. 혹은 현재와 교묘히 겹쳐지는 것 같다. 대공황 직전의 화려했던 그 시기는 예측하기 어려운 미래 앞에 직면한 사람들의 불안이 역설적으로 표출되었던 시기였다. 급변하는 현재는 불안과 공포를 동반하기 마련이며, 그 속에서 가치는 자주 뒤집힌다. 개츠비는 순수하며 선한 의지로 데이지를 사랑하지만, 결국 그것이 그를 파멸시킨다. 위법 행위와 거짓 등이 오히려 개츠비를 보호하며 부자의 위치까지 끌어올렸다. 폴(데이지의 남편)과 데이지는 이기적이며 비인간적인 태도로 끝까지 살아남는다. 모든 진실을 목격하며 파티에 참석한 관객들은 개츠비의 몰락에 안타까워 하지만, 방관자로 머문다. 저 화려한 아름다운 파티는 끝나버린 사랑과 차가운 시신, 그리고 배신과 살인을 남겼을 뿐이다. 하지만 무거운 주제와는 별개로 공연의 관람은 매우 흥겹다. 파티를 즐길 화려한 의상과 공연에 참여할 마음의 준비만 되어 있다면 말이다.

엄현희의 재밌는 무대이야기 3

모순적 인간에 대한 끈질긴 희망

〈전쟁터의 소풍〉

#2020.05.02.~2020.05.13.한양레퍼토리씨어터 #아라발 #양면적인인간성

〈전쟁터의 소풍〉은 프랑스의 극작가 페르난도 아라발(1932~)이 1956년에 쓴 희곡이다. 당시 아라발은 한국전쟁(1950~1953)의 발발 소식을 듣고 글을 썼다. 하지만 작품은 특정 전쟁에 관한 이야기라기보다, 인간의 보편적 전쟁의 역사가 소재이다.

특히 작품에는 전 지구적 전쟁과 냉전으로 얼룩진 20세기의 기나긴 폭력의 상흔이 선명하게 드러나 있다. 이는 아라발의 개인적 상처와도 무관하지 않을 것이다. 아라발의 아버지는 스페인 내전(1936~1939)으로 행방불명됐다. 작가는 지구촌 도처의 잔인한 전쟁과 폭력을 견디며, 그 속에서 반대로 끈질기게 평화에 관해 상상했을 것이다. 지긋지긋한 폭력을 미워하면서도, 그러한 폭력을 저지르는 인간과 인간성에 대한 희망의 끈을 결코 놓지 않았던 것이다. 따라서 아라발의 작품은 그렇게 모순적인 인간을 집요하게 보여준다.

〈전쟁터의 소풍〉(아라발 작/김승철 연출)도 얼핏 보면 무척 순진한 사람들이 등장한다. 경계지역의 보초병사와 그의 가족이 주인공이다. 아버지와 어머니는 일요일의 한낮의 피크닉을 위해 전쟁터의 아이를 방문한다. 순진한 이들에게 전쟁은 실감이 나지 않는 현실인가 보다. 하지만 어리석게까지 보이는 이들이지만, 한편으로 '적을 어떻게 죽여야 하는지' 말할 때는 섬찟하다.

공연은 병사의 역할로 선한 인상의 여성 배우를 캐스팅하는 한편, 어수룩한 군인들을 계속 보여준다. 적군과 시체를 처리하는 병사들마저 우스꽝스러움을 자아내며, 순간순간 폭력성을 드러내는 순진한 사람들과 어우러져 '전쟁 같지 않은 전쟁 상황'이 점차 강조된다. 적군은 포로가 되어 가족의 식사 자리에 초대되고, 식사를 마친 후에는 어린 이들처럼 함께 논다. 결국 사람들은 모두가 전쟁이 끝날 수 있는 방법을 진지하게 궁리하기에 이른다. '누구도 전쟁을 원하지 않는다'는 생각에까지 이른 것이다. 인간은 왜 전쟁을 하는 것일까란 질문이 객석에 던져지는 순간이다.

그러나 짧은 화합의 순간은 어디선가 날아온 폭탄으로 파괴돼 버린다. 이것은 인간의 끝나지 않는 전쟁의 역사에 관한 경고일 수 있고, 혹은 방향 잃은 폭력성이 주는 공포에 관한 은유일 수도 있다. 〈전쟁터의 소풍〉은 보초병의 모자, 엄마의 신발, 군화들만이 처참하게 나뒹구는 텅 빈 무대가 마지막이다. 작가 아라발은 자신의 연극을 '공황 연극'이라 불렀다. 그의 말처럼, 등장인물들은 뚜렷한 근거 없는 공포와 두려움 속에서 얼어붙거나 망가진다. 하지만 연극은 그러한 이들에게서 또 다른 희망 역시 놓치지 않는다. 희망의 의지는 작가 특유의 유머와 어린이 같이 천진난만한 놀이의 모습으로 나타난다.

엄현희의 재밌는 무대이야기 4

실화를 바탕으로 한 연극이 준 감동

〈유리 가가린〉

#2020.06.17~2020.06.21.선돌극장 #떼아뜨르봄날
#최초의우주비행사유리가가린 #운명적비행

"지구는 푸른빛의 섬광으로 둘러싸여 있다." 인류 최초로 지구를 내려다 본 우주 비행사 유리 가가린(1934~1968)이 남긴 말이다. 지금은 너무나도 익숙한 지구의 이미지이지만, 이것을 눈앞에서 실제로 처음 바라본 이의 감동은 어떠했을까. 아마 상상하기 힘들 정도로 벅찬 감정이었을 것이다.

우리에겐 사실 인류 최초로 달에 발자국을 남긴 미국의 닐 암스트롱(1930~2012)이 보다 익숙한 우주 비행사이다. 그것은 과거 20세기의 냉전시대의 교육에 따른 사고방식 때문이다. 1961년 소련의 우주 비행사 유리 가가린은 인류 최초로 우주의 궤도에 진입해 한 시간가량의 우주비행에 성공했다. 연극 〈유리 가가린〉(이수인 극본/연출)은 이러한 실화를 바탕으로, 가가린의 비행의 의미를 되살리는 작품이다.

극장에 들어서면, 검은색의 빈 무대가 눈에 들어온다. 옅은 조명으로 밝혀진 공간은 텅 비어 있다. 비워진 무대는 이윽고 배우들의 대사와 연기로 채워지기 시작한다. 우주에 대한 인간의 호기심과 욕망, 노력도 마찬가지였을 것이다. 텅 비어있던 하늘을 사람들의 호기심과 노력, 욕망으로 얻은 지식을 통해 조금씩 채워간 듯하다. 인간은 자신이 발붙인 땅을 넘어서는 세상에 대해 동경하고 꿈꾸며 끊임없이 알고 싶어 했다. 작품은 이것을 노래로 알기 쉽게 표현한다. 결과적으로 우주에 대한 인간의 지식은 현재까지 가파르게 성장한다.

하지만 우주에서 지구로 되돌아온 가가린의 남은 삶은 평탄치 못했다. 국가적 영웅으로 대접받는 동시에, 심리적 정서적으로 불안감을 자주 호소했다 한다. 가정조차 그에게는 안식처가 되지 못한다. 연극은 그의 불우한 마지막에 대해 특별한 이유는 보여주지 않는다. 한동안 하늘을 나는 것이 허락되지 못했던 가가린은 비행이 허락되자마자 훈련에 나섰다가 사고로 짧은 생을 마감한다.

가가린의 위대한 업적과 이에 대비되는, 허무하기까지 한 짧은 생은 마치 그가 직접 내려다본 '지구 속 인간'의 상징인 것 같다. 가가린은 인간이 한낱 미물에 불과하다는 것을 눈으로 직접 보았다. 그것은 스스로를 우주의 중심으로 여겨왔지만, 인간의 삶 및 유한한 시간은 수많은 우연의 산물일 뿐이란 진실을 확인한 순간이다. 인류 최초로 지구를 내려다보았다는 것은 최초로 거리를 둔 채 인간에 대해 객관적으로 성찰했다는 의미가 아니었을까. 연극 〈유리 가가린〉은 우주 비행사 유리 가가린의 실화를 통해 여러 가지 질문을 던진다. 당시 시대 배경을 환기시키는 레트로풍의 팝송의 흥겨운 가락과 코믹한 연기의 유쾌한 분위기는 여기에 덤이다.

엄현희의 재밌는 무대이야기 5

여성의 입장으로 고전 뒤집기

〈로테/운수〉

#2020.07.16.~2020.07.26.씨어터쿰 #여성,고전을뒤집다 #가부장제의모순

제목만 들으면 상당히 낯설게 다가올 것이다. 연극 〈로테/운수〉(서승연 작/연출)라니, 들어본 적 없다. 하지만 이 작품은 우리에게 친숙한 인물을 보여준다. 제목의 '로테'는 독일의 대문호 괴테의 유명한 고전 〈젊은 베르테르의 슬픔〉(1774)의 여주인공 로테이다. '운수'는 현진건의 단편소설 〈운수 좋은 날〉(1924)에 등장하는, 김첨지의 아내를 뜻한다. 그렇다. 연극 〈로테/운수〉는 고전소설 속의 여성인물들을 발굴해 전면에 보여주는 작품이다. 소설 〈젊은 베르테르의 슬픔〉과 〈운수 좋은 날〉은 모두 주인공이 남성이다. 남성 화자의 목소리로 들려주는 이야기들이다. 만일 이것을 여성의 입을 통해 듣게 되면 어떤 이야기가 될까. 〈로테/운수〉는 여성의 입장에서 뒤집어 본, 충격적 이야기를 들려준다.

〈로테/운수〉는 현대의 대한민국으로 시공간의 배경을 설정했다. 따라서 여성인물 로테와 운수의 설정도 각색되었고, 약간 과장되기도 했다. 로테는 젊은 대학교수란 성공한 커리어 우먼으로 등장한다. 남자친구도 있고 능력이 뛰어난 로테의 삶은 완벽하다. 이러한 그녀의 삶을 뿌리째 뒤흔든 것은 연하의 젊은 제자의 무서운 사랑과 집착이다. 어린 제자는 로테를 스토킹하다 자살하며 로테를 두려움 속에서 병적으로 망가뜨린다. 사실 소설 〈젊은 베르테르의 슬픔〉을 읽었을 때 우리는 이미 결혼한 여인을 사랑하는 베르테르의 절절한 열정의 묘사에 설득돼, 그러한 사랑을 받은 로테에 대해서는 생각할 겨를이 없었다. 혹은 로테는 행복했으리라 막연히 여겼다. 하지만 정말 그러했을까. 잘 알지 못하는 남성의 걷잡을 수 없는, 일방적 열정이 로테의 입장에서는 어떻게 받아들여졌을까. 이 연극의 설정은 그러한 점을 절묘하게 건드린다.

두 번째 인물 운수의 이야기는 좀 더 자극적이다. 사실 소설 속 김첨지의 아내는 이름조차 나오지 않았다. 그 인물에 운수라는 이름을 붙이고 연극은 그녀를 가정폭력의 피해자로 설정했다. 소설 속 김첨지가 누워 있는 아내에게 '발길질과 욕설'을 하는 대목이 있기는 하다. 하지만 소설을 읽는 대부분의 이는 김첨지의 불운한 처지에 감정이입돼 그 부분을 아내에 대한 애정의 엇나간 표현이라고 지나쳤다. 하지만 가정폭력의 가해자에게서 가장 자주 나오는 변명이 '사랑해서'이다. 연극 〈로테/운수〉는 이 부분을 포착해 운수의 이야기를 만들었다. 운수는 소설대로 남편에게 발길에 차이지만, 그 이후에 일어나 남편에게 그동안 당해온 가정폭력의 복수를 한다. 김첨지를 살해한다. 그녀에 대한 애정의 징표인 '설렁탕 그릇'으로 남편을 내리친다. 결국 법정에 선 그녀는 반복되는 가정폭력에서 자신이 살기 위한 살인이었다고 고백한다.

〈로테/운수〉의 설정은 자극적이되, 단지 과장된 것만으로 다가오지 않는다. 스토킹 범죄와 가정폭력의 피해자 여성의 이야기는 연일 뉴스에서 빠지지 않는 우리 사회의 한 부분이기 때문이다. 연극은 감정적으로 치우치는 대신에 냉정하고 침착한 태도를 유지하며, '지금 여기에서'의 여성존재의 어두운 현실을 보여준다.

거리예술,
축제,
아동청소년극
비평

공연예술의
확장된 경험

도시의 속살이 드러나다

〈안녕, 광명〉

#2019.6.7.~6.9광명5동골목 #이진엽연출가와코끼리들이웃는다
#미래가꼭새로워야하는가

〈안녕, 광명〉의 연출가 이진엽의 작업에는 한결같은 특징이 있다. 그동안 그녀와 그녀의 단체 '코끼리들이 웃는다'의 작업을 볼 때 자주 느꼈었다. 이진엽과 이 단체의 작업은 처음에는 조금 멀고 낯설게 느껴지다가 어느 순간에 불쑥 마음을 건드리며 친근하게 다가온다. 그러한 친근함은 참 신기하며, 특별한 기억으로 남아 있다. 왜냐하면 그녀의 작업은 대개 일반적으로 접하기 쉬운 연극이나 뮤지컬 등의 공연과는 매우 다른 모습이기 때문이다. 이번의 〈안녕, 광명〉도 그렇다. 관객들은 헤드폰을 끼고, 배우의 안내를 받으며 광명 도시의 골목을 50여 분 동안 돌아다닌다. 이렇게 작품이 사람들에게 낯선 경험을 의도적으로 연출하는데, 왜 한순간 슥 손을 내밀어 잡는 것 같은 다정함이 느껴지는 걸까.

〈안녕, 광명〉의 낯선 형식은 요새 '무대와 객석의 분리를 허물어뜨리는 공연'을 말할 때 쓰이는 '이머시브 씨어터'라 부를 수도 있다. 작품의 경계는 모호하다. 헤드폰을 낀 관객들을 에워싼, 광명 시내의 골목 풍경, 저 멀리에 무심히 지나쳐 가는 주민부터 주택의 오래된 벽돌의 기이한 무늬까지, 사람들의 청각과 시각을 촘촘히 자극하는 모든 것들이 작품이 된다. 어, 저기에 저런 것이 있었나? 여기가 이렇게 생긴 곳이었나? 작품은 감각을 열어 익숙한 곳을 새롭게 인지하도록 이끈다. 그렇게 민감해진 사람들의 앞으로 광명의 소박한 골목이, 평범한 일상의 한순간이 온통 풍성한 경험의 장으로 펼쳐진다. 이러한 공연에서 과연 어디까지를, 딱 잘라 공연이라고 말할 수 있을까. 그동안 연출가 이진엽과 '코끼리들이 웃는다'의 작업은 주로 '장소 특정적 공연'이나 '이동형 공연'으로 설명됐다. 공간의 특성을 부각하는 작업이나, 극장이 아닌 야외에서 관객들을 여러 장소로 이동시키는 공연들이었기 때문이다.

'장소 특정적 공연'으로서 이진엽 연출가와 '코끼리들이 웃는다'의 작업은 특정한 커뮤니티와 함께해 온 경우들이 많다. 〈안녕, 광명〉도 광명 5동의 주민들과 함께 만들었다. 이진엽은 "광명 5동의 경우에, 매우 운 좋게 진짜 마을 커뮤니티를 만났던 기회"라고 말한다. 외톨이가 되기를 원하는 사람들 외의, 대다수의 우리는 누구나 특정한 커뮤니티(집단)에 소속돼 있다. 하지만 거주하는 장소와 특별히 애정을 쏟는 사람들의 집단이 같은 이는 과연 얼마나 될까. 잦은 이동과 개인적 취향이 점점 중요해지며, '이웃'이란 단어의 의미는 점점 희미해진다. 반면에 광명 5동은 환경적으로 사람들의 이동이 적고, 공유하는 감정을 가질 만한 사건들이 있었기 때문에 자연스럽게 공동체 의식이 자리한 곳이라 한다. "통장님이 어느 누구를 소개해 주고, 또 그분이 다른 분을 소개하며, 이리 저리 끈끈한 사람들의 관계로 만들어진" 이번의 공연

〈안녕, 광명〉에서 장소는 사람들의 이야기가 꼼꼼하게 쌓여 살아 있는 생명체가 된다. 딱딱한 도시가 제목처럼, 부드럽게 인사를 건네는 대상이 된 것이다.

오래된 공간을 들여다보기

도시의 말랑한 속살은 헤드폰을 낀 30여 명의 사람들이 서로의 얼굴을 어정쩡하게 쳐다보고 있을 때, 불쑥 끼어드는 어느 배우로부터 시작된다. 어느 집의 계단에서 내려와 익숙하게 빨래를 너는 그의 목소리는 헤드폰을 타고 귓가에 울린다. 관객은 그의 안내를 따라 광명 5동의 골목을 걸어가고 멈춰서 바라보며, 오래되고 낡은 골목 거리를 들여다 보는 방법을 배운다. 그가 이끄는 대로, 그의 발길과 눈길대로, 전신주에 지저분하게 매달린 전선부터 낮은 주택가 사이의 좁은 하늘 조각을 따라가며, 이 골목에 대한 그의 생각을 따라다니게 된다. 그리고 깨닫게 된다. 사람들이 그때그때의 이유에 따라 시멘트를 바르고 블록을 깔고 건물을 세워 공간을 만들어 왔지만, 장소는 이제는 사라져 버린 사람들의 흔적을 가진 영속(永屬)의 존재라는 것을. 인간과 도시의, 주체와 객체로서의 관계가 모호해진다. 사람이 여기를 만든 것일까. 공간이 사람들을 끌어들이고 있는 것 아닐까. 공연도 사람들을 불러 모으는 행위 아닌가.

〈안녕, 광명〉은 꽤 촘촘하게, 도시를 만들어가는 사람들과 그럼으로써 만들어지는 공간 사이의 이야기를 쌓아간다. 관객을 이끄는 배우는 관객들에게 이러한 상황을 관찰하도록 만든다. 똑같은 형태로 만들어졌지만 재개발의 운명에 따라 다른 형태의 지붕을 갖게 된 쌍둥이 연립주택을 지나가면, 어느새 공간의 정령들인 듯한 새로운 존재들(배우들)이 무리에 첨가된다. 관객들을 이끄는 배우가 관객들이 감정이입하거나 동일시하도록 일상에서 튀어나온 듯이 연출되었다면, 공간의 정령들인 듯한 배우들은 가발과 세련되고 화려한 의상의 판타지로 표현돼 있다. 이들은 유머러스하며 짓궂고 역동적이다. 헤드폰으로 들려오는 배우의 음성이 감성적인 몰입을 유도한다면, 정령들은 작품에 생기발랄한 기운을 불어넣는다. 낡고 오래된 골목을 지나면, 골목 사이의 번듯하게 생긴 높은 아파트가 나온다. 배우는 "이제 똑같이 생기게 된 건물들"이라 말하며, 방금 전의 연립주택들의 개성적인 모습을 떠올리게 하는 반면에, 정령들은 아파트의 안전한 놀이터에서 춤추며 재밌게 논다. 경비 할아버지에게 쫓겨날 때까지.

작은 가게들이 모여 있는 언덕길은 〈안녕, 광명〉에서 동네 사람들의 사연들이 가장 표면에 드러나 있는 부분이다. '과자굽는 뿌', '대성 석유', '대성 참기름', '르밍' 등 언덕길에는 작은 소상공인들이 빼곡하게 모여 있다. 재밌는 이름의 개성 있는 가게의 이름들. 과연 개발이 지연된 낡은 공간에는 사람들이 찾아오지 않을까. 광명 5동의 언덕길은 오히려 개발이 지연되며 땅값이 오르지 않아, 사람들을 살아가도록 만들어주게 된 공간을 보여준다. 장사가 제법 잘 이뤄지는 모습이다. 사람들의 욕망과 투기는 누군가를 쫓아내지만, 그것이 덜한 곳은 누군가를 끌어안으며 살리는 공간이 된다. 〈안녕, 광명〉은 가게 주인들의 진짜 이름과 작은 사연들을 들려준다. 공간의 정령들이 참기름집 앞에서 같은 동작의 춤을 춘다. 참기름집 아가씨 사장은 이 동네서 나고 자라서 이 골목에 가게를 열었다고 한다. 왠지 수제의, 믿음직한 진한 참기름을 짜 줄 것 같은 작은 가게를 지나서 작품은 사람들을 또 다른 장소로 데려 간다.

왜 미래는 늘 새로운 모습이어야 할까

그런데 광명 5동에서 맞닥뜨린, 도시의 오래된 장소의 이야기가 꼭 여기만의 이야기일까. 개발의 흔적이 배여 있는 동네의 구석구석과 그곳의 삶은 비단 광명만의 사연은 아닐 것이다. 작품은 동네 한켠의 오래된 향나무를 키우는 작은 집으로 사람들을 데려가는데, 이때즘 혹은 그 이전부터 〈안녕, 광명〉은 마치 개인의 깊은 곳과 기억을 건드리는 내밀한 이야기를 건네는 듯하다. 그런 점에서 헤드폰은 관객이 스스로에 집중하며 빠져들게 만드는 장치이기도하다. 일반적인 공연이 공통의 경험을 강조한다면, '이머시브 씨어터' 형태는 집단적이기보다는, 개인적인 경험을 중요하게 강조한다.

양쪽 다 나름대로의 감각과 경험이 존재한다. 다만 〈안녕, 광명〉에서처럼, 장소 특정적이며 커뮤니티 기반의, 보편적이기보다는 독특한 개성이 강한 작품의 경우에 관객이 스스로의 내면에 집중하도록 이끌 때 특별한 경험을 안겨준다는 것이다. 낯설면서도 한편으로 '나'의 이야기 같은, 잊고 있던 기억 저편의 그리운 것을 만난 것 같다. 처음 만나는 장소를 걸으며, 자신의 내면 속으로 깊숙이 걸어 들어간 듯이 말이다.

작품은 마지막에 관객들을, 광명에서 제일 처음 만들어졌던 '장미빌라'로 데려간다. 광명 5동을 걸어 다닌 작품의 끝에, 광명의 처음이었던 장소로 간다. 장미빌라는 놀랍게도 개발이 이뤄지지 않았다. 여러 가지 상황들이 있었겠지만, 결정적으로 주민들이 개발을 반대하기로 결정했다고 한다. 만들어질 당시에는 최신식의 현대 빌라였지만, 지금은 한 눈에도 낡아 보이는 연립주택.

작품은 이 장미빌라 안에 사는 주민들이 지금도 얼마나 열심히 공간을 가꾸며 사는지를 말한다. 빌라의 주민이신 할아버지 할머니들이 나와서 서툰 동작으로 옷을 탈탈 털고, 관객들이 헤드폰의 소리를 따라서 몸을 돌려 뒤를 바라보면 저 멀리의 옥상에서 옷을 털어 빨래를 너는 배우가 보인다. 그의 뒤에는 높은 아파트들이 들어서 있다. 노인과 젊은이의 똑같은 동작을 보며, 낡은 장미빌라와 현대적인 아파트를 번갈아 둘러보며, 생각에 잠기게 된다. 장미빌라의 미래는 꼭 아파트여야 하는 것일까. 우리의 동네는 반드시 낡은 건물을 부수고 새로운 건물이 들어서며 만들어져야 하는가. 도시는 언제나 낡은 것 위로 새것을 덮으며 커져간다. 그렇게 늘 과거가 지워질 때, 미래가 찾아오는 것일까. 왜 우리는 그렇게 시간을, 삶을 만들었을까.

공연의 시간은 50여 분으로 길지 않았다. 하지만 작품이 끝나고 나면, 만만치 않은 피로가 느껴진다. 청각과 시각의 감각을 최대한 열어 새롭게 장소와 마주하고 새로운 사실들을 알아가며, 여러 가지 생각들 속에 자유롭게 머물다가 바쁘게 보냈기 때문이다. 걷다가 멈추는 육체적 행위도 공연에 특별한 경험 중 일부이다. 함께 걷는 30여 명의 관객들의 표정을 가끔 훔쳐보는 것 또한 이 작품의 독특한 점이었다. 시간이 흐를수록 점점 저마다 생각에 잠긴 듯, 풍성해진 표정의 관객들은 풍성해지는 이야기와 함께 공간의 의미가 살아나는 것과 마찬가지이다. 관객들이 자신의 일상으로 되돌아갔을 때, 이야기를 들려주는 배우와 공간의 정령들이 나타나기를 한순간 떠올려보지 않을까, 꿈을 꾸는 듯 풍성한 표정의 관객들을 마지막에 바라봤을 때 든 생각이었다.

이진엽 연출가와의 인터뷰

Q 어떻게 작품이 시작되었나.

A 광명시에서 커뮤니티를 기반으로 하는 '이머시브 씨어터'를 제작하기를 원했다. 전에 〈후원몽〉과 서촌에서의 공연 작업이 이번과 유사한 경우이다. 두 작업은 장소의 특징이 보다 중요했다. 하지만 〈안녕, 광명〉은 그보다는 동네의 주민들의 이야기가 중요한 작업이었다.

Q 작품을 만들며, 가장 고민했던 부분이라면.

A 장소를 답사하고, 사람들을 만날수록 작품에서 과연 무엇을 가져가야 할지를 계속 고민했다. 재개발의 이슈를 가져가고 싶진 않았고. '달인'이라든지, 깊은 역사 등의 확 눈에 띄는 이슈가 없는 것 같아 오랫동안 붙들고 있었다. 하지만 그러면서 오히려 이런저런 생각을 할 수 있었던 것 같다. 사람들과 일일이 만나서 인터뷰하고, 작품의 형태와 맞춰갔다. 한 사람을 만나면, 또 누군가를 소개받고, 그런 식으로 동네의 네트워크를 파악해가며 작품이 완성돼 갔다. '광명문화의 집'에서 예전에 일했던 분들이 만들었던 마을 지도의 도움도 받았다. 작가와의 협업도 새로운 경험이었다. 장소에서 표현하고자 하는 부분들을 언어로 풀어내는 과정을 함께하며 여러 가지를 고민했다.

Q 작업 후에 가장 만족스러웠던 부분은.

A 커뮤니티(공동체) 기반의 작업을 하면서, 새롭게 창작하는 요소와 실제의 사람들의 삶에서 포착한 요소들이 균형이 잘 맞

는가가 중요하다고 생각했었다. 그런 점에서 이번의 작업은 너무 서로에게 의존하거나 치우치지 않고 만들어진 것 같다. 날것 그대로의 이야기도 아니고, 예술가만의 세계도 아니고. 그런 점에서 만족스럽다. 무엇보다 광명이란 도시에서, 한 장소에서 오래 거주한 사람들의 집단을 우연히 만나게 돼 행운이었다. 자연스럽고 안정되게 형성된 커뮤니티와 만나게 돼, 작업에도 좋은 영향을 받은 것 같다.

야외 이동형 공연, '날것 그대로'의 삶 속으로

〈인간장수를 모집합니다〉〈망각댄스_4. 16편〉

#이동형공연 #현실을담아내려는시도 #산책
#살아내기위해선택하는조금의비열함에대해 #행동주의

〈인간장수를 모집합니다〉
일시 : 2019년 11월 16일(토) ~ 17일(일) 오후 5시
장소 : 북창동 일대(집결장소 : 원주차장 2층)
이지형 연출, 조음기관

〈망각댄스_4. 16편〉
일시 : 2019년 11월 23일(토) ~ 24일(일) 오전 11시
장소 : 서울 (여의도 이랜드크루즈 선착장 출발)
김수정 연출 및 구성, 극단 신세계

'왜 공연이 극장의 밖으로 나갔을까' 란 질문은 '나가서 향하는 곳이 그래서 어디인가'란 질문으로 바뀌어야 할 것이다. 〈인간장수를 모집합니다〉(이지형 연출, 조음기관)와 〈망각댄스_4. 16편〉(김수정 연출 및 구성,

극단 신세계)는 이 질문이 자연스럽게 떠오르는 작품들이다. 이들은 야외에서 공연되었다. 더구나 야외의 한 공간을 무대로 사용한 것이 아닌, 관객을 데리고 다니며 여러 장소를 이동하는 '야외 이동형 공연'이다. 그래서 이 작품들은 관객을 다름 아닌, 삶의 한복판으로 데려간다. 〈인간장수를 모집합니다〉는 북창동의 일대에서 공연되었으며, 〈망각댄스_4. 16편〉는 서울의 곳곳을 여행한다. 도시와 삶의 한가운데이다.

이렇게 보면, 이들이 '극장을 어떻게 보는가' 가 조금 명확해 지는 것 같다. 극장이 가공의 세계, 허구의 세계라면, '극장의 밖'은 이들에게 이와 반대로 실제의 세계, 현실의 세계이다. 이렇게 보면, 야외의 공연들은 한편으로 극장에서도 활발히 이뤄지고 있는, 극장에서의 실존에 대한 실험 및 성찰과 궤를 같이 하는 점도 있는 것 같다. 무대 공간에서 일련의, 가공된 것이 아닌 '날것 그대로'를 자꾸 들여오려는 욕망과도 연결돼 있는 것이다. 특히 공연에서 다큐멘터리적 시도는 이를 잘 보여준다. 또한 이머시브(관객 참여)에 대한 열광도 궤를 달리하면서 비슷한 욕망을 보여준다.

하지만 야외는 '날것 그대로'가 어떤 꾸밈없이 바로 실존하는 세상이다. 야외는 극장의 공연들이 그토록 살려내고 싶어 하는, 혹은 허구 속에 흘려 넣고자 하는 삶의 리얼함, 그 자체이다. 야외 이동형 공연들은 관객을 데리고 다니며, 창작진이 짚어낸 특유의 삶의 단면을 보여주고자 한다. 그것은 인간이 숨 쉬고 살며 만들어낸 친숙한 도시의 한복판에서, 쑤욱 숨어있는 장기(腸器)를 겉으로 끄집어내는 손길이 느껴지는 것 같다. 섬뜩한 골라내기. 〈인간장수를 모집합니다〉와 〈망각댄스_4. 16편〉은 야외 이동형 작품들 중에서 특히 그러한 느낌이 강한 작품들이다.

본능을 거스르는, 산책하기

인간은 기억하는 존재인가 아니면 망각하는 존재인가. 망각이 좀 더 본능적이라 생각한다. 삶 혹은 존재한다는 것은 새로운 정보를 받아들이는 일이기도 하며, 새로운 정보는 당연히 기존의 것을 밀어내야 자리가 생긴다. 망각해야 할 것들을 망각하지 못할 때, 그것이 사람에게 '트라우마'이다. 상처로 남겨지는 것. 망각하지 못할 때 병이 든다. 삶의 한복판으로 관객을 데려가는 두 작품 〈인간장수를 모집합니다〉(이지형 연출, 조음기관)와 〈망각댄스_4. 16편〉(김수정 연출 및 구성, 극단 신세계)는 그러한 점에서, '망각하는 삶'으로 걸어 들어가는 작품들이다. 도시는 별일 없이 반짝거리며 화려하고 역동적이다. 그것이 자연스러운 것이다. 여기서 둘은 그럼에도 기억해야 할 것에 대해 말한다. 〈인간장수를 모집합니다〉와 〈망각댄스_4. 16편〉는 본능을 거스르기를 권하는 작품이라 할 것이다.

둘은 몇몇 공간을 돌아다니도록 유도하여 '장소성'을 만들어낸다는 점에서 장소 특정적(사이트 스페시픽)인 작업들이다. 관객이 해당 장소를 능동적으로 산책하는 것이 공연의 체험에서 결정적인 요소이다. 따라서 퍼포먼스는 극장 안에서처럼 치밀하게 준비되어 있지 않지 않다. 이러한 작품에서 창작진은 해당 공간을 안내하는 방법을 디자인하는 '가이드'에 가깝다. 최대한 느슨하게 퍼포먼스가 연출되는 것이다. 극장 안에서처럼, 우연과 변화의 요소를 리허설을 거쳐 최대한 걸러내는 것이 아닌, 즉흥, 우연적 측면을 공연 안에 적극적으로 끌어들이며 혹은 핵심적인 체험으로 이용한다. 만들어진 세계가 완벽한 허구가 아니기 때문에, 퍼포머도 현실과 허구 사이에 걸친 모호한 존재감을 가진다. 이러한 세상에서 관객의 능동적인 행위, 이동과 산책이 가장 중요하다. 관객들은 〈인간장수를 모집합니다.〉에서 약 1시간 동안 북창동의 일대를 돌아다닌다. 〈망각댄스_4. 16편〉의 관객들은 오전 11시부터 오후 6시까지 서울을 여행한다. 정해진 코스로 이동과 여행. 산책하기. 그 전체 과정을 성실하게 치루는 것이 공연의 핵심을 잘 이해하는 것이다.

"고기는 맛있나요?"

〈인간장수를 모집합니다〉(이지형 연출, 조음기관)는 집결장소인 주차장으로 가면 몇몇 사람들이 모여 있는 가운데 판단작업이 이뤄진다. '무거운 물건을 잘 드나요?' '적극적인 성격인가요?' 등의 질문에 따라 대답을 하고나면, 분홍색이나 파란색의 작업복을 입어야 할지 결정된다. 모든 사람이 그 자리에서 본인의 옷 위에 작업복을 입어야 한다. 모자와 온몸을 감싸는 작업복은 공장 노동자 특히 고기분류 작업을 하는 노동자를 연상시킨다. 분홍색 옷 팀과 파란색 옷 팀으로 관객들은 두 팀으로 나눠져 일련의 미션을 수행해야 한다. 옷의 색깔에 따라 장소의 선택이 약간씩 달라지는 듯하다. 리더인 배우를 뒤따라 수레를 끌며 모두가 이동한다. 수레 안에는 종이박스로 만든, 커다란 돼지 인형 머리가 놓여 있다. 배우를 도와 돼지 머리 외에 소의 머리 형태 등의 본뜬 인형을 함께 수레에 놓기도 한다. 관객들은 스스로 이제 여러 가지 고기 요리의 재료인 '동물의 고기'를 다루는 도축 등을 하는 존재가 되었음을 짐작한다.

이 작품은 동일한 콘셉트로 여러 가지 버전으로 공연되었다. 북창동 일대에서 공연됐던 이번 공연 이전에 서울거리예술축제의 〈인간장수〉(무교동 일대, 10. 4 ~ 10.6)는 관객의 참여형이 강조되지 않은 모습이었다. 대신에 동물 모형의 인형들을 가지고 식당가를 돌아다니며,여느 도시 골목에서 흔한 돼지고기 구이집, 오리고기 집, 설렁탕집 등을 방문하며 '인간의 신체의 일부 인형'을 하나씩 가져오는 과정을 보여줬다. 그래서 동물 인형들과 마찬가지로 사람의 팔, 다리, 엉덩이, 몸통들의 부분들이 쌓이며, 그 요리집들에서 동물 인형과 같은 '가격'으로 거래되는 과정을 보여주면서 동물의 입장을 섬뜩하게 상기시키는 공연이었다. 평상시 아무렇지도 않은 도시의 식당이 즐비한 골목, 활기찬 생기의 장소가 동물의 입장에서는 '불공평한' 살육의 장소가 된다는 역전이 자연스럽게 일어나는 공연이었다. 인간 역시 지구상에서 다만 동물 중에 한 종(種)에 불과하지 않은가. 그런데 왜 다른 종을 당연하게 가축화하는가. 그러한 권리는 과연 누가 주었는가.

이번의 공연에서는 관객 모두가 배우를 따라 작업복을 입은 채 '인간장수'가 되어 거리를 활보한다. 사실 똑같은 작업복을 입은 한 무리의 사람들이 갑자기 거리에 나타나자 이것이 무엇인지 물어보는 시민들을 몇몇 만날 수 있었다. 그런 점은 거리공연의 특성이 잘 살아난 지점이라 생각된다. 참여한 관객 역시 또 다른 사람들에게 공연의 풍경으로서 보이며, 그럼으로써 작품의 메시지는 퍼진다. 인간장수들은 지도를 보고, 어떤 가게를 찾아들어가 거래를 해야 한다. 배우는 인간장수들에게 삼겹살 한 덩이씩을 나눠 주었고, 인간장수들은 지도를 보고 지정된 장소에 가서 배우를 만나게 된다. 식당에 들어가자 또 다른 배우가 기다렸다는 듯이 고기전을 권한다. "고기는 맛있나요?"라고 질문하며. 그가 권하는 고기전을 맛있게 먹으며 배우가 건네주는 검은 비닐봉지를 받고 다음 장소로 이동한다.

〈인간장수〉의 최종 장소는 골목 한구석의 넓은 주차장이다. 거칠고 투박하게 생긴 장소에 가 보면, 파란 비닐 돗자리가 넓게 깔려 있고 먼저 도착한 관객들이 받아 온 검은 비닐봉지에서 물건을 꺼내서 돗자리 위에 정리 중이다. 그것은 인간의 신체 조각들이다. 머리, 몸통, 팔, 다리, 손 등이 몇십 개씩 정리가 되면, 배우가 나와 사람 인형을 조립하기 시작한다. 자세히 보면 인간의 신체를 접착할 수 있도록 만들어져 있다. "자 여러분 서둘러 작업해야 합니다"란 구호 속에서 가끔 박수를 치며 관객들은 열심히 인형들을 조립해 사람 인형을 만들어 간다. 완성된 사람 인형은 돼지고기를 걸어놓듯이 꼬챙이에 꿰어 하나씩 매달린다.

작품 전체의 톤은 결코 심각하지 않으며 가벼운 편이다. 음악과 구호도 유쾌하며, 관객들을 대하는 배우들도 대개 밝은 태도를 유지한다. 그래서 작품이 군데군데 산만하게 다가오는 측면도 있었다. 하지만 그것은 타이트하게 짜여 있지 않은 야외 공연의 특성이기도 하다. 또한 인간·동물고기를 다루는 작품이 거칠고 야만적인 톤을 갖는 것은 당연해 보이기도 한다. 이와 반대로 작품의 마지막은 인상적으로 마무리된다. 주차장에 커다란 지게차가 들어와 연출된다. 배우들은 조립으로 완성된 사람 인형 중에 하나로 인형의 섬세한 움직임을 선보인다. 사람처럼 움직이던 인형은 지게차에 쓰러지고 인형과 함께 배우들이 시체처럼 뒤섞여 누워있다. 지게차에 마지막까지 살아있던 배우마저 쓰러져 실리면서 작품이 끝난다. 사실 이전 버전에서는 사람 인형의 움직임이 좀 더 추가돼 장면이 만들어졌었다. 하지만 이번에는 배우들과 인형이 뒤섞이며 같은 존재처럼 보이는 장면으로 마무리됐다. 이 작품의 창작진 '조음기관'은 '인형의 관점대로'라는 구호를 갖고 있다. 인형은 사람에 의해 조종되는 존재에 불과한 것 아닌가. 하지만 인간은 늘 그러한 '우월한 인간'의 자리에서 바라보고 있음에 대해 기억해야 한다. 그 높은 자리에서 내려와 바라보는 시선에 따라 여기에서는 작품이 하나씩 만들어지나 보다.

대립을 피하기 위해서?

〈망각댄스_4. 16편〉(김수정 연출 및 구성, 극단 신세계)는 '다크 투어리즘'(잔혹한 참상이 일어났던 역사적 장소나 재난, 재해 현장을 돌아보는 여행)이란 뚜렷한 콘셉트를 보여준다. 그런데 '다크 투어리즘'으로 돌아다녀보는 곳은 다름 아닌 서울 시내 곳곳이다. 잔혹한 역사의 장소는 일상의 장소와 저 멀리 떨어져 있을 것 같은가. 삶의 단어의 뒷면이 죽음이듯이, 서울의 단어의 뒷면은 재난의 현장같다. 이 작품은 그러한 인식을 불러일으키는 작품이다. 〈망각댄스_4. 16편〉은 여의도의 이랜드크루즈에서 출발해 서울로 7117, 종로구의 전통 한복 체험, 청와대 사랑채, 동대문구의 경동시장, 광진구의 서울거리예술창작센터를 이동한다. 대략 8시간이 걸리는 이동의 장소들은 '관광도시 서울'이란 이미지의 장소들이다. 여기를 관객들이 관광객이 되어 즐겁게 여행한다. 공연에서는 실제의 중국인 여행객들, 놀러온 시민들을 자주 만날 수 있었다.

공연을 사전 예약한 관객들이 집결장소인 여의도 선착장에 찾아 가면, 관광객 가이드로 분한 극단 신세계의 배우들이 맞이해 준다. 물, 핫팩, 간식부터 꼼꼼하게 챙겨주며, 크루즈를 타고 한강을 돌기 전에 '서울서울서울' 음악에 맞춰 단체로 체조를 실시한다. 각 장소마다 담당 가이드인 배우들이 있으며, 해당 장소를 간단히 설명한다. 여의도 이랜드크루즈는 세월호의 소유주였던 세모그룹 소속 유람선이다. 1시간 가량 한강을 여행할 때 배우들의 작은 퍼포먼스가 펼쳐진다. 자작곡을 기타를 치며 발표한다. 유람선의 실제 관광객들과 함께 섞여 관람할 때 지하철의 물건을 파는 상인 같은 종이를 들고 관객들에게 나눠준다. 종이에는 삐뚤삐뚤 연필 글씨로 '선박사고 시 대피요령'이 그려져 있다.

나머지 장소들도 갖은 패턴을 갖고 있다. 관객이 관광객이 되어 체험하는 것이 핵심적 경험이며, 그때마다 '사고 시 대피요령'이란 종이가 주어진다. 서울로 7117은 기다란 길에서 산책을 한다. 종로구의 전통 한복 체험에서는 관객들이 모두 한복을 입고 거리로 나선다. 이날은 야외 공연의 특성인 즉흥과 우연적 요소들이 더욱 극적 상황을 연출한 날이었다. 한복을 입은 관객들은 원래 공연의 장소인 청와대 사랑채를 방문할 예정이었다. 하지만 당시 단식농성에 나선 황교안 국회의원과 시위의 분위기가 너무 격해져 청와대로 접근할 수 없었다. 그리고 노란 풍선을 들고 관광객으로 분해 그 사이를 통과하는 관객들에게 '우파의 지지세력'인 시위에 나선 시민들이 비난과 욕설이 쏟아졌다. '노란색을 보니 무슨 흉계를 꾸미는 것이냐며'. 극단적인 대립이 예상되는 분위기에서 관객들은 예정됐던 청와대 방문을 포기하고, 다른 길에서 사진을 찍는 퍼포먼스에 참여했다.

사실 이 작품은 '망각하는 삶'에서 기억을 위한 여행의 과정이다. 그런데 '세월호 참사와 죽음에 대한 기억'이 놓인, 우리 사회의 특수하며 복잡한 상황이 종로구의 한복 체험 중에 우연히 벌어졌다. 어쩌면 사회는 극단적인 대립과 갈등을 덮기 위해 부러 망각으로 향해 가는지도 모른다. 그런 가운데에서 〈망각댄스_4. 16편〉는 불편한 것을 헤집어 꺼내 놓는다.

동대문구의 경동시장을 들러 마지막 장소인 서울거리예술창작센터에서 작품은 마지막 퍼포먼스를 벌인다. 관객들은 김치를 담그는 행사에 정신없이 즐겁게 참여한 뒤에 창작센터의 지하 공간으로 안내된다. 지하에는 여태까지 여행하는 중에 나왔을 법한 비닐, 음식물, 의자 등 각종 쓰레기들이 전시물처럼 전시돼 있다. 위험을 알리는 노란 띠들이 둘러있는 쓰레기 더미. 그리고 벽에 걸린 스크린에는 2014년 세월호 사고 이후에 2019년까지 사회의 굵직한 뉴스들이 흘러나온다. 우리를 열광시키며 열중시켰던 이슈들이다. 그런데 2014년의 세월호 관련 이야기들은? 마지막의 체육관에서는 배우들이 직접 2014년부터 현재까지 세월호 사고 이후의 조치들, 사회의 반응, 뉴스, 기사를 직접 낭독한다. 모두들 여전히 해결되지 않음을 알고 있지만, 이제는 어떻게 나아가고 있는지 알고 싶어 하지 않는, 혹은 잊고 싶어 하는 이야기들이 열정적으로 나열된다. 넓고 휑하며 차가운 공간과 닮은, 결론은커녕 들을수록 미궁에 빠진 듯하며 무미건조하고, 압력에 의해 좌지우지되며 힘겹게 이어져 가는 이야기들이.

〈인간장수를 모집합니다〉와 〈망각댄스_4. 16편〉는 최근에 축제를 벗어나 독자적으로 기획, 제작되어 관객들과 만나고 있는 야외 이동형 작품들이다. 축제는 시민들과 작품이 만날 수 있는 좋은 기회이기도 하지만, 또한 대형 축제가 갖는 '공공성' 때문에 미처 창작진이 말하고 싶은 것에 제약이 있을 수도 있다. 시민에게 열려있는 축제는 대개 가족 관객을 선호하며, 이것은 주제나 표현 방법에서 일정한 방향을 갖게 되기 마련이다. 하지만 사람들의 삶 한복판에서 '날것 그대로'의 무엇을 말하고자 하는 이들에게 이것은 답답함을 줄 때도 있다. 〈인간장수를 모집합니다〉와 〈망각댄스_4. 16편〉는 능동적인 관객들의 행위를 통해 외면하고 있는 것들, 잊어버리고자 하는 것들에 대해 나누고자 한다. 그리고 관객 개개인의 각성이란, 작지만 시작인 변화를 추구하는 행동주의적인 작품들이다. 그것이 창작진이 야외 이동형 공연이란 형태를 선택한 이유이다.

기매리 연출가가 만드는 놀라운 순간들

〈트레져스피커_베테랑편〉

#2019.10.17.~10.19인천아트플랫폼과인천전역 #세가지의공연형식
#한사람의관객을위한공연 #기매리연출가와아해프로젝트

"관객을 좀 더 개별적으로, 좀 더 가까이서 만나고 싶다는 생각이 이러한 작업으로 이끈 것 같아요."

-기매리 연출가와의 인터뷰 중에서

굳이 인문학자 자크 랑시에르의 '해방된 관객'이란 용어를 잘 알지 못해도, 현대 연극에서 관객을 새롭게 정의하려는 여러 욕망은 익숙한 것이다. 최근의 연극 작업은 관객을, 객석의 어둠 속에서 예술가의 메시지를 잠자코 수용하는 한 무리의 존재로 인식하려 하지 않는다. 이것은 명백한 현상이며, 무엇보다 변화하기를 원하는 능동적이며 주체적인 관객들에 의해 환영받고 있다. 공연 〈슬립 노모어〉의 전 세계적인 유행을 비롯한, 이머시브(관객 참여) 공연의 놀랄만한 급부상을 보라.

연출가 기매리와 그녀와 함께하는 '아해 프로젝트'(임유영, 강신우, 이연우, 허이나, 김태결)의 작업은 이러한 맥락에서 흥미롭다. 2019 인천아트플랫폼의 입주작가 기매리 연출가의 〈트레져스피커_베테랑편〉(10월 17일~19일, 인천아트플랫폼 및 인천 전역)은 관객에 대한 창작진의 유별난 접근이 눈에 띈다. 이들의 작업은 관객에 대한, 이 팀만의 고유한 탐구 방법론으로 이해된다. 관객은 이 팀에게 창작의 원천이며, 공연의 형태 또한 결정짓는 요소이다.

〈트레져스피커_베테랑편〉은 3일 동안 세 가지의 버전으로 공연된 작품이다. 세 가지의 버전이 관객과 만나는 전혀 다른 태도를 보여준다. 첫째 날의 첫 번째 공연은 '베테랑과 걷다'란 부제를 달고 있다. 관객 1명을 대상으로 하는 공연이다. 둘째 날의 두 번째 공연은 '베테랑과 헤매다'란 부제를 달고 있으며, 무작위의 관객을 대상으로 한다. 퍼포머들이 인천 전역의 곳곳에 숨어 있으며, 24시간 이내에 불특정의 관객들이 자발적으로 이들을 찾아 나서야 한다. 셋째 날의 세 번째 공연은 사전 예약을 한 10여 명의 관객들과 인천의 섬으로 10여 시간 가량의 여행을 떠난다. 부제는 '베테랑과 떠나다'이다.

'베테랑'은 무엇을 의미하는 것일까. 사전적 의미로 그것은 어떤 분야에 대한 숙련가나 전문가를 의미하는 단어이지만, 이 팀은 '성실하게 매일의 시간을 쌓아 올린 사람들의 일상'이라 해석한다(팜플렛 참조). 그렇다면 누구나, 혹은 무엇이든 베테랑일 수 있다. 평범한 사물, 평범한 사람, 평범한 장소를, 이 팀의 작업은 '비범한 무엇'으로 바꾸는 것이다. 사람들을 비범한 무엇, 즉 특별한 순간으로 경험하도록 이끄는 것은 강렬한 극적 체험을 주는 것과 근본적으로 다르지 않다.

극적 체험에 관한 수많은 정의가 있지만, 특히 기매리 연출가와 아해 프로젝트의 작업은 극적인 경험을 '전이(轉移)의 과정'으로 설명하는 것을 떠오르게 한다. 한 차원에서 다른 차원으로 경계를 넘어서는 것으로, 바뀌고 변화하며 서로가 섞이는 순간이 극적인 경험이다. 〈트레져스피커_베테랑편〉은 작품의 곳곳에서 전이의 순간들을 자주 만날 수 있다. 그래서 1명의 관객을 위하거나 24시간의 가상공간에서의 오픈 혹은 여행이란 낯선 형태에도 불구하고, 공연에 대한 오래된 정의를 익숙하게 마주치게 된다. 독특한 경험이다. 아마 이것은 이 팀이 관객이라는 공연의 핵심적 화두를 성실하게 매만지고 있기 때문일 것이다.

깊숙하며 상냥한 응시

공연은 어둠으로부터 시작한다. 필자가 관람한 〈트레져스피커_베테랑편〉의 '베테랑과 걷다'는 관객 1명을 인천 아트 플랫폼의 극장으로 안내한다. 시야가 차단되어 어둠 속에 자연스럽게 젖어들 무렵부터, 소리가 들리기 시작한다. 그것은 창작진이 미리 준비한 '카오틱 사운드'이다. 관객 1명을 대상으로 하는 이 공연은 사전에 관객 신청 설문을 받았다. 여러 개의 질문이 개인의 생각과 경험을 솔직하게 털어놓게 한다. 관객 1명은 신청자들 중에서 창작자들에게 선택된다. 창작자들은 관객의 이야기를 듣고 각자의 창작의 원천으로 삼아 창작물을 만들어낸다. 사전에 답사한 인천의 골목골목의 장소로 관객을 안내하며, 장소마다 창작자가 창작물을 내놓는다. 인천아트 플랫폼에서 시작해 홍예문, 자유공원 등 장장 3시간가량 걷는다. 이러며 관객 1명은 인천의 조용한 골목에서 작품을 매개로 창작자와 대화를 하는 셈이다. 그것은 자신의 이야기로부터 나온 창작물이기 때문에, 내밀하며 그만큼 사적이고 나지막한 속삭임이라 할 수 있다. 공연의 시작에 배치된 어둠 속의 '카오틱 사운드'는 그러한 은밀한 이야기를 들을 준비 단계이다. 어둠 속에서 들려오는 정체불명의 기이한 소리를 찾는 것, 관객에게 앞으로 펼쳐질 여정을 자연스럽게 준비케 한다. 기이한 자신의 고백들, 자아의 조각들을 조심스레 찾는 여행 말이다.

관객의 이야기를 창작의 재료로 삼아 작업을 진행하는 많은 시도들 중에서 이 팀의 경우, 한결같은 태도와 자세가 인상적이다. 관객을 상냥하며 깊숙이 바라본다. 그러한 접근은 작업에서 자연스러우면서 부드러운 정서적 순간을 만들어낸다. 작품은 관객의 심리적 동선에 따라 창작물을 배치한다. 부러 그를 압박하거나 밀어붙이는 것이 아닌, 기다리며 은근히 상냥하게 말을 건다. 처음 만나게 되는 작업은 배우의 움직임이었다. 이 작업을 만나기 전에 약 1시간가량을 걸었다. 높고 낮은 언덕과 기다란 길들. 나무와 공원과 인천 저녁의 어스름한 풍경. 갑자기 등장하는 바다의 약간 낯선 풍경들. 기매리 연출가는 이러한 장소에 시간을 잘 맞추어 관객을 데려가 만나게 한다. 사실 그러한 풍경과 순간은 이미 존재하는 것들이다. 그렇지만 새롭게 발견하도록 한다. 그것은 연출가의 표현대로 "현실 속에 환상을 조금 집어넣으며" 야외 작업의 즐거움을 느끼는 순간이다. 인위적인 무언가를 잔뜩 만들어내기보다, 원래 장소와 도시가 갖고 있는 것을 빛이 나게 만들어 보여주는 것 같다. 관객의 경험이 예술 작품으로 바뀌어 자신에게 되돌아오듯이.

빈 공원에서 공간을 넓게 쓰는 배우의 움직임 뒤에 관객은 배우와 이런저런 이야기를 나누며, 다음 장소로 나아간다. 공원에서 그를 기다리는 것은 시인이다. 그는 시를 읽어준다. 관객과 눈을 맞추고 그에게 말을 들으며, 시를 읽어준다. 기매리 연출가를 비롯, 창작팀 '아해 프로젝트'는 관객에게 향하며 열려 있지만 대중적인 창작팀은 아니다. 친숙하고 익숙한 언어를 사용한다는 의미에서의 대중성 말이다. 배우의 움직임과 시, 그리고 뒤이어 등장하는 노래와 미디어 아트도 모두 예술을 특별히 즐기는 애호가가 아니라면, 그 맛을 즐기기 다소 난감할 수 있는 매체들이다. 아해 프로젝트의 창작물들도 쉽고 친숙하기보다는, 낯설며 자유로운 형식 쪽이다.

하지만 그러한 언어들이 관객의 개인적인 이야기를 담고 있을 때, 그것은 굉장히 깊숙하며 독특한 힘과 영향력을 가진 언어들이 된다. 관객은 자신의 경험과 예술, 현실과 상상의 세상이 뒤섞이는 기이한 경험을 맞이한다. 관객과 개인적으로 깊은 일대일의 소통을 나누는 것, 공연에서 이러한 경험을 진하게 만들어내는 점이 상당히 독특한 접근이다. 그것은 마치 누구나 사용하는 보편적인 언어가 아닌, 엄마와 아이만의 개인적인 언어, 특별한 사람들 간의 유대감과 소통을 위한 언어 등을 떠올리게도 만든다. 그런데 사실 예술은 예술가의 특별하며 개인적인 언어이기도 하다. 기매리 연출가와 아해 프로젝트의 작업은 그러한 근본적인 정의들을 자연스럽게 상기시킨다. 공연은 인천의 뒷골목을 넓게 돌아 다닌 후 다시 인천아트플랫폼으로 돌아와 노래와 미디어 아트로 마무리 된다. 관객은 역시 심리적 동선에 따라 듣고, 자전거를 타도록 안내된다.

3가지의 형태로 공연된 〈트레져스피커_베테랑편〉 중 필자는 첫 번째인 '베테랑과 걷다'만을 관람할 수 있었다. 나머지 두 공연은 아쉽게도 기매리 연출가와의 인터뷰와 이미지로만 접할 수 있었지만, 첫 공연과 비슷한 요소들이 등장하고 있는 것을 확인했다. 다만 관객과의 접합면에 있어 세 번째 공연인 '베테랑과 떠나다'의 경우 지역의 소규모 커뮤니티와 결합하는 방식이 떠올랐다. 물론 창작팀도 이미 시도해

본 방법일 수 있지만, 커뮤니티와의 결합이 첫 번째 공연만큼의 밀도를 만들어 낼 수도 있으며 관객 모객의 경우에도 도움이 되리라는 판단 때문이다. 기매리 연출가와 아해 프로젝트의 〈트레져스피커_베테랑편〉은 이번이 첫 번째 공연이 아니다. 2016년에 서울월드컵경기장에서 처음 시작해 관객들이 무언가를 찾는 형태가 만들어졌으며, 2018년에는 서서울창작센터와 연우소극장을 연결해서 여러 명의 창작팀들이 각자의 장소에 흩어져 관객을 맞이하는 것이 시도되었다. 2019년 인천아트플랫폼에서는 인천의 도시 및 실미도와 영종도, 강화도까지 여행을 떠나는 것으로 장소가 확장되었다고 할 수 있다. 〈트레져스피커_베테랑편〉은 굳이 형식에 대해 구체적으로 설명하자면 야외의 이동형 공연이자 장소특정형 작품이라고 할 수 있을 것이다. 하지만 공연 때마다 이러한 형태를 기본으로 변형하며 새로운 버전을 만들어가는 작업이다. 관객과의 소통의 독특한 방법이 인상적이다. 그것이 공연의 기본적인 질문을 길어 올리는 점도 특이하다. 나지막하지만 깊숙한 곳으로 울려 퍼지는 목소리의 잔상이 어떤 무늬를 남기는 작업이다.

'선동'은 여전히 유효한 행위일까

〈구호의 역사 1945-2015〉

#2019.10.4.세실극장외벽 #리서치베이스 #정진새구성 #서울거리예술축제

〈구호의 역사 1945-2015〉(정진새 구성/연출, 극단 문)는 축제에서 두 번째 만난 작품이다. 2018년 안산축제 이후에 이번의 서울거리예술축제에서다. 리뷰에 앞서 기사를 검색해보니, 올해 6월에 광명시에서 학생들과 참여형 프로그램으로 공연되었던 사실을 찾았다. 그 작품을 보지는 못했지만, 〈구호의 역사〉는 그러한 형식이 잘 어울렸을 것 같다. 대한민국의 1945년부터 2015년까지를, '구호'라는 틀을 가지고 훑는 이 작품에서는 구호의 검색, 리서치의 과정 자체가 상당히 중요하다. 올해 6월에 공연된 〈구호의 역사〉는 과정 중심의 의미를 잘 살려낸 접근이다. 반면에 축제에서 만난 〈구호의 역사 1945-2015〉는 이와는 다르게 다가왔다. 현장에서의 퍼포먼스 그 자체가 보다 중요하다.

2018년의 안산축제는 안산문화광장에서 열렸으며, 당시 광장의 한 지점에서 공연된 〈구호의 역사 1945-2015〉는 역사에 대한 통시적 관점뿐 아니라, '광장에서의 외침'이란 구호의 본질을 동시에 드러내는

데 효과적이었다. 구호는 누가 왜 외치는 것일까. 사실 건물 외벽에 하얀 현수막에 걸린, 현실에서의 구호는 시위 현장에서 격렬하며 격앙된 감정적인 언사를 담고 있는 경우들이 많다. 구호는 사람들(대중)을 선동할 목적으로 쓰인 언어이다. 물론 선동의 주체가 상위의 권력일 수도 혹은 정반대로 하위의 민중일 수도 있다.

처음 작품을 관람할 당시에, 이 작품이 말하는 '선동'이 시대와 맞지 않는 것으로 여겨진 것이 사실이다. 개인주의가 극에 달한 것 같은 시절에 선동이라니, 개인은 뿔뿔이 흩어져 있으며 그러한 현상은 점점 더 심화되고 있지 않은가. 그런데 그것만이 진실인 걸까. 한편으로 개인주의와 자유주의가 보편화된 것처럼 여겨지지만, 어떤 특정한 경우에는 '집단적 행동'에 나서기를 서슴치 않는 주변을 돌아보면 반드시 그렇지만도 않은 것 같다. 선동은 여전히 유효할 수 있는 가치이다. 특히 이 작품은 선동에 대해 비판적 거리감을 두고 관찰하도록 만든다. 그러한 점을 증명이라도 하듯이 2018년 안산축제의 〈구호의 역사 1945-2015〉는 광장에 모인 시민들과 만나며 독특한 장을 형성했다. 해방이후의 대한민국에 관해 명쾌하며 유쾌한 관점을 드러냈다. 실제로 존재했던 구호들의 나열을 통해 정치적 구호뿐 아니라 사회적이며 문화적인 맥락까지 읽어낼 수 있다는 점이 신선했다. 그리고 이 작품의 진정한 마지막 구호일 수 있는, '역사를 알아야 한다'는 문구가 힘있게 발화되었다.

이번의 〈구호의 역사 1945-2015〉는 세실극장의 외벽에 설치됐다. 약 4층가량의 높이의 옥상에서 구호가 적힌 하얀 현수막이 하나씩 내려오며, 벽에 걸린다. 1945년부터 약 10년씩 나눠지며 차례대로 현수막이 내려온다. 구호는 가지각색이다. 때려잡자 공산당부터, 쥐를 잡자

까지. 초반의 구호들은 아무래도 복고적인 감성을 자극한다. 하나의 구호가 나온 이후에, 바로 다음에 구호가 걸리며, 앞선 것과 충돌하며 발생하는 의미도 흥미롭다. 이렇게 금방 입장을 동전 뒤집듯이 바꾸다니, 정치적인 표어들은 특히 그러하다. 풍자와 아이러니 효과가 크다. 옥상 위에서는 일일이 현수막을 떨어뜨리며 구호를 외치는 퍼포머가 등장한다. 바닥에서 목을 뒤로 젖혀 위를 올려다보는 시각선 때문에 퍼포머의 연기는 과장된 듯이 양식화 될 수밖에 없다. 퍼포머들은 두 명으로, 대개 좌와 우, 정당 간의 문제, 혹은 '서태지 오빠'를 좋아하는 팬과 그렇지 않은 팬들로 대립각을 세우며 다툰다. 사실 대립각은 익숙한 것이다. 1945년의 해방 이후의 대한민국의 역사는 남과 북의 대립 위에 층층이 세워진 것이다.

역사에 관한 통시적인 관점에서 본다면, 크게 정치적인 구호에서 사회적 문화적인 구호로 바뀌어 가고 있는 점이 잘 드러난다. 이것은 아마 신문의 헤드라인을 모아보면, 비슷한 현상이 드러나지 않을까. 구호는 선동이며, 동시에 사람들의 욕망 및 사회의 관심사를 드러내는 것이기도 하다. 그러한 점이 90년대 이후의 구호에서부터 표면적으로 드러나며, 2000년대 이후의 구호는 동성애 문제부터 소수의 권리 쪽으로 향해 있다.

세실극장의 외벽에서 진행된 이번의 〈구호의 역사 1945-2015〉는 공개된 장소에서 시민들과 만나는 과정에서 형성되는, 의미의 면에서 이전보다는 파장이 다소 덜해진 것 같다. 아무래도 광장에서 모였던 시민들 앞에서와는 달랐던 것 같다. 사람들을 선동하는 영향력이나 역동적인 의미, 생명력 보다는 '추억의 박물관'을 엿보는 감상 쪽에 더 가까웠다. 이것은 아쉬운 점이다. 왜냐하면 구호는 단지 언어와 문자에 불과하지만, 그것의 열거 및 역사가 대한민국에 관한 하나의 렌즈가 될 수 있을 정도로, 시대의 정신이 담긴 힘 있는 것이기 때문이다. 구호의 그러한 면면이 이번의 퍼포먼스로 제대로 드러났다고 말하기에는 부족해 보인다. 퍼포머들의 연기는 대다수 희화화와 풍자에 가까웠으며, 그 점이 전달하는 의미도 있었지만 작품의 의미의 파장이나 다양한 결로 확장되는 점이 보인다고 하기는 어려워 보인다. 처음에 만났을 때에 비해 오히려 의미가 밋밋해진 것 같다.

〈구호의 역사 1945-2015〉는 퍼포먼스를 전공한 창작진에 의한 작품임에도 불구, 특이하게도 설치미술 쪽에 보다 가까운 작품으로 다가온다. 미술관에서 거리로 뛰쳐나온 듯한 전시물. 아마 이 점이 퍼포먼스의 측면이 보다 강화되었으면 하는 아쉬움으로 연결되는 듯하다. 물론 현수막에 걸린 언어의 의미를 관객들이 곱씹을 시간과 퍼포머의 연기가 동시에 진행되는 것을 연출하는 것이 쉽지 않은 일임은 짐작된다. 하지만 그 점을 해결할 때 작품의 모호한 점이 구체화되며, 구호들의 열거를 통한 의미의 확장이 가능해질 것이다. 과거를 되돌아보는 이유는 무엇인가. 역사에 대한 통시적 관점을 통해 관객에게 앞으로의 시야에 대해 고민하도록 이끌어야 하는 것이 아닐까. 2015년까지의 역사 때문이었는지, 현재의 〈구호의 역사 1945-2015〉는 흘러가버린 것이 아쉬운 듯, 꼼꼼하게 들여다보는 것에 지나치게 머물러 있다. 그것은 이번의 공연에서 빠진 4년간, 역시 무수한 변화가 이뤄졌기 때문인지도 모르겠다. 이토록 빠른 속도의 시간의 변화 앞에서, 과거는 복고 이상의 어떠한 의미를 가질 수 있을까를 작품이 더 고민해 봐야 한다고 생각한다. 퍼포먼스를 강화하는 방향도 하나의 해결책이 될 것이다.

타인의 외로움에 다가가는 방법

〈연극 같은 내 인생〉

#2019.10.3.~10.5청계천청계천변 #낭만적이며서정적인
#몰입을위한여러가지장치들 #서울거리예술축제

〈연극 같은 내 인생〉(김신기 작/연출, 금설복합예술소)은 여러 가지 흥미로운 아이디어들이 결합된 작품이다. 청계천변의 광통교에서 공연된 이 작품은 사전예약공연으로, 관객들은 스마트폰의 '카카오톡' 채널을 통해 창작진과 현장에서 소통한다. 관객들 개개인마다 헤드폰과 플래시를 미리 나눠줘서 관객들은 헤드폰에서 소리를 들으며, 플래시로 빛을 비춰 관람한다. 늦은 저녁의 어둠 속에서 공연된 이 작품에서 개인 플래시는 작품을 관람하려는 관객의 능동적인 노력을 효과적으로 키운다. 보고 싶은 것을 선택할 수 있을 듯한 자유도 약간 주어지는 것 같으면서 말이다. 어스름한 어둠 속에서 한 무리의 사람들이 저마다 플래시를 비추며 무언가를 지켜보는 것은 그 자체로 지나가는 시민들에게, 하나의 광경이 되기도 한다.

이러한 작품을 만든 창작팀은 거리예술 씬에서 익숙한 이들은 아니다. 이전에 금설복합예술소의 인형극 〈공룡엄마〉를 관람했던 기억이 있다. 그래서인지 이 작품에서도 특히 인형의 생김새 및 인형을 통한 표현법 등이 인상적이다. 웃음인지 울음인지 모를 듯한, 기괴한지 우스운 느낌인지 구분이 잘 안 되는 기묘한 인형탈의 모습은 시선을 끌었다. 붓의 터치와 색감도 섬세하게 만들어졌다. 단지 인형탈이 등장할 뿐 아니라, 장면을 전개해 가는 방식도 인형극을 연상케 했다. 압축과 비약이 자유롭게 이뤄진다든지, 시적인 공백의 순간을 연출하는 등의 방식은 주로 인형극에서 봐오던 것이다. 〈연극 같은 내 인생〉은 시각적으로 인형을 통한 상상력으로 장면을 만드는 것에 익숙해 보인다.

청계천변의 광통교에서 무리지어 기다리는 사람들 앞으로 불현듯 공연은 시작된다. 커다란 인형탈을 쓰고 걸어오는 퍼포머. 카톡방 채널에 음성녹음 파일이 올라온다. 관객들 각자가 스마트폰으로 음성파일을 열면 헤드폰에 배우의 목소리가 들린다. 중년의 남성의 목소리이다. 친구에게 사적인 이야기를 하듯이 낮은 목소리로 솔직한 감정을 드러내며 이런 저런 상황이 제시된다. 전화 통화의 내용 같기도 하다. 누군가의 인생을 훔쳐보는 느낌이 커질 때 더불어 눈앞의 기묘한 인형탈의 퍼포머는 어느새 인형만을 남겨놓은 채 사라졌다. 바닥에 덩그라니 놓인 탈에서 남자의 사라짐이 각인된다. 헤드폰 속의 남자의 목소리도 괴로움에 대해 말한다. 외롭고 막막하며 쓸쓸하다는 감정적 토로가 넘치도록 흘러나온다.

아마도 이 작품은 불행과 불만족에 찌든 사람들의, 쓸쓸한 내면의 풍경에 대해 말하고 이를 공유하려는 것 같다. 헤드폰 속의 남자의 사연은 그만큼 특별하지도 유별나지도 않다. 취업에 실패하는 딸에게 말하는 어수룩한 충고와 헤어진 옛사랑에 대한 추억들. 남자는 스스로도 불행하지만, 주변도 행복하게 해주지 못했던 것 같다. 그만큼 '부족한 존재'인 것 같고, 그러한 자괴감에 더 불행해 하고 있다. 그런데 이것은 그 남자만의 이야기인가. 흔한 사연이란 것은 이중적인 듯하다. 쉽게 감정이입이 될 수도 있고, 혹은 그 반대로 시간이 흐를수록 흥미가 떨어질 수도 있다.

작품은 남자의 설명에 따라 카톡방에 새로운 음성 파일이 올라오고, 이를 공유하며 다음 장면으로 넘어간다. 감정이입 되기 쉬운 남자의 상황은 하지만 시간이 흐를수록 장황하며 흡입력이 약해지는 듯하다. 여러 가지 공연의 새로운 아이디어에 비해 이야기가 새로운 면이 적다. 전적으로 텍스트가 약해 보인다. 헤드폰으로 들려오는 언어의 비중이 관객에게 크게 다가오는 만큼, 이야기의 구성 및 언어의 선택이 아쉬운 점이 공연의 집중력을 치명적으로 떨어뜨렸다. 대신에 이 작품은 인형을 비롯해 딸이나 옛사랑 혹은 퍼포머들이 예상치 못한 공간에서 불쑥 등장하는 흥미가 작품을 끌고 간다. 딸의 경우 시민들이 오가는 광통교의 밑에서 마치 숨은그림 찾듯이 등장하거나 하며 공간을 확장한다.

작품이 적극적으로 사용한, 또 하나의 장치인 '가요 음악'에 대해서는 호불호의 취향이 갈리긴 하지만 부정적인 쪽이다. 〈연극 같은 내 인생〉은 대사의 사이사이에 가요 음악을 자주 적극적으로 사용한다. 아마 관객의 깊은 몰입을 유도하기 위해서라고 생각된다. 하지만 이들이 장면에 잘 묻어나기보다는, 따로 노는 느낌이 강했다. 대중적이며 친근한 멜로디가 익숙한 듯한 노래들이었는데, 깊은 인상을 남기지 못했으며 따라서 사용의 의도가 모호하게 다가온다.

작품은 마지막의 절정의 장면이 근사한 편이다. 양복을 입고 사실적으로 만들어진 원숭이 가면을 쓴 퍼포머가 등장한다. 귀에서는 '나는 땅에 사는 물고기가 아닐까'란 내용의 자조적인 독백이 들려오는데, 도시의 풍경 속에서 이화된 외톨이 이미지가 강렬하게 다가왔다. 퍼포머는 괴로워하며 비틀거린다. 그는 혹시 다리 밑으로 떨어져 버리는 것일까. 숨 쉴 수 없는 공간에서 다리 밑의 물속으로 숨을 쉬러 떠나버리면 어떻게 해야 하나. 남자의 환상과 망상이 안타깝다. 남자는 아슬아슬 서류가방에서 칼을 꺼내서 무엇인가를 오려낸다. 물고기 모양이다. 남자는 물고기가 헤엄치는 듯한 모습을 보여주고, 도로를 건넌다. 저편에 어느새 물고기를 든 다수의 등장인물들이 있다. 모두 각자의 외로움을 짊어진 듯하다. 그 외로움들을 잠시나마 숨 쉬게 해줘야 한다는 듯, 모두 물고기 인형으로 헤엄을 치며 춤을 춘다. 위로가 되는 순간이다. 도로 저쪽의 공원으로 사람들이 춤을 추며 떠난다.

〈연극 같은 내 인생〉은 관객과 소통하는 여러 가지 색다른 아이디어를 보여줬다. 하지만 그 아이디어들보다도 공연에서 남았던 순간은, 결국 왜 도시의 야외 혹은 공공장소로 나왔는가가 공연에서 느껴지며 그 물음에 대한 탐구가 진실하게 혹은 절박하게 다가올 때이다. 아마도 공연은 사람들의 외로움의 감정에 대해 공감하며 이를 꺼내서 지긋하게 바라보기를 원했던 것 같다. 그러기에 인형만큼 압축적이지 않은, 장황한 설정과 대사, 장면의 구성, 음악 등이 다소 아쉬웠으며, 감정을 결국 한 가지의 관점과 방향에서만 바라보는 것이 단순하게 다가왔다. 남자의 독백에 가까운 설정이어서 더 그렇게 느껴졌을 것이다. 공연을 보기 전에 작품의 제목과 여러 아이디어들이 적힌 팜플렛을 보며, 좀 더 강렬한 작품을 상상했었다. 상상했던 대로의 이야기 방식이 아니어서, 좀 더 잔잔해서, 다소 당황스러웠지만 여러 가지 시도와 노력이 기억에 남는 작품이다.

제목대로의 섬뜩한 '날것'

〈인간장수〉

#2019.10.4.~10.6무교재생공간무교로 #인형을사용하는색다른방식
#서울거리예술축제

이 작품은 단순하며 명료한 이야기를 보여준다. 아니, 주장이라고 해야 할까. 하지만 그 단순한 이야기는 모두가 알고 있으면서도, 잊어버리거나 무의식적으로 피하는 이야기다. 그래서 그 사실을 꺼내고 환기할 필요가 있는 것이다. 작품의 모습 또한 이야기와 잘 어울렸다. 이것은 말하고자 하는 바를, 여러 번 곱씹을 때 나타나는 현상이다. 밀도가 촘촘한 작품이다. 물론 전체적인 구성에서 아쉬운 바도 있었지만, 호흡과 긴장을 시종 유지하는 에너지가 특히 인상적이다. '거리예술NEXT 창작 작품'으로 이미 플랫폼을 거치는 과정에서 변화해 왔겠지만, 여기에서 더 후반부가 정리된다면 작품이 훨씬 좋아질 것 같다.

〈인간장수〉(이지형 연출/조음기관)가 특히 인상적이었던 부분은 공공장소, 도시 혹은 일상의 공간과 예술이 만났을 때에 관해 '정석'처럼 접근한 부분이다. 시민들에게 익숙한 공간을 새롭게 바라보도록 이끄는 거리예술의 경험은 이 작품에서 특히 중요한 콘셉트이자 핵심적 경험이다. 〈인간장수〉는 관객들을 데리고 도시의 골목골목을 돌아다닌다. 퍼포머를 따라 걸어 다닐수록, 익숙한 장소를 내딛을수록, 마치 눈을 가리고 있던 장막이 걷히며 비밀이 드러난 듯 명확해진다. 일상 속에 끼워 넣은 환상(거리예술)이 보여주는 '날것의' 진실에의 직면. 그래서 공공장소, 도시 혹은 일상은 새로워진다. 이렇게 도달하는 극적 경험은 거리예술의 전형적인 것이자 일종의 정석, 공식 같은 것이다. 하지만 이를 시도하는 많은 작품들마다 모두 이에 성공하는 것은 아니다. 그런 점에서 〈인간장수〉는 제목이 주는 섬뜩한 느낌만큼의, 감성을 제대로 전달한다. 잔인하며 불편한 세상으로 끌어당긴다.

서울거리예술축제의 〈인간장수〉(10.3~5)는 서울신문사 뒤편이란 다소 무성의해 보이는, 임의의 장소에서 시작된다. 지정된 장소에 하나 둘씩 사람들이 모여들자, 그동안 눈여겨보지 않았던 맞은편의 건물 구석에 무언가 움직임이 시작된다. 자세히 살펴보면 소, 돼지, 오리, 고양이, 닭 등의 동물의 머리 형태의 인형들이 놓여 있다. 누런색 박스로 조잡한 듯 만들어진 인형은 하지만 형태가 제법 사실적이며 구석구석 특징들이 세밀하게 표현돼있다. 검은색 옷으로 차려입은 퍼포머가 철제의 수레를 끌며 동물들의 머리를 수레 안에 하나씩 무심히 집어넣는다. 동물들의 머리가 놓여있던 어두컴컴한 곳은 가축의 도축장을 연상시킨다. 느릿느릿 퍼포머가 수레를 끌며 이동한다. 관객들은 그를 따라가게 된다.

퍼포머가 처음으로 들른 장소가 소머리 국밥을 파는 음식점이며, 그곳에 소의 형상을 한 인형머리를 들고 가게 안으로 들어갈 때 작품의 윤곽이 잡힌다. 돼지, 닭, 오리 등 서울 시내의 곳곳의 음식점들에는 참 다양한 종류의 동물 요리 음식점이 자리한다. 이것은 아주 자연스러운 풍경이다. 치킨집, 오리구이집, 설렁탕집, 삼겹살집 등의 음식점이 없는 골목들이 어디 있겠는가. 그러나 퍼포머가 마치 동물 형상의 인형을 들고 해당 가게에 들어갈 때마다, 동물의 사체가 연상되며 한 가지 사실이 분명해진다. 이 동물들은 다름 아닌 인간이 먹기를 욕망하기 때문에, 인간에 의해 가축으로 길들여진 것일 뿐이다. 하지만 따져보면, 인간 역시 지구의 하나의 종(種)에 불과할 뿐임에도, 더 영리하고 포악해서 이기적인 욕망을 맘껏 발휘하고 있을 뿐인 것이다. 동물의 권리에는 무심한, 인간 중심의 세상이 확 다가온다.

그러한 성찰로 퍼포머를 따라다니며 깊이 빠져들게 되는 이유는 퍼포머가 음식점에서 인간의 신체 일부 형태의 인형을 받아오기 때문이다. 팔, 다리, 몸통, 머리 등의 인간의 부속품들이 동물과 '동등한 가치'로 교환된다. 사실 그래야 마땅한 것 아닌가.

다소 동일한 패턴이다 싶을 즈음에 또 한 명의 퍼포머가 등장해 마찬가지의 행위를 이어간다. 그런데 두 번째 등장한 퍼포머(아누빰)와 첫 번째의 퍼포머의 조합이 다소 어색해 보인다. 이들은 다소 다른 차원의 존재들 같다. 두 인물이 반드시 같은 느낌을 전달할 필요는 없으며 오히려 다른 색채를 전달하는 것이 의도였을 수도 있지만, 그보다는 퍼포머가 전달하는 연기나 표현, 느낌 자체에 대한 톤의 조절을 다소 염두에 두지 않은 듯하다. 장면의 의미가 모호하며 다소 거칠게 다가온다. 두 명의 퍼포머는 이제 인간의 신체 기관들로 채워진 수레를 끌고 어디론가 간다.

작품의 결말은 작은 공원에서의 퍼포먼스로 이뤄진다. 비밀스러운 장소인 양, 한적하고 작은 공원에서 퍼포머 두 명은 인간의 신체 조각을 조립해 인간 크기의 인형을 만든다. 인간 인형으로 여러 방향으로 움직이는 간단한 퍼포먼스 후에, 모여든 관객을 대상으로 그 자리에서 경매가 이뤄진다. 퍼포머들은 경매에 인형이 높은 가격으로 팔려갈 수 있도록 인형의 자세를 과시하거나 여러 가지 동작을 보여준다. 여기에 사실적인 동작 외 사람 인형으로 이뤄진 춤 장면이 잠시 등장한다. 가장 아쉬웠던 부분은 이 부분이다. 뒷 부분의 의미의 확장과 연결이 부족한 듯 긴장감이 잠시 떨어진다. 반드시 장면의 의미가 명확한 부분이 필요한 것은 아니다. 강력한 환상이나 반전 혹은 시적인 장면이 펼쳐져, 전혀 다른 결의 장면이 첨가된다면 어떨까 하는 개인적 생각이 들었다. 퍼포머들은 인형을 태웠던 수레에 관객들 중 한 명을 태우고 수레를 끌고 공원을 빠져 나간다.

〈인간장수〉에서 가장 아쉬운 부분은 인형을 통한 표현법이다. 단순한 인형 조종 기술만에 대한 부분은 아니다. 하지만 오브제에 의한 표현은 충분한 기술이 뒷받침되었을 때, 최대한의 효과가 드러나는 경우가 많은 것이 사실이다. 인형은 장면의 압축과 비약 또는 원시적이며 원초적이기도 한 깊은 느낌을 불러일으키는 매체로 알고 있다. 인형에 대한 여러 각도의 탐구가 또 다른 상상력을 가능하게 하지 않을까 생각한다. 작품의 중반까지 제법 아프게 다가왔던 질문들이 후반부의 인간 인형의 장면에서 날이 다소 무디어진 듯하다. 그럼에도 인형을 통한 표현법과 공공장소에 놓인 거리예술의 질문을 결합해 고민을 촘촘하게 쌓아가고 있는 점이 인상적이다. 여러 가지 요소들을 보완해 좀 더 발전되었으면 하는 바람이 크다. 축제에서 이렇게 인형을 새롭게 사용하는 작품을 만난 것도 오랜만이다.

지역성을 드러내는 장소특정적인 두 작품

〈물질 2 물질하다가〉 〈여기는 아니지만 여기를 통하여〉

#2018.5.5.~5.7안산문화광장 #안산국제거리극축제 #지역성 #장소특정적작품
#안산의현재에개입하기 #사회적약자를드러내는새로운방식

2018 안산국제거리극축제(예술감독 윤종연)가 올해에도 어김없이 많은 사람들의 관심과 애정 속에서 5월 첫 주의 3일간 치러졌다. 축제는 놀랍게도 올해로 열네 번째라 한다. 서울 외의 지역에서 공연예술축제가 이렇게 지속성을 보여주는 것은 매우 드문 일이다. 비결은 무엇일까. 축제는 사람들의 삶에 가까이 다가가는 데 성공적인 방법들을 어느 정도 익힌 듯하다. 그것은 물론 극장의 밖으로 빠져 나온 공공의 거리예술이 추구하는 바이기도 하다. 축제는 예술가와 그것을 향유하는 특수한 이들보다는, 무엇보다도 평범하며 다양한 시민의, 시민을 위한, 시민에 의한 예술을 지향한다. 올해에도 어김없이 축제를 즐기기 위해 안산문화광장을 가득 메운 시민들의 존재는 축제의 지향점을 잘 보여준다. 특히 안산국제거리극축제는 다른 축제들보다도 비교적 많은 사람들이 참여하는 것으로 유명하기도 하다. 축제 현장의 북적거리는 인파는 언제나 무척 인상적인 모습을 연출하곤 한다.

축제의 현장은 다양한 장르의, 다양한 국적의, 다양한 층위의 작품들이 동시다발적으로 펼쳐지며 복잡한 경험을 선사하는 곳이기도 하다. 그 와중에 해마다 안산국제거리극축제는 조금씩 다른 모습을 연출하며 사람들과 만나 왔다. 이것은 시민들에게 즐거운 일이지만, 빠르게 변화하는 취향 속에서 작품을 만들어야 하는 예술가에게는 곤혹스러운 일일 수도 있다.

거리예술 작품의 유행은 비교적 빠른 편인 듯하다. 한때 대규모의 작품들을 다수 볼 수 있었다. 극장 공간에서 수용하지 못할 큰 규모의 작품들이 축제에 여럿 소개되곤 했다. 인형극과 마임들도 자주 볼 수 있었다. 이들은 최근에도 만날 수 있지만, 수적으로 적어졌다. 대신에 공공 미술 쪽의 영향을 받은 전시나 설치, 서커스, 힙합이나 비보잉 등의 여러 서브 컬처 문화 등이 새롭게 부상하는 작품군들이다. 야외에서의 대사 전달의 한계를 넘어서기 위한 노래와 음악과의 접목도 눈에 띈다. 올해 안산국제거리극축제의 현장에서 이러한 변화는 두드러진다. 영상 등의 첨단의 미디어 기술과 접목한 시도들도 야외의 조건 속에서 기술적 구현이 까다롭기 때문인지 다소 주춤하는 모습이다. 어떤 면에서 거리예술 작품들은 오히려 아날로그적 접근이 두드러진다. 목소리나 몸 등의 신체의 감각적 체험에 집중하는 작품들이 한쪽에서 여전히 강세를 이루며, 마음이나 관계에 대한 소박한 질문 등에 집착하곤 한다.

예술가의 상상에서 사람들의 삶으로

올해 안산국제거리극축제의 작품 중에서 〈물질 2 물질하다가〉(이진엽 연출, 코끼리들이 웃는다)와 〈여기는 아니지만 여기를 통하여〉(이주형 연출, 갈매)는 '지역성'을 잘 보여주는 작품들이다. 사실 지역성에 초점을 맞춘 작품들로 인해 안산국제거리극축제의 특수한 정체성이 드러나는 한편, 사람들의 삶에 가까이 다가가려는 노력으로 축제가 지역 속에 안정적으로 안착할 수 있는 요인이 되었다 생각한다. 축제에서 지역성에 초점을 맞춘 작품들은 확실히 예술가의 상상에서 해당 장소로 예술의 관심이 이동하는 것을 보여준다. 작품의 주제는 '장소성 혹은 시민들'이다. 이것은 해당 장소의 물리적 특성에서 사람들의 구체적 삶의 모습들, 혹은 특정 커뮤니티에게로 변화하며, 예술가 중심주의에서 탈피해 보다 시민들의 일상적 삶에 밀착하거나 행동주의적 변화를 추구한 공공 미술의 특성이기도 하다.

안산국제거리극축제는 '안산리서치'란 프로그램을 운영해 지역성에 초점을 맞춘 작품들을 지원, 제작하고 있다. 물론 '안산리서치' 프로그램의 출품작 외에도 지역성이 두드러지는 작품들도 있다. 이 경우 대개 동호회 등의 특수한 커뮤니티 집단과 함께하곤 한다. 리뷰의 대상인 〈물질 2 물질하다가〉는 안산리서치의 출품작으로 전형적 작품이며, 〈여기는 아니지만 여기를 통하여〉는 지역성을 드러내기는 하지만 다소 예외적 접근을 보여주는 작품이다.

그동안의 안산국제거리극축제를 통해 소개된 지역성이 두드러지는 작품들 중 기억에 남는 것은 〈도시내시경 : 안산〉(김조호 연출, 프로젝트 잠상)과 〈단원의 그림 속 풍경〉(노영아 연출, 프로젝트 시공간) 등이다. 이들은 둘 다 안산의 역사에 초점을 맞춰, 사람들의 기억, 과거를 소환해 소통하려는 모습을 보여준다. 〈도시내시경 : 안산〉은 근대화 이후의 도시의 역사를 찬찬히 살펴보며 현실 속에서 가져온 사진, 영상, 물건 등으로 전시와 설치를 통해 작품을 꾸린다. 반면에 〈단원의 그림 속 풍경〉은 다큐멘터리적 접근이 아니라, 안산 시민들에게 친숙한 안산 출신의 유명한 화가 김홍도의 풍속화와 군선도를 소재로 접근한다. 그림 속의 신선들을 현실의 캐릭터로 만들어 커뮤니티와 함께 작업하며 환상적인 동양의 과거를 재현한다. 도시의 역사, 도시의 집단적인 기억 속 위인이란 장소성이 작품의 지역적 특성을 두드러지게 만들고 있다. 장소에 기반을 둔 작품들 중에서 역사와 과거, 시간에 초점을 맞춘 작품들은 다수의 작품에서 찾아볼 수 있는 접근으로 최근에도 꾸준히 만들어지고 있다.

반면에 올해 축제에서 지역성을 드러낸 작품들 중 〈물질 2 물질하다가〉와 〈여기는 아니지만 여기를 통하여〉는 이와는 조금 다른 접근을 보여준다. 이들은 역사나 과거보다, 안산의 현재에 집중하며, 현재적 삶에 개입하고자 하는 의지를 강하게 보여준다. 장소성에 접근하는 데 있어 특정한 기억을 떠올리게 하는 방법보다는, 일상을 세밀히 들여다봐 함께하면서도 놓친 삶의 부분들, 사회의 한 구석을 낚아채고자 한다. 시각과 청각 등의 몸의 감각이나 체험, 참여적 요소가 두드러지는 것 또한 두 작품의 두드러지는 특성이기도 하다.

행동주의 작품들,
그리고 사람들에 의한

〈물질 2 물질하다가〉와 〈여기는 아니지만 여기를 통하여〉는 사람들의 삶에 적극적으로 개입하고자 한다. 〈물질 2 물질하다가〉는 안산다문화가족지원센터와 워크숍을 가지면서 사람들에게서 이야기와 움직임 등을 찾아내 만들어진 작품이다. 〈여기는 아니지만 여기를 통하여〉는 2015년 대규모 시위에서, 모여든 군중들 사이에서 만들어진 작품이다. 이들에게 예술은 사람들의 삶에 관여하고자 하는 의지인 셈이다.

〈물질 2 물질하다가〉는 거리의 한가운데 네 개의 수조를 설치한다. 수조는 물이 채워져 있고, 크기는 딱 사람이 들어갈 만하다. 직장인, 임산부, 미녀, 트랜스젠더 네 명의 등장인물이 물이 채워진 수조에 들어가 느리게 움직인다. 음향은 각 캐릭터마다의, 다소 추상적이면서 내밀한 고백 같은 사연을 번갈아 가며 들려준다. 늘 남의 시선을 의식하는 미녀 하지만 정작 그녀는 스스로의 모습이 어떤지 알지 못해 초조하며 강박에 시달린다는 식이다. 연출은 작품에 사용된 물이 마치 모습을 비추는 거울처럼, 물속의 캐릭터를 들여다보는 관객들이 마치 스스로의 모습을 바라보는 것처럼 느끼길 바란다고 밝힌다. 수조에 갇힌 채 힘겹게 숨을 내쉬며, 느리고 천천히 움직이는 사람들 사이로, 역설적으로 마치 테니스코트의 선을 긋는 것처럼 자유롭게 움직이며 공간을 만드는 존재들이 있다. 물속 캐릭터들은 각자 자신의 사연 속에서 절박하지만, 고통은 철저히 개인의 것만으로 고독해 보일 뿐이다.

〈물질 2 물질하다가〉는 우리와 피부색이 다른 아시아계 사람들의 등장으로 수조 속의 사람들에 대한 객관적인 시선을 유도한다. 새롭게 등장한 이들은 천천히 수조와 수조 속의 사람들을 관찰한다. 이 장면에서 다문화도시인 안산에서 우리는 그들을 바라보는 데 익숙할 뿐, 우리가 그들에게 보인다는 사실은 지나쳐 왔다는 점이 불현듯 떠오른다. 이러한 우리의 태도는 사실 우월의식과 자기중심적 사고의 발로 아닌가. 새롭게 등장한 아시아계 사람들의 능동적인 행동도 인상적이다. 이들은 수조를 관찰한 후에, 침착한 모습으로 각자 한 명씩 수조 안으로 들어간다. 물속에서 어렵게 숨을 고르며 자맥질 중인 이들의 손을 기꺼이 잡아준다. 물속 사람들에 비해 훨씬 용감한 아시아계 사람들은 우리가 타자를 바라보는 전형적인 방식을 역발상적으로 드러낸다.

〈여기는 아니지만 여기를 통하여〉는 여러 갈래의 노끈을 교차해 거리 한가운데 설치한 작품이다. 끈은 단지 몇 가닥 정도가 아니라, 매우 촘촘하게 연결돼 원래 비어 있던 거리 한구석이 완전히 메워질 정도다. 설치물은 공연 시간 직전에 만들어져, 갑자기 등장한 것 같은 분위기를 강하게 풍긴다. 혹은 공간의 가변성과 용도 및 특성 등에 생각하도록 이끈다. 이곳은 단지 사람들이 지나다니는 무의미한 지시적 장소였지만, 무엇이 설치되는지 혹은 어떻게 맥락화 하느냐에 따라 장소성을 갖게 됨이 드러난다.

어느 대규모의 시위 현장에서 작품을 착안했음을 밝힌 연출의 말대로라면, 설치물은 사실 시위의 현장을 재현한 것으로 보인다. 거리의 한구석을 가득 메웠던 군중, 한 무리의 사람들에 대한 개인적인 기억을 시각적으로 표현한 것이다. 연출은 설치물의 재료인 노끈에 대한 아이디어 역시 시위 현장에서 사용된 실제 끈에서 착안했다고 밝히기도 한다. 세월호와 관련된 사람들의 집단적인 행동은 현재진행형으로 이어지고 있다. 이렇게 〈여기는 아니지만 여기를 통하여〉는 사람들의 삶에 개입하려는 의지를 행동주의적으로 보여준다.

〈물질 2 물질하다가〉와 〈여기는 아니지만 여기를 통하여〉는 실제의 삶에 관여하고자 하는 태도와 더불어 관객과도 적극적으로 공유하려 한다. 공연의 현장에서 사람들의 직접적 참여와 체험을 이끌어 공유의 폭을 넓힌다. 〈물질 2 물질하다가〉는 감각적 언어로 현장에 모인 사람들을 자극한다. 차가운 물속에서 느리게 움직이는 사람들을 시종 또렷하게 보여주는 작품은 시, 청각적으로 자극적이다. 게다가 아시아계 사람들의 용감한 입수는 또 다른 행동을 불러일으킨다. 사람들은 기꺼이 물속에 들어가 함께 손을 잡고 헤엄치는 모습을 보여준다. 이후 작품은 공연 현장에 모인 관객들 중 무작위로 초대해 물에 들어가도록 이끈다. 관객은 공연의 현장에서 고립되어 고독한 개인의 세계 속으로 기꺼이 다가가는 역할을 하게 될지를 선택해야 한다. 대개 선택된 관객들은 큰 망설임 없이 물에 기꺼이 들어갔다.

〈여기는 아니지만 여기를 통하여〉는 끈으로 설치된 구조물을 사람들이 직접 해체해 나가며 퍼포먼스가 이뤄진다. 복잡하게 얽히고 교차된 끈들을 약 20여 명씩 양쪽에서 모여 각자 자신이 잡은 끈을 조심스럽게 풀어간다. 대략 40여 분의 시간이 소요될 만큼, 끈의 풀기는 쉽지 않다. 워낙 복잡하게 꼬여 몸을 조금씩 움직이는 정도가 아니라, 상체를 완전히 굽히거나 때에 따라 바닥을 기어가듯 정성과 열정을 다해 풀어야 한다. 그런데 온전히 나의 노력과 속도만으로 끈을 풀 수 있는 것이 아니다. 누군가가 잡은 그의 끈이 먼저 풀려야 나의 끈이 풀어질 수 있는 공간이 생기고, 끈을 풀어갈수록 다른 끈을 잡은 사람들을 존재를 알아차리게 된다. 연출은 '군중의 감각'을 재현하기를 바란다고 말하기도 했다. 조심스럽게 끈을 풀어가는 행위를 직접하며, 복잡하며 괴로운 심정으로 거리에 섰을 사람들의 마음을 조금씩이나마 들여다보는 듯한 느낌이 들기도 한다.

도발적으로 사회적 약자 드러내기

〈물질 2 물질하다가〉와 〈여기는 아니지만 여기를 통하여〉는 도발적이며 대담한 태도로 사회적 약자를 부각시킨다. 〈물질 2 물질하다가〉는 도시의 삶이 고립된 개인들의 물속의 자맥질과 다름없다 말하며, 이를 헤쳐 나갈 용기 있는 존재들이 우리가 타자화한 약자들이라 보여준다. 현장에 모인 사람들을 물로 자연스럽게 안내하는 태도는 보는 자—보이는 자, 배우—관객의 관계를 뒤집으며 도발적이다. 〈여기는 아니만 여기를 통하여〉는 시위의 현장을 되살려, 거리에 모인 사람들의 마음을 느껴보도록 이끈다. 작품은 끈들을 모두 풀고 나면, 끈을 모아서 그 자리에서 불태우며 거리에 모인 사람들의 분노를 의미하는 듯한 강렬한 시각화를 보여준다.

2018 안산국제거리극축제에서 만난 두 작품은 지역성을 드러내는 장소특정적 접근을 보여준다. 이들의 시도는 지역성을 드러내는 데 있어 과거와 역사에 집중하기보다는, 현재의 해당 장소의 삶의 일부분, 사회의 한구석에 초점을 맞춘다는 점에서 그동안의 일련의 시도들에서 조금 비켜서 있다. 그래서인지 지역성을 드러내는 이들 두 작품이 다루는 주제는 '나와 타자', '군중이란 화두'등으로 지역민들을 넘어 훨씬 폭넓게 소통할 수 있는 것들이다. 두 작품은 독특하면서도 폭넓은 대화의 여지를 보여줘 주목된다.

장애와 비장애 사이에는 숨겨진 이야기가 많다

〈미션 루즈벨트〉〈친밀한 공간〉

#2019.9.26.~9.29과천시내 #과천축제 #비장애인의장애인체험하기
#도시는비장애인을위한공간이다 #2019.10.3.~10.6 #서울거리예술축제
#장애인과비장애인의함께하는무용 #사이에대한사유

9월과 10월은 거리예술축제의 본격적인 시즌이기도 하다. 과천축제(9. 26~9. 29)와 서울거리예술축제(10. 3 ~ 10. 6)가 연이어 치러지기 때문이다. 울산에서도 비슷한 시기에 거리예술축제가 진행되는 것으로 안다. 야외 공연예술축제인 만큼 날씨가 결정적인 요소이기 때문이다. 너무 덥지도 춥지도 않으며 야외의 나들이에 적합한 날씨에 거리예술축제는 치러진다. 많은 사람들이 들썩들썩 북적이는 가운데, 축제성이 발현된다. 특히 야외에서 공개적으로 벌어지는 거리예술축제는 공연을 보기를 원하는 누구에게나, 즉 일반 시민들을 향해 적극적으로 열려 있다. 전문가가 아닌, 평범한 일반 시민을 향한 거리예술의 특성은 흔히 거리예술의 공공성이라 이해된다.

공공성(公共性)에 대한 사전적 정의는 '사회의 구성원에게 두루 관계되는 일'이다. 언뜻 매우 친숙한 의미라고 생각되지만, '두루'라는 단어, 즉 '사회 구성원의 전체적인' 이란 의미에 집중한다면 공공성의 발현이 결코 쉬운 일만은 아니라는 것을 알게 된다. 공공성의 입장에서 볼 때, 혹시 누군가는 배제되어 있는 것이 아닐까. 누구나 사회의 구성원으로 공정한 권리를 갖고 있는가 란 공공성에 대한 문제제기는 반드시 필요한 일이다. 거리예술 축제의 공공성은 이러한 맥락에서 시민으로서 공연예술 관람을 즐길 동등한 권리를 보장받는 일이라 할 것이다.

그런데 공공의 의미에 대해 좀 더 예술적인 방식으로 질문하는 거리예술 작품들이 있다. 특히 이들은 장애를 소재로 장애와 비장애 사이에 발생할 수 있는, 많은 이야기들을 흥미롭게 풀어내고 있다. 과천축제의 〈미션 루즈벨트〉(토니 클리프턴 서커스, 이탈리아, 프랑스)와 서울거리예술축제의 〈친밀한 공간〉(레스트레스 댄스 씨어터, 호주)이 그들이다.

누구나 사회의 동등한 구성원이라면, 비장애인인 당신은 장애인 역시 동등한 사회의 구성원이라고 여기는가. 진심으로 그렇게 생각하는가. 그렇다면 그 문제에 대해 얼마나, 어떤 방식으로 고민해 봤는가. 〈미션 루즈벨트〉와 〈친밀한 공간〉은 미처 놓치고 있었던 것들에게 대해 도전적으로 묻는다. 그 지점에서 이 거리예술 작품들의 공공성은 야외의 공개적인 장소에서 진행되는 것과는 다른 맥락이다. 두 작품의 관객은 사전 예약 작품으로, 1회 당 15명 내의 관객들을 미리 예약 받아 진행된다. 15명 정도의 사람들만을 위한, 상당히 친밀하며 농도가 진한 관람 경험이 목표인 작품들이다. 이들은 소수의 사람들이 스스로의 내면으로 깊숙이 들어가기를 바란다. 이 작품들은 장애와 비장애 사이에 숨겨진 수많은 이야기들을 능동적으로 바라보기를, 그것이 실질적인 변화로 이어지기를 바라는 것이다.

또 하나의 새로운 인격을 갖게 하는 〈미션 루즈벨트〉

과천축제에서 만난 〈미션 루즈벨트〉(토니 클리프턴 서커스, 이탈리아, 프랑스)는 장애에 대한 역발상이 돋보이는 작품이다. 대개 장애를 갖는다는 것을 연민으로 바라보기 마련이다. 장애인을 대할 때 불행한 존재로, 나아가 활동적이며 적극적이기보다는 나약하며 수동적이라는 이미지를 쉽게 떠올린다. 하지만 이 작품은 장애가 두려움을 극복하기 위한 도전임을, 게다가 도전에 따른 극적인 흥분과 쾌감을 갖는 일이라 말한다. 미국의 루즈벨트 대통령의 실제 명언을 모티프로 출발한 이 작품에서 눈에 띄는 것은 전체적으로 발랄하며 유쾌한 작품 전체의 톤이다. 사전예약으로 미리 신청한 비장애인 관객들이 준비된 검은색 휠체어를 타고, 15여 명의 '임시적 장애인'이 되어 집단적으로 거리를 돌아다니게 된다.

작품의 사전 예약을 하면, 공연 하루 전날에 집합 장소를 알려주는 문자가 도착한다. 지시대로 과천시민회관의 수영장 앞에서 기다리면 관객들이 하나둘씩 모여든다. 물론 공연의 팻말과 안내원이 관객으로 보이는 사람이 왔을 경우에, 예약을 확인한다. 공공장소에서 공연과 무관한 사람들 사이에 무안하게 섞여 있다 보면, 눈에 띄는 멋진 스파이 복장을 한 배우들이 등장해 따라오라고 지시한다. 배우들은 익숙한 시민회관에 이런 장소가 있었나 싶은, 숨겨진 여러 장소로 안내한다. 마치 비밀 집회에 참석시키는 것처럼, 처음에 주민등록증을 맡기게 하며 여러 개의 방들을 정신없이 통과하도록 한다. 이어지는 짧은 프리젠테이션 시간. 관객들은 모두 '익명의 루즈벨트'가 되어 휠체어를 타고 거리 몇몇 군데를 다녀야 한다는 것을 교육받는다. 배우들은 관객들이 멋진 일에 참여하게 되었음을 강조한다. 다시 되돌아간 시민회관의 앞마당. 웅장하며 경쾌한 음악 소리와 함께 검은색 휠체어들이 서로 연결되어 기차가 되어 등장한다. 관객들은 팀에서 미리 준비한 돈으로 경매처럼 맘에 드는 휠체어를 고른다. 앞마당에서 처음에는 휠체어를 타고 서로 연결된 채 익숙해지는 시간을 갖는다. 움직이지 못하는 다리를 대신하는 바퀴를 조종하는 낯선 감각에 천천히 익숙해지면, 서로 연결되었던 휠체어를 분리한다. 이제 휠체어를 능숙하게 움직여야 하는, '임시 장애인'이 되어 과천의 거리를 향해 출발이다.

휠체어 바퀴를 조종하는 일은 예상했던 것보다 어렵지는 않았다. 팔이 아프긴 했지만, 견디지 못할 정도는 아니었으며 오른쪽 왼쪽의 방향 선택과 멈춤, 속도 조절은 신기할 만큼 할 만한 일들이었다. 연령이 꽤 다양했던 관객 무리들에서 여러 가지 반응들이 들려 왔다. 그런데 난관은 예상치 못한 곳에서 곧 나타났다. 우리에게 익숙한 공간과 거리 바로 그 자체*. 이 공간이 이토록 위험하며 사람을 힘들게 하는 장소였던가. 휠체어는 비장애인에게는 거의 인지되지도 않을 만큼의, 낮은 언덕도 올라가기에 너무 힘든 산처럼 느끼게 만들었다. 팔이 아프게 힘을 주어야지만 겨우 움직였다. 파란불이 켜지는 동안에 횡단보도는 어떠한가. 비장애인에게 그 시간은 작은 일상일 뿐이다. 하지만 휠체어에 앉아 있는 경우에 차가 멈춰있는 잠시 동안은 땀을 흘리며 열심히 바퀴를 밀어야하는, 긴박하기만 한 시간이었다. 도시는, 필자 역시 늘

* 필자는 공연이 이뤄진 과천에서 실제로 거주하기 때문에, 일상적 공간에 대한 감각을 보다 크게 느꼈던 것 같다.

오가는 일상의 장소는, 철저히 비장애인에게 맞춰져 비장애인 대상으로 만들어진 공간이었다. 바로 내가 발 딛고 있는 곳이 '배제와 차별의 원리'로 만들어진 곳이라니.

너무 넓은 횡단보도와 산 같은 언덕을 넘고 나면, 종이박스와 풍선, 연기가 깔리는 곳에서 잠시 퍼포먼스를 벌인다. '여러분은 역경을 헤쳐나가는 대단한 존재들'이라는 칭찬과 함께 말이다. 유쾌했던 시간 후에 자유시간이 주어진다. 배우는 말한다. "주변의 상가에 들어가서 물을 사먹거나 사고 싶은 물건을 사는 시간입니다." 아마 도시의 상가 주변에서 계단 옆에 휠체어를 밀고 들어 갈 수 있는 경사로를 자주 봐 왔을 것이다. 의무적으로 건축해야하는 것으로 알고 있다. 그런데 그 경사로가 정말로 휠체어를 탄 장애인이 이용할 수 있는 것일까. 과천의 도시내의 있는 경사로 4, 5군데 정도에서, 직접 시험했을 때 경사로를 통해 건물로 진입할 수 있는 경우는 단 한 군데였다. 그것도 도전 정신을 발휘해, 있는 힘을 다해 올라갔을 경우였다. 장애인들에게 도시의 평범한 상가들은 마치 아파트의 모델 하우스처럼, 허울뿐인 곳인 것일까. 이런 상황들은 물론 여러 가지의 자연스러운 상황들을 발생시켰다. 주변의 시민들이 눈치껏 휠체어를 밀며 도와주는 상황 등 말이다. 하지만 선한 시민들의 자발적인 도움을 기쁘게만 받아들이기에, 상가의 접근이 불가능하다는 사실이 주는 충격이 더 컸다. 장애인들 대상의 공간은 여기는 아니다. 그러면 어디인 것인가. 여러 가지 복잡한 생각들을 주변의 휠체어를 탄 관객과 즉흥적으로 얘기하기도 했다. 작품은 여러 가지 자연스러운 상황들을 은연중에 발생시킨다.

작품의 마무리는 공터에 모여서 함께 즐거운 공놀이 게임을 하는 것이다. 장애인 올림픽을 연상시키기도 하는 이 퍼포먼스의 대목은 역시 흥분과 즐거움, 역동성이 강조 됐다. 〈미션 루즈벨트〉는 약 두 시간 가량의 휠체어의 '임시 장애인' 체험을 마친 후에 마무리된다. 처음에 맡긴 주민등록증을 돌려받으며, 다시 개인으로 되돌아갈 때 휠체어를 탔을 때 찍은 사진을 함께 받는다. 새로운 경험으로 새로운 인격이 하나 더 생긴 것이다.

둘 사이의 공간이 납작하게 휘어지는 〈친밀한 공간〉

서울거리예술축제의 〈친밀한 공간〉(레스트레스 댄스 씨어터, 호주)은 장애와 비장애 사이에 무엇이 있는가를 들여다보는 작품 같다. 이번의 서울거리예술축제의 부제가 '틈'이기도 했다. 무엇과 무엇 사이에 존재하는 것. 이 작품은 장애와 비장애를 가르는 무엇(벽)을 보고 느끼고 감각하며 그 무엇의 존재를 매우 또렷하게 인식하도록 이끈다. 이것은 색다른 시선과 경험이다. 장애와 비장애의 구분과 차이를 애써 지우며, 사실은 비장애 위주의 것으로 만들어진 세상에 존재하는 모두에게 말이다. 즉 장애인에게도 새로운 경험일 것 같다. 서로의 차이에 대해 충분히 공감하며 인지하는 시간은 매우 비현실적이며 따라서 몽환적이기도 하다. 작품의 제목은 이러한 공감과 인지의 어떤 '친밀한' 순간을 암시하는 것일까. 장애와 비장애의 사이의 공간이 한순간에 납작하게 휘어져 친밀하게 통할만큼 가까워지는 순간 말이다. 이것은 또한 매우 현실적인 공간이 비현실적인 공간으로 뒤바뀌는 신기한 순간이기도 하다. 왜냐하면 작품은 서울의 실제 호텔인 뉴서울호텔에서 이뤄진다. 〈친밀한 공간〉은 뉴서울호텔의 이곳저곳을 돌아다니며 진행된다. 사전에 예약한 15명 내외의 관객들을 대상으로 진한 농도의 소통이 이뤄진다.

사전에 공연을 예약한 관객은 한 명씩 뉴서울호텔의 실제 로비의 구석으로 안내된다. 로비의 옆 테이블에는 공연과 상관없는 호텔의 일상이다. 호텔의 직원으로 분장한 배우가 관객을 활발하게 안내하는 한편 친절하게 간식을 건네거나 인원을 체크한다. 공연이 시작하게 될 무렵에 예쁜 드레스를 입은, 다운증후군 여성이 '공연이 시작된다'는 문구가 쓰여진 종이를 보여준다. 좌중이 조용해진다. 이어서 또 다른 호텔 직원으로 분장한 배우가 등장해 관객들에게 '저를 따라오세요.' '이 공연은 매우 집중한 분위기에서 봐야합니다' 등의 문구를 차례대로 보여준다. 이 문구를 보여주는 방식이 기발하다. 자켓의 안쪽 면에, 소매를 걷으면 소매 폭에 작은 글씨로, 바지를 걷으면 양말에 문장이 써있는 식이다. 예상치 못한 상황들이 주의를 집중하게 만든다. 작은 동작 하나도 민감하게 반응하게 된다. 배우는 관객들을 데리고 호텔의 엘리베이터를 타고 15층으로 데려간다.

엘리베이터 앞에는 빈 공간에 작은 트렁크 가방이 덩그라니 놓여있다. 가방의 열려진 지퍼 사이로 손이 나오고, 침묵한 채 깜짝 놀라고 있는 관객들 앞에서 천천히 트렁크 가방이 열리며 신체를 접고 있었던, 또 다른 다운증후군 여성 무용수가 등장한다. 다운증후군 증세를 있는 그대로 보여주는 그 특유의 외모와 작은 신체, 아름다운 무용복, 가방에서의 등장 등은 이 모든 현장의 상황을 비현실적으로 감지하도록 이끈다. 사실 무용수를 보며, 외국 동화에 나오는 요정을 떠올렸다. 만일 요정이 실재한다면, 이렇게 생기지 않았을까. 무용수는 간단한 춤을 춘다. 관객 한 명을 이끌며 반응을 함께하는 춤이다.

다음 장면은 실제의 호텔방으로 들어가는 것이다. 배우에 의해 어느 방으로 안내되는데, 관객들은 어둠 속에서 랜턴을 비춰 침대를 들여다 본다. 다운증후군 남녀 부부인 듯한 이들이 보인다. 순진하고 선한 표정의 이들의 사적인 순간을 몰래 들여다보는 느낌이다. 상당히 개인적 공간에 불쑥 침입한 느낌은 장애인의 세계에 좀 더 깊이 가깝게 다가간 듯도 하다. 이어지는 장면에서 다운증후군 남자 배우가 간단한 동작의 춤을 추는데, 마치 커다란 소리가 들리는 듯한 동작이다.

좁은 엘리베이터 안에서 관객들은 그 배우가 듣는 소리를 함께 듣는 것처럼 느껴지며, 엘리베이터를 타고 내려온 식당 공간에서 이어폰을 건네받는다. 식당에는 무용수 외의 장애인들이 뒤섞여 있다. 계단에서 다운증후군 여성 무용수와 비장애인 남성 무용수가 관능적인 관계를 암시하는 동작들과 함께 끈적이는 분위기를 연출한다. 이어폰에는 소음과 영어가 뒤섞여 '설마 저들이 함께는 아니겠죠?' '같은 방에 묵나요?' 등의 의심과 혐오의 말들이 들려온다. 장애인과 비장애인의 성적 관계를 암시하는 장면과 이를 바라보는 외부의 시선이 동시에 관객들에게 펼쳐지며, 혼란에 빠뜨린다. 필자 역시 그러한 관계는 불가능하다고 생각하지 않는가. 왜 그렇게 여기는가. 관람객들의 주의가 옆으로 돌아가면, 여태껏 출연한 장애인 비장애인 배우들이 함께 간단한 동작의 춤을 춘다. 단순하지만 분명한 동작으로, 불편한 신체 있는 그대로 관객들을 정면으로 바라보며 마지막 춤을 춘다.

과천축제와 서울거리예술축제의 두 개의 거리예술축제에서 만난 〈미션 루즈벨트〉(토니 클리프턴 서커스, 이탈리아, 프랑스)와 〈친밀한 공간〉(레스트레스 댄스 씨어터, 호주)은 창작집단의 이름에서 짐작할 수 있듯이 서커스와 무용 베이스의 작품이다. 물론 이들은 전통적인 방식의 서커스와 무용도 아니다. 거리예술축제는 이러한, 장르를 빠져나온 독특한 퍼포먼스들을 자유롭게 만날 수 있는 곳이다. 그러한 색다른 상상력이 장애와 비장애 사이의 숨겨진 많은 이야기들을 예술적으로 풀어낸 원동력인 것 같다. 또 다른 태도로 문제에 접근하려는 많은 노력들이 사회의 구성원들 전체에게 관계되는 공공(公共)의 의미를 제대로 실현하도록 도울 것이다. 당연히 완벽할 수 없지만, 조금이라도 해야 할 일이다.

한국-베트남 국제 교류 작업 참관기

〈기억하는 사물들-베트남 하노이 롱비엔 역〉

#2016.4.14.~4.16 #베트남과의국제교류 #장소특정형공연 #베트남현대연극스케치

창작그룹 노니의 〈기억하는 사물들-베트남 하노이 롱비엔 역〉이 한국-베트남 국제 교류 작업으로 진행됐다. 〈기억하는 사물들-베트남 하노이 롱비엔 역〉은 약 4주간 베트남의 하노이에서 워크숍을 갖고, 4월 14일~16일까지 3회에 걸쳐 워크숍의 결과물인 공연을 발표했다. 한국문화원이 진행했으며, 2주간의 사전 리서치 기간까지 포함해 약 6주간 진행됐다. 한국은 연출가 및 디자이너 등의 스텝들이 주로 참여했으며, 베트남은 12명 정도의 배우들과 영상 팀이 참여했다.

한국과 베트남, 아시아의 두 국가는 서로의 현대 연극 및 공연예술 전반에 대해 잘 모르며 생소한 편이다. 그나마 최근의 드라마 및 음악의 한류 열풍으로, 베트남에게 한국의 대중문화는 꽤 친숙한 듯했다. 하지만 양국의 연극 및 공연예술의 교류는 최근에 시작됐으며, 특히 베트남의 현대 연극 및 공연예술 작품의 국내 소개는 더욱 드문 일로 보인다. 필자로선 약 2년 전에 페스티벌 봄에 초청되었던 베트남의 젊은 시각 예술가의 전시 및 퍼포먼스 한 편을 관람한 것이 전부이다.

이러한 상황에서 이번의 〈기억하는 사물들-베트남 하노이 롱비엔 역〉은 공연 외 양국의 전문가들이 만난 공연예술포럼과 다양한 아티스트들이 참여하는 라운드 테이블을 함께 진행해 서로에 대한 이해를 돕고자 시도했다. 이것은 창작그룹 노니의 〈기억하는 사물들〉이 드라마 중심의 '일반적인 연극 형태'가 아니기에, 작품에 대한 이해를 돕기 위해서이기도 했다. 또한 창작그룹 노니 측은 이번의 국제 교류가 단순한 작품 제작 및 공연 소개에 머무는 것이 아닌, 베트남의 젊은 예술가들에게 실제적 자극 및 파장을 던져줄 수 있게 되기를 바랐다. 따라서 부족하나마 기회가 있을 때마다 베트남의 젊은 예술가들끼리의 네트워크 등에 도움을 줄 수 있는 다양한 접촉을 시도했다.

간접적으로 접한 베트남의 연극 상황

필자는 베트남에 방문한 8일의 짧은 기간 동안 베트남의 연극을 관람하기 위해 무척 노력했다. 하지만 전통 공연예술 외 현대 작품들은 모두 준비 중으로, 필자가 한국에 돌아온 날부터 본격적인 공연 시즌이 시작되었다. 1년 내내 연극 공연이 이뤄지는 우리와 달리 베트남은 날씨가 따뜻해지는 시기에 맞춰서 연극 및 공연 등이 일제히 올라간다. 따라서 베트남의 연극 현황은 공연예술포럼에서 만난 베트남의 기자들과 극장장 등을 통해 간접적으로 정보를 접할 수밖에 없었다. 황 뚜안 띠엡은 베트남 뉴스협회 소속 〈스포츠와 문화〉 신문의 기자로 베트남 공연예술의 흐름을 간략히 소개했으며, 하노이 시의 유스 씨어터 극장의 극장장은 베트남의 극단 수, 극장 수 등을 알려줬다. 유스씨어터의 극장장은 작년에 한국의 팜스 초이스에 방문하기도 했다. 팜 투 흐엉 기자는 하노이 경찰 소속 신문 〈수도 안녕〉의 기자로, 베트남의 공연예술정책의 방향에 대해 소개했다.

뚜안 띠엡은 베트남의 공연예술을 프랑스 식민지 시대 전과 식민지 시대(1854~1945), 1945~1975년도, 1975~1994년도, 1994년 이후부터의 경제적 시장 개방 시기로 구분하는데, 이것이 대체적으로 일반적으로 통용되는 서술이라 한다. 베트남의 현대 연극의 역사는 역사적 배경이 비슷한 아시아 국가인 우리와 비슷한 점이 많다. 베트남의 현대 연극은 식민지 시기에 프랑스인에 의해 유입되었으며, 1920년 하노이의 아마추어 배우들이 자체 제작한 몰리에르의 〈상상으로 앓는 사나이〉를 베트남 연극의 시작으로 본다. 베트남의 연극은 하노이를 중심으로 하이퐁, 사이공 등에서 프랑스식으로 건축된 극장 건물들의 등장과 더불어 베트남의 도시개발과정 속에서 발전한다. 식민지 시기에 문학, 음악 회화 등의 장르가 본격적으로 자리 잡게 되며 베트남의 전통 공연예술과 공존하게 된다.

기자는 베트남 연극의 도약기를 1980년대 말이라 소개했다. 그 이전의 베트남 연극은 구소련의 영향을 많이 받아 정치적 목적을 위해 행해진 작품들이 다수였던 반면에 베트남의 시장 개방 정책인 도이모이 정책(1986년)의 실시 이후 뚜렷한 변화를 보여줬기 때문이다. 이 시기에 보수적 체제 비판과 인간 존중 및 자유의지 제고, 유연성 없는 고정 관념 전복 등의 내용을 반영한 새로운 창작극들이 속속 등장했으며, 유명한 극작가인 르우 꼬앙 부의 〈나와 우리〉, 〈당신은 우리 아빠가 아니다〉, 〈없었던 것들을 위해 죽는다〉, 〈쯔엉 바의 혼이 정육점에 유랑한다〉 등이 다수 공연됐다. 그의 작품은 베트남 전역에서 공연되었으며, 7회 이상 재해석되고 수백 번 이상 공연되는 기록을 세웠다고 한다.

최근의 베트남의 연극은 본격적 시장 개방 이후 양극화 현상에 시달리고 있다 말해진다. 시장 개방과 인터넷의 발달로 영화와 드라마, 가요 등의 대중문화가 빠르게 확산되는 반면에 공연예술을 비롯한 기초예술은 점점 더 상황이 어려워지고 있다. 특히 전통 공연예술들은 젊은 관객들에게 외면되고 있으며, 대중문화 쏠림 현상 속에서 현대 연극 및 공연예술의 상황이 긍정적인 것도 아니다(필자가 관람한 전통 음악 공연과 전통극 수상 인형극의 경우 특히 배우들의 기예의 수준이 뛰어났다).

이러한 상황에서 베트남의 예술 개발 정책은 다른 아시아의 국가에 비해 정부의 주도적 역할이 크다고 한다. 그런데 예술 개발 정책은 전통 문화 보존과 개발에 큰 비중을 두고 있으며, 매해 막대한 예산이 국립극장과 전속단체에 투입된다. 이러한 예술 정책의 방향은 특히 베트남의 젊은 예술가들에게 강력한 비판의 대상이 되고 있다. 최근 2년 정도 많은 극장들이 예산 절감을 통한 구조조정을 진행 중이라 했다.

현재 베트남은 국립극단, 국립극장, 지방정부 소속의 약 130여 개의 극단이 존재한다. 이외 정부의 지원을 일부 받거나, 전혀 받지 않는 민간 극단 및 민간단체도 약 500여 개 존재하며, 대개 하노이와 호치민에 위치한다. 베트남의 생활수준에 비교해 볼 때 입장료는 저렴한 편이라 하지만, 콘서트나 음악 공연의 비싼 입장료에도 불구하고 관객 수의 분명한 양극화를 보여준다. 유스 씨어터의 극장장은 베트남의 현대 연극은 코미디를 비롯한 어린이극, 드라마가 대다수며, 창작극이 다수 공연되고 있다고 전했다. 이외 한국의 박지선 프로듀서에 의해 발표된 한국 공연예술 시장의 현황의 여러 수치와 통계들은 매우 유용한 자료로 호평 받으며, 최근에 베트남에서도 공연예술 시장의 현황 분석을 위한 정확한 자료조사와 통계분석이 이뤄질 예정이라 전했다.

장소특정 공연 〈기억하는 사물들 – 베트남 하노이 롱비엔 역〉이 남긴 것

창작그룹 노니의 〈기억하는 사물들 – 베트남 하노이 롱비엔 역〉(김경희 연출)은 작년 문화역 서울 284와 거리예술센터에서 진행한 〈기억하는 사물들〉의 연작이다. 이 작품은 장소특정 공연으로 몇 가지의 외형적 틀이 있으며, 여기에 해당 장소에서 얻은 요소들을 결합해 작품을 제작한다. 관객은 20명가량의 예약 관객제로, 관객은 헤드셋을 끼고 자신의 스마트폰을 이용해 이동하며 작품을 관람하게 된다. 문화역 서울 284의 〈기억하는 사물들〉은 역장, 식민지 시절의 여배우, 노동자 소녀 등을 통해 서울역의 과거를 보여준다. 거리예술센터의 〈기억하는 사물들〉은 이전의 물을 정수하는 취수장으로 이용되었던 건물의 과거와 연관된, 망가진 피아노의 연주, 동물 사체, 깨진 거울에 비친 얼굴 등으로 표현한다. 해당 장소, 주로 건물의 과거와 연관된 것들을 전시하고, 관객들은 해당 장소의 사회적 기억과 개인적 기억을 교차하며 떠올리게 된다.

〈기억하는 사물들〉은 극이라기보다는 전시에 가깝다는 평을 많이 들었다. 연출이 끄집어낸 이미지들이 단발적으로 나열될 뿐, 이야기로 연결되지 않기 때문이다. 배우들의 움직임도 개인적인 감정을 표출하는 춤이 아닌, 정지, 낙하, 돌기 등의 에너지의 물리적 흐름을 보여주는 단순한 동작들이다. 배우들 또한 오브제처럼 다뤄지기도 한다. 살아있는 배우들을 오브제화하는 연출법은 호불호가 뚜렷이 갈릴 수 있으며 분명히 찬반의 여지가 있는 부분이다.

〈기억하는 사물들 - 베트남 하노이 롱비엔 역〉은 베트남 하노이에서 역사적 의미가 크며 현재에도 기차가 오가는 롱비엔 역에서 이뤄졌다. 롱비엔 역은 프랑스 파리의 에펠탑 설계자가 건축해 관광지로 유명한 롱비엔 철로 다리와 연결된 작은 역으로 관광지일 뿐 아니라, 베트남 사람들에게 의미가 큰 장소였다. 공연은 역의 마지막 기차 시간 직후에 역 앞에서 시작해 역 밑의 재래시장 사잇길을 지나 빈 철길 위, 그리고 마지막의 대합실까지 이동하며 이뤄진다. 이동 경로 사이에 몇몇 장소에 QR코드가 다섯 개 정도 설치돼 있으며, 관객들은 자신의 핸드폰으로 QR코드를 찍어 영상을 다운받아 관람하게 된다. QR코드로 접속한 영상은 해당 장소에서 미리 촬영한 베트남 배우들의 현대 무용들이다. 각 장소마다 화로, 새장, 박스 등의 간단한 오브제들이 놓여 있을 뿐, 배우들은 마지막의 대합실 장면까지 실제로 등장하지 않는다.

관객들이 착용한 헤드셋에서 들리는 음향(사운드 아티스트 : 윤제호)은 공연의 중요한 한 요소이다. 베트남의 재래시장에서 직접 녹음한 상인들의 대화 소리, 강아지 소리 등 역 주변의 일상에서 직접 따 온 소리들이 대부분이었는데, 이들은 일상의 섬세한 감성을 자극하는 측면이 있었다. 노이즈를 미처 제대로 잡지 못했으며, 접속과 속도의 문제 등 기술적으로 제대로 구현되지 못한 측면이 있었지만, 공연의 박스, 화로, 새장 등의 일상적인 오브제와 자연스럽게 어우러져 반복적이며 지속적인 일상의 리듬을 환기시켰다. 그것은 순환되는, 역의 일반적인 특성이기도 하다. 박스와 화로, 새장 등도 물론 역 주변에서 구입하고 얻은 매우 일상적인 물건들이다.

〈기억하는 사물들 - 베트남 하노이 롱비엔 역〉은 이외 영상 접속 등의 기술적 문제, 영상, 무용, 미술, 음향 등의 각 장르적 요소의 유기적 연결 등의 문제를 보여줬다. 하지만 베트남의 현지 반응은 비교적 호의적으로, 공연에 대해 텔레비전에서 보도했을 뿐 아니라 일간지 및 인터넷 뉴스 등 언론사 35곳에서 공연에 대해 다뤘다. 특히 베트남의 사람들에게 역사적인 장소인 롱비엔 역에서 공연을 한 것이 큰 관심거리였으며, 극장이 아닌 야외에서 헤드셋과 스마트폰을 활용하는 공연 형태에 대해 관심을 보였다. 생소한 공연의 형태였지만, 베트남의 관객들은 롱비엔 역에 얽힌 개인적 기억을 자연스럽게 떠올리며 비교적 쉽게, 긍정적으로 관람했다.

새로운 거리예술축제로 태어난 수원연극축제

2019 수원연극축제 '숲속의 파티'

#2019.5.24.~5.26경기상상캠퍼스 #거리예술축제로태어난수원연극축제
#장소의장점 #작품평 #거리예술창작품의현재

2019 수원연극축제 '숲속의 파티'가 5월 24일(금)부터 5월 26(일)까지 3일간 경기상상캠퍼스에서 진행됐다. 거리예술축제로 전향한 수원연극축제는 이번이 두 번째 방문이다. 작년 축제에 처음 방문했을 때, 무엇보다 축제의 장소에 대해 압도당할 만큼 강렬한 인상을 가졌다. 경기상상캠퍼스(구 서울대 농생대)는 도심 속의 장소라 믿을 수 없을 정도로, 울창한 숲속에 자리하고 있었다. 조금만 걸어 나가면 개인 주택 단지와 골목 길거리의 소박한 시내가 자리하지만, 바로 옆의 경기상상캠퍼스는 이러한 일상과는 별개인 듯이 커다란 나무들의 숲과 잔디밭, 그리고 낡은 공공건물들의 진기한 풍경을 만들어내고 있었다. 경기상상캠퍼스는 거리예술축제의 장소로서 확실히 매력적인 장소임에 틀림없다.

경기상상캠퍼스에서 열린 수원연극축제는 얼핏 춘천마임축제를 떠올리게도 했다. 춘천마임축제는 여러 번 장소를 옮겨 진행되었는데, 그

중에서 섬 공간에서 열렸던 적이 있다. 당시에 섬은 특히 일상과 적당히 유리된 분위기를 연출해 인상적이었다.

거리예술에서 '일상 속의 판타지'는 상당히 중요한 요소이다. 이를 위해 거리예술은 일상과 가까이 있으면서도 비일상적인 분위기를 연출하기 위한 특별한 장소를 필요로 한다. 왜냐하면 거리예술은 일상을 새롭게 바라보게 하며 나아가 삶에 대해 새로운 시선을 열어주려 시도하기 때문이다. 많은 거리예술이 일상(길)으로 뛰쳐나와 시민들과 삶 속에서 직접 대면하며, 이를 통해 삶을 변화시키기를 원한다. 변화는 크고 대단한 것이 아니라, 사람들의 감각을 깨워 일상에 대해 새롭게 느끼며 다시 바라보도록 하는 것이다. 다르게 느끼면 다르게 살 수 있다. 따라서 시민들이 일상 속의 판타지를 느끼고 감각하도록 이끌기 위해서, 축제에서는 최근에 대개 공원 및 광장, 자동차를 막아 차도를 임시적으로 사용하거나 도심재생시설 등을 활용했다. 서울거리예술축제나 안산거리예술축제, 과천축제, 문화비축기지의 행사 등이 그러하다. 이 중에서 수원연극축제는 도심 속의 숲에서 열리며, 이들과는 또 다른 거리예술축제의 가능성을 보여준다. 자연 공간이 갖는 특별한 느낌들이 축제에 잘 살아 있다.

프로그래밍의 특징과 의미

2019 수원연극축제 '숲속의 파티'의 프로그래밍은 거리예술 작품 초청에 집중돼 있는 모습을 보여준다. 작년에 비해 부대 행사를 줄인 것으로 알고 있다. 사실 수원연극축제 외에도 많은 축제에서 본 행사에 집중하며 부대 행사를 줄여가는 추세이다. 축제를 방문한 사람

들에게 축제의 정체성을 각인하기 위해서도 필요한 선택이다.

프로그래밍에서 우선 눈에 띄는 것은 해외공식 작품의 다양한 색깔이다. 〈위대한 여정〉(독일), 〈악동음악대〉(벨기에), 〈위대한 카페〉(벨기에), 〈야영〉(일본), 〈동행〉(프랑스), 〈석화〉(캄보디아)들은 국적이 다양한 만큼의, 다채로운 작품 세계를 보여줬다. 다른 거리예술축제에 비해 수적으로 많아 보이지 않는 해외작품들임에도, 축제에서 분명한 역할을 보여줬다. 그동안의 거리예술축제에서 자주 봐 온 프랑스의 작품 주도의 프로그래밍에서 벗어나 있는 점이 신선했으며, 개별 작품들의 작품성과 완성도도 뛰어난 편이었다. 물론 작품에 따라 작은 편차가 존재하기도 했다. 해외 거리예술 작품들을 관람하면, 대개 국내 거리예술 작품에서 결여돼 있는 점이 눈에 띄게 마련이다. 그동안 대개 규모 면에서 차이를 느꼈다면, 이번의 작품들의 경우에 작품의 콘셉트가 명확한 점이 인상적이었다. 물론 국내에 초청된 해외 작품들의 경우에 우수한 작품들이 찾아오는 것으로 알고 있다. 하지만 전반적으로 국내작품들에 비해 각 작품의 목표가 뚜렷해 보였으며, 이것은 해외 작품들의 다양한 색깔과도 연관된다. 작품의 콘셉트에 대한 깊은 고민이 결과적으로 치밀하며 완성도가 뛰어난 작품 제작과 연관되는 것은 물론이다.

수원연극축제의 국내공식 참가팀의 프로그래밍은 초연의 거리예술 작품이 많은 편이었다는 것이 눈에 띈다. 〈달의 약속〉(창작중심 단디), 〈갑옷을 입었어도 아프다〉(생각나무 툴), 〈돌, 구르다〉(비주얼씨어터 꽃), 〈우리가 기념해야 하는 것들〉(정가악회) 들이 공식적으로 이번 축제에서 처음 관객과 만났다. 축제 측으로선 초연작이 부담스러울 수 있다. 관객의 반응이 즉각적인 축제 현장에서 검증되지 않은 작품들은 상당히 불안하다. 그럼에도 이러한 결정을 보여준 것은 거리예술 장르의 활성화를 위한 과감한 선택이었다고 생각한다. 초연 작품들은 완벽히 만족스러운 것은 아니었지만, 각 아티스트들이 추구하는 세계를 충실히 구현하고 있었다. 국내공식 참가팀은 초연 작품들 외에도 〈여우와 두루미〉(서울괴담), 〈도시소리동굴〉(보이스씨어터 몸소리), 〈돌아가다〉(아이모멘트), 〈고기, 돼지〉(바람컴퍼니), 〈시그널〉(화이트 큐브) 등의 재연 작품들로 프로그래밍의 안정을 꾀한다.

2019 수원연극축제의 프로그래밍은 전반적으로 거리예술 작품, 그중에서도 퍼포먼스 위주의 작품들로 짜여졌다. 신체극과 무용 작품들도 다수 있었다. 전반적으로 예술 작품으로의 지향이 강한 여러 가지의 다양한 거리예술 작품을 제대로 관람할 수 있는 축제의 자리였다.

반면에 작년에 비해 공간의 특성을 활용한 사이트 스페시픽 작품들이 줄어든 듯해 아쉬웠다. 이번 축제에서 설치미술이 한 작품 있었는데(〈크리처〉), 이 외에도 미술 베이스의 아티스트들에 의한 미술적 요소가 짙은 작품들이 좀 더 있었다면 축제에 분위기를 활성화 하는 역할을 하지 않았을까 생각한다. 또한 상상캠퍼스의 여러 실내 공간인 재생 건물 시설을 활용한 작품들의 참여도 가능하지 않을까 생각한다. 시민참여의 커뮤니티 작품들의 참여 여부도 아쉬운 점이었다. 하지만 커뮤니티 작업의 경우 축제에서 좀 더 섬세한 준비 작업이 많이 필요한 것으로 알고 있다. 또한 수원연극축제에서 설치된 부스와 함께 기획된 체험행사 주변에 많은 가족관객들을 볼 수 있었다. 이들을 대상으로 하는 소규모의 일인극이나 광대 퍼포먼스 등도 축제에서 높은 호응을 얻지 않을까 생각한다. 물론 프로그래밍의 이러한 특성들은 해마다 달라지는 것으로, 여러 가지 제반 환경과 연관된 부분이기도 하다.

수원연극축제의 관객들

거리예술축제에서 시민 관객은 축제의 또 다른 주체로서 상당히 중요하다. 각 축제에 따라 관객들은 다른 성향을 보여주곤 한다. 안산국제거리극축제의 관객들이 커뮤니티가 강한 반면에, 서울거리예술축제의 관객들은 좀 더 개별적이며 축제에 덜 집중하는 듯한 냉정한 태도를 보여주기도 한다. 그에 비해 수원연극축제의 관객들은 축제에 상당히 호의적이었다. 작품을 관람하는 태도도 집중력이 뛰어났다. 익숙하지 않으며, 다소 난해하게 다가올 수 있는 신체극이나 무용 작품의 관람객들도 자리를 금방 떠나는 것이 아닌, 이해하려 노력하며 작품에 관심을 기울이는 모습을 자주 볼 수 있었다. 재미있거나 흥미 위주의 작품들이기보다는, 주제가 강한 이번의 거리예술 작품들에서 수원연극축제의 이러한 관객들은 큰 힘이 되어주는 요소들이었다. 이것은 장소가 주는 역할도 큰 것 같다. 경기상상캠퍼스가 떠들썩하기보다는 차분하며, 집중이 가능한 분위기를 연출하는 데 적합했다. 경기상상캠퍼스 내의 활용할 수 있는 공간이 다양한 점도 큰 장점이다. 작품에 따라 그에 걸맞는 장소를 활용하며 작품에 대한 집중력을 높였다.

작품평 1-〈달의 약속〉, 〈여우와 두루미〉, 〈돌, 구르다〉, 〈우리가 기념해야 하는 것들〉, 〈고기, 돼지〉

〈달의 약속〉은 창작중심 단디의 공중 퍼포먼스 초연 작품이다. 단디는 그동안 버티컬 퍼포먼스를 비롯, 대형 크레인을 이용한 공중 퍼포먼스 작품을 여럿 선보였다. 단디의 〈단디우화〉는 작년의 수원연극축제에서도 공연돼 높은 호응을 얻은 바 있다. 하지만 기대가 컸던 것일까. 〈달의 약속〉은 단디의 전작들에 비해 다소 실망스러웠다. 무엇보다 구성이 탄탄하지 않았으며, 공중의 퍼포먼스도 단순하게 이뤄졌다. 무용과 아크로바틱한 움직임이 돋보였던 〈단디우화〉에 비해 〈달의 약속〉은 공중 크레인에 설치된 달 모형의 배에 많은 신경을 기울인 것이 느껴졌을 뿐이다.

〈달의 약속〉은 이야기 자체도 그동안의 단디의 작품과 다른 색깔이다. 일상에서 상처받은 젊은 여성에게 어느 날 다가온 달 속의 제 2의 자아와의 만남을 다룬다. 의미가 분명하며 보편적이던 우화적 이야기에서 탈피한 시도는 새로운 길에 대한 의지로 긍정적일 수 있다. 하지만 이번의 현대적인 이야기가 공중퍼포먼스에 걸맞는 이야기였는지에 대해서는 부정적이다. 지상에서의 젊은 여성과 코러스 무리 사이의 동작과 춤도 잔디광장의 넓은 무대를 고루 이용하지 못해 답답하다는 것 외에 별다른 인상을 주지 못했으며, 천을 활용한 영상 무대도 이 장소와 걸맞지 않아 보였다. 섬세한 미감으로 접근해야 하는 작품의 여러 재료들이 축제의 순간과 엇갈리게 다가왔다. 〈달의 약속〉이 단디의 새로운 레퍼토리로 자리하기 위해서는, 좀 더 수정과 보완의 시간이 필요하지 않을까 생각한다.

〈여우와 두루미〉는 서울괴담의 작품으로, 이미 여럿 축제에서 공연된 바 있다. 이 작품의 강점은 역동성으로, 이동형의 형태와 잘 어우러져 거리예술의 거칠고 폭발적인 힘을 잘 보여준다는 점이다. 라틴 계열의 타악기 위주의 라이브 밴드와 거대한 인형이 결합한 작품이다. 길 끝에서부터 배우 네다섯 명이 함께 조종하는 여우와 두루미 인형이 걸어들어 온다. 서울괴담의 작품답게 인형의 미술적 완성도는 뛰어나며, 인형을 조종하는 배우들의 모습도 인형 밑에 개방돼 팀으로 연기하는 인형 조종 연기술의 묘미를 곁에서 볼 수 있다. 장면의 구성은 단순한 편이다. 여우와 두루미의 반목과 싸움을 보여주고, 다음 장소를 이동해 화해의 장면을 보여준다. 라틴 계열의 음악 연주를 비롯 인형의 생김새는 국적 불명의 것으로 다가오지만, 장면의 구성방법은 전통 탈놀음의 구조를 떠올리게 한다. 그만큼 작품의 전체적 톤이 거의 유사하게 표현된 점이 다소 아쉽게 다가왔다. 서울괴담은 힘과 역동성뿐 아니라, 서정적인 장면 등도 잘 만들어왔던 기억이 있기 때문일 것이다.

〈돌, 구르다〉는 비주얼씨어터 꽃의 작품으로, 연출가이자 퍼포머인 이철성 아티스트의 여러 역할이 돋보이는 작품이다. 이철성은 작품의 구성, 연출, 출연을 도맡아 했다. 작품은 나무 밑에서 잠자고 있는 노숙자를 보여준다. 때 탄 옷부터 초점이 멍한 눈빛까지 노숙자는 실제의 노숙자와 착각할 정도이다. 노숙자는 관객들을 데리고 비탈길 위로 올라가 그의 일상을 보여준다. 돌을 던져 물수제비를 뜨고, 지나가는 이에게 말을 걸며 자기만의 환상 속에서 시간을 보낸다. 상황이나 대본이 촘촘하지는 않다. 광기의 찰나에 정신을 차리는 순간이 찾아오는데, 광기와 맨 정신의 반복의 설정이 왜 필요한지 구체적으로 설득이 되지는 않는다. 또한 그는 스스로를 돌멩이로 생각하며, 반복해서 비탈길을 돌멩이처럼 굴러서 내려가곤 한다. 이것이 극 전체를 관통하는 액션으로, 추락한 삶에 대한 표현으로 읽히기도 한다. 아마 가족에게서 온 전화를 받는 듯한 설정은 노숙자가 평범한 우리와 크게 다르지 않은, 삶의 나락으로 한순간 굴러떨어진 이란 뜻으로 짐작된다. 노숙자의 광기의 일상이 관객들에게 소통되며, 비교적 편안하며 즐거운 시간이 흐른 후 별안간 철거반이 등장한다. 노숙자를 쫓아내려는 폭력적 공권력에 대해 그는 잠시 맞서다가 다시 광기에 사로잡혀, 유순한 노숙자로 변해 어디론가 떠난다. 노숙자와 폭력적 공권력의 관계가 불명확한 점 등이 정리돼 대본의 의미가 명확해질 필요가 있다. 아픈 이들을 사회가 감싸 안아야 한다는 주장을 펼치는 것일까. 작품의 의미가 구체적으로 다가오지 않는다.

〈우리가 기념해야 하는 것들〉은 정가악회와 극단 몸꼴의 윤종연 연출가가 만나 꾸린 초연 작품이다. 음악팀과 주로 몸을 기반으로 하는 작품을 만들어 온 연출가와의 만남이 어떠한 결과를 낳을지 궁금했었다. 작품은 개인이 기억해야 할 일들로부터 출발해 사회가 기억해야 할 집단적 사건을 말하는 것으로 나아간다. 일단 작품 전체적으로 아기자기하며 순수하고 투명한 톤을 만들어낸 점이 인상적이었다. 이것은 정가악회의 특성으로, 그동안의 윤종연 연출가의 작품에서는 잘 찾아보기 어려웠다. 하지만 이번의 작품에서 일관되게 전달되는, 순수하며 긍정적인 에너지는 진실한 느낌과 더불어 작품의 호소력을 만들어줬다. 주크박스를 활용한 작품의 시작과 노래들도 신선하게 다가왔다. 몇몇 장면에서 정가악회의 퍼포머들이라 믿어지지 않을 만큼의, 움직임을 보여주기도 했다. 다만 작품의 중반 이후에 퍼포먼스는 지나치게 노래 위주로 진행돼 구성이 아쉬웠다. 정가악회의 장기인 노래와 연주가 한참 연결되다가, 주제가 성급하게 설명적으로 제시되는 것으로 다가왔다. 좀 더 고민하며 연출되었다면, 절묘한 선택들이 가능하지 않았을까 생각한다. 전반부의 전개에 비해 중반 이후와 마무리의 구성이 힘이 약해 아쉬웠다.

〈고기, 돼지〉는 바람컴퍼니의 작품으로, 이 단체는 신진 거리예술

단체이다. 연극배우 이리가 주축이 되어 퍼포먼스를 꾸린다. 연극 베이스의 작업자여서 그런 것일까. 작품의 콘셉트에 접근하며 만들어내는 태도 등이 기존의 거리예술 작품들과 다르게 다가온다. 그 점이 이번 작품에서 색다른 거리예술 작품으로 느끼도록 만들었다. 관객들이 돼지가 되어 돼지의 일상을 경험하게 된다. 돼지의 일상에 대한 묘사는 꽤 사실적이다. 낳자마자 도장이 찍혀지고 등급을 받는다. 시간이 흐른 후 바로 어디론가 실려가 건물 안에서 한꺼번에 도축된다. 가축이 되어보는 체험은 신선하며, 강렬하다. 상상캠퍼스 내의 실내건물을 활용하고 있는 점도 다양한 공간 활용으로 긍정적이었다. 다만 단순한 상황이 반복 나열되며 뒤로 갈수록 관객들을 사로잡는 집중력과 힘이 떨어지는 점이 아쉬웠다.

작품평 2-〈위대한 여정〉, 〈동행〉, 〈악동음악대〉, 〈석화〉, 〈야영〉

〈위대한 여정〉은 독일 작품으로, 여러모로 이번 축제에서 가장 돋보이는 작품이었다. 잔디밭에 넓게 촛불로 하나씩 정성스럽게 만들어낸 모험의 길 속에 여러 가지 문학적 상징을 보여주는 상황들이 연출돼 있다. 작품은 삶에 대한 하나의 은유로 시작해 관객이 여러 가지를 돌아보고 느끼며 자유롭게 생각하도록 이끈다. 서커스의 광대들을 연상시키는 배우부터, 천사, 악마, 왕자, 여행자 등 배우들의 뛰어난 연기와 무대미술 장치들이 매우 완성도가 뛰어나다. 어린이와 함께 볼 수 있는 작품이지만, 작품의 대상이 어린이는 아니다. 오히려 문학적인 상징은 어려운 편이었으며, 특히 아이러니적인 표현들이 많아

'쓰디쓴 인생'이란 삶의 만만치 않음에 대해 생각하도록 한다. 간혹 감당하기 어려울 정도의 희열을 뜻하는 듯한 매력적인 천사의 존재와 공포, 혹은 아련한 기억의 정서들이 자극되기도 한다. 이러한 여러 가지 면이 삶에 동시다발적으로 들어있다는 것일까. 감성적으로 상당히 풍부한 작품이었다. 〈위대한 여정〉의 마지막은 여정을 끝낸 후에 옆의 건물의 옥상으로 올라가 다시 한번 전체 무대를 원경으로 바라보는 것이다. 마치 죽음의 순간을 극적으로 연출한 듯이 다가오기도 했다. 높이의 차이를 통해 공간이 전혀 다르게 바뀌는 모습을 경험하도록 만들어줬다.

〈동행〉은 크레인과 무용수의 춤을 보여주는 프랑스 작품이다. 작품의 발상도 신선하게 다가왔지만, 구성이 탄탄한 점도 기억에 남는다. 크레인의 움직임에 맞춰 무용수는 우아한 동작을 연출하는데, 굉장히 정확하며 섬세하게 크레인과 동작을 맞춰 간다. 무용수가 동작을 취할 때마다 관객들의 박수가 쏟아졌는데, 사실 무용수의 움직임이 가능했던 것은 크레인이 정확하게 계산된 대로 조종되었기 때문이다. 크레인 기계의 정확한 조종이 무용수의 움직임으로 시각적으로 표현된 것뿐이다. 즉 기계의 움직임이 실제의 주인공인 셈이다. 오페라 음악 연주도 작품의 우아한 분위기를 잘 만들어냈다.

〈악동음악대〉는 벨기에의 작품으로, 관객들의 높은 호응 속에서 공연됐다. 이 작품은 작품의 콘셉트가 명확한 점이 인상적이었으며, 따라서 관객과의 소통에 있어서 능숙한 면을 잘 보여줬다. 배우들의 여유로운 태도가 관객들을 자연스럽게 사로잡으며, 관객들이 자연스럽게 악단의 행렬에 녹아들며 따라다니도록 만든다. 사실 이외의 특별한 요소들은 별로 없다. 음악 연주도 단순한 편이다. 하지만 명확한 콘셉트로 여유롭게 축제의 분위기를 살려내고 있다. 배우들 간의 앙상블도 뛰어나다.

〈석화〉는 캄보디아의 서커스로 수준 높은 기예뿐 아니라, 뚜렷한 갈등의 이야기를 촘촘히 쌓아가며 작품으로 만들어낸 점이 인상적이다. 드라마와 서커스의 효과적인 결합은 우리의 현대 서커스에서도 계속 시도되고 있는 것이기도 하다. 흥겨운 음악과 기예, 연극적인 상황들이 관객들에게 높은 반응을 이끌어 냈다. 반면에 일본의 〈야영〉은 다소 실망스러운 작품이었다. 마임 기반의 아티스트들의 작품으로 이해되는데, 상황과 표현이 지나치게 소박하거나 혹은 단순해 보였다. 기존의 일본 작품들에 비해 치밀함이 떨어지며, 유머 코드도 잘 전달되지 않았다.

앞으로 기대하는 점

거리예술은 탈(脫)예술의 가치를 지향하지만, 비(非)예술 행위는 아니다. 오히려 거리예술의 탈예술적 가치는 기성 예술에 대한 저항으로서, 예술의 외연을 넓히며 다양성의 의미를 실현한다. 이러한 거리예술 작품은 예술 작품을 자주 접하지 않은 시민 관객들에게 생소하며 익숙지 않은 모습으로 여겨질 수 있다. 하지만 그러한 점은 시간의 문제로, 시간이 흐르면서 자연스럽게 해결될 수 있는 지점이기도 하다. 거리예술은 시민들의 삶 속으로 뛰어들어 밀착된 호흡을 하지만, 그것이 반드시 사람들의 반응을 최선의 기준점으로 삼는다는 것은 아니다.

수원연극축제에서 만난 많은 관객들은 다소 생소할 수 있는 거리예술 작품들에 대해 이해하려 노력하며 관심을 기울이는 모습을 보여줘 인상적이었다. 이러한 축제의 관객들과 좀 더 밀착된 소통을 위해 거리예술 작품의 창작팀들은 보다 많은 노력을 기울일 것이다. 앞으로 축제에서 보다 다양한 형태의 거리예술 작품들을 만나게 되기를 바란다. 또한 경기상상캠퍼스의 장소가 갖는 일상과 유리된 듯한 분위기는 충분히 흥미롭지만, 교통 문제의 실용적 해결을 통해 축제에 대한 접근성을 키울 필요가 있다. 보다 많은 관객들이 좀 더 편안하게 축제의 현장에 찾아올 수 있도록 노력해야 한다.

도시,
축제로 숨 쉬다

2018 안산국제거리극축제

#2018.5.5.~5.7안산시민광장 #리서치기반의작업들 #성공적인도시형거리예술축제

바야흐로 '거리예술의 전성시대'라 부를 만하다. 최근에 야외 혹은 극장을 벗어나 사람들의 삶 곁에서 이뤄지는 다양한 종류의 퍼포먼스들은 왕성하게 확장되는 모습이다. 포항과 부산, 광주 등에 거리예술 축제가 새롭게 만들어지고 있으며, 서울의 문화비축기지에서 거리예술 마켓, 서커스 프로그램 등이 수시로 진행된다. 서울로 7017 등의 새로 조성된 공공 공간들을 중심으로 봄, 가을 시즌마다 작품들이 상설 상연되기도 한다. 극장을 중심으로 활동하던 창작 단체들의 야외 퍼포먼스 작품 제작에 이은 적극적인 축제 참여도 새로운 현상이다. 이러한 분위기 속에서 2018 안산국제거리극축제는 5.5 ~ 5.7일까지 3일간 진행되며 많은 시민들을 불러 모았다.

이번에 열네 번째로 열린 안산국제거리극축제는 안정적으로 자리한 '도시형 지역 축제'의 본보기라 할 만한 모습이다. 현재 도시를 기반으로 열리는 공연예술축제 중에서 이렇게 사람들의 삶 속에 밀접하게 다가가서 스며든, 그러면서도 예술적 지향점을 놓치지 않고 있는 곳은 매우 드물다. 축제 기간 중의 안산문화광장, 화랑유원지, 안산시 일대의 여러 장소에서 진행되는 공연들이 온도시를 들썩이게 한다. 도시는 축제를 통해 숨 쉬며 활기 있게 되살아난다. 특히 올해도 어김없이 안산문화광장을 빼곡하게 매운 채 축제를 자유롭게 즐기는 다양한 시민들의 활동적인 모습은 최고로 인상적이었다. 안산국제거리극축제는 도시의 한가운데 자리한 빈 장소에서 여러 예술작품들이 사람들의 사이를 매개해 능동적으로 삶을 향유하도록 이끄는 축제의 역할을 잘 보여준다.

장소가 예술의 재료가 되는

안산국제거리극축제에는 매우 다양한 층위의 작품들이 총체적으로 존재한다. 축제는 다양한 국적의, 다양한 규모의 퍼포먼스들이 동시다발적으로 이뤄지는 복잡한 현장이다. 따라서 작품의 관람 역시 일반적인 경우처럼 작품별로 개별적으로 이뤄지기보다는, 서로서로 영향을 주고받는 가운데 복잡하게 경험된다. 그중에서 독특한 경험을 안겨주는 '안산리서치'란 공연 제작지원 프로그램이 있다. 안산이란 장소에 대한 리서치 작업을 기반으로 작품을 만드는 것을 지원하는 것으로, 여기서 도시는 예술의 재료가 된다.

거리예술 작품 중에서 리서치 기반의 작품들은 꾸준히 시도되는 편이다. 극장을 벗어나 사람들의 일상적 삶에 다가가려는 거리예술의 의도를 장소성을 통해 구현하기 때문이다. 물론 장소성의 구현이 반드시 리서치 기반의 작업을 통해서만 이뤄지지는 않는다. 그런데 리서치 기반의 작품 제작은 녹록치만은 않다. 리서치 작업인 만큼 과정 중심의 작업으로 진행되는데, 마지막에 작품으로서 완성되기 위한 표현의 수위 조절이 어렵기 때문이다. 적절한 수위의 선택이 이뤄지면 해당 장소의 맥락화로 독특한 작품이 완성되지만, 수위의 조절이 잘 이뤄지지 않을 경우에 의미가 제한적으로 전달되며 다소 폐쇄적인 소통만이 이뤄지게 된다. 몇 년간 이뤄졌으며 이번의 '안산리서치'에도 참가한 〈안산순례길2018〉(윤한솔 연출)은 성공적인 경우라 할 것이다. 퍼포먼스의 관람객들은 다섯 시간 동안 안산의 곳곳을 걸으며, 그 행위 속에서 창작진이 초점화하고 있는 안산의 장소성을 인지한다.

〈물질 2 물질하다가〉(이진엽 연출)는 오랜 기간 리서치 기반 작업을 진행한 창작진의 축적된 방법론이 잘 드러난 작품이다. 작품은 사람 키를 웃도는 기다란 수조 네 개를 설치해 발버둥치며 간신히 숨 쉬는 도시인의 현대적 삶을 구현한다. 물속에 입수하는 네 명은 주부, 미녀, 트랜스젠더, 직장인 등 전형성을 띤 도시인들로, 사람들은 각자 간힌 수조에서 열심히 물질하지만 간신히 숨만 쉴 수 있을 뿐, 고립되고 홀로 존재한다. 물속에서의 느린 움직임은 정지된 그림처럼 선명히 각인된다. 이진엽 연출가와 코끼리들이 웃는다 팀은 그동안 주로 해당 장소에서 영감을 받은 요소들을 움직임을 통해 표현해 왔다.

작품은 이번에 네 명의 아시아계 사람들이 등장해 다문화도시인 안산을 드러낸다. 이들은 수조 밖에서 사람들을 관찰하다가 한 명씩 차례로 수조 안으로 입수하며, 물속 사람들의 세상에 기꺼이 들어간다. 함께하는 물질, 숨쉬기 위한 삶의 발버둥이라도 함께한다면, 조금이라도 위로가 되는 것일까. 작품의 마지막은 타인의 세상에 들어가는 존재로 인한 용기가 어떤 것인지 보여준다. 처음에 물속에 들어갔던 배우들이 나와서 현장에 모여 있는 관객들 중에서 즉흥적으로 한 명씩 수조로 안내한다. 시민들이 옷을 입은 채 그 자리에서 자발적으로 수조 안으로 입수하는 것이 충격적인 반전이다.

창작진은 꾸준히 배우와 관객 사이의 소통, 보여지는 것과 바라보는 것 사이의 관계 및 이들의 역전 및 공존 등을 실험해 왔다. 이 과정에서 관객들이 얼마나 능동적이며 대담해질 수 있는지를 드러냈다. 아마 이번의 〈물질 2 물질하다가〉는 그러한 면이 작품의 주제를 부각시키는 경우일 것이다. 내가 누구인가는 타인에 의해 드러난다. 거리예술은 공연자와 관객 사이의 거리감을 조정하거나 재배치해 흔들곤 하는데, 그때 변화된 관계가 주는 허물어짐, 짜릿함 등의 매혹적인 지점이 두드러지게 부각될 때가 있다.

〈구호의 역사〉(정진새 연출)는 공식참가작으로 안산리서치 프로그램은 아니지만, 역시 리서치 기반의 작업이다. 작품은 1945년부터 2015년까지, 정치 유세 현장, 문화예술 공연, 시민들의 시위 등 사람들이 모인 장소에서 내걸었던 다양한 구호들을 모아서 보여준다. 자연스럽게 쌓이는 시간의 흔적인 역사를 통한 대한민국의 공간성이 드러나게 된다.

2~3층 높이의 철제 구조물 앞에 현수막을 차례로 내걸며 작품이 진행된다. 구호에 관한 자료 조사는 매우 풍부하며 자세하게 진행된 것 같다. 익숙한 구호부터 잘 몰랐지만, 당대를 집약적으로 드러내는 문장들이 잘 선택돼 사람들에게 과거를 되살린다. 관객들은 현수막이 펼쳐질 때마다 글자 속에서 과거를 떠올리며 대한민국의 시간을 들여다본다. 철제 구조물 위에는 한 명의 배우가 구호를 읽거나 간단한 동작을 통해 주로 우스꽝스럽게 묘사한다. 또 다른 사람은 진행자로 현수막을 펼쳐 내린다. 속도와 문장의 의미 등이 비교적 자연스럽게 작품의

리듬을 만들어가는 편이다. 심각한 메시지 뒤에 대중예술 가수에 관한 문장이 나열되듯이 말이다. 현수막이 걸리는 위치를 구획하거나 또 다른 분류 작업을 통해 역사적인 시간의 흐름뿐 아니라, 구호의 의미를 통해 극의 흐름을 만들어간다면 어떨까란 생각이 들었다. 리서치 기반의 작업으로서 관객들과 같은 시간을 나누며 친밀한 호흡을 쌓아가는 점이 인상적인 작품이다.

장소는 예술의 재료가 되지만, 작품 속에서 맥락이 사라지며 공연의 언어로 변형되기도 한다. 〈여기는 아니지만 여기를 통하여〉(이주형 연출)는 세월호의 집회 현장에서 출발한 작품이라 한다. 하지만 그러한 흔적은 많이 희석돼 있다. 거대하며 드넓은 거리 한가운데 매우 복잡하게 꼬여 설치된 거친 재질의 끈 구조물이 작품이다. 전시물이면서 동시에 퍼포먼스이기도 한 작품은 이 끈의 끝에서 사람들이 각자 끈을 하나씩 잡고 천천히 풀어가는 것으로 이뤄진다. 끈의 해체는 결코 쉽지 않다. 양편에서 몇십 명의 사람들이 자신의 끈을 잡고 뒤엉키며 꼬여 있는 상황 속으로 용기 있게 걸어 들어가 하나씩 매듭을 일일이 풀어가며 옆의 사람을 조심스럽게 지나가며 끈을 풀어야 한다. 이때 사람들의 논쟁하는 듯한 여러 명의 목소리의 녹음이 들려온다. 20여 분 동안 몇십 명의 사람들이 끈을 풀어 작품이 완전히 해체되고 나면, 바로 그 옆자리에서 모아서 불을 피워 태운다. 조용히 해원하듯이 말이다. 이외 〈재봉사의 꿈〉(도재형 연출)은 80년대 활성화되었으나 쇠락하는 장위동의 봉제공장 단지를 리서치 장소로 삼아 간단한 극적 상황과 크레인 및 여러 장치들을 이용한 서커스를 결합해 퍼포먼스를 꾸린다. 재봉사를 꿈꾸는 이들의 환상 등이 몽환적이며 아련한 분위기 속에서 펼쳐진다.

웅변적이며 잘 들리게

극장의 밖으로 나와 거리에 선 예술은 사람들에게 큰 목소리로 웅변하는 힘이 있다. 그러한 점에 착안한 듯 명확하며 단순한 콘셉트를 전달하는 작품들이 있다. 〈여자〉(마뒤샤)는 죽마를 탄 다섯 명의 여자 무용수를 보여주는 작품이다. 죽마를 탄 기예를 보여준다면, 화려한 서커스적인 곡예를 떠올릴 수도 있겠지만, 〈여자〉는 의상부터 마치 수녀를 연상시키듯 회색 원피스에 하나로 가지런히 머리를 땋은 무용수들을 보여준다. 주로 여성에게 처해지는 억압에 착안한 듯 순응하는 불합리 및 저항과 힘을 죽마를 탄 움직임과 군무로 구성한다. 최근의 사회적 전파력을 가진 '미투 운동'과 맞물려 집중하는 사람들 속에서 메시지의 강렬한 호소력을 느낄 수 있었다. 〈눈 먼 자들〉(데스비오 클레티보)은 머리부터 발끝까지 진흙을 뒤집어 쓴 채 눈에 안대를 감고 천천히 도시를 걷는 행위 퍼포먼스이다. 배우 두 명 외 시민배우들이 참여해 함께 걸으며 만들어지는 이 퍼포먼스는 보는 이들에게 시각적인 자극을 던지는 한편, 도시인의 모습에 관한 창작진의 뚜렷한 발언을 보여준다.

〈당골포차〉(연희집단 The 광대 연출)는 단군이 이 땅에 내려와 포장마차를 열어 돼지, 개, 말 등의 짐승들에게 음식을 팔며 그들을 인간이 되도록 이끈다. 버나 돌리기나 연희 등도 즐겁지만, 보다 사람들의 관심을 끄는 것은 너무나 인간적인 짐승들의 모습이다. 술주정, 직장인 문화, 탐식 등 욕망을 쫓아 바쁜 도시인들의 모습이 현실적으로 자세하게 드러나 있다. 희화화된 동물들을 보며 '오늘도 인간을 찾기는 힘들다'는 포장마차 주인 단군의 탄식 속에서 관객들은 자신의 부끄러운 모습을 떠올려 웃음을 터뜨린다. 〈그루셰〉(이태린, 기요한 공동연출)는 브레히트의 〈코카서스의 백묵원〉의 그루셰를 주인공으로 재창작했다. 시몬과 몇몇 인물들을 관객들에게 맡겨 그 자리에서 캐스팅하는 재치와 입담, 깔끔한 구성을 인상적으로 보여준다. 〈당골포차〉와 더불어 〈그루셰〉도 노래를 많이 사용한 작품으로, 음악극 및 뮤지컬적인 모습도 보여준다.

광장에 모인 사람들의 마음

안산국제거리극축제에는 유독 버스킹류의 작품, 광대들의 일인 혹은 이인 정도의 소규모 퍼포먼스가 많은 편이다. 광대들은 식상하거나 추억을 소환하는 모습 등이 아니다. 대개 농담과 묘기와 함께 관객들을 참여시키거나 관객들과 그 자리에서 더불어 노는 일종의 스탠딩 쇼와 비슷하다. 〈저글링 비트박스〉(케롤)는 입으로 소리 내는 비트박스와 목의 성대에서 나오는 음을 동시에 들려줄 수 있는 재주꾼이었다. 그의 신기한 기술뿐 아니라, 사람들을 주로 모욕하며 관객들을 자유자재로 휘어잡는 쇼 행위가 인상적이다. 이처럼 축제에 오는 광대들은 수준 높은 기예의 기술과 노련한 쇼의 연출을 동시에 보여주며 사람들을 불러 모은다.

올해 안산국제거리극축제는 작품과 서커스 퍼포먼스, 불꽃놀이를 하나로 엮어 구성해 마지막을 장식했다. 사실 안산국제거리극축제의 폐막의 분위기는 유명한 편이다. 문화광장이란 사람들이 한데 모일 수 있는 거대한 장소가 있어 축제의 마지막에는 광장 전체에 앉거나 선 수십 만의 사람들과 더불어 축제가 장엄하게 마무리된다.

〈고갱의 거북이〉(룩 아모로스)는 폐막의 시작을 알린 작품이다. 룩 아모로스는 국내에 방문한 적이 있는 단체로, 현장에서 직접 그림을 그리고 찢으며 퍼포먼스를 완성해 가는 유명한 단체이다. 그림이 워낙 세밀하고 높은 수준을 보여줘 현장에서 이뤄지는 페인팅 행위가 사람들을 강렬하게 사로잡는다. 그렇게 그린 그림을 바로 그 자리에서 비닐을 찢어 허물며 그리는 행위 자체를 부각시키는 동시에 색과 동작, 형태 등의 그림을 이루는 요소와 그림을 그리는 내면의 충동 및 의지에 주의를 기울이게 한다. 〈고갱의 거북이〉는 거북이 등껍질에 그린 그림 일화를 통해 그림을 보는 자, 관객에 대해서도 질문하며, 전체적으로 다양한 질문을 던지는 작품이다. 한편으로 한국말 녹음으로 처리된 대사와 더불어 섬세한 감정적인 부분에 대해 건드리는 작품이기도 하다.

바로 이어 진행된 〈환상비행〉은 광장 전체를 넓게 사용하는 공중 퍼포먼스 서커스이다. 사람들의 머리 위로 거대한 하얀 공을 굴리는 한편, 하늘에서 거대한 기구에 탄 흰 옷의 무용수들이 곡예와 함께 시원한 비행의 순간을 연출한다. 가볍고 유쾌하며 아름다운 비행이 안산문화광장 전체에 모여 한 곳을 바라보는 사람들의 시선과 더불어, 교감하는 마음의 순간을 연출한다. 올해 열여섯 번째 치러지며 한결 안정적 모습을 연출한 안산국제거리극축제는 성공적인 '도시형 공연예술축제'의 모습 속에서 여러 가지 소중한 경험을 남겨준다.

'안산국제거리극축제' 예술감독 선임사태의 현재*

#거리예술축제의구조적한계 #예술감독의자격 #예술축제vs관광축제
#2018안산국제거리극축제 #과천축제 #거리예술가들의저항 #지역축제

평론가로서 현재 '안산축제사태'를 바라보는 마음은 미묘하고 착잡하다. 2018년 11월에 이광기(방송인)의 예술감독 임명 소식을 듣고 느꼈던 감정적인 분노는 이삼 개월의 시간을 거치며, 그동안 거리예술가들의 입장, 안산문화재단의 입장, 안산시의 입장을 지켜보는 가운데 한층 복잡하게 얽혀든 것 같다. 최대한 각각의 입장에서 사태를 바라보려 노력한다면, 어느 쪽도 이해할 수 있을지도 모르겠다. 특히 평론가로서 재단과 축제 사무국의 입장과 태도를 들여다보며 거리예술가들에게 심정적 동의가 아닌, 객관적인 시선을 유지하려 노력했다. 사실 재단과 축제 사무국은 현재 거리예술가들과 입장이 갈리는 '적'이면서도, 거리예술가들과 더불어, 15년간 안산축제를 만들어 온 '축

* 이 글은 1월 28일 '공공예술축제의 한계와 (불)가능성'이란 주제로 열린 연속 포럼(대학로 이음센터 이음홀, 오후 2:00~5:30)에서 발표한 글을 수정하고 보완한 것이다. 포럼에서 발제를 맡은 다른 이들의 원고 또한 부분적으로 참고했다.

제의 파트너'이기도 하다. 재단 측과 거리예술가들의, 만남을 기록한 회의록을 보면, 그러한 입장을 강하게 피력하는 모습이 보인다.

네 번의 안산축제(정식명칭:안산국제거리극축제)의 평가위원으로 축제 평가를 진행해 왔으며, 3~4회 정도 여러 매체에 안산축제에 대한 긍정적인 리뷰를 발표해 온 입장으로서 재단 및 축제 사무국에 대해 일방적인 비난을 하고 싶지는 않다. 불과 몇 개월 전에 '시민들의 삶에 자연스럽게 스며든 성공적인 공연예술축제'로서 공개적으로 안산축제를 평했다(〈도시, 축제로 숨 쉬다〉『한국연극』 2018년 6월호 수록). 축제에 관한 이러한 가치 판단은 분명히 단지 예술가들의 노고에 관한 견해만은 아니었다.

그러나 그럼에도 이광기의 예술감독 선임에 대한 거리예술가들의 문제제기에 관한 재단 및 축제 사무국의 대응 방법에 대해서는 비판적이다. 초기에 거리예술가들이 SNS를 통해서나마 개별적으로 의견을 개진할 때 재단과 축제 사무국은 무엇을 했는가. 진정한 축제의 파트너로 서로를 여긴다면, 불만을 가진 민간의 예술가들과 대화의 창구를 마련하려 초기부터 빠르게 움직였어야 했다. 하지만 서로 간의 입장의 차이를 좁히기 위한 어떤 시도도 제대로 보여주지 않았으며, 이후에도 그러한 태도는 변하지 않았다. 결국 거리예술가들의 축제 참가 거부 선언, 모임, 1인 시위 이어가기, 축제의 참가를 독려하는 재단 측의 재공모 공고에까지 이른, 현재의 '안산축제사태'에 이르렀다. 이렇게 되기까지 재단 및 축제 사무국의 무성의한 대응이 큰 역할을 했다. 사실 거리예술가들의 상황에 비해 재단 및 축제 사무국의 움직임의 추이는 크게 변화가 없다.

무엇이 문제인가

안산시와 안산문화재단, 축제 사무국은 전혀 문제가 없다는 입장을 고수하고 있다. 거리예술가들이 요구한 예술감독 선임 과정(심사위원들의 점수 채점표 등)을 전혀 공개하지 않으며, 공식적인 공모와 심사를 거쳐 임명되었기 때문에 행정적으로 아무런 문제가 없다는 입장이다. 따라서 공식적으로 거리예술가들의 문제제기에 대한 어떠한 답도 하지 않고 있다. 재단 및 축제 사무국과 안산축제비대위의 간담회 후에 안산문화재단이 보내온 입장문에는 이러한 태도가 잘 드러난다. 이 입장문 조차 홈페이지 등을 통해 공개적으로 발표된 것이 아닌, 개인 메일로 수신된 것이다. 민간의 예술가들의 문제제기와 이에 응대하는 재단은 이렇게 엇갈린다. 거리예술가들은 '모든 것이 투명하게 이뤄졌다'는 시와 재단의 응답에도 불구하고, 풀리지 않는 의혹을 제기한다. 이들의 논리는 다음의 인용에 잘 정리돼 있다.*

예술감독 선임과정

2018.07.01.윤화섭 안산시장 취임

2018.08.09.예술감독 공개채용계획 수립

2018.08.14.예술감독 모집 공고(계약기간 1년)

2018.08.17.안산시, 탤런트 이광기 관광홍보 대사 위촉

2018.08.22.안산문화재단 백정희 대표이사 확정

* 이 부분은 포럼의 또 다른 발제자 권석린(연극연출가)의 원고를 직접 인용한 것이다.

2018.08.24.서류접수 결과공고 (응모자 미달로 재공고)

2018.08.28.예술감독 모집 재공고(계약기간 1년)

2018.09.15.면접심사 결과보고 (적격자 없음)

2018.09.21.예술감독 3차 공개모집 계획 수립

2018.10.24. 안산국제거리극축제 예술감독으로 이광기 위촉발표

문제제기

- 안산국제거리극축제의 홍보대사로 방송인 이광기가 위촉된 시점부터 2개월 만에 안산국제거리극 축제의 예술감독으로 부임했다는 사실

- 심사기준의 부합 논란

· 안산국제거리극축제 예술감독 면접심사표 중 두 번째 '전문가적 능력' 란의 세 가지 사항

: 거리예술분야의 전문지식 (전문예술행사 경력)

: 직무와 전공의 연관성

: 거리예술분야의 포상실적

: 우대 자격 (외국어 활용능력, 저서, 자격증)

· 신임 예술감독이 이 조건에 부합되는가에 대한 논란 확산

거리예술가들은 의혹을 행동으로도 옮겼다. 축제참가를 거부하는 보이콧 선언과 함께 안산시에서 1인 시위를 이어갔다. 이를 통해 안산국제거리극축제의 예술감독 선임과정을 둘러싼 이슈가 외부에 조금이나마 알려질 수 있었다. 하지만 거리예술이란 새로운 장르의 특성상 국내에 장르적 기반이 약한 가운데, 거리예술가들 및 거리예술 종사자들 외부로 문제가 확장되기에는 어려움이 많다. 현재의 관심도 대

부분의 거리예술가들의 축제 참가를 포기하는 보이콧에서 확산된 사실은 들여다볼수록 착잡하다. 거리예술가들에게 축제의 참가는 예술가로서의 자신을 드러내는 소중한 기회이기 때문이다.

현재 안산축제사태를 둘러싼 상황은 양측의 대립에서 한 발짝도 입장 차이를 좁히지 못하고 있는 모습이다. 재단은 거리예술가들의 반발에도 불구하고, 축제 참가를 독려하는 축제 참가 재공모까지 진행했지만 대다수의 거리예술 전문 단체들이 신청하지 않았다고 한다. 한편 안산거리극축제 비상대책 위원회와 한국거리예술협회는 겨울 동안 이어져 온 집단 시위 및 1인 시위를 중지한 상태이다. 대신에 협회와 비대위는 포럼의 개최 등을 통해 문제를 공유하며 확산하는 것을 목표로 하고 있다. 앞으로의 행동의 방향 역시 포럼을 통해 가늠할 예정이다. 그 일환으로 우선 1월 28일에 '공공예술축제의 한계와 (불)가능성'이란 주제로 포럼이 열렸다.

주목할 점은 포럼이 연속포럼으로 기획되었으며, 안산축제만의 문제가 아닌 연극이나 미술 등의 다른 장르의 예술가들 그리고 예술가가 아닌 일반 시민 사회의 문제에까지 확산돼 꾸려지고 있다는 점이다. 연극인들에게 익숙한 이슈인, 남산예술센터 극장과 관련되어 불거진 문제들 외에도 이미 SNS를 통해 알려진 인천문화재단의 대표이사 선임의 문제, 도시재생 개발 계획과 을지로의 미술가들 및 청계천 상인들의 문제 등, 지자체의 장과 문화재단의 대표 선임, 그리고 민간의 예술가들과 시민들이 얽힌 문제들이 속출하고 있다. 우선 처음으로 열린 연속포럼을 통해 협회와 비대위는 문제의식을 확장하는 방향으로 끌고 가고 있다.

거리예술축제의 한계와 안산국제거리극축제의 위기

거리예술가들과 거리예술 종사자들이 '안산축제사태'에서 대립의 각을 세우는 이유는 근본적으로 현재의 거리예술축제들이 처한 구조적 한계 때문이기도 하다. 대개의 거리예술축제들은 지자체와 문화재단, 축제 사무국이 축제를 주관한다. 이러한 구조는 지자체의 장이 바뀔 때마다, 문화재단의 대표의 선임과 더불어 축제의 정체성이 흔들릴 수 있다는 것을 의미한다. 선거 때마다 축제가 휘청거리는 것이다.

지자체의 수장들은 새로 임명된 후에 지역축제인 거리예술축제를 놓고서 관광축제로의 전향의 유혹에 쉽게 빠진다. 커피, 토마토, 산천어, 나비 등 특산물과 체험을 주제로 한 지역축제들은 주변에 많다. 관광축제로 전향할 경우에 관광객의 유치에 따라 지역 경제가 활성화 될 것이라는 논리를 주장하며, 여태껏 난해하기만 한 예술이 삶에 어떤 도움을 주었냐고 시민들을 살살 설득한다. 시민들의 설득의 과정이 제대로 이뤄지는 경우도 드물다. 소리 소문 없이 몇 번의 공청회를 여는 것이 전부, 축제에 관한 조례 사항들을 빌미로 반대하는 사람들을 힘으로 누른 채 거리예술축제는 그동안의 역사나 정체성과 아무 상관없이 난데없이 관광축제로 둔갑한다. 국내에서 가장 오래된 거리예술축제였던 과천축제가 말을 주제로 한, 과천 누리마축제로 바뀌어 한동안 운영된 경로가 그러했다.

과천축제는 인근에 경마장이 있다는 황당한 이유로 성격이 바뀌었다. 사행성 도박의 장소를 시의 대표 상징물로 내세우는 것에 반대하며, 그동안의 거리예술축제를 강하게 지지하는 입장은 아니었지만 시의 일방적인 결정과 과정에 반대하는 과천의 시민들과 함께 축제를 지키려는 모임에 몇 번 참여했었고, 글을 쓰기도 했다(〈경제논리로 사라지는 과천축제〉, 『연극평론』). 당시에 모임은 발전해 과천의 시민들과 함께 작은 행사도 열기도 했다. 그러나 당시의 교훈은 축제의 성격에 있어 결정권자, 즉 지자체의 수장인 시장 및 재단의 대표이사의 의지가 가장 결정적이며 이를 막거나 뒤집을 방법이 없다는 것이었다. 위에서 결정한 사항을 밑에서 받아들이며 이행하는 것 외에, 결정에 더불어 참여하는 등의 방법은 없었다. 과천누리마 축제는 몇 해 동안, 몇몇의 거리예술 작품이나 공연들의 프로그래밍과 더불어 메인 프로그램으로 승마 경기를 콘셉트로 한 대규모의 공연들 및 승마 체험 등을 배치해 진행됐다.

그 후 과천누리마축제는 결국 선거와 더불어 새로운 지자체의 장이 들어오자마자 다시 이전의 성격을 회복하려 노력하는 중이다. 과천누리마축제는 운영되는 동안에, 이전의 과천축제에 비해 무엇을 성취했으며, 관광축제로서 얼마나 성공했는가. 시민들은 난해한 거리예술 작품들과 다른, 어떤 즐거움을 얻었는가. 아마 과천누리마축제가 축제로서 성공했다면, 다시 이전의 성격으로 되돌아오려는 선택을 하지는 않았을 것이다.

현재 '안산축제사태'에서 재단 및 축제의 사무국은 축제의 성격이 변하지 않을 것이라고 주장하며 예술가들을 회유하고 있다. 하지만 거리예술가들은 이미 선례와 경험에서 관광축제로의 전향에 대한 심각한 우려를 표하고 있는 상황이다. 방송인 이광기의 예술감독 선임과 축제 사무국의 인사, 언론에 발표되는 축제의 방향에 관한 내용들은 이러한 의혹을 합리적인 의심으로 뒤바꾼다. 안산축제가 그동안 쌓아 온 안산축제만의 노하우와 노력을 스스로 훼손하는 방향으로 가지 않기를 바란다.

거리극,
관객에게 한 발 더 가까이 다가가는
연극의 변화

#거리극쉽게다가가기 #헷갈리는여러가지용어들 #거리극이란무엇인가 #왜거리극인가

거리극의 정의

거리극은 일반적으로 다음과 같이 정의된다. 거리극은 어휘 그대로 '거리(street)'에서의 연극 활동을 지칭한다. 여기서 거리의 개념은, 거리극 이론가들에 의하면, 근대화·도시화에 의해 소외된 길 - 비포장 도로 -을 뜻하는 것이다. 거리극 이론가이자 무대미술가인 마르셀 프레드퐁에 의하면 '거리'란 사회적 공간이자 공공의 공간으로서, 각 개인이 자신만의 영역을 벗어나 타인의 존재를 받아들이고 환영하는 공간으로 기능한다고 설명한다. 따라서 고대의 거리와 야외 공공공간에서 발생하여 르네상스 시대 이후 실내의 극장 안에 정착되어 온 서구 연극의 역사를 거슬러 거리극이 1970년대 이후 거리로 귀환함은 근대적 기계문명과 도시화에 대한 비판적 저항이라는 의견도 있다.

거리극은 바라보는 관점에 따라서 연극의 시원에서의 가무를 동반한 제사 의식, 거리에서의 퍼레이드 및 마임, 소극, 혹은 중세기 광장에서의 이동 수레연극까지 그 기원이 소급될 수 있다. 또한 프랑스의 6.8 운동 이후 그 가치를 흡수한 젊은 예술가들이 이전의 '전통적인' 광대와 차별화되고 도시 차원에서 그들의 문화 활동을 확장하기 위해 거리에서 연 일련의 행사들('거리의 재담가, 광대에게 문을 연 액스(Aix)시'(1972), '광인들의 절벽'(1980) 등)을 현대적인 거리극의 시작으로 보기도 한다. 국내의 경우 70년대 출현해 전국적으로 확산된 마당극 운동을 현대적인 거리극의 출발로 보기도 한다(이은경).

거리극의 형식적 특성과 겹쳐지는 용어들

거리극은 서커스, 무용, 퍼레이드, 마술, 조형예술, 설치미술, 설화 구연, 영상물, 광대놀음, 인형극 등 다양한 공연 형태를 포함한다. 유럽에서는 거리에서 이뤄지는 예술 활동을 포괄하기 하기 위해 '거리예술'이란 용어를 보편적으로 쓰고 있다 한다.

한편 거리극의 표현의 방법에 있어 자유로운 형식의 결합이 이뤄지는 것에 주목하여 거리극의 장르적 특성은 인접 예술 장르와 교류가 가능하도록 열려있는, 유연하며 확장적인 성질을 가진 '탈양식화'라 말해지기도 한다(이화원). 거리극은 연극의 역사가 이룩한 정형적 실내 극장 무대 및 극장의 제도와 그 공연 미학의 틀에서 벗어나고자 하는 성향이 있다. 거리극은 공간적 자유뿐 아니라 공연의 형식과 미학적 특성에 있어서도 연극의 관습과 관행을 의도적으로 전복하는 자유를 추구하는 것이다. 따라서 넓은 의미의 거리극이란 '비관습적 공연 공간에서의, 비관행적 공연을 총괄하는 개념'으로 확장될 수도 있다.

현재 거리극, 야외극, 장소특정적 연극(site-specific theatre) 등의 용어는 종종 혼동돼 사용되는 경향이 있다. 하지만 거리극 예술가 및 이론가들은 거리(street)와 야외(outdoor)를 구분해 사용한다. 야외극은 실내가 아닌 야외에서 공연하는 작품들을 칭하는 용어다. 즉 야외란 장소는 거리극의 중요한 특성이긴 하지만, 야외에서 공연되는 모든 작품들이 거리극인 것은 아니다. 야외 극장 무대에서 상연되는 작품들의 경우 종종 이 같은 오해를 사기도 하며, 실내의 공연을 단순히 야외로 갖고 나온 경우도 거리극과 구분될 필요가 있다.

장소특정적 연극(site-specific theatre)과 거리극이란 용어는 좀 더 복잡하다. 장소특정적 연극과 거리극을 확연히 구분하는 입장과 그렇지 않은 입장이 존재한다. 구분하는 입장은 장소특정적 연극의 출발을 '실내 공간'으로 보며, 거리극의 출발은 거리에 있음을 강조하는 것이다. 이때 장소특정적 연극은 6,70년대 극장을 벗어나고자 하는 젊은 예술가들이 빈 건물, 병원, 발전소 등의 대안적 공간을 찾아들어가 벌인 해프닝, 미니멀 아트 등의 일련의 실험들을 그 출발로 본다. 이들에 의해 촉발된 것이 장소특정적 연극(site-specific theatre)으로 공간에서 창조적 영감을 끌어내 공간의 독특함, 분위기 등과 관객과 상호 소통하는 것을 중시하는 예술이라 말해진다. 장소특정적 연극은 특정 장소에서만 공연 가능하다는 것이 거리극과의 차이점으로 지적되기도 한다. 하지만 거리극의 공간 역시 장소의 고유한 특성이 굉장히 중요하다는 입장에서 둘을 명확히 구분하기 보다는 겹쳐 있는 것으로 보기도 한다.

거리극의 현황

우리나라의 경우 대다수의 거리극은 주로 야외공연예술축제에서 공연되어진다. 이는 대중에게 공연예술을 노출시키고 예술 향유의 기회를 주기 위한 목적으로 그리고 입장료를 받기 어렵다는 거리극의 조건에서 비롯한 현상이기도 하다. 개인 예술가 혹은 예술 단체에서 거리극을 제작하고자 할 때, 축제는 그것을 현실화 시킬 수 있는 주된 통로이다.

또한 지자체가 주관하는 축제의 입장에서도 거리극은 축제 관람객들에게 예술 체험을 손쉽게(접근성이 뛰어나다는 의미에서) 줄 수 있는 상당히 매력적인 콘텐츠임은 분명하다. 국내의 경우 과천한마당축제, 춘천마임페스티벌, 안산국제거리극축제, 하이서울페스티벌, 수원화성국제연극제 등은 거리극을 축제의 메인 프로그램으로 갖고 있는 대규모 축제이며, 프린지페스티벌, 비아페스티벌, 물레아트페스티벌 등도 흥미롭고 예술성이 뛰어난 거리극을 관람할 수 있는 장이다. 야외공연예술축제는 전국적으로 늘어나는 추세이며, 이는 거리극 시장의 성장과도 연관된다. 또한 영국의 국제 리버사이드 페스티벌, 런던의 그리니치+도크랜드 국제 페스티벌, 윈체스터 햇 페어 등은 야외 공연을 상연하는 데 초점을 맞추고 있는 주요 연례 페스티벌들이며, 스페인의 피라타레가 국제 공연예술 마켓, 프랑스의 오리악 축제와 살롱 거리 축제도 유명한 거리예술의 산실들이다.

거리극의 유형은 일반적으로 고정형 거리극과 이동형 거리극으로 분류된다. 지정된 한 장소에서 공연이 이뤄지는 것이 고정형 거리극, 관객을 데리고 다니며 여러 장소를 거치며 이뤄지는 것이 이동형 거리극이다. 고정형 거리극은 야외의 가설 무대, 수레 무대나 트럭 무대, 천막 극장, 때로는 무대를 설치하지 않은 채 거리나 광장, 공원 등에서 공연된다. 이동형 거리극은 특히 공연의 흐름에 따라 필연적으로 이동하며 진행된다. 너무나도 다양한 형식이 존재하는 거리극의 이 같은 분류는 거리극에 대한 보다 구체적 이해를 돕기 보다는 큰 의미 없이 지나치게 단순화하는 기준인 듯 보이기도 한다.

하지만 이는 그만큼 관객과의 관계 맺음이 거리극에서 중요하다는 것을 알려준다. 거리극은 예술 체험의 뚜렷한 목적을 갖고 극장을 찾아 온 관객들에게 일련의 환영을 구축해 가는 '극장 안' 작품과 달리, 준비가 되어 있지 않은 사람들의 주의를 사로잡는 데서부터 출발한다. 따라서 사람들의 주의를 사로잡기 위한, 소통을 위한 언어개발의 방법들이 유형으로서 드러나게 되는 것이다.

거리극에선 사람들의 주의를 사로잡기 위한, 충격적인 대형 스펙터클이 종종 등장한다. 거대한 장치를 활용할 뿐 아니라, 최근엔 하늘이나 호수 등의 자연 환경을 무대로 사용해 장관의 풍경을 연출하는 작품들이 많다. 작년의 하이서울페스티벌의 〈레인보우 드롭스〉나 올해 안산국제거리극축제의 〈인간 모빌〉, 〈보일라〉 올해 비아페스티벌의 〈하늘을 맛보다〉 등이 그들이다. 이들은 하늘, 즉 공중 공간을 무대 삼아 무대가 무한대로 확장되는 듯한 압도적인 분위기를 연출한다. 작년 과천한마당축제의 〈저 아래 물은 얼마나 깊을까〉, 〈나르시스의 관망〉 등은 과천저수지에서 공연된 작품들이다.

이 같은 거리극 작품들은 규모나 발상의 파격 등 특히 공간을 확장한다는 지점에서 신선함을 주며 '극장 안'이 아닌 실외를 무대로 갖는 거리극의 매력을 다시 한번 느끼게 해 준다. 하지만 사람들의 주의를 환기시키는 데 이 같은 방법만이 유효한 것은 아니다. 오히려 거리극은 지루함을 줄 경우 관객이 곧바로 떠날 수 있기에 순간의 단발적인 자극보다는, 흥미를 지속시키는 호흡이 보다 중요하게 여겨진다 할 수 있다(물론 스펙터클의 연결로 호흡을 만들 수도 있다).

최근의 공연을 살펴보면 극단 몸꼴의 〈충동〉(2012 비아페스티벌, 2012 안산국제거리극축제)은 콘크리트를 채운 반구 위에 설치된 사다리를 주요 오브제로 사용한다. 배우들이 사다리에 올라타 몸무게로 눌러 조종하여 오뚝이처럼 기울어졌다 섰다 하는 움직임을 보여주는데, 설치물의 각도를 조절하는 섬세한 기술 및 움직임을 통해 마치 물결의 파동을 연상시키는, 특유의 리듬감을 만들어내고자 하는 시도가 흥미롭다. 창작집단 노니의 〈몽키댄스〉(2012 춘천마임페스티벌 참가)는 4m 정도의 대형 바퀴 무대를 사용, 배우들이 바퀴 안에서 다람쥐처럼 굴리며 효과적인 장면 전환을 의도한다. 한 장소가 아닌 관객을 데리고 다니며 여러 장소를 사용하는 경우 관객의 호흡은 보다 적극적으로 장면 안에 반영되기도 하는데, 호모루덴스의 〈달걀귀신〉(2012 안산국제거리극축제)은 괴상한 달걀 귀신들의 난입, 사각링에서의 난투, 길바닥을 기어가는 달걀 귀신의 장면 순으로 배열돼 놀라움과 흥분에서 갑자기 다운되는 호흡으로 마치 공간이 접힌 듯한 경험을 하게 한다. 이후의 〈달걀귀신〉 장면들은 관객과 배우가 구분 없이 섞이는 것이다.

이외에도 현재 거리극의 스팩트럼은 무척 다양하다. 최근에는 레지던스와 일련의 '도심 재생 프로젝트'와 맞물린 새로운 경향들도 속속 등장한다. 극단 몸꼴, 극단 서울괴담, 마린보이, 문화이끔이 꼴, 최종희, 프로젝트 날다, 프로젝트 잠상, 불꽃 화(花 火)랑, 황혜신이 참가해 작년 문래동 골목 구석구석을 무대로 삼은 〈녹슨 시간들〉, 올해 입정동에서 올라간 코끼리들이 웃는다의 〈동네 박물관〉 등이다.

거리극은 대중성, 공공예술성, 해체성 등 오늘날 포스트모던 사회의 지배적인 화두이자 가치를 담고 있는 오늘날의 예술 장르다. 늘 새로운 재미를 찾는 요즘의 사람들 앞에서 가끔 연극은 과연 무엇을 줄 수 있을까 하는 무력감이 들 때가 있다. 하지만 우리에겐 이미 재미있는 거리극이 곁에 있다.

참고자료

웹진 〈거리예술〉

이화원 〈거리극의 공연학적 연구 – 탈 양식화 현상을 중심으로〉

이은경 〈한국의 거리극 연구〉

김성균 〈공간을 향한 새로운 여행〉

2011 도시축제와 거리예술 국제 컴퍼런스 II 자료집 〈창작과 유통 그리고 소통의 장, 거리예술축제의 미래〉

제20회 민족극 한마당 축제 참관기

#전남목포(2007.7.26.~29)충북증평(2007.7.30.~8.5)경북성주(2007.8.9.~8.12) #마당극

목포 전국민족극한마당

목포 마당극 축제의 콘셉트는 '소통'이다. 세 지역 중 첫 번째 순서라는 점, 20회를 맞이함으로써 마당극의 전국화라는 도약의 의지를 담고 있는 목표 설정으로 보인다. 목표 실현을 위한 대표적 프로그램으로는 마당극 아트마켓 설치가 있었다. 야외축제인 행사장과 별도로 마련된 실내 공간에 마당극 아트마켓 부스를 마련해 놓았다. 이것은 공연예술의 시장화라는 현재적 경향과 맞물려 있는 시도이기도 하다.

하지만 마당극 아트마켓의 실제적 결과를 위해서는 마당극의 장르적 특수성에 대한 고민이 좀 더 필요한 듯하다. 이번의 아트마켓은 우수마당극레퍼토리들의 박물관적 전시 기능과 물건을 파는 시장의 역할 사이에서 갈피를 잡지 못하고 있었다. 행사장의 한 편의 벽에는 마당극의 역사라 할, 주요 인물들의 소개와 연혁이 걸려 있었고, 각 단체의 주요 레퍼토리들은 나머지 세 벽면에 포스트 이미지 한 개와 바닥의 공연 리플렛들로 진열돼 있었다. 개별 작품의 홍보를 위해서는 제공되는 정보의 양이 너무 적다. 또한 사람들의 동선에 따라 작품 배치에 있어서 '어떤 흐름'을 인식시켜 주거나, 비슷한 성향의 작품들끼리의 묶음도 가능했을텐데, 이번에 설치된 아트마켓 자체에서는 그 같은 시도를 느끼기 힘들었다. 개별 작품에 대한 풍부한 정보뿐 아니라, 마당극 장르 전반에 대한 이해란 총체적 이해도 만들지 못한 아트마켓이었다.

이는 '마당극이 과연 아트마켓이란 공연예술 견본시와 어울리는가?'란 질문에 대한 충분한 고민을 하지 않은 것에서 비롯된 것으로 보인다. 시장은 사는 사람, 마케터의 존재로서 성립된다고 할 수 있는데, 우수마당극제전을 치러온 그동안의 목포의 배경을 이해할 때에는 오히려 국내 내수용 유통에 기여할 수 있는 또 다른 접근이 더 적합한 듯하다. 해외에서의 접근의 용이성을 위한 아트마켓은 그런 지점에서 마당극의 집성지라 할 성주에서의 프로그램으로 적합하지 않은가 생각해본다.

사람들의 삶 한가운데 자리한 유달예술촌

사실 목포마당극축제에서 느껴지던 '소통'도 해당 지역 주민들과의 화합의 지점에서 보다 큰 강점으로 나타난 듯하다. 축제가 유달산이란 목포 주민들의 삶의 터전의 일부인 장소에서 치러진 것이 그렇게 느끼게 된 주요 이유다. 아침에 일어나 가볍게 조깅을, 혹은 물을 뜨러 갈 듯한 유달산의 유달예술촌에서 벌어진 이번 축제는 밤 마실 나온 듯한 홑바지 차림의 할머니, 할아버지부터, 하드를 빠는 아이들을 부산히 챙기는 어머니까지 지역 주민들이 편하게 접근할 수 있는 주민 친화적 접근성이 큰 매력이었다.

7월 27일 목요일의 축제 프로그램은 〈새장〉(프랑스, 작은 데이지 극단)부터 시작했는데, 이 공연은 축제의 시작 프로그램으로서는 적합치 않은 듯하다. 유달산의 정자에 설치된 감옥 무대에서 펼쳐진 한 여배우의 무언극 퍼포먼스는 감옥 속에서 창살을 통해 사람들 한 명 한 명과의 깊이 있는 커뮤니케이션을 이끌고자 의도했지만, 축제에 아직 빠져들지 않은 관객들을 상대로 바람이 솔솔 부는 개방된 공간에서 벌건 대낮에 존재 본연의 외로움에 대한 '깊이 있는 대화'가 이뤄지기에는 좀 민망스러웠다. 그녀를 꺼내주고 싶어 하는 사람들의 적극적인 노력에 의한 참여로 즉흥적인 장면들이 나아갈 수 있었기에, 공연은 미지근한 반응 속에서 하릴 없이 늘어지기만 했다.

그에 비해 사람들의 일과가 끝날 즈음인 저녁 무렵의 프로그램들은 사람들을 집중시키는 '어떤 흐름'을 만들어 주었다. 마당극 레퍼토리들 사이에 끼어든 중국 왕휘의 〈변검〉, 봉산탈춤 중 〈미얄의 죽음〉, 필립 올자(스위스)와 제임스 전의 무용 〈그래요, 김치 치즈〉 들은 다양한 자극으로 사람들을 즐겁게 해주며, 마당극 레퍼토리들 사이의 브릿지 역할을 적절히 수행했다.

〈변검〉은 여느 축제들에서 흔히 찾아볼 수 있는 레퍼토리란 단점에도 불구, 도저히 알 길 없는 가면 바꾸기의 기예가 뿜어대는 마술의 매력으로 객석을 단숨에 휘어잡았으며, 〈미얄의 죽음〉은 단순한 이야기, 축약된 갈등 구조가 가면과 춤사위에서 묻어 나오는 담백한 양식미를 발산하는 시각적 효과들과 어우러져 흡입력을 발휘했다. 두 명의 무용수의 퍼포먼스 〈그래요, 김치 치즈〉는 보다 외향적인 에너지를 발산하는 제임스 전과 완급조절의 리듬감이 풍부했던 제임스 올자가 무대에 커졌다 작아지는 풍선들을 비집고 다니면서 충돌과 비켜감을 반복하며 유연한 호흡을 전달했다.

그렇다면, 삶과의 긴장성은 어떻게 찾을 것인가

이 사이에 배치된 마당극 레퍼토리들 중 첫 작품은 극단 좋다의 〈애비〉다. 극은 민중의 수난의 역사와 아버지의 존재적 위상 회복을 동시에 말하고자 하는 작품이다. 동학혁명 귀신, 6. 25 귀신, 5. 18 귀신들이 북에 간 아들을 기다리느라 죽지 않겠다는 '어느 아버지'를 찾으러 가는 상황에서 발생한 이 극은 발랄한 상상력을 통한 역사 들여다보기란 의도는 좋았으나, 아버지에 대한 무조건적인 애정이 장면마다 끈적이면서 신파적 인식 이상으로 넘어가지 못하는 것이 아쉬웠다. 폭력적인 가장이기 이전에 평범한 민중이기도 한 아버지를 역사 속의 피해자로 바라보는 시선에는 십분 동의가 가지만, 갖가지 '사건'들에 참여하려는 자식들에게 '마지못한 동의' 외에 어떤 것도 하지 못한(혹은 하지 않은) 극 안의 아버지들은 무조건적인 사부곡을 바치기에는 설득력이 떨어진다. 한복 입은, 우리의 이미 사라져 버린 아버지를 향한 현재의 노동자 아버지의 슬픈 울음은 이해는 가지만, 현실의 고민으로 확장되기에는 파장이 작다.

경상남도 진주에서 활동 중인 큰들문화센터의 마당극 〈여의와 황세〉는 공연의 크기로써 관객을 사로잡는 작품이다. 타악 연주를 무대에 라이브로 끌어들이고, 무대 전체를 쓰는 극의 동선들은 야외무대에 적합하다고 할 수 있는 굵직한 자극들을 만들고 있다. '출여의 낭자와 황세 장군'이란 가락국의 전설을 모티프로 만든 이 공연은 갖가지 대중문화들에서 풍부히 차용한 희극적 코드들의 능란한 배열로써 희극적 감수성을 효과적으로 자극한다. 가야금 가락으로 장풍을 날리는 스승에 대한 객석의 적극적 반응은 소극적 효과 만들기에 이 극이 능숙하다는 것을 알게 해준다. 늠름하지만 좀 어리숙한 황세 군과 적극적이면서 지고지순한 여의 양의 티격태격 사랑놀이가 트랜드적 취향과 맞아떨어지면서, 특히 여의 양을 연기한 배우의 중성적인 목소리, 꾸밈없는 연기 스타일이 십대의 연애가 줄 수 있는 '순진함'의 매력을 전달한다.

저녁 무렵부터 하나둘씩 모인 지역 주민들이 시간이 흐를수록 더 불어나다가 하루의 축제를 마감할 시점인 자정 무렵에는 객석의 발 디딜 틈이 거의 없던 축제의 현장은 공연예술에 대해 목말라 하는 지역 주민들의 욕구가 그대로 드러난 듯하다. 공연 사이마다 거의 이동하는 관객층도 없었던 현실은 축제지로서의 많은 가능성을 제안한다.

그런데 이 지점에서 목포의 민족극한마당 축제는 앞으로의 방향에 있어 일관된 문제제기에 시달릴 듯하다. 과연 이곳에서의 축제가 민족극한마당 축제로서의 정체성을 앞으로 어떻게 만들어 나갈 것인가 라는. 유달산의 유달예술촌이라는 친밀한 공간성은 사람들의 일상 안에 끼어든 공연예술의 자리를 실감케 하지만, 이는 동시 사람들의 삶과의 긴장성에 대한 질문의 필요성을 권유하기도 한다.

증평 전국민족극한마당

증평에서 열린 전국민족극한마당은 '참여'를 목표로 내걸었다. 아이들과의 '열린 연극 놀이', 전국대학생민족극학교에 참가한 학생들의 결과 발표물들, 그리고 '증평 문화의 집 드럼반'의 공연들이 목표 실현을 위해 배치된 프로그램들이다.

이 중 오현실 강사가 진행한 '열린 연극 놀이'와 '증평 문화의 집 드럼반'의 공연은 증평 시민을 축제의 주역으로 삼기 위한 축제 측의 노력으로 보인다. 아이들 20여 명이 선녀를 만나 그녀의 소원을 들어주는 과정으로 이뤄진 이번 연극 놀이는 원래 야외에서 진행될 예정이었으나, 급작스런 폭우로 급하게 증평의 문화회관으로 들어올 수밖에 없었는데, 빈 무대란 가짜 공간이 오히려 아이들에게 상상력의 즐거움을 만끽할 수 있게 해준 듯하다. 아이들은 갖가지 색깔의 천들이 숲길이라, 구슬장식이 코믹하게 달린 날개옷을 입고 천연덕스럽게 트롯트를 부르는 선녀가 진짜 천상의 존재라 믿으며, 그녀에게 우리나라의 사계절을 몸으로 표현하라는 미션을 적극적으로 수행했다. 또한 서로 '남행열차' 노래를 불러주며 그동안 연습한 드럼 연주를 수줍게 발표한 '증평 문화의 집 드럼반의 공연'은 소박한 시민들의 표정을 엿볼 수 있다는 지점에서 독특한 매력을 주기도 했다.

하지만 이들은 사실 현재 진행 중인 무수한 지역 축제들에서 찾아볼 수 있는 것들이기도 하다. 목포와 성주에 비해 상대적으로 작은 도시인 증평이 지역민들과의 보다 직접적인 소통에 집중하는 '작은 축제'로서의 지향점을 보였다고 할 수도 있겠지만, 이 같은 목표가 도드라지기 위해서는 참여 대상에 따른 프로그램 종류들을 다양하게 짜는 한편 양을 대폭 늘려 축제 참가자들을 다각도로 포섭해야 하지 않았을까. 아이러니컬하게도 관객의 구성원 중 증평 문화회관에 자리한 사람들 대다수가 축제 관계자들로 실제 지역민의 참여도의 비율이 낮았던 것은 프로그램들의 기획이 다소 문제적이었음을 반증한다. 두 프로그램들은 축제에 소소한 생기를 불어넣기는 했지만, 축제의 중심에 놓여 정체성 만들기에 기여하기에는 무리수였다.

민족극의 계보를 잇다

증평 전국민족극한마당의 참여형 프로그램들 중 눈에 띄는 것은 민족극학교에 참가한 학생들의 발표물들이었다. 이들은 젊은 광대의 수혈이란 측면에서 내부적 목적을 성취하는 한편 마당극을 잘 모르는 일반인들에게 마당극의 배우 즉 광대가 여타의 무대 위에서의 배우와 어떻게 다른지를 체감할 수 있게 해줬다는 지점에서 의미 있었다(사실 마당극 작품 안에서는 이 같은 체험을 구체적으로 하기는 힘들다. 작품 전체를 따라가다 보면 개인에 대한 세심한 관찰을 할 수 없기 때문이다).

공연은 10~20분 사이의 1인극들이다. '김기영의 광대 이야기', '백운선의 잡고 싶어!', '구혜선의 기 + ㄹ', '오세아의 둘', '강신욱의 머니머니'가 쉼 없이 이어졌는데, 이들의 무대는 기예의 숙련도에서는 좀 부족할지라도 젊은 상상력을 드러내는 무대 구성력을 보여줘 신선했다. 이 중 〈광대 이야기〉와 〈머니머니〉가 기억에 남는다. 마술과 마임적 표현으로 장면을 채워나가는 〈광대 이야기〉가 젊은 감각의 객석과의 쇼비즈니스의 재미를 준 반면, 〈머니머니〉는 둥그런 곡선으로 무대를 운용하다가 날카로운 직선의 동선으로 돈을 흩뿌리며 짧지만 주제적 측면에서 폭발적인 무대 연출력을 보여주었다. 〈머니머니〉는 탈춤의 양식적인 동작들이 정서의 표현적 전달을 넘어 극적인 효과를 만드는 지점을 엿볼 수 있게 해줬다. 이번의 민족극 축제에 참가하기 전에 마당극을 보지 못했던 나로서는 이 소품들이 마당극의 광대가 어떻게 움직이며, 공간을 사용하는지를 보다 구체적으로 체감할 수 있었기에 의미

있었다. 시민 참여형 프로그램과는 다르게, 일반인의 마당극에 대한 보다 편한 이해라는 지점에서 한번 고민해 볼만 한 듯싶다.

목적이 다른 참여형 프로그램들을 한 방향으로 정리해야

이 같은 참여형 프로그램들 중 사이에 마당극레퍼토리들이 중간 중간 발표되던 증평의 마당극 축제의 구성은 사실 축제를 균형감 있게 만들어주지는 못했다. 무대에 대한 집중감이 들쑥날쑥하게 유도돼 관객들은 아마추어리즘의 '재롱'과 '풋풋함'을 편하게 감상하다가 갑자기 완성된 프로들의 공연에 대해 집중하는 불편한 호흡을 해야 했다. 폭우 때문에 어쩔 수 없이 무대에 들어오게 된 마당극 레퍼토리들도 사각틀 무대가 영 불편했던지, 확실히 목포에서보다 활기를 잃은 채 진행되었다.

이 중 청주에 근거지를 두고 있는 극단 새벽의 〈허삼관 매혈기〉는 전진하는 동선의 적극적 사용으로 역동적인 흐름을 만들어 내는 인상적인 연출을 펼쳤으나, 아버지에 대한 눈물 섞인 응시 이상을 넘어가지 않아 극의 삼분의 일 이후부터 지루함이 몰려왔다. 중국의 문화혁명 사건은 옆 나라의 먼 옛날 신화정도로 다가오며, 극은 '가난한 사람이 나름의 행복을 찾게 되는' 착한 세상으로 마무리 된다. '민중과 함께 한다'는 민족극의 방향성이 당위성으로 고착돼 사람들에게 안락함을 주는 목표에 봉사, 오히려 현실에서 멀어지게 만든 것이 아닌가라는 생각이 들기도 했다.

증평 전국민족극축제는 참여형 프로그램들로써 축제의 정체성을 만들기 위해서는 참여하지 않는 사람들까지 어떻게 포획할지에 대해 좀 더 고민하거나, 아니면 전혀 다른 목표를 가져야 할 듯하다. 그런 점에서 2004년부터 청원군 북이면에 둥지를('너른바위 예술마당') 잡고서 활동하고 있는 단체의 저력이 아쉬웠다. 상주 단체가 관심 있으며, 수용 가능한 '참여의 정체'에 대한 질문이 필요한 듯하다. 지금처럼 각기 다른 목적을 가진 참여형 프로그램들의 묶음은 정체성을 만들기에는 미흡하다.

성주 전국민족극한마당

민족극한마당 축제의 집성지인 성주의 민족극한마당 축제는 축제의 무대인 성밖 숲이란 공간적 특성을 빼놓고서는 말할 수 없다. 천연기념수들인 몇백 년의 위용을 자랑하는 아름드리 나무들이 잔디밭에 늘어서 있는 가운데서 펼쳐지는 갖가지 공연들은 단연 사람과 위대한 자연과의 만남을 주선하며 강도 높은 쾌감을 전달한다.

4일간 펼쳐진 이 축제의 여정은 앞선 두 도시의 열기를 이어받아 민족극 마당극 꾼들의 즐거움과 활기가 솔직하게 느껴지는 지점에서 인상적이었다. 왜 참여자들이 즐거운 축제 마당이 중요한가. 이는 지역에 뿌리박은 문화가 아니라, 지역의 브랜드화에 기여하는 여타의 '관광상품들'과의 차별성 때문이다. 민족극축제가 지역에 뿌리박은 문화가 되기 위해서는 분명 아직 단계가 필요한 듯하지만, 축제를 만드는 이들인 예술가들이 자유롭게 생기를 발산하고 있는 지점은 많은 건강한 가능성을 제안하는 듯하다. 아직 이곳의 예술가들은 축제의 분명한 주인이었다.

현재를 담아내려는 노력들

성주 민족극한마당의 목표는 '집중'이다. 민족극의 본산지이기도 한 이곳의 축제로서는 당연한 설정으로 보이는데, 그만큼 풍성한 종류의 프로그램들이 배치돼 있었다.

마당극의 고전이라 할 작품들로는 노동문화예술단 일터의 〈팔칠전〉, 〈흩어지면 죽는다〉와 자갈치의 〈복지에서 성지로〉 등이 있다. 이 중 식물인간이 된 팔칠이가 꾸는 꿈인 〈팔칠전〉은 민족극의 정치극으로서의 정체성을 모색하고자 한다는 지점에서 눈여겨 볼 만한 작품이다. 뮤지컬의 형식을 빌린 이 공연은 그 같은 문제 의식이 형식에 대한 고민으로 나아가지 못한 것은 아쉽지만, 비정규직 노동자의 문제, 제 밥그릇 챙기기에 급급해 분열된 노조 등을 끌어들인 지점에서 현재적 화두를 생산하고 있다. 팔칠이가 식물인간에서 깨어나 20년 전과는 너무 달라진 현재의 문제를 해결한다는 스토리는 마지막에 이 모든 것이 '아직 깨어나지 못한' 팔칠이의 꿈일 뿐이라는 극의 해결에서 자기 반성적 시선으로까지 나아간다. 극형식에 대한 고민 속에서 설명적으로 제시되는 많은 양의 대사를 압축적으로 처리하는 방법에 대한 고민이 필요한 듯하다.

초청공연 〈후이넘의 기억〉(이름없는 공연팀)과 〈체 게베라〉(나무닭움직임 연구소)는 신선한 형식으로 마당극의 지평을 넓게 바라보게 하는 공연들이다.

스위프트의 〈걸리버 여행기〉 중 마지막 편인 말들의 나라 '후이넘'에서 모티프를 차용한 〈후이넘의 기억〉은 '문자 그대로의' 일상극이다. 후이넘을 방문하는 과정에서 결코 폭력을 넘어서지 못하는 인간성 자체에 회의를 품는 주인공의 심경이 스피커에서 들리는 가운데, 여배우한 명이 일기를 끄적이다가 초를 켜고 기도하며, 혹은 저 멀리 나뭇가지에 걸린 줄에 빨래를 널며 구도와 흡사한 일상을 영위한다. 그녀 주위로 배우들이 평상시처럼 움직이며, 오브제들을 하나씩 꺼내 공간을 채운다. 투박하게 만들어진 나무로 만든 작은 집들로 여기저기 어느새 마을이 만들어지고 나면, 또 다른 배우가 나른 큰 리어카에 가득 담긴 철사 뭉치와 거대한 쓰레기 산이 눈에 들어온다. 민족극의 기억이라 할, 20년간의 사람들의 표정이 담긴 사진들의 가운데서 여배우가 "너무 너무 죄송합니다."란 종이를 들고 침묵 시위를 벌일 때에는 사진과 현실의 부드러운 만남이 이뤄진다. 정서적으로 다가오는 이미지의 나열이 인상적인 공연이다.

〈체 게바라〉는 객석을 충격에 빠뜨리려는 목표 하에 구성된 극이다. 전설적인 투사 체 게바라를 눈을 가린 커트머리 소녀가 연기하는 이 연극은 현실적으로 불가능해 보이는 혁명의 절망감과 당위성을 함께 노래하는 작품이다. 소녀와 관객을 동시 희롱하는 네 명의 코러스들의 존재는 관객을 불편하게 만들기 위한 의도가 충분히 이해되나, 에너지 조절에 있어 문제점을 보였다. 극 전체가 리듬감 있게 흘러가기 위해선 에너지의 완급 조절이 필요할 듯하다. 상당히 많은 양의 대사가 핀 마이크의 거친 사용으로 날라가 버려 대사가 중요한 이 공연의 의미를 많이 놓치게 만든 것 역시 아쉬운 지점이다.

기예가 스며든 몸이 주는 매혹

성주의 민족극 한마당은 성밖 숲 외에 성주시의 한개마을 안의 집에 무대를 하나 더 마련했다. 한옥이 그대로 보존된 이 마을은 마을 자체의 전경으로 사람들을 사로잡기에 충분했는데, 이곳에서 벌어진 공연들 중 프랑스 극단 루탱의 1인극 퍼포먼스 〈어부 이야기〉는 한옥 마당을 바다 한가운데로 뒤바꾸며, 공간에 대한 상상력을 확장시켜 주었다. 오밀조밀하게 만들어진 이동식 무대의 밧줄을 흔들 때마다 쏟아지는 물줄기, 장면의 상황을 압축적으로 설명해 주는 섬세한 마임적 표현들은 풍성한 연극적 언어의 향연을 보여주며, 항해에 비유되는 삶의 은유적 의미를 다양하게 실어 나른다.

개방된 야외 무대의 특성이 유감 없이 발휘된 또 다른 무대로는 '강동욱의 한량무', '배현렬의 수영야류 말뚝이 춤', '이석유의 문둥춤과 버나', '김오키의 미얄', '배관호의 북춤'이 연이어 공연된 '춤추는 광대들' 춤판이 있었다. 다섯 명의 춤꾼들이 선보인 춤은 시간 속에서 몸에 완전히 녹아들은 기예가 빈 공간을 가득 채우며 성밖 숲의 밤의 관객들을 매료시켰다. 단순하면서도 정확한 동작들이 '한량', '문둥이', '미얄' 등의 캐릭터를 압축적으로 표현하며, 딱딱하게 굳은 조형미와는 또 다른, 살아 움직이는 생기를 전달해 주었다. 70세의 노익장을 과시하던 일본의 타나토스의 부토 무용은 관객을 부드럽게 감싸 안는 '춤추는 광대전'과는 다르게 귀를 괴롭히는 기계음을 배경으로 관객들 사이에서 폭발적인 에너지를 발산하며 사람들을 날카롭게 자극하기도 했다.

성주에서 열린 민족극 한마당은 축제 프로그램의 수와 질과는 별도로 다른 두 지역과 비교해 볼 때 현장 운영의 측면에서 큰 문제가 있기는 했다. 숙소와 축제가 벌어지는 장소인 성밖 숲, 한개마을 성주 문화회관까지의 거리가 너무 떨어져 차가 아니면 이동 불가능하다는 것은 큰 약점이었다. 한개마을과 성밖 숲을 연결하는 버스가 있기는 했지만, 많은 인력을 수용하기에는 무리였으며, 그 외의 장소의 이동은 개인이 알아서 해결하는 수밖에 없었다. 이동수단 없이는 이동할 수 없는 성주의 민족극한마당축제는 아침에 일어나서는 밤까지 축제에 오롯이 참가할 수밖에 없는 상황을 '연출하기도 했지만', 승용차 외의 이동수단을 마련하는 실제적 보완책이 반드시 필요할 듯하다.

성주의 마당극 축제를 관람한 후에 든 가장 큰 아쉬움은 다른 두 곳도 마찬가지이기도 했지만, 축제를 주관한 극단의 색깔을 찾을 수 없다는 지점이었다. 외부의 프로그램들로 축제를 풍성하게 꾸리는 것도 관객 서비스 차원에서 중요하지만, 지역 문화와의 연계점을 찾기 위해서는 해당 지역에 상주한 단체의 프로그램들이 보강되어야 할 듯하다.

어린이 뮤지컬, 어떠한 작품들이 있나

#어린이대상뮤지컬의현황 #제작사의중요성
#재미가중요하지만예술적가치에대한고려도필요하다 #어른들의책임

'재미'는 어린이를 대상으로 하는 공연에서 상당히 중요한 가치이다. 어린이를 대상으로 하는 공연에서 재미가 목적인 경우도 곤란하지만, 아예 재미가 없어도 큰 문제이기 때문이다. 아무리 우수하며 좋은 공연이라도, 정작 어린이 관객에게 외면당하며 그 의미가 수용되지 않는다면 소용이 없을 것이다. 아이를 위해 공연 작품을 고르는 엄마와 아빠의 마음도 이와 비슷하지 않을까. 일단 아이가 관심을 갖고 지켜볼 만한 작품이어야 할 것. 그러한 사람들의 심리를 그대로 반영이라도 한 듯, 최근의 겨울의 극장가에서는 유명한 유튜브나 인기 있는 애니메이션을 기반으로 하는 어린이 대상의 작품들이 다수 공연되고 있다. 애니매이션 콩순이, 슈퍼 윙즈, 신비아파트부터 유튜브의 캐리, 캐빈 시리즈 등 이들에 비해 동화를 기반으로 하거나 순수 창작 작품들은 손에 꼽을 정도다.

다양한 어린이 콘텐츠의 공연화는 이전부터 있던 현상이다. 하지만 최근처럼 수적으로 이렇게 일방적인 시장을 형성한 일은 없었다. 오히려 동화를 기반으로 하거나 순수 창작 작품들이 수적으로 더 많이 제작되며, 관객과 만나는 경우도 있었다. 최근의 아동극에서는 이러한 작품들의 경우 유치원이나 학교로 직접 찾아가는 공연 형태로 이뤄지거나, 극장에서 공연하더라도 짧은 기간 공연되며 축제의 참가작인 경우가 대부분인 것 같다. 아동극의 성수기라 할 겨울 방학 시즌에 극장에서 다수의 어린이 관객들과 만나는 작품은 콩순이, 슈퍼윙즈, 캐리 등의 인기 캐릭터들이 등장하는 작품들인 것이다. 그런데 이러한 인기 캐릭터가 등장하는 작품들은 정말로 재미있을까? 이 작품들은 주로 어떠한 콘셉트로 만들어지고 있으며, 어떻게 관객들과 만나고 있을까?

어린이 뮤지컬은 제작사를 살펴보아야

인기 캐릭터들이 등장하는 어린이 대상의 작품들은 요즘 거의 뮤지컬로 만들어져 '어린이 뮤지컬' 혹은 '가족 뮤지컬'이란 타이틀을 단다. 정확한 타깃 관객층은 '어린이를 위한 뮤지컬'로, 직접 관람하면 어린이 뮤지컬 중에서도 노래의 비중이나 음악극적 요소가 작품에 따라 천차만별이란 것을 알 수 있다. 심지어 노래가 몇 곡 되지 않거나, 녹음을 틀어주며 배우들이 노래를 무대에서 직접 부르지 않는 경우도 있다. 한창 공연 중인 〈슈퍼 윙즈〉 경우에 배우들은 무대에서 연기를 하다가 노래가 흘러나오면, 립싱크를 하는 약간 어색한 순간이 연출된다. 어린이 관객들이 무대 위의 립싱크를 알아차리지 못했다하더라도, 립싱크는 분명히 현장에서 공연의 호흡을 떨어뜨린다. 라이브 음악과 녹음 음악의 감상은 질적으로 다른 경험일 수밖에 없다.

사실 관람 전에 이러한 점들을 가늠하기 위해서는, 작품의 제작사를 살펴보는 것이 제일 유효한 방법이다. 같은 상업적 목적의 제작사라 할지라도 회사에 따라 전문성이나 작품에 접근하는 태도 등이 다르기 때문에, 이전에 어떠한 작품들을 만들어왔는지를 확인하는 것이 중요하다. 대개의 공연제작사들은 비슷한 방식으로 작품을 만들기 마련이다.

인기 캐릭터들의 어린이 뮤지컬은 소규모의 작품이 거의 없으며, 대개 소극장일지라도 400석 이상의 공간에서 공연된다. 작품의 사이즈가 큰 이유는 현장에 가보면, 금방 알 수 있다. 콩순이, 슈퍼 윙즈, 캐리, 뽀로로 등이 직접 등장하는 것만으로, 어린이 관객들은 흥분하며 무대에 온 신경을 집중한다. 영상 속의 매력적인 캐릭터들을 현실에서 직접 만날 수 있다는 사실은 어린이들에게 커다란 판타지 속에 빠져들도록 만든다. 흥분되며 짜릿한 순간을 다른 사람들과 함께 경험하는 집단적인 체험은 분명히 즐거운 공연 관람의 중요한 점이다. 영리한 제작사들은 이 점을 놓치지 않고, 더 큰 사이즈의 공간과 더 많은 어린이 관객들을 겨냥한다.

공연다운 체험을 원할 때 선택하는 어린이 뮤지컬

등장만 하면 시선을 사로잡는 캐릭터들을 보유한 어린이 뮤지컬에서 사실 캐릭터 외의 요소는 부차적이다. 만드는 입장에서 이야기나 무대와 조명, 소품 등의 미술적인 요소와 배우들의 연기, 음악에 굳이 열심일 필요가 없는 것이다. 그래도 이전에 비해 공연의 전반적인 수준은 올라간 편이다. 특히 무대미술은 영상 프로젝션 등의 기술의 발달과 더불어 눈에 띄게 좋아졌다. 화려하며 감각적인 무대는 어린이 관객들에게 즉각적인 호응을 불러일으킨다. 어린이의 주의를 끄는 다이다믹한 무대의 변화와 변신은 공연관람의 큰 즐거움이다. 〈공룡 타루〉는 다양한 공룡들을 실감나게 재현한다.

이야기는 이러한 어린이 뮤지컬에서 이미 있는 이야기를 다시 보여주는 정도다. 〈콩순이〉의 부제는 '아빠와의 캠핑 에피소드'이다. 애니메이션에서 이미 나온 이야기일지라도 갈등이나 극적 짜임새는 복잡하며, 여러 시공간을 포함해 흥미진진하게 전개된다. 〈슈퍼 윙즈〉는 슈퍼 윙즈 캐릭터들이 여러 친구들을 만나 파라오의 비밀을 풀어 가는 과정에서 악당과 싸우며 여러 나라를 방문한다. 배우는 이러한 어린이 뮤지컬에서 가장 아쉬운 부분이기도 하다. 그만큼 배우의 역량이 작품의 완성도를 달라지게 하는 중요한 요인인데, 어린이 뮤지컬에서는 좋은 기량의 배우들의 확보보다 즉각적인 효과를 위한 무대미술에 집중하는 경향이 강하다.

만일 어린이 뮤지컬을 관람하는 목적이 아이가 단순히 재미있는 시간을 보내도록 하기 위해서라면, 혹은 한번쯤 가볍게 무대의 체험을 위해서라면 이러한 작품들을 관람하는 것도 나쁘지 않은 선택이라 생각한다. 왜냐하면 나름의 재미와 흥미로운 요소들이 있기 때문이다. 하지만 굳이 애니메이션이나 유튜브에서 경험한 것과는 또 다른 공연적 체험을 아이가 경험하기를 원한다면, 이러한 제작 방식의 어린이 뮤지컬을 권하지는 않을 것이다. 무엇보다 무대 위의 배우와의 정서적 교감을 통해 인지하도록 이끌기보다는, 즉각적인 반응을 유도하는 것에 작품의 목표가 있기 때문이다. 사실 이러한 어린이 뮤지컬들은 어린이들이 초등학교에 입학만 하더라도 금방 흥미를 잃는 것이 대부분이다.

줄거리나 상황의 절묘함, 좀 더 섬세한 감정을 어린이들이 체험하기를 원할 때에는 그다지 적합하지 않은 것이다.

최근에 공연 중인 어린이 뮤지컬 중에서 창작 혹은 외국 동화를 기반으로 제작된 작품들이 있다. 〈목 짧은 기린 지피〉나 〈버드나무에 부는 바람〉은 재미를 놓치지 않으면서도 흥미로운 캐릭터, 짜임새 있는 극 전개, 이야기와 잘 어울리는 노래와 춤을 보여주는 잘 만든 세련된 작품들이다. 이들은 아무래도 보다 전문적인 스태프들이 창작을 담당한다. 〈버드나무에 부는 바람〉은 동물들의 순수하며 신기한 세상을 흥미롭게 보여준다. 어린이 뮤지컬을 위한 보다 다양한 이야기의 개발로 소재를 다양하게 확장할 필요가 있다.

이러한 작품들로 아이에게 공연의 체험을 시작하게 하는 것은 어떨까. 부모들은 아이에게 공연의 내용이 혹시 어려울까 하는 걱정을 크게 하는 경향이 있다. 그러한 걱정이 인기 캐릭터들이 등장하는 뮤지컬을 손쉽게 선택하는 이유가 되는 것 같다. 하지만 아이들은 잘 모르는 장면이 나오면 자연스럽게 넘어가며, 동시에 앞의 장면과 자유롭게 연결시키는 놀라운 능력을 가지고 있다. 그 순간 이해되지 않더라도 의미가 없는 것이 아니며, 어쩌면 아이의 성장은 그러한 순간들이 차곡차곡 쌓이다가 어느 날 불쑥 자라게 되는 것일지도 모른다. 소중한 아이에게 당장의 재미와 흥미보다는 기왕이면, 공연다운 체험과 경험을 할 수 있는 공연을 골라 주기를 권한다. 물론 아이의 취향과 기질에 따라 동화를 기반으로 하거나 순수 창작 뮤지컬 중에서도 여러 가지 선택이 가능할 수 있다. 어린이를 위한, 어린이 대상의 공연들의 경우 어른이 작품을 골라야 하는 어려움이 있다. 그 어려움 속에서 아이를 위한 선택에 대한 고민은 어른이 짊어져야 할 몫일 것이다.

판타지 아동극
세상 속으로

예술의전당 어린이 가족 페스티벌 〈아빠닭〉, 〈댄싱뮤지엄〉, 〈루루섬의 비밀〉

#2019.7.10.~8.25예술의전당자유소극장 #캐나다,일본,한국연극
#완성도와장인적기질이돋보이는아동극

아동극에서 판타지는 익숙한 것이다. 어린이들은 판타지 세상에서 동물, 자연, 우주 혹은 괴물이나 요정 등의 환상적인 존재들과도 자연스럽게 소통한다. 어머니와의 분리를 통해 처음으로 자아를 인식하기 시작하는 어린이에게, 자신 밖의 세상과의 점점 더 뚜렷해지는 분리가 바로 성장의 과정 혹은 사회화의 또 다른 이름일지 모른다. 자신과 자신 외의 세상을 객관적 혹은 과학적으로 바라보는 것이 아닌, 주관적으로 인식하는 단계에서 판타지는 세상을 이해하는 강력한 방식인 것이다. 그것은 원시적 본능을 연상케 하기도 한다. 자연의 현상을 이해하는 방식으로서 신화가 등장했듯이 말이다. 동물이나 무생물도 자신과 마찬가지로 생각하며 느낄 것이라는 상상을 보태서 어린이들은 스스로를 투영한 또 다른 세상을 만들어 세상을 이해한다. 판타지 아동극은 그러한 어린이들의 욕망이다.

2017년에 시작돼 올해로 세 번째로 열린 '예술의 전당 어린이가족

페스티벌'은 특히 판타지 아동극 세상을 잘 보여준다. 〈아빠닭〉(캐나다 극단 부슈 데쿠주), 〈댄싱뮤지엄〉(서울발레시어터), 〈루루섬의 비밀〉(예술무대 산, 극단 카카시좌)이 7월 10일부터 8월 25일까지 연달아 예술의 전당 자유소극장에서 공연됐다. 여름방학 시즌 동안 공연된 이들은 모두 판타지 세상을 보여주는 방법으로 다양한 표현을 공연 안에서 자유롭게 사용한다. 〈아빠닭〉은 라이브 음악 밴드의 연주를 극의 중심적 요소로 보여주며, 〈댄싱뮤지엄〉은 발레와 연극을 섞어 '스토리텔링 발레'란 부제를 붙이기도 했다. 〈루루섬의 비밀〉은 영상과 그림자극, 인형극 등 그야말로 다양한 극 언어들이 장면마다 수시로 등장한다. 세 작품은 여러 가지 방향에서의 의욕적 시도를 통해 아동극 특유의 판타지를 효과적으로 전달한다. 틀에 박히지 않은 자유로운 발상과 태도로 공연에 접근하는 방식이 작품마다 짙게 배어나온다.

사랑스러운 광대 연기가 만든 아빠닭

〈아빠닭〉(캐나다 극단 부슈 데쿠주)은 광대 1인과 음악 연주 1인이 빚어낸 어느 닭의 가정이야기이다. 그 닭집은 인간의 가정과 상당히 닮아 있다. 아빠와 엄마가 아이들을 많이 낳았으며, 엄마는 일하는 엄마이다. 그래서 아빠가 오늘 하루 종일 아이들을 돌봐야 한다. 이러한 인간의 상황을 닭에 투영해 상상의 닭의 집안의 하루를 들여다본다. 아빠닭은 서투르면서도 과감하며 재치있고 사랑이 넘치는 육아를 선보인다. 병아리들은 그러한 아빠의 보살핌 속에서 하루를 즐겁게 보낸다.

무대는 닭의 집을 세트로 꾸몄다. 아빠닭과 병아리들의 가정에서의 일상이 주제인 만큼, 닭의 집은 아늑하며 동화처럼 신기한 모습이다. 안쪽의 비밀공간에는 병아리 아기들이 잠자는 많은 침대들이 숨어 있고, 전면에는 병아리들이 한꺼번에 밥을 먹기 위한, 재미있게 생긴 식탁이 펼쳐진다. 공간이 변하며 보여주는 아이디어들은 장면마다 어린이와 어른 관객들의 감탄을 자아낸다. 무대 공간의 아기자기한 활용은 아동극에서 변치 않는 레퍼토리인 것 같다.

이 작품에서 특히 돋보이는 것은 아빠닭을 연기한 배우이다. 사실 공연 전체를 아빠닭 혼자서 이끌어 가고 있다. 병아리 아기들은 인형으로, 그 인형들도 배우에 의해 조종된다. 아빠닭은 장면의 리듬과 템포를 위해 첼로를 연주하는 연주자와 함께 장면을 만들어 간다. 아빠닭의 배우가 2층 무대부터 1층까지 오가며 병아리 인형 아기들을 조종하며, 음악에 맞춰 극의 상황을 찰지게 꾸려간다. 사실 이러한 연기는 기술이 상당히 숙련된, 특히 희극적이며 광대적인 연기술이 뒷받침되어야 가능하다. 아빠닭의 배우는 특히 무대에서 전혀 긴장하지 않고 풀려 있는 듯한 자연스러운 에너지가 인상적이었다. 대부분 빠른 템포로 꽉찬 광대 연기를 접해 온 것과 달리, 이러한 존재감은 장면을 안정감 있게 만들어주는 한편 객석의 호흡을 안으로 끌어들이는 효과가 있었다. 무대와 함께 더불어 호흡하는 것이다. 조종되는 병아리 인형들이 먹이를 먹는 장면에서 함께 배가 부른 듯 뿌듯해하며, 육아를 마친 아빠의 밤의 휴식이 더불어 달콤하게 다가온다. 하루 종일 육아로 고생한 아빠닭에게 완전히 감정이입 하게 되는 것이다. 이러한 객석과 무대 간의 호흡은 아빠닭을 연기한 배우로부터 비롯된 것이다.

움직이는 미술관이 여기에 있다

〈댄싱뮤지엄〉(서울발레시어터)은 누구나 해봤을 법한 상상을 다룬다. 미술관에 걸린 그림들이 만일 움직인다면 어떨까. 얼마나 아름답고 신기할까. 유명한 미술관의 박사님과 박사님을 돕는 어린이가 있다. 어린이는 아름다운 그림들을 보며 상상한다. 그림 속의 춤을 추는 무희가 현실 속에 걸어 나와서 춤을 춘다면. 작품은 누구나 해봤을 상상에서 출발해 상상이 무대 위에 구현되는 판타지 세상을 보여준다. 미술관을 지키는 박사와 어린이 앞에 별안간 그림 속의 인물들이 튀어나와 춤을 추며 움직이기 시작한다.

그런데 박사와 어린이의 대립의 대화는 철학적인 측면이 있다. 박사는 그림이 살아 움직이는 것에 질색하며 반대한다. 이것은 무섭거나 믿을 수가 없어서가 아니다. 박사는 그림이란 것은 대상을 움직이지 않게 고정시켜서 탄생한 예술 작품이며, 따라서 영원한 아름다움을 지니고 있다고 믿는다. 그에게 움직이는 것, 변화하는 것은 영원하지 않기 때문에 아름다울 수 없으며, 따라서 예술작품이라고도 할 수 없다. 어린이는 당연히 그의 생각에 반대한다. 아이는 그림 속의 무희가 그림에서 걸어 나와 춤을 출 때 그 아름다움에 황홀해 한다. 어떻게 이것이 아름답지 않을 수가 있을까. 춤이 어떻게 아름답지 않을 수가 있는가. 어린이는 박사의 말을 수용할 수 없다. 그런데 이것은 사실 서양 철학의 오래된 논쟁들 중 하나를 쉽게 풀어낸 것이기도 하다. 영원한 것과 변화하는 것 사이의 우열 관계에 대한 이야기들이 있다.

서울발레시어터의 무용수들은 그림 속의 인물들이 현실 속으로 튀어나와 만드는 판타지를 만들어낸다. 독무나 군무 등의 발레리나의 춤

뿐 아니라, 피리 부는 소년, 모나리자로 분장한 무용수들도 있다. 특히 기괴하며 우스꽝스러운 춤을 보여주는 모나리자는 현장에서 최고의 인기를 얻었다. 아마 모자리자의 대중적 인기와 더불어 그토록 아름답기로 유명한 모나리자에 대한 재치 있는 해석이 예상치 못한 것이기 때문이다. 서울발레시어터의 무용수들은 발레의 아름다움을 마음껏 보여주며, 어린이와 어른 모두 우아한 세상에 빠져들어 바라보도록 만든다.

결국 박사는 어린이의 의견에 굴복한다. 그가 지키는 미술관은 그가 걱정했던 대로 움직이는 그림에 의해, 그 영원한 아름다움의 가치가 훼손된 것이 아니라 또 다른 아름다움을 얻은 공간으로 이해된다. '스토리텔링 발레'란 부제가 붙은 〈댄싱뮤지엄〉은 발레와 극적 상황이 어느 한쪽으로 치우치거나 억지스럽게 연결되어 있지 않은 점이 인상적이었다. 단지 화려한 장면을 위한 무용이 아니라, 이유가 있는 장면의 구성들, 선명한 캐릭터와 주제가 작품의 완성도를 높여주었다. 발레 등의 무용과 스토리를 결합하는 아동극의 시도 중에서 눈에 띄게 매끄럽게 연결되며 통일된 콘셉트를 잘 보여준 작품이라 생각된다.

낯선 모험의 서사

〈루루섬의 비밀〉(예술무대 산, 극단 카카시좌)은 공들인 흔적이 큰 작품이다. 인형, 장면 하나 하나의 호흡과 동선, 흐름, 색 등 어디 하나 허투루 흘려보내지 않은 작품이다. 아동극에서 이 정도의 완성도를 만나기는 쉽지 않은 일이기 때문에, 작품의 제작 자체의 의미가 커 보인다. 그것은 한국과 일본의 민간 극단 사이의 교류의 결과로서 제작된 작품이란 기획적인 측면의 가치 역시 마찬가지다. 그런데 작품이 초연된 시기인 여름 방학에 곧바로 한일 국제 관계가 악화되기 시작하며, 작품 역시 타격을 받았다 한다. 단지 일본과의 협업 작품이라는 이유로 작품 초청 및 티켓 판매에서 영향을 받았다고 한다. 작품의 완성도나 예술성, 과정의 의의와 상관없이 국제 관계의 영향 하에서 자유롭지 못한 작품 수용의 여부가 안타깝다. 그래도 〈루루섬의 비밀〉을 예술의 전당 어린이가족 페스티벌에서의 초연 이후에 다른 곳에서도 공연된다는 소식을 얼핏 들은 적이 있어 반갑다. 좀 더 많은 아동 관객들과 만났으면 하는 생각이 드는 작품이다. 그만큼 인형을 다루는 예술무대 산의 기술의 숙련도가 유감없이 발휘된 작품이다.

작품의 전체 톤은 상당히 차분하다. 주인공 소녀 인형의 모습은 우선 존재감과 모습이 상당히 인상적인데, 소녀 인형을 움직이는 연기 또한 탁월하다. 예술무대 산의 전작들에서와 마찬가지로 작품에서 인형은 섬세히 움직이며 살아 있는 것 같다. 고개를 저을 때, 팔이나 다리를 흔들 때, 걸어갈 때 일상의 동작이 너무 정확하고 자연스럽다. 인형의 연기에서 배어나오듯 작품은 초반에 섬세한 일상성이 두드러진다. 그러다가 갑자기 할머니의 집으로 가게 된 소녀. 소녀는 할머니의 집이 있는 루루섬에 가서 갖가지 신비한 동물들과 요정을 만나는 모험을 벌인다.

도시의 일상적인 공간에서 확 뒤바뀌는 판타지 한 루루섬의 세상. 예술무대 산의 전작들에서도 느꼈듯이 인형과 더불어 이 팀의 작업에서는 비어있는 여백과 침묵의 호흡이 인상적이다. 그것이 인형과 어우러져 특유의, 상상과 해석이 참여할 수 있는 극 세상이 만들어진다. 소녀와 루루섬의 환상들도 과하지 않게 정밀하게 표현되어 있는 점이 특징이다. 또한 특히 일본 극단 카카시좌에 의해 주로 만들어진 그림자 장면들도 작품 전체 톤을 가라앉힌다. 자연스럽고 아무렇지도 않은 듯 툭 무심하게 걸린 천에 무척 섬세한 붓터치가 돋보이는 그림들과 그림자가 등장하는 표현들이 인상적이다. 극단 카카시좌에 의한 장면들 역시 정지와 침묵의 반응을 끌어내며 〈루루섬의 비밀〉의 호흡을 만들어 낸다.

작품의 결말도 감동적이며 신비하다. 소녀의 어머니는 사실 둘째를 낳기 위해 소녀를 잠시 할머니에게 맡겼던 것이다. 소녀가 루루섬에서 만난 아기의 생명수는 우연이었을까. 소녀는 루루섬의 여행에서 돌아와 엄마가 안겨주는, 동생 아기를 맞이하게 된다. 아기와 만나 형제가 생기게 된 소녀에게 또 다른 모험의 새로운 일상이 시작되는 것이다. 군데군데 여백이 다소 지나친 듯, 호흡이 끊어지는 장면들도 있었지만, 그런 지점에 대해 문제점이라 지적하기보다 아동극에서 보기 어렵게 어린이들과의 호흡과 더불어 작품의 예술성과 완성도를 지향하는 뚝심으로 좀 더 다가왔다.

〈아빠닭〉(캐나다 극단 부슈 데쿠주), 〈댄싱뮤지엄〉(서울발레시어터), 〈루루섬의 비밀〉(예술무대 산, 극단 카카시좌)은 올해 세 번째로 열린 예술의전당 어린이가족 페스티벌을 좀 더 안정적으로 자리 잡도록 만들어 준 프로그램들이다. 세 작품이 올라가는 페스티벌로서 국제 교류 작업, 장르 간의 협업, 해외 작품 초청 등의 다양한 시도를 보여주는 점이 놀라우며, 무엇보다 여름방학 시즌에 고른 수준의 어린이 대상의 작품들이 함께 프로그래밍 되어 있어 반갑다. 이러한 시도는 어린이 대상의 공연들에서 드물며 시도하기 어려운 의욕적 모험들이다. 여기에 좀 더 다양한 국내 창작진의 작품들을 함께 보게 되기를 희망한다.

어린이가 직접 만든 연극 세상이 주는 '투명한 떨림'

제 27회 전국 어린이연극잔치

#2019.11.26.~12.1종로아이들극장 #어린이연극 #어린이가직접만든다 #연극지도선생님의중요성 #순수한세계

필자에게도 첫 경험이었다. 아동극을 기회가 닿을 때마다 관람해 왔지만, 어린이들이 직접 만든 '어린이 연극'을 본격적으로 관람한 것은 처음이었다. 아시테지는 그동안 이를 용어를 통해 나름 구분해 왔다. 아동극은 성인 전문 연극인들이 아동을 위해 만드는 것이다. 창작의 주체가 어른이며 어린이는 관객이다. 하지만 '어린이 연극'은 어린이들이 직접 만드는 것으로, 초등학교의 연극 지도 선생님의 세심한 노력과 열정이 함께하는 것이다.

초등학교 어린이를 가까이에서 지켜본 이라면 잘 알 것이다. 무대에서 자기 순서에 대사를 외워 말하는 행위를 하는 것이 초등학교 고학년 정도는 되어야 자연스러워진다는 사실을. 어린이가 연극을 한다는 것은 그만큼 어려운 일이며, 꼼꼼한 지도와 전방위적인 보살핌이 필요한 일이다. 즉 한 편의 어린이 연극 작품의 무대화를 위해서는, 그 과정에서 수많은 사람들의 관심과 노력이 들어간 것이다. 그 지난한 과정마다 매순간 어떤 방향으로 나아가야 할지를 결정해야 하는, 늘 예민한 혹은 세심해야지만 가능한 특별한 과정이다.

그 특수한 '과정의 연극'이 27년째 이어져 왔다. 올해 27회를 맞이한 전국 어린이연극잔치(2019. 11. 26(화)~ 12. 1(일))가 6일간 종로아이들극장에서 열렸다. 지역 예선까지 거의 두 달여 동안 진행되었다. 본선 무대인 서울에서는 전국의 7개의 초등학교 연극 작품이 선보였다. 전북 술산초등학교의 〈요술모자〉, 서울 신도초등학교의 〈구멍〉, 부산 안진초등학교의 〈해프닝〉 강원 치악초등학교의 〈엄마의 꼭두각시〉, 울산 명덕초등학교의 〈나비의 순간〉, 경기 연곡초등학교의 〈바리데기〉, 경남 서상초등학교의 〈2019. 마니또 프로젝트〉, 인천 서면초등학교의 〈심청이의 모험〉이 그들이다. 작품은 대개 3, 40여 분 정도의 길이이다.

제 27회 전국 어린이 연극잔치의 심사위원으로서 본선 무대를 전부 관람하며, 심사의 기준에 대해 고민했다. 어린이가 어린이연극 지도 선생님과 함께 만드는 '어린이연극'은 '과정의 연극'으로서 특별한 기준이 있어야 하지 않을까. 굳이 등수를 매기기 위해서라기보다는, 작품을 바라보는 기준에 대한 고민을 위한 고민이었다. 무대를 보며 가장 중요한 가치로 떠오른 것은 '협동'이었다. 어린이들끼리는 물론, 지도 선생님과의 소통과 협력이 얼마나 깊이 단단하게 이뤄졌는가가 좋은 결과를 낳는 것으로 생각됐다. 어린이들이 무대에서 자연스럽고 자신 있게 스스로에 대해 이야기하며, 그것이 연극 무대의 문법으로 잘 무대화 되었을 때 보는 이 역시 즐겁고 만족스럽다. 어린이 고유의 세상의 '투명한 떨림'이 관객에게 오롯이 전달되었을 때, '어린이 연극'의 진짜 즐거움이 살아난다.

어떠한 작품들이 있나

8편의 어린이 연극에서 형식적으로 눈에 띄는 시도를 보여주는 작품들이 있었다. 술산초등학교의 〈요술모자〉, 치악초등학교의 〈엄마의 꼭두각시〉, 명덕초등학교의 〈나비의 순간〉, 연곡초등학교의 〈바리데기〉가 그들이다. 두 편은 어린이 뮤지컬을, 그리고 연극놀이와 서술자의 '나레이션 기법'을 활용했다.

〈엄마의 꼭두각시〉와 〈나비의 순간〉은 어린이 뮤지컬을 시도한다. 〈엄마의 꼭두각시〉는 장면 구성이나 노래의 스타일에서 정형적 뮤지컬 문법을 끌어들였다. 깔끔하며 완성도가 있는 작품이 목표였던 것 같다. 엄마와 아이들의 서로 반대되는 입장이 흥미롭게 펼쳐지며 아이들의 솔직한 내면이 드러난다. '너를 위해서'라 말하는 엄마들과 '내가 원하는 것은 이게 아냐'라고 말하는 아이들. 다만 기성의 뮤지컬에서 유명한 노래를 그대로 몇몇 사용한 것은 고민할 필요가 있어 보인다. 어린이들이 부르는 모습이 대견해 보이기도 했지만, 창의적이지 못하게 다가오기도 했다. 〈나비의 순간〉은 이제 어른이 된, 왕따의 가해자와 피해자가 다시 한번 어린이가 되어 과거를 고쳐본다는 이야기다. 창의적인 노래들이 많았지만, 동시에 어린이들의 노래와 춤과 끼를 보여주기 위한, 과거의 연극반 시절의 재연으로 다가오기도 했다. 장면이 좀 더 짜임새 있게 구성되지 못한 점이 아쉬웠다.

〈요술모자〉는 외국 동화를 각색한 작품이다. 연극놀이를 활용해 어느 가족에게 일어난 황당한 사건과 소동을 연극을 하며 다시 살펴본다는 발상이 재미있다. 연극놀이도 적절해 보였다. 아이들은 즐거우며 희극적인 분위기를 표현한다. 다만 그림으로 표현하고 있는 세상이 어린이의 세상이라기보다, 다소 모호해 보였다. 모자의 상징성이 우리의 정서와 얼마나 맞는지도 궁금했다. 〈바리데기〉는 '나레이션 기법'을 활용한 작품이다. 어린이들이 바리데기 이야기의 서술자가 되어 무대에서 돌아가며 이야기와 재연을 함께한다. 쉽지 않은 형식임에도 끝까지 집중력을 잃지 않았다. 또한 아이들만이 표현할 수 있는 재미나 재치 역시 놓치지 않고 흐뭇한 웃음을 준다.

신도초등학교의 〈구멍〉, 안진초등학교의 〈해프닝〉, 서면초등학교의 〈심청이의 모험〉 세 작품들은 소재적 측면에서 눈에 띄는 작품들이다. 〈해프닝〉은 '가짜뉴스'라는 시의적 소재를 다룬다. 몇 가족이 모여 사는 아주 작은 마을에서 어느 유튜버의 '가짜뉴스'를 보고, 전국에 바이러스가 퍼졌다는 공포에 떨게 된다. 이 작품은 노골적으로 어른보다 어린이의 긍정적인 측면을 부각시키고 있는 점이 특징이다. 어린이들이 더 용감하며 이타적이고, 행동으로 나선다. 다만 길고 방대한 내용이 정리가 덜 되어 무대화 된 것 같아 아쉬웠다.

서면초등학교의 〈심청이의 모험〉은 심청이 설화의 각색을 통해 '위안부 할머니들의 이야기'를 나누는 작품이다. 어린이 연극에서 흔치 않은 우리 역사에 대한 직설적인 해석이 눈에 띈다. 중국에 일본에 억지로 팔려갔지만, 돌아온 고국에서도 버림받은 '우리 역사'의 심청이들. 심청이는 더 이상 가만히 있지 않겠다며, 조용히 자리에 앉아서 '소녀상'이 된다. 어린이들은 소녀상 주위에 모두 모여서 '기억해 주세요.'라고 말한다. 기억하지 않는 어른들이 부끄러워지는 작품이다. 〈구멍〉은 세련되며 눈에 띄는 소재의 미스테리한 작품이다. 어느 날 아이들이 정체 모를 구멍을 발견하고, 거기에 버리고 싶은 것을 버리면 된다는 것을 알게 된다. 어린이들은 수학시험지, 겁이 많은 성격, 보기 싫은 친구까지 버려서는 안 될 것까지 버리고 구멍의 힘에 끌린 어른들은 거기에 쓰레기와 산업폐기물 등을 버린다. 결말이 다소 미약하지만, 어린이들의 자신감 넘치는 연기가 작품을 흥미롭게 끌어간다.

경남 서상초등학교의 〈2019. 마니또 프로젝트〉는 올해의 대상 수상작이다. 형식이나 소재 면에서는 일순 평범해 보일 수 있는 이야기를, 어린이들의 솔직하며 자연스러운 감정 표현과 연기로 섬세하게 무대에 풀어놓았다. 아이들 사이에서의 관계의 미묘함, 거기에서 서로에 대한 이해의 과정이 설득력 있게 전개된다. 장면의 암전이 다소 많았지만, 음악 등을 사용해 전환을 매끄러우며 속도감 있게 하기 위해 노력한 점도 돋보였다. 차분하며 솔직하게 어린이의 세상을 들여다보는 시선이 느껴진다. 서로 앙숙이었던 두 소년이 마지막에 서로에 대한 이야기를 낭독하는 마니또 보고서를 듣게 되면, 예상할 수 있던 결말임에도 충분히 감동적이다. 그만큼 대사도 감각적이다.

어른들은 왜 어린이 연극을 봐야 할까. 아동극 혹은 '어린이 연극'은 인간이라면 누구나 거쳤던 과거, 어린 시절을 떠올리게 한다는 점에서 보편적이며 특수한 감동이 만들어진다 란 이야기가 있다. 어린이들이 지도 선생님들과 함께 만든, 8편의 어린이연극은 그러한 느낌에 충분히 빠져들도록 만들었다. 어린이가 직접 만든 어린이 세상이 주는 '투명한 떨림'은 한때의, 누구나 아는 것들이다.

화제작을 보여주는 아동청소년 대상의 공연예술축제

제 29회 아시테지 국제여름축제

#2019.7.245~8.4종로아이들극장,세종문화회관 #어둡고비판적인 #사실주의아동극 #엽기적인잔혹한언어 #3D의실험 #광대극

과연 어떤 공연예술축제가 '좋은 공연예술축제'일까? 관객들이 사랑하는 축제? 지역과 긴밀한 관계를 유지하는 축제? 오랜 역사를 가진 축제? 좋은 작품이 공연되는 축제? 다 맞는 이야기 같다. 따져들어 보면, 명확하진 않더라도 막연하게나마 '좋은 축제'라고 여기는 우리 주변의 축제들은 모두 이런 가치들을 갖고 있는 것 같다. 몇몇 특징들이 두드러질 수는 있지만. 그런데 오랜 기간 축제의 예술 감독을 맡으셨던 어느 지인은 거기에 대해 나름의 뚜렷한 답을 갖고 있었다. '화제작을 내놓는 축제', '논란거리를 꺼내 놓는 축제'라고. 물론 그분이 추구한 가치가 누구나 만족하는 행복한 현실의 결과물로 반드시 연결되었던 것은 아니었다. 하지만 하나의 분명한 영향력은 기억한다. 강력하게 끌고 가는 힘대로 축제의 정체성이 분명하게 만들어졌다. 또한 작품의 화젯거리나 논란의 거리는 새롭거나 신선한 자극으로 남는 경우들이 있었다. 그것은 일반 관객들보다는, 아무래도 창작진이나 제작진

등의 관계자들에게 중요한 화두를 던지곤 했다. "아, 저렇게도 공연을 만들 수 있구나"라며 사고의 폭을 넓혀주었던 것이다.

아시테지 국제여름축제는 위의 설명과 잘 어울리는 축제이다. 대표적인 아동청소년극 축제로서 아시테지는 주로 기존의 어린이나 청소년 대상의 공연들이 잘 하지 못했던 시도들을 주목해 축제의 자리로 만들어 왔다. 이것은 예술감독 체제를 갖지 않은 축제로서 다소 특이한 부분이기도 하다.

그런데 특히 이러한 부분은 여름에 열리는 국제여름축제에서 보다 잘 드러난다. 서울어린이연극상과 동시에 치러지는 아시테지 겨울축제는 국내의 우수 아동청소년극의 경연이기도 하다. 따라서 겨울축제의 작품들의 경우 관객과의 소통과 거기에서 발현되는 축제성이 무시할 수 없는 중요한 가치이다. 하지만 해외의 아동청소년극 초청작이 선보이는 여름축제는 이와는 조금 다르다. 물론 관객과의 소통에 강점을 가진 작품일수록 좋겠지만, 관객의 눈높이가 작품의 절대적인 기준은 아니다. 오히려 어린이나 청소년 관객들에게 호응을 얻을지 미지수인, 난해하며 추상적이거나 창의적인 면이 지나쳐 실험적으로 느껴질 수 있는 시도들을 자주 볼 수 있다. 특히 아동청소년 대상의 작품일수록 관객과의 소통을 중요한 가치로 꼽는 필자로서 때때로 아시테지의 선택들은 고개를 갸웃하게 만드는 경우들이 종종 있어 왔다. 하지만 이런 반응 역시 논란의 거리로서 흥미로운 화두와 연결되었던 것일까. 올해의 아시테지 국제여름축제에서 만난 작품들도 흔히 접해 온, 아동청소년 대상의 공연들과는 다르다. 해외 초정작 〈희망의 빛〉(판토밈 씨어터, 스웨덴), 〈디바〉(소피 크로그 씨어터, 덴마크), 〈이상한 이웃〉(네페시 씨어터, 이스라엘), 〈3D 백조의 호수〉(라룸베 무용단, 스페인)은 그러한 작품들이다.

비판적이며 어두운 〈희망의 빛〉과 〈디바〉

만일 축제의 개막작으로 공연된 〈희망의 빛〉(판토밈 씨어터, 스웨덴)과 같은 날의 또 다른 작품 〈디바〉(소피 크로그 씨어터, 덴마크)를 관람한 관객이라면, 그동안의 어린이 대상의 공연들이 얼마나 밝고 낙관적인 세상만을 보여줬는지 실감할 것이다. 일단 조명에서부터 어린이극은 눈이 부실 정도의 환한 빛을 사용하는 것이 어느 정도의 통설로 굳어져 있다. 반드시 웃긴 장면들이 많지 않더라도, 즉 슬픈 감성을 자주 보여주더라도 대개 밝은 빛 아래의 극 세상을 관람해 온 것이 쉽게 떠올려 질 정도이다. 나아가 화려한 무대 장식도 자주 봐 왔다. 어린이의 관심과 호응을 쉽게 유도할 만한, 환하고 예쁘게 꾸며진 환상적인 극 세상. 하지만 〈희망의 빛〉과 〈디바〉는 어둡다. 조명부터 부러 최소한을 사용한 듯, 암울한 극 세상을 따라 자연광과 비슷하거나 괴기스러운 공간을 보여준다.

〈희망의 빛〉은 어린이 난민을 보여준다. 아이들은 어른의 도움 없이 살 곳을 찾아 국경을 넘어 떠난다. 작품은 끔찍한 현실을 사실적으로 보여준다. 무대는 희미한 조명 속의 누더기를 걸친 어린이들이 넝마 조각과 상자 속에 숨어 있는 모습을 보여준다. 하지만 전쟁과 폭력이 오히려 능동적인 의지를 불러일으킨 것일까. 공포와 추위, 배고픔을 참으며 아이들은 의연하게 길을 떠난다. 장면마다 아이들이 부딪치게 되는 갈등이 소개되며, 이들을 헤쳐가는 아이들의 행동이 강조된다. 아이들의 상황은 언뜻 모험의 서사로 보이기도 한다. 하지만 모험 서사의 낭만성 대신에 〈희망의 빛〉은 자국을 떠나 거처를 찾는 난민의 상황을 부닥뜨린 현실성에 방점이 찍혀 있다.

작품은 대사가 없는 마임으로 이뤄져 있다. 세종문화회관의 체임버홀에서 공연된 작품은 비참한 현실과 이에 저항하는 아이들의 역동적인 서사가 눈을 끈다. 하지만 아이들이 겪는 에피소드들이 무대에서 촘촘하게 짜여져 있기 보다는, 상황이 단순히 나열돼 배치된 것 같았다. 좀 더 효과적인 드라마의 구성이 아쉬웠다. 이 점이 두드러진 이유는 〈희망의 빛〉이 시각적으로 화려하거나 콘셉트가 신선한 종류의 작품이 아니기 때문이다. 이 작품은 아동극에서 잘 다루지 않는, 전쟁이란 비참한 현실에 대한 사실적인 접근과 이에 맞서는 어린이의 의지가 주요하며 감동을 불러일으키는 작품이다. 결국 아이들은 생명의 위협 속에서 국경을 건너는 데 성공한다. 새로운 거처에서의 삶이 어떠해야 하는가에 대해 작품은 관객들에게 묻는다. 이 용감하며 능동적인, 삶을 찾아 떠나 온 건강한 아이들을 어떻게 바라봐야 하는가. 이들은 상실감에 차 있는 나약하기만 한 존재일까.

〈희망의 빛〉이 사실적인 접근이 눈에 띄는 반면에 〈디바〉(소피 크로그 씨어터, 덴마크)는 잔혹 환상 동화라 할 만하다. 작품은 특이한 인형극이다. 세종문화회관 S씨어터의 무대 중앙에 커튼이 드리워진, 작은 가설 극장이 설치돼 있다. 붉은 벨벳의 커튼이 벗겨지면, 작은 손인형이 등장한다. 작품의 마지막에 밝혀지지만, 이 작품은 일인극이다. 배우 한 명이 손을 이용해 인형을 조종하며, 무대 장치를 바꿔 극을 운용한다. 장면이 바뀔 때마다 가설 극장이 다른 면으로 돌아가며, 새로운 공간을 보여주는 식이다. 장면 안에도 정교한 기계 장치로 흥미를 끌며,

순간순간의 재치와 아이디어가 넘친다. 블루스풍의 오페라 음악이 끈적거리며 기괴한 분위기를 자아내며 몰입시킨다.

〈디바〉는 이야기가 정확치 않다. 미친 과학자, 오페라 여가수 등의 개성적인 캐릭터가 제시돼 강렬한 장면을 만들며 전개된다. 인상적인 것은 작품이 엽기적이며 어둡고 거친 상상력을 거침없이 드러낸다는 점이다. 그러한 세상은 일견 손인형으로 표현된, 작품 속의 투박하며 원시적인 극세계와 어울려 보였다. 캐릭터들은 우울함에 뚜렷한 이유 없이 목을 매고 자살하거나, 인형극 특유의 상상력답게 팔다리의 잘려진 신체를 가지고 논다. 이야기의 종착지도 분명치 않다. 파편처럼 흩어진 장면들이 환상적이며 혹은 어두운 악몽 같은 모습이다. 일견 낯설며 논리적으로 이해가 가지 않는 기이한 세상이지만, 이러한 작품에서 어린이 관객들이 오히려 쉽게 접근하며 수용하는 모습을 보여주곤 한다. 사실 텔레비전에서 흔하게 접할 수 있는 외국 애니매이션을 주의 깊게 본 어른이라면, 이러한 엽기적이며 괴상한 상상력이 어린이를 매료시키는 것을 알 수 있을 것이다. 파괴적이며 어둡고 무기력하거나 황폐한 세상에 대해 어린이들 역시 어른과 마찬가지로 이해하며 공감한다. 억압과 충동은 어린이도 마찬가지로 경험하는 것이기 때문이다.

고전적 요소의 변주를 보여주는 〈이상한 이웃〉과 〈3D 백조의 호수〉

〈이상한 이웃〉(네페시 씨어터, 이스라엘)과 〈3D 백조의 호수〉(라룸베 무용단, 스페인)는 정반대의 접근인 듯 보이면서도 하나로 꿰어지는 작품들이다. 〈이상한 이웃〉은 배우의 희극적 연기가 주요한 표현 방법이며, 〈3D 백조의 호수〉는 첨단의 영상기술과 접목했다. 아날로그와 디지털의 대립으로 보일 지경이다. 하지만 두 작품은 고전적 요소의 능숙한 변주를 보여준다는 점에서 상통한다. 이들의 변주는 흥미를 끌 정도로 생기발랄하며 화려하다. 〈이상한 이웃〉은 전형적인 슬랩스틱 코미디의 틀에서 활기와 감동을 끌어올리며, 〈3D 백조의 호수〉는 어린이 대상의 무용 공연이 첨단 기술과 결합했을 때 보여줄 수 있는 흥미로운 지점을 매혹적으로 보여준다.

〈이상한 이웃〉은 두 명의 희극 배우들의 연기가 전부인 작품이다. 이들은 서로 다른 성격의 이웃이란 고전적인 상황을 연기한다. 꼼꼼하며 정확하고 지적이고 예술적인 남자와 지저분하고 게으르며 감성적이고 정이 많은 남자는 한 공간을 반으로 나눠 각각 자리하고 이윽고 싸우기 시작한다. 두 배우가 무대 안으로 들고 들어오는 상자로 만든 소품들도 재미있었지만, 역시 이 작품의 백미는 여유롭고 자신만만한 두 배우들의 연기였다. 서로 자극하고 반응하는 동시에 관객을 향해 열려 있는 두 배우의 연기는 어린이 관객들의 흥미를 사로잡았다. 이야기는 개연적이지 않다. 계속해서 싸우며 갈등이 걷잡을 수 없을 정도로 커진 이후에 별안간 하늘에서 뚝 떨어진 듯 아기가 이들 앞에 나타난다. 두 사람은 이제 협력할 수밖에 없다. 아기를 돌보며 서로 싫어하던 둘은 서로를 이해하는 친구가 된다.

다소 전형적으로 다가오기도 하는 〈이상한 이웃〉의 경우 현장에서 열띤 반응을 확인하며, 즉흥과 순발력이 강한 배우들의 매력이 어린이 관객들과 만나는 지점에 대해 고개를 끄덕일 수밖에 없었다. 두 명의 중년의 못생긴 아저씨 배우들이 시간이 흐를수록 믿음직하며 친근하고 사랑스러운 캐릭터가 되어 객석과 호흡한다.

〈3D 백조의 호수〉는 고전발레 〈백조의 호수〉와 3D 영상 기술을 결합한 작품이다. 세종문화회관 체임버홀에서 공연된 이 작품은 관객들이 3D 영상 관람용 안경을 착용하고 관람한다. 3D 영상 기술은 특히 공간을 확장한다. 작품은 남녀 주인공의 사랑 이야기의 뼈대를 그대로 갖고서 고전발레 백조의 호수를 우주와 가상세계, 현대의 도시, 숲의 이야기로 가져와 새롭게 구성한다. 광활한 우주와 깊은 숲속 등을 훑듯이 흐르는 영상 화면이 무대에 펼쳐진다. 배우들이 그 공간에서 빠른 속도의 장면의 변화 속에서 움직임을 정확하게 맞춰 안무한 것이 신기하다. 3D 영상 사이의 고전발레의 우아함과 아름다움도 등장한다. 오데뜨의 춤은 의상만 현대적일 뿐 연약하며 화려한 고전발레의 느낌 그대로를 전달한다. 관람용 안경을 쓴 채 무용수의 움직임을 봤을 때, 이질감이 없이 전달된다는 것도 새로웠다.

다만 〈3D 백조의 호수〉는 왕자의 모험적 시도와 그 결과로 이어지는 이야기가 꽤 복잡함에도 불구 제대로 전달이 안 돼 아쉬웠다. 왕자는 검은 백조를 가상 세계에서 만들어 내지만, 그 백조와 오데뜨가 어떻게 연관이 되는지 흐지부지하게 표현되고 마무리된다. 이것은 무용으로서 이야기가 지나치게 복잡한 것이 아니었을까. 영상 기술로 공간을 이미 풍성하게 꾸린 만큼 거기에 지나치게 꼬인 이야기까지 더해지니 무용 특유의 압축적인 표현과 풍부한 감성들이 역설적으로 줄어든 듯 보인다. 물론 차가운 영상 기술이 남녀 주인공의 애절한 감성과 고전발레의 낭만성과 만나는 변주의 콘셉트는 전반적으로 흥미로웠다.

작품을 관람할 수 있는
최저 연령만을 표기하는

아시테지 국제 여름축제에서 만나는 해외 공연들은 작품의 적절 연령에 대해 최저 연령만을 표기할 뿐, 대체로 너그러운 편이다. 처음에는 낯설었다. 발달 상황을 고려해 아동청소년 작품의 경우 특히 타깃층이 명확해야 한다고 생각했기 때문이다. 실제로 국내의 작품들의 경우 목표 관객을 명확하게 잡은 경우들이 더 많다. 하지만 아시테지에서 만난 작품들의 경우 최저 연령만이 표기되어 있다 보니, 확실히 아동부터 성인까지 폭넓은 관객층을 수용하는 데 보다 적합한 점이 사실이다. 이것은 작품의 창작진과 제작진에게 어느 정도 창작의 자유로움까지 안겨 주는 것 같다. 실제로 해외 작품들의 경우 국제적 갈등, 가난, 우울함, 고통, 잔인함 등 기존의 아동청소년극에서 자주 보지 못했던 과감한 표현들을 아무렇지도 않게 사용해 그 태연함에 오히려 관객들이 놀라게 된다. 또한 표현의 방법만이 새로운 것이 아니다. 익숙한 것들을 새롭게 고민하려는 시도도 흥미롭게 보여준다. 확실히 이러한 접근이 아동청소년 대상의 공연예술들을 한층 다양하며 풍성하게 만들어 주는 것이 틀림없다.

창작 어린이 음악극, 어떠한 작품들이 있나

〈출동! 슈퍼윙스 파라오를 찾아서〉, 〈버드나무에 부는 바람〉, 〈해피한 하루〉, 〈십이야〉

#2018.12.29.~30경기도문화의전당소극장 #2018.12.5.~2019.1.27.강동아트센터 소극장드림 #2019.1.15.~16종로아이들극장 #2019.1.11.~2.3세종문화회관M씨어터 #창작어린이음악극의다양한면모

국내의 어린이 음악극은 여러 경로로 다양하게 만들어지고 있다. 상업적 목적이 짙은 대중적 접근이 두드러지는 경우에서부터 예술적인 실현과 교육적 목적이 강한 경우까지, 자세히 들여다보면 다양한 층위가 겹겹이 쌓여 있는 것을 알 수 있다. 아마 이것은 어린이 음악극에 대한 수요가 점점 늘어나는 것과 무관하지는 않을 것이다. 전체 아동극 시장에서 '가족음악극', '가족뮤지컬', '어린이뮤지컬'이란 타이틀을 단, 어린이를 대상으로 하는 음악극들은 예전에 비해 수적으로 눈에 띄게 많아지고 있다. 이전이라면, 당연히 연극적 문법으로 접근해 만들었을 장면들까지 노래와 춤으로 압축적이며 리듬감이 느껴지도록 풀어내는 방식들도 무대에서 왕왕 볼 수 있다. 그래서 어린이 음악극에서 장면 안에 노래들이 몇몇 어색하게 얹힌 듯 삽입돼 있는 경우들도 종종 있다. 이러한 작품들의 경우에 음악극의 잣대를 놓고 음악극인가 아닌가를 논하기 보다는, 현상이 일어나는 이유를 살피는 것이 중요하다 생각한다. 한편 어린이들이 감각적이며 가깝게 이해되는 경험을 선호하며, 이들을 대상으로 하는 작품들이 어린이 관객들의 욕구에 귀 기울이는 것은 당연해 보인다.

겨울방학 기간 동안에 공연된 〈출동! 슈퍼윙스 파라오를 찾아서〉(애니메이션 원작/(주)다다기획), 〈버드나무에 부는 바람〉(케니스 그레이엄 원작/최은이 작/홍성연 연출), 〈해피한 하루〉(이태린 작/연출), 〈십이야〉(셰익스피어 원작/오세혁 각색/김수희 연출)는 각기 다른 전략으로 어린이 관객들과 만나는 작품들이다. 이들의 일부 창작진은 익숙한 이름들로, 작품들이 어린이 음악극의 틀 안에서 나름대로 창작진의 예술적 개성을 지향하고 있다는 것을 드러낸다. 물론 예술적 지향이 반드시 작품에 긍정적인 영향만을 끼치는 것은 아니다. 성인 예술가와 어린이 관객과의 만남이 잘 이뤄지지 못하는 경우도 있다. 다만 작품의 완성도를 높이기 위한 예술적인 지향과 창작진의 여러 의도들은 어린이 음악극 장르에 힘을 실어주는 시도라 생각한다. 〈출동! 슈퍼윙스 파라오를 찾아서〉, 〈버드나무에 부는 바람〉, 〈해피한 하루〉, 〈십이야〉는 이러한 시도들을 잘 보여주고 있는 작품들이다.

상업적이며 대중적인 기획의 방향을 가진

〈출동! 슈퍼윙스 파라오를 찾아서〉와 〈버드나무에 부는 바람〉은 제작사가 작품의 주체로 주도적인 역할을 하고 있다. 〈출동! 슈퍼윙스 파라오를 찾아서〉는 기존의 인기 있는 애니메이션을 음악극으로 만든 것으로, 제작사인 ㈜다다기획은 이러한 방식의 레퍼토리들을 지속적으로 제작하고 있다. 〈시크릿 쥬쥬〉 외 유튜브 콘텐츠를 공연화한 〈캐리〉 등이 만들어져 여러 지역문예회관들에서 다수의 관객들과 만나고 있다. 작품들은 비슷한 제작 방식으로 유사한 색깔을 보여준다. 고전 동화를 각색해 음악극화 한 〈버드나무에 부는 바람〉은 상상마루 제작사의 작품이다. 상상마루는 대중적이면서도, 작품의 완성도를 높이기 위한 시도와 균형을 이룬 작품들을 보여주는 편이다. 〈캣 조르바〉는 인기 레퍼토리 작품으로, 수학과 과학적 요소를 재치 있게 녹여내 어린이 관객들의 높은 호응을 얻었다.

〈출동! 슈퍼윙스 파라오를 찾아서〉는 상업적인 목적이 두드러지게 기획된 작품이다. 어린이 음악극에서 이러한 접근 방식은 최근에 빈번하며, 그만큼 어린이 관객의 수요가 많다는 뜻이기도 하다. 주로 24개월 이상의 어린이를 주요 대상으로 하며, 미취학 어린이를 겨냥해 언어 위주의 복잡한 서사보다는 이해하기 쉬운 내용으로 이뤄진다. 무대에서 여러 가지 사건이 복잡하게 얽혀 제시되지만, 사실 내용과 캐릭터가 애니메이션으로 이미 숙지된 상태이기 때문에 작품의 관람은 쉬운 편이다. 연극을 처음 경험하거나 공연을 낯설게 여기는 어린이 관객과 부모들이 접근하기 편한 작품들이다.

〈출동! 슈퍼윙스 파라오를 찾아서〉는 어린이 관객의 호응을 위한 목적으로 제작되었다. 중극장 이상의 큰 규모를 보여주며, 특히 무대미술에 노력을 기울인 점이 엿보인다. 영상을 사용해 빠른 장면 전환과 화려하며 웅장한 인상을 연출한다. 사실 비슷한 목적으로 기획, 제작된 작품들은 대개 시각적 효과에 노력을 기울이며, 이 지점이 작품의 완성도에 기여한다. 또한 화려한 무대는 성인 뮤지컬에서 자주 경험할 수 있는 것이기도 하다. 무대미술이 어린이 관객들의 집중력 유지에 기여한다면, 인기 캐릭터는 작품의 흡인력과 매력의 요소일 것이다. 어린이들은 평소에 즐겨 보던 애니메이션의 캐릭터가 현실에 등장하는 것만으로 상당히 흥미로워하며 작품에 몰입한다. 성인 관객 뮤지컬이 스타 배우가 출연한다면, 어린이 대상의 뮤지컬은 인기 캐릭터가 출연하는 셈이다.

〈버드나무에 부는 바람〉은 〈출동! 슈퍼윙스 파라오를 찾아서〉에 비해 배우의 역할과 비중이 크다. 사실 인기 캐릭터가 작품의 중요한 요소일 경우, 배우의 연기력이나 배우의 존재는 잘 드러나지 않는다. 어린이 음악극의 타이틀을 걸었지만, 공연 현장에서 노래를 부르는 것과 녹음을 틀어주는 일을 병행하기도 한다. 하지만 〈버드나무에 부는 바람〉은 역시 제작사가 작품의 주체로 주도적인 역할을 보여주면서도 작품의 기획적 방향에서 차이를 보여준다. 작품은 어린이 관객들에게 어린이 음악극의 전문성을 보여주려는 의지가 강하다. 전문적인 스태프들이 참여하며, 배우들의 연기력과 노래 실력이 뛰어난 동시에 시각적 효과로 무대를 채우기보다는 배우들의 장면 만들기로 공간을 채우는 경향이 강하다.

〈버드나무에 부는 바람〉은 꽤 많은 노래가 삽입되고 배우들도 능숙한 노래와 춤을 보여주는데, 그것이 성인 대상의 뮤지컬에서 봐 온 것들이라기보다는 기존의 아동극과 좀 더 가까워 보인다. 그래서 작품 속 음악극적 요소에도 불구, 감각적인 면모보다는 서사가 강하게 다가온다. 관람 후에 동물들의 세상에 대한 재미있는 상상력 등이 기억에 오래 남는 것이다. 이 점은 긍정적인 면이면서 아쉬운 점이기도 하다. 완성도는 뛰어난 편이지만, 신선하거나 과감성은 부족하게 느껴진다.

작품은 고전 동화 원작이 작품에서 큰 역할을 차지하고 있다. 강동아트센터 소극장에서 공연된 이 작품은 원작의 상상력을 아기자기하며 세련되게 표현하고 있는 작품이다. 두더지, 물쥐, 오소리, 두꺼비의 작은 동물들을 섬세하며 정성스럽게 의인화 한다. 작품 속의 다양한 공간들도 최대한 조명과 천, 음향 등으로 빈 무대에서 상상하도록 만든다. 동화책을 넘기며 시간의 흐름도 자연스럽게 표현한다. 이러한 방식은 기존의 아동극에서 자주 봐온 것들이면서도, 한편으로 최근의 무대 기술에 비한다면 아날로그적 감수성을 불러일으키는 면도 있다. 전반적으로 어린이 관객들과 가깝게 소통하려는 태도를 유지하며 전문성에 의한 예술적 완성도를 보여주는 어린이 음악극을 구현하고 있다.

꾸밈없이 솔직하거나 교육적 목적이 강한

〈해피한 하루〉와 〈십이야〉는 예술 단체 및 예술가 개개인들의 창조적 역량과 개성이 잘 드러나는 작품들이다. 이들은 각기 다른 전략으로 어린이 음악극을 구현하고 있는데, 이때 예술단체 및 예술가 개개인들이 주도적인 역할을 담당한다. 〈해피한 하루〉는 아동청소년극 전문단체로 아동청소년 대상의 뮤지컬을 지속적으로 만들어 온 단체의 역량을 잘 보여준다. 그동안 창작단체 예술공장 콤마는 주로 학교와 축제에서 다수의 아동청소년 관객들을 만나 왔다. 〈십이야〉는 셰익스피어의 원작을 어린이 대상의 뮤지컬로 각색해 공연한 작품이다. 특히 각색 및 연출에서 어린이 관객과 눈높이를 맞추려는 성실한 태도가 인상적이다. 어린이 관객의 호응을 많이 받으며, 올겨울에 서울시극단의 재공연 레퍼토리로 공연됐다.

〈해피한 하루〉는 따로 원작을 갖지 않는, 창작 어린이 음악극이다. 이는 리뷰의 대상으로 언급된 작품 중에서 유일하다. 작품은 네 작품 중 뮤지컬이란 장르 명칭에 가장 어울리는 작품으로, 그만큼 뮤지컬의 익숙한 문법을 보여주고 있다. 성인 대상의 뮤지컬에서 익숙하게 봐온, 뮤지컬의 전형성을 만들어내는 극적 요소들은 능숙하게 사용하기 쉽지 않다. 음악으로 설명되는 장면 연출과 배우들의 동선은 숙련된 기술이 필요하다. 〈해피한 하루〉는 능숙하게 기교를 사용한다. 작품이 세련되며 잘 정리된 뮤지컬 스타일은 아니다. 오히려 거친 듯이 억척스럽게 작품이 의도한 바를 말하는 편이다. 하지만 꾸밈없이 솔직한 태도가 매력적이며, 자유분방한 에너지가 뮤지컬의 문법에 소박하게 실려 인상적이다. 예술단체의 조직력과 꾸준히 작품을 제작해 온 역량이 작품의 여러 가지 긍정적인 균형을 만들고 있다.

〈해피한 하루〉는 반려견 하루가 동물 친구들과 함께 자신의 진짜 어머니를 찾아 떠났다가 집에 돌아오는 이야기이다. 어린이의 눈높이를 지키며 반려 동물, 입양 등의 주제를 충실히 풀어가려 한다. 작품에 사용된 음악 역시 전부 새롭게 작곡되었으며, 이것 또한 어린이 음악극에서 쉬운 일은 아니다.

〈십이야〉는 셰익스피어의 희곡을 어린이 음악극으로 만들어 교육적 효과가 두드러진다. 어린이 관객에게 예술작품의 교육적 측면은 상당히 중요한 측면이다. 이를 어떻게 작품 안에 녹여내는가에 따라 작품의 색이 다양해진다. 리뷰의 대상은 아니지만 앞서 살짝 언급한 〈캣조르바〉는 수학과 과학 등의 교육적 요소를 작품에 접목시킨 경우이며, 다수의 어린이 대상의 영어 뮤지컬들도 마찬가지 목적이다. 교육적 효과는 어린이 관객에게 호응을 얻는 큰 요인으로, 〈십이야〉는 셰익스피어 원작으로 교육적 목적을 달성하는 한편 작품에 내재한 희극성을 최대한 살려내는 방향으로 균형을 맞춘다.

〈십이야〉는 세종문화회관 M씨어터의 넓은 무대에서 큰 규모로 공연됐다. 배우들의 군무와 노래 실력은 전반적으로 다소 아쉽다. 그만큼 배우들의 존재가 중요하며 비중이 크기도 하다. 노래는 새롭게 작곡된 것들이었지만, 기대했던 것보다 작품 안에서 큰 비중을 차지하지 않은 점도 마찬가지로 아쉬운 점이다. 하지만 쌍둥이의 닮은 얼굴 때문에 벌어지는 희극의 전형적이며 고전적인 상황들을 어린이 관객의 눈높이에 맞추면서 동시에 함부로 뛰어 넘지 않고 세세하게 표현해 보여준다. 그래서 원작의 다양한 인물들의, 복잡하게 얽힌 상황들이 분명하게 연극적으로 정리돼 쉽게 제시된다. 극 전체를 광대들의 놀이로 만든 작품의 틀도 친숙하며 어린이 관객에게 몰입을 유도하는 영리하며 매력적인 장치이다.

〈출동! 슈퍼윙스 파라오를 찾아서〉, 〈버드나무에 부는 바람〉, 〈해피한 하루〉, 〈십이야〉는 어린이 관객들과 만나기 위한, 각자 나름의 전략으로 국내의 어린이 음악극의 지형을 만들고 있는 작품들이다. 물론 이들이 특정한 경향의 대표성을 보여주는 작품들은 아니다. 오히려 어린이 음악극이란 범주 아래에서 여러 방향으로의 움직임들이 포착돼 흥미로우며, 작품들이 각자의 시도와 목적을 통해 어린이 음악극 장르의 형성과 완성도를 높이는 방향으로 기여하고 있어 주목된다. 음악극을 통해 어린이 관객들과 만나려는 시도는 계속 이어질 것이다. 감각적이며 체험적인 언어와 인지 방식이 어린이들에게 점점 더 익숙하게 자리 잡아가고 있기 때문이다.

인형극,
들여다보면
'사람의 얼굴'이 떠오른다

〈빅토리아의 100번째 생일〉, 〈피노키오〉

#2018.8.14.~26예술의전당자유소극장 #2018.8.23.~9.2 #인형극
#인형극이불러오는상상력 #다양한인형극의면모

사람은 제 얼굴을 스스로 보지 못한다. 두 눈은 나를 제외한 세상을 바라볼 수 있을 뿐이다. 자신의 모습을 보고 싶은 욕망이 드는 것은 당연하다. 하지만 인간은 나를 되 비추는 매개물을 통해서만, 자신을 볼 수 있다. 그래서 그렇게 수많은 '모방'이 이뤄지는 것이리라. 나를 되 비추는 다양한 매개물을 만들어내는 것이다. 매일 아침 거울을 들여다보며 모습을 다듬듯이, 사람은 '모방된 것' 속에 자신과 닮은 모습과 닮지 않은 모습을 찾아서 스스로를 성찰한다.

인형은 성찰에 적절하다. 아니, 애초에 제 모습을 보고 싶은 인간의 욕망에서 만들어진 것이 아닐까. 물론 동물 모습의 인형도 있지만, 인형(人形)의 기본적인 뜻은 '사람의 형상을 닮은 장난감'이다. 인형이 사람의 모습을 닮았을 뿐 아니라, '인형놀이'에 의해 움직이며 생명을 얻게 될 때, 인형을 통한 성찰의 기능은 보다 분명해진다. 인형을 움직이는 사람에 의해 인형은 언제나 '인간의 이야기'를 표현한다.

실제로 매우 다양한 종류의 인형극이 존재하지만, 인형극을 폭 좁게 이해하는 경향이 있다. 인형극을 어린이나 학교에 입학하지 않은 영유아들만의 오락이라고 이해한다. 그러한 목적으로 만들어지는 인형극도 있다. 아동극에서 관객 대상의 연령을 정확히 설정해야 한다는 점은 제작 때 기본적인 사항이기도하다. 하지만 인형의 의미와 인간의 본성, 인형극의 의미를 깊이 탐구할 때 어린이뿐 아니라 어른도 함께 볼 수 있는, 보는 이에 따라 여러 가지 의미를 가질 수 있는 작품이 만들어진다. 물론 아예 아동보다 청소년이나 성인을 대상으로 하는 인형극도 존재한다.

어린이가 주요 대상인 아동극이지만, 어른이 충분히 함께 볼 수 있는 두 편의 인형극이 있다. 8월에 '예술의 전당 어린이 가족 페스티벌'에서 진행된 두 편의 인형극 〈빅토리아의 100번째 생일〉(덴마크, 메리디아노 극단)과 〈피노키오〉(일본, 무수비좌 극단)이다. 이들은 둘 다 해외초청연극이다. 국내에도 다양한 인형극 단체와 작품이 존재하지만, 공교롭게도 이번 시즌에는 만나지 못했다.

두 작품의 인형은 어떤 스타일?

〈빅토리아의 100번째 생일〉과 〈피노키오〉는 전혀 다른 스타일의 인형을 보여준다. 〈빅토리아…〉의 인형은 실제와 헷갈릴 정도로 극사실주의적으로 만들어졌다. 주인공 빅토리아 할머니 인형은 공연이 시작되기 전에 무대의 의자에 앉아있는데, 살아있는 배우가 분장을 하고 등장한 듯 착각할 정도이다. 잠시 등장하는 할머니의 친구 고양이 시카 역시 빳빳한 털과 함께 진짜 같다. 〈피노키오〉는 투박하며 거칠게 만들어진 인형을 보여준다. 원래 나무 인형인 피노키오 말고도 할아버지, 서커스의 사람들, 요정, 동물들 모두 천의 바느질 자국이 보이며, 스티로폼 소재 혹은 봉제 인형 특유의 뭉툭한 코에 솜으로 만든 팔다리까지 마치 예전의 가정에서 손바느질로, 혹은 공장에서 대량 생산한 듯하다.

〈빅토리아…〉는 세밀하며 정교한 인형의 모습과 마찬가지의, 인형의 움직임과 장면 구성 원리를 보여준다. 주인공 빅토리아 할머니는 두 명의 배우에 의해 움직이게 되는데, 걷거나 서며 차를 마시는 동작 등이 너무 자연스러워 처음에는 약간 소름이 끼칠 정도다. 인형인 줄 알면서도 살아있는 할머니를 보는 것 같은 느낌이 자꾸 들기 때문이다. 작품은 할머니의 하루를 따라가며 보여준다. 100번째 생일에 무엇인가 특별한 일을 하고 싶어 하는 할머니, 앨범을 들여다보다 과거를 상기하고, 오토바이를 타고 외출하며, 생일케이크를 만드는 할머니. 일종의 세밀화처럼, 평범한 일상의 작은 순간을 섬세하게 공들여 묘사한다. 소극장 공간에 잘 어울리는 작품이다.

〈피노키오〉는 아무렇게나 만든 듯 보이는 인형의 모습처럼, 천방지축으로 재밌게 움직인다. 사실 나무인형인 피오키오가 사람처럼 움직이지는 않았을 것 같기도 하다. 이것은 동화에 대한 새로운 이해를 심어준다. 피노키오 외의 다른 등장인물들도 최소한의 움직임으로 동작을 표현한다. 이것은 섬세한 인형의 조종을 기대하는 관객에게 성의가 없는 것처럼 느껴질 수도 있지만, 이러한 방식으로 인형을 쓰는 경우에 장면을 빠르게 전환하며 다양한 장면을 만들어낼 수 있다.

작품은 동화 원작 〈피노키오〉의 다양한 에피소드를 대부분 되살려낸다. 익숙한 몇몇 에피소드 외에도 〈피노키오〉는 상당히 다양한 시공간이 등장하며, 그것은 어린이들의 안전한 학교부터 어둡고 무시무시한 뒷골목의 서커스 세상, 환상적인 요정, 괴상한 고래의 뱃속 세상까지 명확하게 정리하기 어려울 정도로 복잡하며 뒤죽박죽인 이야기다. 작품은 이를 무대에 자유롭게 끌어들여 풍성하게 표현한다. 예술의 전당 토월극장에서 이뤄진 〈피노키오〉는 대극장의 넓은 공간을 가지각색 인형들로 채우는 보기 드문 광경을 연출한다.

빅토리아 할머니와 나무인형 피노키오의 이야기

인형극의 배우들은 인형을 통해 살아있게 된다. 무대는 인형극의 배우들에게 인형을 통한 표현으로 스스로를 드러내며, 그렇게 드러난 자신의 모습을 바라볼 수 있는 공간이다. 인형극 배우들이 인형을 직접 제작하는 일은 종종 있는 일이며, 가끔 인형을 '자녀'에 비유하기도 한다. 오래된 인형극 전문단체의 작품을 관람할 때 즐거운 순간이 찾아오기 마련이다. 배우와 인형이 단지 숨은 자와 조종되는 물체가 아닌, 서로 존재감을 강화하며 살아있게 되는 순간을 보는 것은 즐거운 일이다.

〈빅토리아의 100번째 생일〉과 〈피노키오〉는 두 작품 모두 중, 장년 이상의 기본적으로 나이 든 배우들이 인형을 조종한다. 작품에서 낭독이나 대사가 필요한 부분에만 비교적 젊어 보이는 배우들이 목소리 연기를 한다. 〈빅토리아…〉는 중년의 여성이 빅토리아 할머니의 일상을 소설처럼 들려주었으며, 〈피노키오〉는 여성이 어린이의 목소리를 연기한다. 장년 이상의 노년의 배우가 인형을 안정적으로 힘 있게 움직이는 연기는 절묘한 순간을 표현한다.

인형은 기본적으로 캐릭터를 표현하는 단순한 동작, 묵직하며 차분한 움직임으로 살아있게 된다. 살아있도록 보이기 위해 쉴 새 없이 아무렇게나 움직이는 것은 오히려 좋지 않다. 공간을 꿰뚫고 나오는 분명한 움직임이 인형을 살아있게 한다. 빅토리아 할머니의 느릿느릿하면서 정확하게 움직이거나 고개를 갸우뚱하는 동작, 다정하게 피노키오를 향해 몸을 기울이는 제페토 할아버지나 서커스 단장의 거드름피우는 모습 등이 그러하다.

〈빅토리아…〉에서 빅토리아 할머니의 인물 성격 표현은 매우 중요하다. 왜냐하면 이 작품은 100번째 생일을 맞은 할머니가 얼마나 인생을 새롭게 흥미진진하게 계획하고 있는지를 보여주는 반전의 작품이기 때문이다. 작품은 할머니가 등장한다는 사실만으로도 죽음을 준비하는 과정의 작품으로 여기게 되는 생각을 뒤집는다. 사실 빅토리아 할머니는 과거에서부터 평범하지 않았다. 비행기를 조종한 최초의 진취적인 여성이었다. 모험적인 빅토리아 할머니는 인생을 즐겁고 행복하게 보내기 위해 여전히 현재에도 모험 중이며, 일상에서의 그녀의 모험은 우리에게 인생에 대한 관점을 제시한다.

〈피노키오〉는 인간이 되고 싶어 하는 피노키오의 소망이 작품의 중요한 축이다. 나무인형 피노키오는 인간이 되고 싶어 하기 때문에 갈등하고, 요정에게 소원을 빌며 유혹에 빠져 거짓말을 하며 벌을 받는다. 그런데 인형극으로 꾸려진 이 작품에서 인간은 다른 등장인물과 크게 다른 점이 없다. 제페토 할아버지와 서커스 단장 외의 동물들, 검은 토끼 등도 인간과 마찬가지의 비중으로 다가온다. 따라서 작품은 결말을 바꿨다. 그것은 꽤 과감한 선택이었다. 대부분의 아동극에서라면, 나무인형 피노키오가 살아 있는 어린이로 바뀌는 모습을 시각적으로 화려하게 만들어 낼 텐데, 〈피노키오〉는 이러한 효과를 포기한다. 대신에 인간이 되기를 소망하던 피노키오가 제페토 할아버지를 살리기 위해 '자신이 인간이 되는 것을 포기하겠다'고 요정에게 말한다. 피노키오는 희생의 가치를 깨달으며 역설적으로 인간다움을 얻은 것이다. 아동극에서 이러한 결말의 처리를 통해 의미 전달이 얼마나 이뤄졌을지 분명히 가늠할 수는 없다. 하지만 〈피노키오〉는 이렇게 끝이 난다.

인형극만의 매력

〈빅토리아의 100번째 생일〉과 〈피노키오〉는 이 외에도 짚어 볼 점이 많은 작품들이다. 기본적으로 예술성이 뛰어난 작품들이다. 국내에 초청된 해외의 우수한 아동극이 거의 그러하듯, 전문성이 두드러져 보인다. 특히 〈빅토리아…〉의 장면 중간에 등장하는 영상을 이용한 장면 등은 매우 자연스러우면서 아름다운 색감으로 오래도록 기억에 남을 것 같다. 영상이 극에 자연스럽게 스며들어 빅토리아의 과거를 아련하게 보여준다. 〈피노키오〉는 인형으로 대규모의 장면을 만들어내는 뚝심이 놀라웠다. 사실 좀 전통적인 방식으로 이뤄진 작품이라 생각했는데, 이번이 〈피노키오〉의 거의 마지막 공연이라 한다.

두 편의 해외초청 인형극에서 드러나는 인형과 인형극에 대한 탐구정신과 열정, 기교와 세련미, 장인적인 느낌이 오랜만에 반가웠다. 이렇게 안정적으로 단체를 운용할 수 있는 환경과 문화, 배경이 궁금해진 것은 물론이다. 작업을 지속적으로 흥미롭게 이어가는 국내의 인형극 전문단체의 또 다른 작품들을 만나고 싶다.

사람은 매개물을 통해 스스로를 되 비춰 제 얼굴을 바라볼 수밖에 없다. 인형극은 성찰을 위한 '좋은 거울'임에 틀림없다. 인간의 본성을 관통하는 인형극만의 매력이 살아있는 작품들은 언제나 매혹적인 측면이 있다.

예술가 경험

극작가,
연출가
인터뷰 외

깨어난 감각으로 말하다

극작가 배해률

#2019 #극작가인터뷰 #섬세하며날선감각

폭력이 무서운 이유는 그것이 마지막에 어떤 것도 느끼지 못하게 만들기 때문일 것이다. 마치 죽음이 서둘러 찾아온 것처럼, 감각은 마비되고 반응하지 못하게 된다. 그런 의미에서 매일 수많은 자극 속에서 살아가는 우린 일부분이 벌써 죽어있는지도 모른다. 매순간 좀 더 자극적인 것을 원하는 것을 보면, 우리의 감각은 벌써 많은 것을 느끼지 못하게 되어버렸는지도 모르겠다. 그것이 일상 속의 폭력과 함께하며 살아온, 살아있다는 것의 역설적인 증거인 것 같다.

극작가 배해률(92년생)을 만나서 가장 기억에 남았던 것은 '감각'에 대한 작가의, 작은 고집이었다. 배해률은 감각을 깨어나게 해야 하며, 늘 그러고 싶고 그러기 위해 노력한다고 말한다. 배해률에게 감각은 폭력을 피할 수 있는 유일한 방법인 것 같다. 무심히 저지르거나 노출될 수밖에 없는 폭력에 저항하기 위한, 윤리로서의 '감각 깨우기'에 대해 작가는 고민하며 찾아가는 중인 것 같다. 희곡쓰기를 시작해 이제 세 편의 작품을 세상에 내놓은, 시작하는 이 작가는 감각하도록 그래서 더 나은 방향에 관해 생각하도록 만드는 글을 쓰고 싶다고 한다.

Q 자기소개와 극작을 하게 되기까지

A 지금 음악극창작학과에서 공부하고 있어요. 학부 때 전공은 경영학이었습니다. 경영학이 맞지 않아 괴로워했던 것이 저를 이끌어 온 것 같아요. 다양한 경영학이 존재한다고는 생각하지만, 경영학이 인간을 바라보는 관점이 저와 맞지 않는다고 생각했어요. 수치가 중요하고 고객들에게 팔기 위해, 수치를 최대화하기 위해 인간의 심리를 파악하려는 것이 저로서는 사람을 존중하지 않는 것으로 다가왔어요. 그날이 제 생일이었기 때문에 또렷하게 기억하는데요. 그때 인문학 수업에서 어느 교수님의 와 닿는 말씀을 듣고, 그대로 강원도의 고향집으로 돌아가서 1년 정도를 쉬었었어요.

자연스럽고 우연히 연극 공연들을 찾아서 봤었어요. 그 때문인지 다시 서울로 왔을 때 라푸푸서원에서 희곡쓰기를 배웠습니다. 차근호 선생님께 특히 많이 배웠어요. 저는 열심히 하는 모범생이었던 것 같아요. 제가 학생 중에서 제일 어렸었는데, 열정적이고 뭐든 하려고 노력을 많이 했어요. 함께 공부하는 사람들과 서로 이야기하며, 표현하려는 세계에 대해 다른 생각과 관점으로 이야기하는 과정이 특히 좋았던 것 같아요. 라푸푸서원의 과정도 끝나자 제가 쓴 희곡에 대해 피드백을 받거나 이야기들을 수 있는 기회가 없더라구요. 그런 것들을 찾아 남산예술센터의 '초고를 부탁해'에 공모하게 되었습니다. 〈7번국도〉는 그렇게 무대화된 작품이에요. 여태까지 쓴 희곡이 세 작품입니다. 10분 희곡 페스티벌에서 발표했던 〈그럼에도 불구하고〉(2016)와 남산예술센터의 〈7번국도〉(2018), 창작예술아카데미의 〈비엔나 소시지 야채볶음〉(2019)이에요. 하다 보니 너무나 즐거워 여기까지 왔어요.

Q 그동안 경험한 신진 극작가 양성 프로그램들에서 무엇을 느꼈나

A 재학 중인 전문사 과정이 바로 공연에 들어가서 작업을 해요. 그래서 학부 때의 경험이 없는 저로선 연극이 어떤 과정으로 만들어지는지 이런 것을 잘 모르면서 시작해 버린 느낌이 있었어요. 그래서 창작예술아카데미에서 연극을 어떻게 바라봐야 하는지를 알아가는 점이 참 좋았습니다. 멘토 선생님과 만나서 어떤 작품을 만들지 이야기를 길게 나누며 쓰고 퇴고하며 최종발표를 하는 과정을 가졌어요. 연출가는 선생님이 소개를 해 주시기도 하고요. 제가 연출분들과 따로 만날 수 있는 접점이 많지 않았는데, 잘 찾아주셨어요. 보통 대개의 극작 수업들이 전통적인 서사 구조를 익히게 하는 것을 먼저 수업으로 진행이 되는 경우가 많아요. 그런 극작수업들이 틀렸다고는 생각하지 않지만, 이번의 고연옥 선생님의 경우에 개개인의 이야기를 들으며 생각을 찾아내 주시려는 점이 인상적이었습니다. 뭔가 정형화된 틀을 떠올리려 하지 않고, 내 안에서 뭔가를 찾아주려고 하셔서 특히 좋았어요.

올해 하반기에는 뮤지컬 쪽의 극작가 양성 프로그램에 참

가하게 되었어요. 사실 작년에도 충무아트홀에서 진행되었던 프로그램에 참여했던 적이 있었어요. 결과가 썩 좋지는 않았습니다. 중간에 탈락했었거든요. 뮤지컬 쪽에서는 제가 아직 무대화의 기회를 얻지 못했어요."

우연하게도 연이어 공연된 〈비엔나 소시지 야채볶음〉과 〈7번국도〉를 관람한 후에 무엇보다 완성도가 뛰어나며 안정적인 극작술을 보여주는 점이 인상적이었다. 한편으로 드라마 쌓기를 제대로 보여주는 극작가가 우리에게 필요하다고 생각하기 때문이다. 하지만 그러한 점에 대해서 배해률 작가와는 약간의 이견이 있었다. 배해률은 한때 드라마의 기승전결에 관해, 몇 페이지부터는 갈등이 시작되어야만 하는 등의 강박적일 정도의 집착이 있었다 한다. 드라마의 구조를 몸으로 익히는 데 나름대로 오랜 시간을 들이고 보냈으며, 원래 논리적인 성향이 강해 구성에 더 신경을 많이 쓰는 것 같다고. 이것은 연극 대본보다 기술적인 접근이 필요한 뮤지컬 대본에서 큰 강점일 수 있다. 배우들의 등장과 퇴장과 노래의 배열부터 뮤지컬 대본은 보다 까다롭고 정확한 '계산'이 필요한 것으로 알고 있다.

하지만 배해률은 오히려 연극 작업에서 얻은 경험들로 소위 뮤지컬이 만들어내는 '정형화 된 세상'을 흔들고 깨는 작업을 하고 싶어 했다. 필자를 비롯한 많은 이들이 믿고 있는 '대중적인 서사'에 대해 의문을 던지고 싶어 했다. 뿐만 아니라 연극 작업에서도 그에게 새로운 과제를 던져주는 경험을 더 선호하는 듯했다. 오히려 논리적인 드라마 구성하기에 오랜 시간이 걸렸던 만큼, 그보다는 새롭게 다가오는 작품들을 더 좋아하는 것 같았다. 작업자로서 현장에서 연출자와 배우, 스테프에게 얻는 생각들과 자극들에 용감하며 열정적으로 반응하는 유형이었다.

Q 전혀 다른 스타일로 무대화 된 두 작품 〈7번국도〉와 〈비엔나 소세지 야채볶음〉에 대해 작가로서 어떻게 생각했나.

A 두 작품이 전혀 다르게 나왔고, 그만큼 다르게 접근해서 저는 더 좋았던 것 같아요. 먼저 둘 다 굉장히 극작가를 존중하는 작업이었다고 말씀드리고 싶어요. 다른 방향에서 존중이 이뤄졌지만요.

〈비엔나 소시지 야채볶음〉은 극작분야의 결과물로 나오는 작품으로서 연출님과 한 장면을 만들어가기 전에 많은 이야기와 설득의 과정이 있었어요. 드라마의 정공법과 그것이 어떻게 그려지는지가 저에게 설득이 되어서 좋았습니다. 정서가 디테일하게 만들어지는 배우들의 감각이 굉장히 중요한 작품이고 그것을 무대에서 고스란히 느꼈습니다.

〈7번국도〉에서도 배우들의 정서는 중요한데요. 정서를 뚫고 무엇인가 새로운 것을 제시하려는, 정서 너머의 것을 보려고 함께 작업하는 과정이 새롭고 신기했어요. 저는 드라마타이즈한 작품이 익숙한 사람인데, 그것을 그대로 살리기보다는 그 너머를 올리려고 하는 데서 오는 간극이 좋았어요. 왜냐하면 그 간극에서 새로운 감각들이 찾아졌다고 생각하거든요.

〈7번국도〉에서도 배우들이 인물을 대하는 태도나 서사를 만들어가는 과정은 드라마 기반 작업과 마찬가지였어요. 하지만 그 이상이 되어야만 했던 것은 이것이 현재 진행되고 있는 사건이기 때문이에요. 그것을 재현할 수 없음에 대해 계속 토론했어요. 그래서 정서를 뚫고 발화하는 방식을 만들어가고자 했던 거구요. 작가로서 이것은 제게 하나의 반성의 계기가 되었습니다. 저는 사회적 참사 이후에 당사자분들의 보이지 않는 일상과 사고의 전환, 어떻게 사는지를 내밀하게 그려낼 수 있지 않을까 하는 마음이 있었는데, 그것이 어떻게 보면 오만한 생각이었을지도 모른다는 것을 생각하게 되었어요. 재현하는 것의 어려운, 그 어려움을 무대에서 표현해 내는 것을 논의하는 과정이 길었습니다. 〈7번국도〉는 반응이 극명하게 나뉘는 공연이었어요. 좋았다는 분과 힘들었다는 반응들이요. 저는 이것도 모두 관객들이 무언인가를 감각했기 때문이라고 생각해요

Q 〈7번국도〉를 보며, 이런 방식의 무대화라면 다른 배우들이라도 비슷한 방식으로 나오지 않았을까 생각했다. 그 점에 대해서는 어떻게 생각하는가.

A 저는 그렇게 생각하지 않습니다. 연습 과정에서 중요했던 것은 배우들 각각이 이것이 스스로가 감당 가능한 것인지, 재현이 되어버리는 정서를 만들어내고 있는 사이에 어떻게 발화하는 것이 최선인지를 발견해 내는 것이었어요. 그런 고민들이 굉장히 다양한 결들을 만들어냈고요. 그것은 배우가 달라진다면, 다르게 나올 것들이에요. 치열하게 논쟁할 수 있는 배우분

들이어서 가능했던 것들이었어요. 작품뿐 아니라 배우분들과 상당히 길게 작품과 연관된 또 다른 이야기와 생각들을 이야기하고 토론하는 과정이 좋았습니다. 오히려 그런 접근이 장면을 만들어 내더라구요. 예전에는 무조건 많이 해보는 것만이 어떤 순간을 만들어내는 데 도움이 된다고 생각했었어요. 하지만 이번 경우에 좀 더 새로운 현장의 감각에 대해 알게 되었어요.

Q 작가로서 글을 쓰게 되는 특별한 이유.

A 저에게는 그것이 '부채감' 인 것 같습니다. 사실 〈7번국도〉는 제 경험에서 바로 나온 작품이에요. 제가 강원도 속초가 고향이고, 20대 초반에 상근 예비역으로 7번국도에서 주로 택시를 타고 출퇴근을 했었어요. 그때 신문에서 당사자분의 아버님과 관련된 기사를 봤고, 그분이 그렇게 나와 가깝게 살고 있었다는 점이 크게 다가왔어요. 어쩌면 택시에서 마주쳤을 수도 있지 않은가. 그런 생각이 부채감으로 쌓이는 것 같아요. 나는 거리두기를 하고 있었던 것 같다, 사회적 참사가 계속 벌어지고 있음에도 모두가 느끼지 않으며, 거리두기를 하고 있는 것 아닌가, 나처럼. 그런 생각들이 모아지는 거죠. 나중에 작품은 사회적 참사의 당사자들의 다양한 층위를 목격하는 방식처럼, 그려내자는 방향으로 나아갔는데요. 시작은 내 옆의 이야기를 쓰자 라는 점이 가장 크게 다가와서 시작한 것이에요.

작업의 매순간마다 스스로를 반성하게 되면서 했던 것 같아요. 처음에는 내 옆의 분들이 아니었는지 다시 감각하며 되내이고 퇴고할 때에는 너무 정형적으로 접근하지 않았나 한 가지 방향으로 바라보지 않았나며 회의하다 또 새로운 길을 찾아보고 그랬습니다.

일상 속에서 뉴스를 바라보는 사람처럼 무심하게 받아들이고 있지 않은가, 그런 생각에서 벗어나려고 쓰고. 그러면 달라질 수 있지 않을까 그렇게 생각하는 거죠. 노력을 통해서 무엇인가 변화할 수 있다는. 군대 이야기를 다룬 〈비엔나 소시지 야채볶음〉도 마찬가지의 마음이 있었던 것 같아요. 실제 체험에서 시작해 하나가 다른 맥락에서는 전혀 다르게 읽힐 수 있는 것, 폭력으로 읽힐 수 있는 것에 대한 이야기인 것 같아요.

배해률 작가는 최근에 특히 하고 싶은 말, 답답한 게 많았던 것 같았다고 했다. 사회나 일상 속에서 무의식적으로 던지는 말들이 상처가 되고 혐오하는 말이 많은데, 감각하는 사람들은 드러내지 않고 혹은 감각조차 못하는 사람들이 있는 것 같다고. 이것을 논쟁하고 건강한 방향으로 토론을 진행해야 한다고 생각한다고 했다. 우리는 왜 일상에서 사랑하기보다는, 혐오하게 되는 것일까 그런 것들을 글로 작품으로 이야기해보고 싶다고 했다. 그래서인지 작가는 극작할 때 하고 싶은 말이 존재하는 것을 가장 중요하게 생각한다. 소재보다도 하고 싶은 말이 생기면, 소재가 찾아진다고 믿는다. 어떤 작품들은 소재나 장면적인 점이 먼저 떠오르고, 다시 되돌아오기도 하며 만들어지곤 하는데, 그보다는 하고 싶은 말을 먼저 가다듬는 편이다. 일상 속 굴레에 갇혀 있는 폭력이란 화두와 '비엔나 소시지'란 음식이 갖는 의미에서 여러 차례 오가다가 작품이 나온 것처럼 말이다.

인터뷰의 마지막에 어떤 연극을 특히 좋아하는지, 취향을 집요하게 묻는 질문에 작가는 한참을 망설이며 어떤 특정한 이미지가 있어서 달려가는 듯한 작품보다는, 고민을 많이 한 순간들이 보이는 작품을 좋아한다고 말했다. 사실 인터뷰 내내 그러했다. 작가는 필자의 어눌한 진행에도 불구하고, 조심스럽게 진심으로 솔직하게 답하려 노력했다. 스스로의 분명한 태도를 갖고 있으면서도 깨지고 새롭게 나아가려는데 두려움이 없는 작가에 대해 기억하며 인터뷰를 마쳤다.

작품연보

2016 10분희곡페스티벌 - 연극〈그럼에도 불구하고〉

2018 남산예술센터 서치라이트 – 연극 〈7번국도〉

2019 한국창작예술아카데미 극작분야 최종공연 - 연극 〈비엔나 소시지 야채볶음〉

2019 남산예술센터 2019시즌개막 - 연극 〈7번국도〉

일제강점기를 포착하다

극작가 신은수

#2019 #서정적이며정서적인언어 #극작가인터뷰

우리 연극 환경에서 '극작가로서 버텨내기'는 쉽지 않다. 작 · 연출을 함께 하지 않는 가운데, 극작만으로 10년 이상 작품 활동해 온 작가를 만나는 것은 드문 일이다. 극작가 신은수(79년생)를 작가 인터뷰의 대상으로 추천받은 후, 작품 연보를 알아보고 만나러 가기로 결심했다. 거의 매해 꾸준히 작품을 발표해 온, 작가로서의 성실한 태도가 인상적으로 느껴졌기 때문이다. 인터뷰에 앞서, 때마침 작가의 작품의 공연을 볼 수 있었다. 이번 시즌에 공연된 창작산실의 〈가미카제 아리랑〉(신은수 작/정범철 연출/대학로 예술극장 소극장/2019. 2. 9~2.17)이다. 극장을 나설 때 함께 공연을 본 이들에게 작가 인터뷰를 하러간다 이야기하자, "여성 극작가"아니냐고 물었던 것이 기억에 남는다. 이름뿐만이 아니라, 작품도 언어의 선택이라든지 곳곳에서 여성 작가가 쓴 것 같은 느낌을 주는 부분이 많다. 나중에 작가에게 직접 확인하니, 여태껏 그런 이야기를 유독 많이 들었다고 한다. 2006년 신춘문예를 통해 데뷔한 후 최근까지 꾸준히 역사적 소재로 극작을 해온 극작가 신은수를 인터뷰 했다.

극작의 시작과 어려움

Q 어떻게 극작을 시작하게 되었나?

A 서울예대 극작과를 나왔습니다. 원래 대부분의 학생들이 신춘문예를 준비하는데요. 저는 사실 처음에는 별로 희곡을 쓸 생각이 없었어요. 그러다가 군대를 갔더니 계급이 올라가자 할 게 없더라구요. 그 상황에 몰리면 다들 뭐든지 하게 되죠. 그래서 저는 그때 희곡을 썼어요. 단막극 8편 정도와 시나리오 한 편 정도를 써서 나왔죠. 2학기에 복학 준비를 하는데, 학교 학보사에서 희곡을 공모하는 것을 보고 응모했어요. 그때 공모에서 되지는 않았는데, 당시 심사위원이셨던 이강백 선생님께서 제 작품에 대해 칭찬을 많이 해 주셨어요. 그리고 나중에 수업에서 만났는데, 선생님께서 '너 분명히 다른 작품 있을 것 같으니까 갖고 와 봐라'하시며 격려해 주셨죠. 그게 큰 용기가 되었던 것 같아요. 내가 재능이 있나보다 해서 자연스럽게 신춘문예를 준비하게 됐고, 그해에는 안 됐지만 〈비싼 사과의 맛〉(2006)이란 작품으로 다음 해에 신춘문예에서 등단했죠.

Q 작가로서 활동하기에 가장 어려운 점이 무엇이었나?

A 백하룡 극작가를 오랜만에 만났었는데, '은수야, 너도 참 그동안 잘 버텼다' 그 얘기부터 하더라고요. 그만큼 어려운 게 사실

이죠. 희곡을 써도 그대로 공연되는 환경이 아니에요. 작가로서 이것은 굉장히 힘들고 상처를 받게 되는 점입니다. 저도 데뷔한 지 10년이 넘어서도 상처나 고민이 많은데, 갓 시작한 작가들은 얼마나 그런 점이 많겠어요.

희곡을 공연의 대본으로만 여기는 생각이 너무 강해요. 이해가 가는 부분도 있지만, 창작 초연 작품을 중요하게 여기는 우리의 제작 환경에서, 희곡이 마치 지원금을 위한 미끼 같은 역할을 하는 경우도 있거든요. 극작가 활동을 시작하며 '좋은 희곡 써서 줘 봐라. 지원금이 결정되면 그 이후 이야기하자'는 연출가들의 이야기를 참 많이 들었었어요. 그렇지 않은 좋은 연출가들도 있었지만, 결국 지원을 받아 공연을 한다 해도 작가의 의견이 존중되지 않는 경우로 이어지는 경우가 왕왕 있었구요. 대개 작가는 현장을 모른다는 식으로 밀어붙이죠. 물론 창작 초연의 책임을 온전히 져야하는 연출가의 입장도 모르는 것은 아닙니다. 나름대로 고충이 있죠. 하지만 작가로서 이런 일들이 반복이 되면, 지치게 되는 거죠.

최근에 신인 작가들의 작품들을 공연하는 프로그램들이 많은데, 저는 공연이 얼마나 작가가 쓴 의도대로 충실하게 올라가는가를 중요하게 봐야한다 생각해요. 하지만 현실적으로 그렇지 않죠. 이들도 작가의 무대라기보다는 연출가의 무대로 여기는 인식이 많죠. 이런 풍토부터 바뀌어야 될 것 같아요. 또 그러면서도 작가에 대한 평가가 대개 초연의 공연으로만 이뤄지잖아요. 그 경우에 제가 독자나 관객의 입장에서 봤을 때도 싹이 좋은 작가라고 생각하지만, 2,3년 지나면 버티지 못하는 작가들이 많아요. 작가와 연출이 다른 경우에, 희곡과 공연의 간극에 대해서 알지 못한 채 작가에 대한 평가로 이어질 때 작가는 상처를 받게 됩니다. 이런 것을 버티지 못할 때 작가들이 직접 연출을 하려고 하는 거죠. 저도 이렇게 가는 것은 더 이상 한계이다 란 생각을 할 때가 있습니다.

지금까지 그냥 버텼다고 생각이 들어요. 어떤 공연을 할 때 기쁨도 있고 희열도 있지만 이상의 상처도 크죠. 그러면 다음에는 더 좋은 방법들을 찾아 상처 덜 받고 공연을 할 거다 그리고 다음에는 더 행복하게 공연하자 이렇게 다잡고 왔던 거 같아요. 작업을 하며 쌓이는 노하우나 경험에 따라, 전보다 상처를 덜 받게 되는 방법을 터득하며 여기까지 온 거죠.

일제강점기를 꾸준히 그리는

신은수 극작가는 일제강점기를 배경으로 하는 작품들을 꾸준히 써 왔다. 자세히 살펴보면, 특정 공간을 두고 여러 사연을 가진 사람들이 모여들며 드라마가 펼쳐지는 일정 패턴이 있다. 사람들은 우리가 알고 있는 역사적 인물들도 있고, 그렇지 않은 이들도 있다. 작가에 의하면, 실증적인 자료가 인물의 형상화에 있어 작가에게 힘이 되기도 혹은 답답하며 제한이 되는 경우들도 있다고 한다. 역사적 소재를 다룬 그의 작품에 등장하는 사람들은 대개 체념의 정서를 강하게 전달한다. 불행하거나 우울함, 슬픔 등을 억누른 채 살아간다. 주로 정서를 만들어가며 장면을 전개해 가는 특징이 있으며, 감정이나 격정을 발산하지 않는 인물들은 현실에서 한 발짝 떨어져 존재하는 듯한 인상을 준다. 절제하려 애쓰는 인물들의 언어는 우아한 편이다. 분명히 작품이 사실적인 시공간에 일상적인 대화를 나누는 사람들을 보여줌에도, 심지어 역사적인 시공간임에도 불구하고, 작가의 의해 임의로 만들어진 가공의 세계 같은 분위기를 짙게 풍긴다.

Q 계속 일제강점기란 비슷한 시공간을 맴도는 이유가 궁금하다. 쓰게 되는 특별한 이유가 있는가?

A 학교 다닐 때 보면, 보통 극작가로 데뷔한 후 다른 작가들과 차별되는 형식을 구축하고자 노력하는 시기를 거치죠. 그때 역사극은 일반적으로 많이 접근하는 형식이긴 합니다. 저도 그래서 〈모래가 되어 사라지고〉(2010)를 썼는데요. 공연으로는 〈운현궁 오라버니〉(2009)가 먼저 선보였지만, 쓴 것은 〈모래가 되어 사라지고〉가 먼저에요. 〈모래가 되어 사라지고〉는 계백, 관창 등이 등장하는, 희극을 염두하고 쓴 작품이었죠.

〈운현궁 오라버니〉는 우연히 대한제국의 이우왕자에 대해 알게 됐고, 여러 가지 매력적인 요소들이 있는데도 아직 소설이나 영화에서 다루지 않아 쓰게 됐어요. 〈운현궁 오라버니〉가 시작이었던 것 같습니다. 역사극에 대해 '쓰게 되면 쓰지 않은 것들이 보인다'는 이야기를 들은 적이 있는데요. 상당히 공감합니다. 저도 〈운현궁 오라버니〉를 쓰다가 이우의 형이 또 다른 극적인 요소가 있는 것을 보게 되었고 그러면 다음 작품에서 다루고 싶어지죠. 그래서 다음에는 의친왕에 대해 〈거울 속의 은하수〉(2014)에서 쓰고, 이런 일이 계속 꼬리를 물고 이어지게 된 거죠.

역사적 인물을 다룰 때 장점이라면, 아무래도 실존 인물이 가진 상징성과 힘이 굉장히 크다는 거죠. 이우왕자, 이완용 이런 캐릭터는 관객들이 흥미롭게 바라볼 수 있는 여지가 큽니다. 하지만 실존 인물이기 때문에 가공의 설정이 들어가는 데 한계가 있을 수밖에 없죠. 예를 들어 이완용의 경우 아무리 재미를 위해서라도, 뒤에선 독립투사를 도와줬다는 식의 설정이 들어갈 순 없지 않겠어요? 그럴 때 가공의 설정 부분의 역할을 담당할 인물들을 창조해 함께 배열하는 거죠. 그렇게 균형을 맞추곤 합니다. 앞으로는 여기에서 좀 더 자유롭기 위해 실존 인물을 다루되, 이름을 바꾸는 식의 설정으로 답답함에서 벗어날 수 있는 여지를 줄까 하는 고민도 합니다.

역사적 소재를 다루며 일제강점기에 집중하게 된 데에는 실존 인물을 다루는 데서 오는 책임감에 대한 부분도 있습니다. 저는 좀 더 해방 이후의 이야기들도 쓰고 싶은데, 이럴 경우 생존해 계시거나 후손들의 문제도 있어서 그것이 굉장히 부담스러울 수 있거든요. 그 시기는 근대, 전 근대, 전쟁, 이념 문제 등이 얽혀있는 복잡한 시기이니까요.

Q　작품에 대해 어떤 비판적인 이야기들을 들어 왔는가?

A　저는 연극이 크게 두 가지라 생각해요. 인간을 더 비중있게 다루느냐. 사회를 더 비중있게 다루느냐. 그것은 역사를 다루는 '역사극'에서도 마찬가지라고 생각합니다. 저는 '지금 그 이야기를 왜 하는가, 즉 시의성에 대한 고민'에 대한 질문을 많이 받아 왔는데요. 연극이 반드시 이 시대를 이야기해야 한다는

가치가 한편으로는 지나치게 팽배해 있다는 생각도 듭니다. 저는 일제강점기란 테두리 안에서 그 사람의 인간적 고민, 갈등 같은 것에 관심이 있는데, 시대에 대한 해석이나 현재 우리 사회와의 연결점이 모호하다는 지적을 많이 받아왔어요. 작품이 메시지가 없거나, 더 부담이 가는 비판은 일본의 압제를 다루면서도 그러한 일제에 미온적인 태도이다라는 이야기도 들었습니다.

저는 우리에게, 특히 일본과 관련된 역사 의식이 지나치게 단순하다고 생각합니다. 사실 인물이 절대선이나 절대악이란 개념은 없잖아요. 과거를 볼 때도 사회의 시스템이나 인간이란 존재는 복잡하며 이것은 쉽게 단정짓기 어려운 문제이죠. 제가 다루고 싶은 부분은 절대악이라 생각하는 인물에 대해 면죄부를 주자 뭐 이렇다기 보다는요, 그 시대를 살아간 인물의 사회적 시스템, 환경적 부분에서 인간이란 복잡성을 보여주고, 이 부분을 보고 나서 제대로 이해해 보자 그런 것을 만들어주는 작업을 하고 싶어요.

이번의 〈가미카제 아리랑〉에서도 그런 인물들을 주목한 것입니다. 결과적으로 보면 절대악으로 분류할 인물들일 텐데, 이들에게 어떤 고뇌나 갈등이 있는지 자료들을 보며 있는 그대로의, 그 복잡성을 끌어내려 했습니다.

Q 〈가미카제 아리랑〉에서 가미카제 대원들에 비해, 여성 인물들은 복잡해 보이지는 않았다. 가게 여주인은 특히 공감이 가기 어려웠다. 어떻게 생각하나?

A 희곡을 쓸 때 인물들의 배치가 굉장히 중요해요. 그 작품의 경우에 가미카제 인물들이 중심이고, 최대한 균형을 맞추려 노력하지만 조선인 식당의 주인 부부 이야기는 분량이 적을 수밖에 없죠. 여기에서 또 다시 어떤 설정이 더 들어가면 작품 전체에 균열이 가기도 하는 그런 측면들이 있어요. 가게 여주인의 남편에 대한 사랑에 대해서 나름대로는 전사를 갖고 정보를 드러낸다 생각했는데, 그렇지 않은 부분들도 있나 봐요.

또 제가 아무래도 남성 극작가이다보니 여성 인물에 대해 잘 알지 못하는 부분도 있는 것 같아요. 가끔 배우들이 '작가님, 여자들은 이렇지 않아요.'란 이야기를 할 때가 있어요. 이것은 여성 극작가들도 오히려 남자 인물들을 잘 모르는 것과 마찬가지인 것 같아요. 어떤 작가 분은 이를 뛰어넘기 위해 작품을 쓸 때 스스로를 여성도 남성도 아닌 중성의 상태에 놓기 위해 노력한다든지, 또는 일부러 여성 소설가들의 작품들을 반복해서 읽으며 그 감각을 닮으려 노력한다는 이야기도 들었어요.

대다수의 작가들이 그렇듯이, 저도 제가 좋아하던 작가들의 글을 동경하거나 따라하고 싶어했죠. 축구선수들처럼 모방하며 프로가 되어 가는 기술을 몸으로 익혀갔다고 할까요. 전체홉이나 테네시 윌리엄스, 최인훈 같은 작가들을 좋아했어요. 제가 쓰는 희곡의 기술들의 많은 부분들이 여기에서 나오지 않았을까 생각합니다.

Q 앞으로 어떠한 극작가가 되고 싶은가?

A 저는 동이향 작가나 최치언 작가처럼 차별화된 자기만의 세계가 있는 분을 관객이나 독자의 입장에서 응원하는 편이에요. 작가는 '넘버원'이 아니라 '온리원'이 되어야 한다고 생각해요. 인기가 많고 유명한 작가보다는, 이 세상에 하나만 있는 작가가 되고 싶죠. 근현대사 혹은 역사극, 일제강점기를 다루며 10여 년 넘게 구축해 온 나의 색깔을 지키면서, 앞으로는 확장도 하고 싶습니다. 실존 인물보다 가공의 인물로 자유로운 접근을 해본다든지, 일제 시대 이후의 나름의 안전 장치들을 마련해 역사적 소재들을 확장하고 싶은 생각이 있죠. 한편으론 동경하고 좋아했던 전설이나 설화를 재해석 하는 작품들도 쓰고 싶기도 하고요.

마지막으로 신은수 극작가는 가장 애착이 가는 작품으로 〈거울 속의 은하수〉(2014)를 꼽았다. 작가는 그 작품이 자신이 쓴 대본에 가장 충실하게 공연된 작품이어서 작품도 좋아하며 무엇보다 창작진에 감사하는 마음이 크다고 했다. 윤이상을 소재로 해 경남 통영에서 만들어진 〈연못가의 향수〉(2018)도 공연을 보았을 때, 의도에 충실하게 공연돼 작가로서 큰 용기를 얻을 수 있었다고 했다. 신은수 작가는 희곡은 공연화가 되지 않으면, 세상에 빛조차 볼 수 없기 때문에 늘 각오를 다져 다듬고 매만지며 글을 써 왔다고 했다. 물거품으로 사라져 버리기 쉬운, 극작가로서의 노고를 생각하며 인터뷰를 마쳤다.

신은수 작가의 작품 초연 연보

2006년 〈비싼 사과의 맛〉

2009년 〈운현궁 오라버니〉

2010년 〈모래가 되어 사라지고〉

2013년 〈봄이 사라진 계절〉

2014년 〈거울속의 은하수〉

2015년 〈영웅의 역사〉

2016년 〈달빛 안갯길〉

2017년 〈나비가 된 꿈〉

2018년 〈연못가의 향수〉

2019년 〈가미카제 아리랑〉

진한 인간의 이야기를 쓰고 싶다

극작가 이시원

#2019 #극작가인터뷰 #진지하며진솔한

이시원 극작가를 인터뷰하기 전에, 쓰고 연출한 〈엑소더스〉(2019. 8. 3 ~ 17, 동양예술극장 2관)를 관람했다. 작품은 깔끔하며 특이했다. 아동청소년을 대상으로 하는 연극을 아동청소년 연극이라 정의한다면, 〈엑소더스〉는 이와는 조금 다른 범주라 해야 한다. 청소년이 주요 등장인물이며, 청소년의 정체성에 관해 이야기하지만, 청소년만이 주요 대상은 아니기 때문이다. 이시원 작가의 말대로 '사회가 청소년을 어떻게 바라보는지'가 가장 중요한 작품이다. 하지만 〈엑소더스〉는 청소년의 존재론에 대한 이야기라 할 만큼, 청소년에 관한 진지한 성찰을 보여준다. 작품은 물건으로 나아가 폭탄으로 변한 청소년들을 보여준다. 그리고 어른들은 그들을 구해주려 하는 것이 아니라, 전쟁무기로 이용하려 한다.

이러한 작품을 쓴 이시원 극작가는 2005년에 〈녹차정원〉으로 데뷔해 지금까지 꾸준히 극작활동을 이어온 작가이다. 극작가 데뷔, 극단 활동, 결혼, 출산과 육아, 부모님과의 이별 등 필연적인 삶의 여정을 거쳐 오며, 때마다 정거장에 들른 것마냥 꾸준히 쏟아낸 작품들에 관해 이야기를 나눴다.

Q 극작을 어떻게 하게 되었나.

A 원래 현대소설을 전공하고, 소설가가 되고 싶어 했어요. 학교를 졸업하고 회사를 다니면서도 소설 습작을 계속하고 있었는데요. 학교 때부터 최원종 연출가(현재의 남편)가 당시에 극작가로 데뷔도 한 상태에서 소설도 쓰고 싶어하며 저희 소설 스터디 모임에 나왔었거든요. 저희 모임에서 최원종 연출가가 저를 자꾸 희곡을 써보라고 꼬시더라구요. 전 당시에 연극도 잘 모르고, 초대권이 생기지 않으면 보지도 않는다며 거절했었죠. 그런데 2005년 회사를 다니다가 제가 상당히 무료했어요. 저에게 어떤 자극이 필요하다고 생각해서 소설로 습작해 뒀던 작품을 꺼내서 희곡으로 바꿔 써보는 것을 해 봤어요. 정말 국어책에 '희곡이란'에 나온 대로, 내 맘대로 시나리오 쓰듯이 희곡을 쓴 거죠. 그해 여름에 그 작품을 최원종 연출가에게 보여주고 이것저것 조언도 듣고 고치고 해서, 바로 여름에 '옥랑희곡상'에 냈습니다. 희곡 공모라고는 신춘문예밖에 알지 못했는데, 장막희곡이라고 해서 공모에 냈고 그때 감사하게도 수상을 해서 데뷔를 하게 되었어요. 그 작품이 〈녹차정원〉(2005) 이에요. 〈녹차정원〉은 2007년에 공연이 됐어요. 처음에는 연극이 무엇인지도 모르면서 무대화 될 때 너무 재밌으니까 계속 하게 되었죠. 그때부터 계속 쓰며, 낭독 공연도 하

는 등 여러 연출가와도 작업을 해 오고 있어요.

Q 극단에 소속되어 활동하고 있는가.

A 2007년에 〈데이트〉란 제 작품을 선욱현 연출가가 공연하게 되면서 함께 극단 필통을 창단했어요. 극단 필통의 소속으로서 활동하며, 물론 외부 연출가와 작업을 하기도 했고요. 선욱현 선생님의 경우 본인의 작품을 직접 연출하시는 경우가 많으셨으니까요. 2010년 정도부터 극단 명작옥수수밭의 대표를 최원종 연출가가 맡게 되며, 자연스럽게 명작옥수수밭의 일을 많이 하게 되었어요. 또 필통의 경우 활동이 자연스럽게 뜸해지게 되었고요. 작가 단원으로 활동하며, 연극을 올리기 위해 필요한 여러 가지 일을 돕고 있어요. 그러면서 극단 명작옥수수밭으로 적은 옮긴 상태에요. 어차피 필통과 옥수수밭의 작업자들이 겹치긴 하지만요. 최원종 연출가도 본인의 작품을 직접 올리기 때문에, 저의 경우에 역시 외부 연출가와 작업을 하기도 합니다. 그때마다 제게 생각했던 것과는 다르게 작품이 나오기도, 혹은 제 생각보다 훨씬 좋게 무대화 될 때 기분이 좋지요. 저는 이번에 〈엑소더스〉는 직접 연출을 맡았지만, 분명히 작가에 방점이 찍혀 있어요. 극단에서 젊은 배우들의 워크숍을 위해서 배우들의 이야기를 올리는 과정에서 연출을 자연스럽게 소소하게 하기는 했습니다.

Q 인터뷰 전에 〈녹차정원〉(2007), 〈천국에서의 마지막 계절〉(2009), 〈내 심장의 전성기〉(2014), 〈시계가 머물던 자리〉(2016)

대본을 보내주셨다. 긴 시간 동안 쓴 네 작품이 모두 '가족의 이야기'란 점이 특이했다. 가족 이야기를 계속 쓰는 이유가 있는가.

A 특별한 이유랄 것까진 없어요. 다만 제가 가장 잘 알고 있는 이야기라 생각하죠. 살면서 가장 가까이에서 부대끼며 그만큼 조금 멀어졌으면 좋겠기도 하고, 하지만 그러기 힘들고. 전 사람들이 가족에서 문제나 행복감 같은 것을 가장 많이 느끼고 찾는다고 생각해요. 제가 인간에 대해 쓰려다보니 가족이 많이 나오는 게 아닐지요. 〈천국에서의 마지막 계절〉의 경우 사회적인 주제를 써보고 싶었는데, 내가 정말 지키고 싶은 것이 무엇일까 왜 지키고 싶은 걸까 할 때 그러다보니 또 가족이 들어오더라구요. 〈내 심장의 전성기〉때에는 꿈에 대해 이야기하다가 꿈이 바뀌는 찰나, 몇십 년 동안이나 유지하고 싶었던 신념이나 행복 이런 게 바뀔 수 있는 게 뭘까 하다가 그런 계기가 가족으로부터 오는 것 같았구요. 그 작품은 딸로 인해 아버지의 인생이 조금씩 바뀌는 이야기거든요. 사람이 변하는 순간이 가족에게서 많이 오는 것 같다고 생각해요. 제가 저의 가족인 부모님이 돌아가셨을 때 많은 변화를 겪었고, 또 아이를 낳으며 가족에 변화가 생겼을 때 그때마다 다른 변화가 오는 거에요. 이전에는 하지 않았던 것을 해보고 싶기도 하고, 마음과 행동의 변화가 같이 오기도 하고. 특별히 관심을 갖지 않아도 가까이서 느껴지기 때문에 많이 쓰게 되는 것 같아요.

Q 작품을 쓰며 작품 세계의 변화를 의식하는 편인가.

A 작가로서 항상 변화를 갖고 싶어 하는 편이에요. 하지만 잘 안 되는 것 같아요. 다 쓰고 나면 역시 내가 쓴 것 같군이란 생각이 든다 랄까요. 소설은 문체만 변화해도 확 달라지는데, 혹은 서사와 묘사 혹은 진술의 형식을 갖거나 할 수 있지만, 희곡은 형식의 변화를 확 틀어서 주지 않는 이상, 그 차이가 잘 드러나지 않는 것 같아요. 희곡은 변화를 보여주기가 어렵구나 그런 생각을 많이 해요. 쓸 때마다 변화에 대한 고민을 하는 편입니다. 물론 무엇을 써야하는지를 제일 우선으로 생각을 펼치지만요. 저로선 〈천국에서의 마지막 계절〉의 경우 대사를 최대한 짧게 쓰며 일상적이되 일상적이지 않은 뉘앙스를 줄 수 있도록, 단절감을 주려고 의도해 썼어요. 그런데 다른 작품과 큰 차이가 나지는 않는 것 같았고, 스스로 조금 불만족스러웠죠. 하지만 이 작품은 공연되었을 때 무대화로 시각화 될 때, 굉장히 '세게 보이는' 세계로 표현되었어요. 언어가 미처 덜 표현했던 부분을 좀 더 자극적으로 보여줬다고 할까요. 당시에 '처음에는 일상적인 것 같지만 점점 이상한 방식으로 쌓아가는 드라마가 굉장히 인상적'이라는 호평을 받았어요.

이시원 극작가의 최근작 〈엑소더스〉는 자신의 신춘문예 당선작인 〈변신〉(2010)을 개작해 연출한 작품이었다. 재창작이란 어떻게 하는 것일까를 고민을 많이 했다 한다. 특히 작품의 판타지적 요소를 어떻게 처리해야 할지를 고민했다. 실제는 아니면서도 극대화시켜 과장됐음에도 오히려 더 실제 같은 느낌을 주려고 의도했다고 한다. 특히 사회의 저명 의사들이 토론회에서 방귀를 뀌거나 헛소리를 하는, 테이블

리딩 장면의 경우 배우들이 너무 뻔하고 재미가 없다고 반대했다고 한다. 풍자 코미디나 세대 풍자가 아니라, 너무 어이가 없어서 리얼하다는 느낌을 주고 싶었던 것이 연습 장면에서 곧바로 소통이 된 것은 아니었다. 하지만 막상 공연이 올라가고, 그 장면이 기억에 남는다는 반응을 많이 들어 자신감을 얻었다. 이시원 작가는 배우들에게 "연출이면서도 한편으로 고집이 있다"는 얘기를 들었는데, 그것이 아무래도 '작가적 주제의식에 대한 욕심'을 말한 것 같다며 나지막이 웃었다.

Q 아동청소년극에 대한 관심은 언제부터 생긴 것인가.

A 아무래도 아이가 태어나면서부터 보는 시선이 달라진 것도 있는 것 같아요. 구체적으론 최원종 연출가가 원래 인생을 지배하는 10대 시절의 감수성의 영향력 같은 것에 관심이 있었어요. 10대, 20대의 감성으로 살아가는 어른들이 많이 있잖아요. 그런 작품으로 작년에 저도 공동 작가로 참여한 것으로 〈외톨이들〉이란 작품이 있었어요. 또 청소년을 다룬 극이나 청소년 자체에 대한 불편한 시선들도 저에게 자극을 주기도 했고요. 기존의 시선들은 어른의 시선이나 계도의 시선으로 청소년을 바라보는 것이 많죠. 미성숙한 존재로요. 그런 인물들의 전형성이 저를 불편하게 했어요. 청소년극도 많이 보러 다니고 했는데, 정작 청소년들한테 외면받는 작품들이 많더군요. 저는 그런 것에서 벗어나는 청소년극을 만들고 싶어요. 〈엑소더스〉는 이와는 조금 다른 작품이긴 하지만요. 사회가 청소년을 어떻게 바라보는지가 중요한 작품이니까요.

Q 청소년들이 고통을 겪고 있다는 의미로 청소년들이 작품에서 사물로 변신하는 것인가.

A 그 작품은 〈변신〉을 재창작한 것이잖아요. 변신 모티프에서 제가 하고 싶었던 이야기는 인간이란 존재에 관한 이야기였어요. 청소년도 당연히 사람이잖아요. 그런데 마치 아직 사람이 덜 된 듯 존엄성이나 권리에 대해 구분을 짓는 것이 많다고 생각해요. 그러면 사람이 사물이 되었을 때, 그것은 사람인가 물건인가 그것은 그대로 인간의 존엄이 유지되는 것인가 그런 얘기를 하고 싶었죠. 변신 자체가 존재에 대한 이야기인 거죠. 존재를 모호하게 하는 것들은 무엇인가 라고 질문도 하고. 청소년들이 힘든 사회적 현실 때문에 변하는 것이다란 식으로 단순화되지는 않았으면 좋겠어요.

Q 어린이 대상의 작품도 창작하는지.

A 아동극은 정말 엄마의 마음으로 창작해요. 제 아이도 〈신비아파트〉 〈슈퍼윙즈〉 같은 대극장의 애니매이션 기반 작품을 좋아하는데요. 데려가면, 정말 저 끝에서 잘 보이지도 않는 데서 아이가 너무 좋아하면서 열심히 보고 오거든요.

5월에 〈나무도령 이야기〉란 작품을 만들었습니다. 전통 설화를 기반으로 만들었는데, 아이들의 참여형으로 만들었어요. 이야기 줄거리가 선녀와 참나무가 사랑을 해서 나무도령을 낳거든요. 나무도령이 나무아빠와 숲에서 살면서 대홍수가 나게 되자 아빠나무를 타고 가며 동물들을 구해주는 홍수설화의 하나에요. 너무 예쁜 이야기지요? 저는 아이들 참여형으로 작품을 만들어서 아이들이 무대에 모두 올라와서 아빠 나무 배에 함께 타서 동물들을 구해주러 함께 합니다. 적극적인 참여형으로 처음부터 끝까지 무대에 있을 수 있는 작품으로 만들었어요. 이 작품은 만들 때 엄마로서의 마음이 많이 들어갔지요.

Q 작가로서 앞으로 하고 싶은 작품은.

A 아동청소년극과 성인 대상의 작품이 방향이 조금 다를 것 같아요. 아동청소년극에 대한 관심은 저에게는 점점 더 직접 참여시키거나 소통을 강화하는 방향에 있어요. 야외극에도 관심이 있습니다.

성인 대상의 작품은 나이가 들어가서 일까요. 점점 더 인간이 가지고 있는 어떤 생각들, 인간에 대한 것을 더 파고 싶다는 생각을 많이 하게 돼요. 얼마 전의 저희 극단의 〈세기의 사나이〉란 작품에서 사회와 역사를 꿰뚫고 살아낸 박덕배란 인물이 없다면, 얼마나 그 얘기가 재미없을까 그런 생각을 했었는데요. 아무튼 인간에 대해 파고 들려다보니 자연스럽게 사회나 역사 쪽으로 관심도 넓어져요. 얼마전의 극단의 나름의 프로젝트로 저와 최원종 작가, 차근호 작가 이렇게 세 작가가 '차원이'란 팀을 꾸려서 공동극작으로 하기도 했었는데요. 그 결과물이 올해 초에 인천시립극단에서 공연되었던 〈100년 후, 꿈꾸었던 세상〉(강량원 총연출)이에요. 독립열사에 관한 이야기를 셋이서 함께 역사에 관한 자료를 찾고 구성을 잡고 디테일과 가사 등은 서로 나누는 식으로 공동 작업을 했어요.

물론 '차원이'는 또 각자의 작업을 할 때는 각자 자기의 색깔대로 작업을 하는 거구요. 저는 사회나 역사에 대한 것 외에도 왜 태어나서 이렇게 살아야 하지라며 철학적으로 탐구하는 인간에 대해서나, 혹은 진하게 중년의 사랑에 빠져서 감정을 끝까지 가보는 식의, 그런 식으로 사람이 진하게 녹아있는 작품을 써보고 싶다는 생각을 갖고 있어요.

이시원 극작가는 무게 중심이 단단하며 야무지다는 인상을 깊이 주었다. 그래서인지 〈엑소더스〉 역시 깔끔하면서도 하고 싶은 이야기를 끝까지 놓치지 않는 힘이 느껴졌다. 또한 우리 연극계에서는 드문 일이지만, 해외 연극계에서는 작가들의 공동작업이 자주 이뤄지는 일이라고 들은 바 있어서 극작가로서의 '차원이'의 시도도 신선하며 흥미롭게 다가왔다. 오랜만에 자기 길을 꾸준히 걷는 여성 극작가를 만나 동성으로서 반가우며 귀한 시간이었다. 극단의 살림과 운영을 도맡아 어느덧 '작가이기 보다 연극인이 된 것 같다'고 말하는 이시원 극작가가 앞으로 쓰고 싶은 작품들을 계속 꾸준히 쓰게 되길 바랄 뿐이다.

자본을 중심으로 회전하는 '지금, 여기'에서 연극하기

작가 이미경

#2017 #인터뷰를베이스로한글쓰기 #작가부심의치열한글쓰기

'옛날의 지구는 태양을 중심으로 회전했지만, 지금의 지구는 자본을 중심으로 회전한다?' 극작가 이미경은 얼마 전 책에서 이런 이야기를 읽었다며, 현재 연극계의 어려운 상황에 대한 이야기와 함께 만남을 시작했다. 자본주의의 끝없는 팽창 속에서 예술의 설 자리는 갈수록 좁아지기만 한다. 뮤지컬과 일부 상업극을 제외하고는 티켓 수익을 기대하지 않게 된 연극계는 작품 제작을 전적으로 지원금에 의존하고 있다. 물론 수익을 위한 노력도 경제 불황 속에서 녹록치 않으며, 또한 작년의 검열 문제가 불거졌듯이 지원금의 심사는 투명하지 않고 경쟁은 갈수록 치열해진다. 비대해진 국공립 극장에 비해 민간의 연극 생태계는 왜소해지기만 한다. 이미경은 요새 연극계의 동료를 만나면, 농담처럼 서로 '내가 더 불쌍하다'고 경쟁하듯 비교한다 했다.

이러한 이야기가 오간 이유는 작가 이미경이 2012년 즈음 활발하게 활동을 시작한 후 그동안 현재까지 작업을 지속하며 갖게 된 생각의 변화들이 가장 궁금했기 때문이다. 이미경이 작가로서 가지는 비전과 현장에서 부딪치며 생긴, 생각의 또 다른 추이를 쫓고 싶었다. 어떠한 작가가 되고 싶은가? 극작가로서 무엇을 말하고 싶은가? 현재의 한국 사회와 예술 환경은 극작 활동을 하는 데 어떠한 영향을 주고 있는가? 등등의 물음과 함께.

작가부심('작가로서의 자부심'의 줄임말)과 장주네

알려져 있다시피, 이미경은 현직 교사이며, 오랜 시간 일했다. 그녀는 아이들을 가르치며 함께하는 시간을 진심으로 행복해 하며, 사랑하는 듯했다. 하지만 대신에 늘 글을 쓸 시간의 부족을 느낀다. 근황을 묻는 필자의 질문에 그녀는 작년의 1년 동안 교사 생활 15년차 중 처음으로 휴직계를 내고, 여러 창작촌을 다니며 글을 썼다고 웃으며 말한다. 증평의 토지문학관, 변산의 바람곶, 부안 등지에 (증평의 21세기 문학관, 변산의 바람꽃, 원주의 토지문학관) 농촌부터 바닷가 염전, 산간 지방까지 두루 갔다 왔다 한다. 서울토박이로 경험하지 못했던 자연 속의 삶, 그녀는 아이들을 가르치면서도 정작 한 번도 경험하지 못했던 자연의 사계절의 변화를 느끼고 즐거워하며, 글에 집중했다 한다.

이미경은 유독 작가로서의 자부심과 애정이 크다. 그녀는 희곡을 문학 장르로서 접근하는 태도가 강한 편이다. 그녀는 문학 창작촌에서 시나 소설 등의 다른 문학 장르의 작가들과의 교류 속에서, 일단 극작가가 수적으로 너무 열세인 점을 아쉬워한다. 희곡을 쓴다는 자신의 말에 대부분이 반가움과 함께 신기해한다고. 하지만 다른 장르와 비교해 볼 때 희곡 작가는 '작가'라고 빨리 불리워지며 전문적 영역에 대한 인정과 인지도가 큰 것 같다 한다. '작가의 골방'에서 글을 쓰고, 거의 편집자와만 만나는 다른 장르와 달리 극작가는 현장의 작업자들과 빠르게 계속 소통할 수 있는 것, 이 점은 확실히 다른 문학 장르의 작가들이 느끼는 극작가만의 매력인 것 같다 덧붙였다. 사실 그녀도 자신이 쓴 글을 배우들이 처음으로 읽는 '첫 리딩' 시간을 가장 짜릿한 경험으로 꼽는다. 자신이 혼자 곱씹으며 두런두런 내놓은 활자들이 배우들의 읽기로 마치 육체를 입고 입체화 되는 듯한 감동이 강하게 온다 한다.

이미경은 장주네를 가장 닮고 싶은 글을 쓰는 극작가로 꼽는다. 장주네의 파란만장한 삶은 만일 실제로 마주친다면 도망치고 싶은 사람일지 모르겠지만, 그래도 〈하녀들〉 같은 희곡을 하나만 쓸 수 있다면 소원이 없을 정도로 연극성과 문학성이 완벽해 보인다고 한다. 그녀는 특히 화두와 생각할 거리를 던져주는 언어와 대사를 좋아한다. 최근에 최치언의 〈색다른 이야기 읽기 취향을 가진 사람들에게〉의 "사랑을 하면 무엇인가를 흘려요. 침을 흘려요. 피를 흘려요" 등의 '흐른다'는 단어로 뉘앙스를 만들어낸 점이 기억에 남는다고 한다. 쉽게 씌여진 듯한 말들이나 캐릭터와 상관없이 천편일률적으로 매끄럽게만 쓰인 대사들은 좋아하지 않는 편이다. 그래서인지 그녀는 체홉과 셰익스피어 둘 중에 셰익스피어를 더 좋아한다 말한다.

이미경은 〈그게 아닌데〉 〈맘모스 해동〉 〈택배 왔어요〉 등에서 부조리하며 그로테스크하고 판타지한 극 세상을 보여줬다. 그녀는 다큐멘터리적이거나 너무 사실주의적인 경향은 선호하지 않는다 한다. 이미경은 '작가의 골방'에서 혼자 쓴, 환상적이며 자유로운 표현들이 연기하기에 비현실적일 수는 있지만, 그래도 거기에서 또 다른 표현이 나오는 것 같다고 말한다. 〈그게 아닌데〉의 마지막 장면은 서커스와 함께 주인공이 진짜 코끼리로 변화해가는 장면으로, 실제로 연출도 난감해 했다 한다. 하지만 불가능한 점에 대한 고민과 긴장이 오히려 단순하며 묵직한 결말을 만들어 준 것 같다며 공연의 결말 장면에 대한 만족과 작가의 자유로운 상상력을 강조했다.

슬픈 한국 사회와 녹록치 않은 극작 환경

이미경은 작가로서 한국 사회의 모습에 대한 관심과 희극 장르에 대한 강한 애정을 보여준다. 그녀는 글쓰기는 작가의 경험의 총량일 텐데, 여기저기에 돌아다니며 엉뚱한 경험을 하기보다는 프로이드나 라깡, 지젝 등의 책을 읽거나 '나꼼수의 팟캐스트'나 '썰전', '파파이스' 등의 정치적 팟캐스트를 주로 많이 접하며 큰 변화 없이 단순하게 생활해서 그런 것 같다고도 말한다. 시의성 있는 작품을 쓰겠다는 생각도 그래서 많이 드는 것 같다고. 그녀는 요새의 한국 사회는 무궁무진한 이야깃거리를 주고 있으며, 바로 얼마 전에 그녀가 가르치는 학생이 사회적으로 알려진, 잔인하며 끔찍한 사건의 친척이었다는 사실을 알게 돼 슬프고 충격적이었다고 했다. 비뚤어진 사회 속에서 사람들의 트라우마에 관심을 가질 수밖에 없으며, 재밌으면서도 얄팍하지 않은 작품을 쓰고 싶다고 한다.

그녀는 비극적인 비장미가 느껴지는 희극을 좋아하는 편이며, 코미디도 매우 좋아한다 했다. 그녀는 최근에 〈국물있사옵니다〉를 매우 재밌게 봤으며, 오래됐음에도 전혀 촌스럽지 않고 세련된 웃음을 줘 인상적이었다 했다. 그녀는 희곡에서 캐릭터를 가장 중요하게 생각하며, 사회적 정형성을 드러내는 인물을 그리는 것을 즐긴다. 하지만 배우들이 인물이 이름을 가지며 개별성을 드러내기를 원하는 편이 보다 많다는 이야기를 자주 하곤 한다. (무슨 의미인지...)그녀는 최근에 공모에 낸 작품이 오디션을 소재로 '분노 오디션'에 관한 작품인데, 등장인물들이 자신의 분노를 얼마나 논리적으로 설득시키는지를 경쟁하는 이야기라 소개한다.

이미경은 극작가로서 운이 좋은 편이다. 그녀는 오랜 습작기간 이후의 등단과 활동으로 스스로의 나이에 대한 부담이 있다고 이야기하지만, 2012년의 〈그게 아닌데〉의 큰 성공으로 인지도를 빠르게 얻었으며, 희곡집도 금방 출간되었고, '창작산실'의 재공연으로 선정된 〈맘모스 해동〉(2014)과 〈택배왔습니다〉 등 무대화의 기회를 많이 얻었다. 〈그게 아닌데〉는 올해 여러 다양한 지방에서의 공연 일정이 결정돼 있는 등 창작극 레퍼토리로서 성공적으로 자리를 잡아가고 있다.

그러나 이미경 역시 대다수의 작가들과 마찬가지로, 전업 극작가로서 서기 어려운 한국 연극계의 현실을 두루 경험하고 있다. 연출을 겸하거나 극단에 소속돼 있지 않으면, 글의 공연화가 보장되지 않는 상황에서 극작을 지속하기는 어려운 일이다. 또한 작가 겸 연출가의 대거 출현으로, 대개의 연출가들이 자신의 작품을 공연하는 상황에서 공연의 기회는 더 줄어들 수밖에 없다. 많은 작가들이 '창작산실'에 몰려들 수밖에 없지만, 기회는 극히 제한적이다. 그녀를 비롯한 많은 작가들은 희곡을 연출가들에게 보내지만, 역시 지원의 무산으로 기약 없이 기다리기만 하는 일이 대다수라 한다. 연출가나 극단 역시 장기적인 불황 속에 지원 없이 작품 제작에 뛰어드는 것은 거의 불가능한 일이다.

그래서 많은 작가들은 지역의 여러 공모에 희곡을 보낸다고 하는데, 이것은 공모에 선정될 겨우 공연권이 해당 공모에 소속되는 것이다. 하지만 관객이 더 보장되지 않는 지역의 어려운 연극 여건 속에서 희곡은 아예 공연되지 못하는 일도 있다. 실제로 그녀 역시 공연이 이뤄지지 않는 경우도 있었으며, 막상 무대화 되어도 2, 3회에 그치며 작품이 빛을 못 보며 묶여있는 경우가 많다고 말한다. 그녀는 희곡은 시의성이 강한 만큼, 무엇보다 시간이 흘러 작품이 낡은 것으로 되는 것이 가장 안타깝다 말했다.

이미경은 한때 연출이나 극단에 희곡을 빠르게 전달할 수 있는, 극작가들의 모임을 만들기도 했다 한다. 여러 가지 정황으로 지속되기는 어려워졌지만, 그녀는 한국 연극계에서 전업 극작가로서 설 자리에 대한 문제의식이 크다. 이미경은 습작의 기간 동안에 그토록 선망했던 세계에 막상 발을 들여놓고 보니, 해마다 여기에서 버틸 수 있을까 란 고민과 함께 작업을 지속해 나간다는 것이 무척 어려운 일이란 것을 절실히 느낀다. 현재의 연극계는 여러 가지 문제가 산적해 있어 앞이 보이지 않을 정도인데, 그곳에서 '크라우드 펀딩' 혹은 자발적인 네트워크나 움직임을 등을 통해 뚫고 나가는 것이 과연 가능한 것인지 의문스럽기만 하다고 말한다.

이미경은 최근에 '어떠한 사실을 모두 알고 있는 사람들이 서로 모른 척하는 이야기'에 대해 구상하고 있다 한다. 그녀는 궁극적으로 사람들이 밀쳐낸 이면을 드러내는 글을 쓰고 싶다 말한다. 글쓰기가 힘들거나 고통스럽지 않냐는 질문에 자신은 어떤 이야기를 할 것인가에 대한 시놉시스와 캐릭터를 구상하는 데 오래 걸리며, 막상 글은 쉽게 빠르게 쓰는 편이라고, 사실 글을 쓰는 순간이 가장 행복하며 살아있는 것 같이 느껴진다 말한다. 그녀의 작품은 흥미로운 캐릭터와 쉽고 분명한 이야기, 메시지의 전달력이 뛰어난 장점 속에서 거듭 새로운 모습을 보여주고 있다.

희곡 〈가을비〉에 나타난 폭력의 여러 가지 의미

극작가 정소정의 작품 세계

#2019 #극작가정소정 #폭력 #작가론

극작가 정소정의 작품을 처음 접한 것은 그녀의 작품 중에서 비교적 대중적으로 많이 알려진 〈뿔〉(2012)이다. 〈뿔〉은 어느 날 말단 회사원의 이마에서 뿔이 자라나고 주변의 사람들이 마치 사슴피를 빨아먹듯이 자연스럽게 그를 고문하며 희생시키려 하는, 잔혹한 상상력의 이야기다. 폭력은 정소정의 작품에서 중요한 주제이다. 그런데 그 폭력이 흉악범이나 혹은 대단한 권력자에게서 발생하는 위력이 아니란 점이 특징이다. 오히려 작가는 평범한 소시민이나 사회적 약자들 서로의 사이에서, 즉 일상에 상존하는 폭력을 즐겨 제시한다. 작가가 끄집어낸 폭력의 존재는 너무나 잔인하고 기이해 그러한 폭력적인 현실을 아무렇지도 않게 견디며 지내는 '나와 너, 혹은 우리들'이 이상하게 여겨질 정도다. 그녀가 그리는 과장되게 비틀린 세상은 불편하며 흉악한 모습을 저 뒤로 감둔 채 평온한 모습을 유지하려는, 우리의 욕망과 멀쩡한 현실에 작은 파문을 일으킨다.

정소정이 그리는 폭력의 또 다른 특징은 정화와 구원의 의미를 지닌다는 것이다. 작품은 때때로 마치 폭력이 사회적 약자의 절망과 마지막 분노의 표현인 듯 보여주곤 한다. 따라서 정소정의 작품에서 폭력은 잔인함에도 불구하고, 그것의 행사와 더불어 악을 포함해 모든 것을 소멸시키는 역할을 한다. 그래서 정소정의 작품은 한바탕 잔혹한 피비린내가 지나간 후에 진한 연민과 슬픔 등의 열정적이며 상반된 감정들을 불러일으킨다. 하나의 모습이 아니라 여러 가지 의미로 해석되는 폭력을 보여준다. 정소정의 또 다른 초창기 희곡 〈가을비〉(2012)에서도 이것은 마찬가지다.

작품은 역시 도덕과 윤리는 상실되고 비정한 폭력이 난무하는 세계를 그린다. 작품의 시공간적 배경은 이를 효과적으로 드러내는 장치다. 〈가을비〉는 더위를 식혀주는 비, 맑고 깨끗한 가을이 시작되는 것을 알리는 가을비가 내린 직후가 배경이다. 작품이 은근히 암시하듯이, 가을의 청명한 공기는 탁 트인 시야처럼 모든 것이 백일하에 드러나는 순간이다. 추하고 수치스럽거나 더러운 모습이 조금의 숨김도 없이 드러나게 되는 시간이다.

어머니와 딸은 가정이 붕괴된 후 헤어져서 각기 사내들에게 몸을 팔며 살아 왔다. 희곡은 지난 3년간 몸을 팔며 살아온 그녀들이 이미 망가질 대로 망가졌음을 보여준다. 딸 선아는 '앙상한 뼈의 슬픈 움직임'으로, 어머니 승자는 '당뇨병의 합병증으로 눈이 멀고 복원력을 잃은 푸석한 살'을 가졌다 묘사된다. 모녀는 사내들의 욕구를 채워주며 그들 사이를 전전했지만, 사내들 중에서 자신의 욕망의 밖으로 빠져나와 그녀들의 입장에서 그녀들을 이해하거나 진심으로 상대한 이는 없다. 선아를 간밤에 산 중년 남자는 선아가 차갑다고 나무라며, 승자의 손님은 눈이 보이지 않는 승자에게 적은 돈을 지불하려 들 뿐이다. 〈가을비〉는 원조교제라 알려진 청소년의 성매매와 일명 '박카스 아줌마'로 불리는 노인 성매매를 다뤄 한국 사회의 문제적 현실을 상기시킨다.

그런데 작품이 좀 더 충격적으로 드러내는 한국 사회의 불편하며 끔찍한 민낯은 좀 더 깊은 지점에 있다. 희곡은 가을비가 내린 후 청명해진 공기 아래에서 이들 모녀와 아버지 원재가 우연히 만난 이후에 벌어지는 사건을 다룬다. 작품은 액자틀 구성으로, 이 근처에서 벌어진 다섯 명이 끔찍하게 죽은 사건을 이야기하는 남녀로 시작한다. 모녀는 원재와 만난 후 '그냥 죽는 것과 죽어가며 살아가는 것의 차이'를 알게 되고, 이미 죽은 존재와 마찬가지인 스스로를 깨달은 후 함께 있던 손님들을 살해하고 자살한다. 원재는 경제적 빈곤으로 가정을 붕괴시킨 가장으로서 역시 팔다리를 부상당한 성치 못한 육체에 광대 삐에로의 얼굴을 하고 있다. 원재 역시 모녀와 마찬가지로 차에 뛰어들어 죽는다. 탁 트인 시야의 깨끗해진 세상에서 그전의 더운 여름 동안 겨우겨우 그러나 흉하게 자라난 괴물들이 미처 몰랐던 자신들의 모습을 부끄러워하며 자멸하듯이 말이다. 지금도 한국 사회의 곳곳에서 간신히 그렇지만 수치스러우며 흉한 모습으로 버티고 있을 슬픈 존재들이 상기된다. 가족 집단 자살은 건조하며 무심한 어조로 현실의 뉴스에 소개되곤 한다.

〈가을비〉는 붕괴된 어느 가족의 비극사를 넘어 남성의 여성에 대한 폭력을 그리는 것으로도 읽힌다. 작품 속 남성과 여성의 관계는 모두 문제적이다. 남성은 여성을 착취하고 이용하며 버린다. 선아와 승자는 이들의 성을 사는 관계가 아닌 남성들과도 왜곡된 관계이다. 선아의 유일한 친구인 동현은 선아와 성인 남성들을 연결해주고 돈을 벌어

선아와 함께 생활한다. 동현은 선아에게 '우리는 가족'이라 말한다. 선아와 승자의 진짜 가족인 원재는 모녀를 죽음에 이르게 하는 존재라는 점에서 '아내와 딸의 운명을 결정하는 아버지'를 보여준다. 여성의 운명을 결정하는 것은 남성의 힘이다. 왜곡된 남녀 관계라는 메시지는, 며칠이 지난 후 근처에서 일어난 살인 사건에 대해 이야기하는 남,녀란 작품의 액자틀 구성을 통해서도 보강되는 듯하다.

극작가 정소정은 폭력이 난무하는 세상을 통해 추하고 슬픈 존재들을 드러낸다. 그녀의 작품에서 폭력은 망가질 대로 망가진 존재가 스스로를 구원하는 역할이기도 하며, 비정한 악의 세계에 대한 도발이기도 하다. 또한 도덕과 윤리가 상실된 혼돈의 세계에서 남성은 여성에게 비정한 세계의 일부일 따름이다. 초기에 작가로서 이러한 세상을 자주 구축한 정소정은 바로 형식에 대한 탐구와 함께 연출가로서도 활동하며 극 언어를 확장하는 방향으로 나아갔다. 〈러브스토리를 쓸 수 있을까〉(2014)에서 '쌍방향 소통'을 실험한 퍼포먼스를 시도했으며, 〈소리의 숲〉(2015)은 소리와 몸이 중요한 탐구 대상이고, 〈초대〉(2016)는 인형극, 〈목소리〉(2016)와 〈드림타임〉(2017)은 무용수와 함께 작업했다. 〈초대〉 및 〈목소리〉와 〈드림타임〉 등 단계적으로 작품을 발전시켜 가는 작업을 진행한 점 또한 인상적이다. 정소정은 극작가로서 본격적으로 활동한 지 7, 8년째이다. 시간을 들여 자신의 세계를 꾸준하게 구축해 간 극작가가 부족한 우리의 연극 현실에서 작품을 통해 다음의 목소리를 들려주기를 기다린다.

'반전의 기술'을 보여주는 김지숙 극작가

#2019 #부산에서활동하다 #작가론

얼마 전 다른 극작가를 만나 인터뷰를 하던 중 "희곡을 공연만으로 평가받는 것은 부당하다."는 이야기를 들은 적 있다. 수긍이 가는 말이었다. 희곡은 공연화의 과정에서 연출의 시선으로 변형과 수정을 거칠 수밖에 없다. 이때 극작가는 무대화 된 결과물에 대해 상반되는 감정을 가질 수 있다. 극작과 연출을 겸하지 않고 극작가로서만 활동할 경우에, 공연 제작 과정은 고통스러우며 불만스러운 납득의 경험일 수도 있다.

그런데 김지숙 극작가의 작품 세계를 들여다보기에 앞서, 이것과는 정반대의 고민이 나타났다. 공연을 보지 않은 상태에서, 희곡만으로 극작가의 작품 세계에 대해 온전히 말할 수 있는가 란 생각이 들었다. 김지숙 극작가는 부산에서 활발히 활동하며, 6편의 희곡이 수록된 희곡집 〈줄무늬 팬티를 입은 남자의 고백〉(2015)을 펴냈다. 하지만 이전에 그녀의 작품의 공연을 볼 기회가 없었다. 그러한 상태에서 최대한 희곡을 읽으며 작가의 세계를 들여다보려 노력했지만, 공연을 전혀 경험하지 않은 상태에서 공간화 및 육화되지 않은 문자만으로 작가 특유의 세상을 머리로 그려보려니 상상이 되지 않거나 놓치는 혹은 오독하는 부분이 있지 않을까 염려스러웠다. 희곡은 그만큼 다루기 까다로운, 특수한 글쓰기 형식인 것 같다.

김지숙 극작가의 희곡에서 눈에 띄는 특징은 우선 기술적인 요소가 두드러진다는 것이다. 희곡집에 대한 소개에도 실려 있듯이, 6편의 희곡은 사실주의부터 부조리극적 요소 등 다양한 형식을 보여준다. 이것은 주로 기술적인 접근을 통해 작가 특유의 극 세상을 만들어내는 방법을 자주 사용한다는 의미이기도 하다. 아마 이 점은 작가에 대한 정보에서 드러나듯, 시나리오 등 다양한 장르의 글쓰기를 경험한 김지숙 작가에게 익숙한 방법일 수도 있다. 희곡쓰기에 있어 이러한 접근이 갖는 긍정적인 측면들이 있다. 장면이 안정적으로 운용되는 데 유용하다. 관객에게 비교적 편안하며 친숙하게 다가오는 극 세상인 것이다. 관객의 예상을 크게 벗어나지 않는 지점에서 이야기를 끌고 가며 몰입시킨다.

김지숙 극작가의 작품에서 기술적인 접근이 가장 빛을 발하는 부분은 작가가 반전의 기술을 능숙하게 사용한다는 것이다. 필자가 접한 네 편의 희곡 모두 반전을 중요하게 사용하고 있다. 관객을 몰입시켜 친숙하며 친절하게 진행되던 이야기는 갑자기 마지막에 전혀 다른 이야기로 뒤바뀌며, 이전에 만들어진 세상이 완전히 뒤집힌다. 이러한 반전의 기술은 관객에게 충격을 가할 수도 있으며, 질문을 던지기도 하며 극적인 경험을 만들어 낸다.

〈줄무늬 팬티를 입은 남자의 고백〉은 어느 뒷골목 카페를 배경으로 펼쳐진다. 카페의 주인 부부 외 남편의 친구들이 등장인물들로, 카드 게임을 해오며 친했던 이들 사이에 한 명이 로또에 당첨되며 이야기가 전개된다. 인물들은 비교적 친숙하다. 시간이 흐를수록 극은 주인마담과 남편 친구들의 애정 관계가 폭로되며, 치정과 돈 문제가 얽힌 이야기로 윤곽이 잡힌다. 하지만 마지막에 마담이 이 남자들을 진저리나게 싫어했으며 수단으로 삼으려했다는 정체가 밝혀지며, 작품이 조금 다른 색깔을 갖게 된다. 악인 여성 캐릭터는 등장하면 안 되는 것일까. 여성 캐릭터는 수동적으로 착해야만 하는 것일까. 작품에서 벌어지는 카드 게임의 진정한 승자인 듯한 마담은 통쾌한 측면이 있다. 물론 그녀의 힘의 근원을 섹슈얼리티한 점만 부각시킨 것이 또 다른 의미에서 약간 불편하게 다가오기는 한다. 또한 마지막의 마담을 쳐다보는 남자(웅이)를 묘사한 부분에서 동정적인 시선이 느껴져, 작품의 초점이 흐릿해지는 것 같기도 했다. 돈과 힘을 원하는 마담의 욕망은 반드시 도덕적인 가치판단의 대상이 되어야 하는 걸까. 웅이의 순수함을 강조하는 듯한 처리는 잘 이해가 가지 않는 측면이 있다.

〈라랄라 흥신소〉는 반전을 통해 이전에 구축한 극 세상이 완전히 뒤집히는 결말을 보여준다. 작품은 초반에 신파극적이며 코미디적인 설정과 모습을 보여준다. 뒷골목의 흥신소를 배경으로, 흥신소의 여성 탐정부터 함께 일하는 동료들의 집단이 소개되고, '하얀노인', '김푸른들이', '무고한 시민', '선량한 경찰'등이 등장해 이야기가 전개될 때까지, 평범함을 크게 벗어나지 않은 채 진행된다. 이상한 부분은 노인의 말에 의해 구술되는 김푸른들이의 표현에서부터 일 것이다. 하얀노인은 탐정들에게 김푸른들이의 살해를 의뢰한다. 김푸른들이가 갖고 놀던 케첩이 옷에 튀어서 기분이 나쁘다는 하얀노인의 이유는 극적인 재미로 지나칠 수 있으나, 작품은 이 장면에 대해 '김푸른들이가 케첩으로 수음을 하는 듯'이라고 쓰고 있다. 노인의 상상을 표현하는 장면에서 노인이 중학생인 여학생을 성적 대상으로 바라보고 있었음을 직접적으로 드러낸다. 사실 무대에서 이 장면은 다르게 읽힐 여지도 있을 것 같다. 노인의 구술에 의해 장면을 따라가게 되면, 노인에 대한 비판보다 섹슈얼리티한 측면을 더 자극적이게 받아들일 수도 있다. 이 작품은 부산에서 자주 공연돼 왔던 작품으로 알고 있어 염려스러운 점에 대해 짚어 보았다. 〈라랄라 흥신소〉는 이 아이가 사실 흥신소 사장이 버렸던 딸이었다는 설정과 노인이 제시한 돈 앞에서 갈등하는 흥신소의 탐정들 이야기로 친숙하게 흘러가다 별안간 모두의 의도치 않은 실수로, 아이와 하얀 노인, 무고한 시민, 탐정들이 죽게 되는 결말을 맞이한다. 물론 이렇게 우연을 끌어들인 기술은 난감하게 다가올 수도 있다. 하지만 이 작품에서 너무나도 어이없이 무의미하게 사라져가는 생명들은 비극적 감성과 처연한 슬픔을 남기는 지점이 있다. 특히 아이의 죽음이 그러하며, 죽음 이후의 상황을 보여주는 장면에서 아이를 끌어안고 있는 노인의 대목에서 분노가 치솟기도 한다. 작품은 작정하고 카오스를 보여주려는 듯 갑자기 죽게 된 사람들과 아이를 잃게 된 엄마, 아빠가 한데 어우러져 웃는 장면으로 마무리된다. 소중한 생명들이 사라지고 있지만, 그 이유가 밝혀지기보다는 미궁 속으로 빠져 들어갈 뿐이란 것일까.

그런데 아이를 잃은 엄마와 아빠를 살인자로 만든 설정은 가해자와 피해자를 구분하지 않는 폭력에 대해 말하는 것이라 이해된다. 하지만 자칫 작품의 결말에서 '모두가 서로에게 죄를 지었다'는 인식으로 다가갈 경우, 진정한 폭력의 정체에 대한 질문과 사고를 멈추거나 무디게 만들 우려가 있다. 이러한 여러 의문들이 공연에서 어떻게 전달 되었을지에 대해서는 정확하지 않다. 사실 작품의 전체적 톤은 희극적인 색채가 강한 편이다. 개그적 요소들이 자주 사용된다. 다만 마지막 장면이 지나치게 일방적인 화합의 분위기로 연출되지 않았으면 한다. 화합의 분위기가 반드시 문제적이란 의미가 아니라, 그럴 경우에 앞서 제시된 아이에 대한 폭력의 장면이 설명이 되지 않기 때문이다.

김지숙 극작가의 작품 세계를 말하기에 너무 적은 정보로 접근했지만, 작가는 현실에 대해 화두를 던지기 위한 글쓰기와는 조금 다른 방향성을 보여주는 것 같다. 작가마다 글쓰기의 다양한 접근과 태도가 있다고 생각한다. 다만 김지숙 극작가는 능숙한 기술이 두드러지는 반면에, 지속적으로 몰두하고 있는 문제나 이야깃거리에 대해 모호하게 다가오는 측면이 있다. 미처 언급하지 못한 〈상실의 마을〉은 역시 마지막의 등장인물들과 상황이 유기견과 견주에 대한 이야기로 뒤바뀌는 재미가 있었지만, 폭력 남편에 의한 상처 입은 여인, 삼각 관계 등의 설정이 어떤 주제로 발전될 수 있는지 미약해 보인다. 그러나 극작의 기교를 비교적 능숙하게 사용하며 그럴듯하게 극 세상을 만들어내는 점이 충분히 인상적이었다. 또한 대사 역시 군더더기 없이 깔끔하게 잘 읽히는 언어들로, 이러한 점은 배우들이 연기하기에도 수월한 좋은 언어들이라 생각된다.

진정한 꿈을 꾸는 자는 헛된 꿈을 꾸지 않는다

연출가 기국서 인터뷰

#2006 #76단의의미

Q 76단은 올해 창단 30주년을 맞이했습니다. 사회적으로 연극의 크기가 점점 작아지고 있는 우리나라에서 한 극단이 30년의 시간을 이어왔다는 것은 그 사실만으로도 참 감동적으로 다가옵니다. 76단의 시작은 어떻게 이뤄졌습니까?

A 나는 사실 76단의 창단 멤버는 아니었죠. 연극영화과 출신으로 활동을 시작했던 동생(기주봉)의 권유로 극단에 들어가게 된 것이었으니까요. 76단은 70년대 많은 극단들이 그랬듯, 지금도 그렇긴 하지만, 각 대학의 연극 동아리 출신들이 모여 만든 단체였습니다. 76년 5월에 극단 등록을 했고, 창단공연으로는 앙드레 지드의 소설을 각색한 〈탕아 돌아오다〉를 무대에 올렸었지요. 사르트르의 〈구토〉, 멜피의 〈버드 베스〉 등을 이어 공연했었구요. 당시 난 국문학 전공으로 희곡을 쓰고 싶어 했는데, 희곡을 쓰려면 연극을 알아야 한다 생각했고, 그때

마침 76에 가입해 있던 동생이 형이 연출을 하면 잘할 것 같다 권유해 77년 9월에서부터 76단과의 인연이 시작된 겁니다.

Q 76년 8월에 작성된 76단의 창단선언문을 보면, 실험적 연극언어에의 의지, 그로 인한 사회 개혁의 욕망이 느껴지는데요, 76단의 출발은 연극 내에서의, 그리고 사회 내에서의 저항을 의미하는 '젊은 정신'을 목표했던 것입니까?

A 70년대의 사회적 분위기가 그것을 이끌어냈단 것이 더 정확한 말일 것입니다. 우린 독재가 한창이던 70년대 한국에 사는 스물다섯, 스물여섯의 젊은이들이었습니다. 마음대로 말할 수 없는 상황 속에서 말하고 싶어 하는 것은 자연스런 욕망 아니겠습니까. 지금 50대에 이른 한국의 세대들은 당시 모두 비슷한 상태였을 겁니다. 이때 연극은 답답한 사회 속에 놓인 젊은이들에게 하나의 돌파구가 될 수 있었지요. 간접적으로 이미지적으로 자기를 표현할 수 있는 창구 같은. 하지만 기존의 연극 단체들은 도제적 시스템으로 이뤄져 있었기에 끼어들 틈이 없었습니다. 때문에 말하고 싶었던 우리가 맘껏 말할 수 있는 자리를 스스로 만들어 낼 수밖에 없었던 겁니다. 70년대에 생긴 다른 연극 단체들, 연우나 쎄실 다 비슷한 이유로 출발한 것이 아니었을까요. 당시 우리가 사회 개혁이란 명확한 동기를 갖고 연극을 시작한 것은 확실히 아니지만, 독재정권의 시대였던 당대가 우리를 만든 것만은 분명한 것 같군요.

Q 76단의 30년의 시간은 세 분기점으로 나눌 수 있을 것 같습니

다. 창단 직후의 4년, 이때 신촌에서 소극장을 소유하셨었죠. 80년대에 들어서서는 이후 10년간 발표될 〈햄릿〉 시리즈들이 76에서 나오게 되구요. 그리고 대학로로 사무실을 옮긴 90년대 이후부터 현재까지입니다. 신촌에 있던 '76 소극장'(서대문구 대현동 110-2) 시절에 대해 말씀해 주시겠어요?

A 우린 그곳에서 '우리만의 문화'를 만들었었습니다. 81년도 5월까지 76이 소유했던 신촌의 76 소극장은 초창기 활발하게 움직였던 멤버들, 김태원, 이주, 기주봉, 이정각, 한익기, 조혜련 등 중 한 명이었던 이주의 아버님의 화실을 개조한 것이 시작이었습니다. 크기는 150석 정도의 규모. 거기가 젊고 갈 데 없는 우리의 근거지였죠. 그때나 지금이나 극단이 공간을 소유한다는 것은 항상 모두가 바라는 일이었지요. 거긴 일종의 '소굴'이랄까. 모여서 작품도 만들고, 얘기도 나누고 술도 마시고…. 지금도 그때처럼 자기들끼리 모여 '흰 눈 뜨고 분노에 찬', 강렬한 에너지를 발산하며 자기들끼리의 작품을 만들고 있는 자리라면 어디든 소굴이 되겠지요. 어떤 때는 100명 정도가 한데 어울려 뭉쳐 있었던 적도 있었습니다. 지금 생각해보면 참 신기한 일이지만, 어떻게 모였는지 알 수조차 없는 수많은 영화, 미술, 문학 등등의 각종 예술인들이 모여서 각자 자유롭게 열정적으로 만나고 부딪쳤었지요. 의도하지도 않았었는데, 자연스럽게 그렇게 형성된 그곳만의 문화를 만들었었다랄까요. 지금이라도 서울 어디에서 그런 냄새가 나는 곳이 있다면, 난 당장 달려갈 겁니다. 누구에게든 배타적이지 않고 자유로운 장소가 있다면.

Q 상당히 '젊은 집단'이었던 것 같습니다.

A 그땐 세계적으로 그같은 분위기가 좀 있었죠. 미국에도 히피 문화가 있었던 것처럼, 신촌에서 우린 자유로운 젊은이들의 장소를 만들었던 것이지요. 이같이 극단이 외부에게 개방적으로 열려있었던 것을 비유해 난 76을 '삼투압적인 극단'이라고 말한 적이 있었습니다. 식물의 삼투압 작용처럼 오고 가는 것이 자유로웠었으니까. 때문에 76의 사람들은 몇 명에서 때로는 수십 명에 이르렀습니다. 박영규, 송승환, 이창훈 등 거쳐간 사람들이 몇십 명에 이릅니다. 외부에 대해 열려있었던 것처럼 76은 내부도 소통이 원활한 수평적 관계를 지향했었지요. 나이, 성별 등을 떠나서 예술적인 작업 이외의 것은 동등하고 개개인이 존중되어야 한다고 생각했었거든요. 시스템이 완벽하진 않았지만, 물론 소득도 공동 분배했습니다. 제작자가 돈을 나눠주는, 지금과 같은 행태는 있을 수 없었지요. 그렇게 맘껏 자유롭게 밀어붙일 수 있었던 것은 아마 내가 76의 창단 선언문에 반했었기 때문일 겁니다. 난 그걸 여지껏 머릿속에 가지고 있죠. 10번째 마지막 선언이 '진정으로 꿈꾸는 자는 결코 헛된 꿈을 꾸지 않는다'란 겁니다. 젊었기 때문에 꿈의 힘을 믿었던 거죠. 그래서 그 소극장에서 실험적인 작품들, 〈관객모독〉, 〈마지막 테이프〉, 〈훈장〉 등을 연이어 올렸습니다. 마지막에 6개 창작극 페스티발을 끝으로 재정상의 이유로 신촌 소극장을 문을 닫았구요.

Q 〈관객모독〉이 이때부터 시작된 것입니까?

A 78년에 〈관객모독〉을 내가 연출해서 올렸을 때부터 76단의 존재가 외부에게 알려지게 됐죠. 연극평론가 한상철 선생님께선 당시 공연에 대해 '연극사에 있어 연극이 그 사회에 대해 또는 관객에 대해 어떤 만큼의 충격을 줄 수 있느냐는 문제를 예리하게 제시해준 공연'이었다고 말씀하시며, '어떤 기존 연극에서도 볼 수 없었던 충격을 느꼈다'('한국소극장운동, 70년대 이후의 것', 〈공간〉) 라고 아주 후하게 평해 주셨었지요. '76단의 무정부주의적 분위기나 의식 구조가 보다 극단적으로 돌출해 나온 공연이 아닌가'(같은 글)란 이야기도 들었었구요. 개인적으론 당시 제가 연출작업에 있어 한창 공부를 할 때여서 서사극이라든지 부조리극 등의 형식이나 내용상의 실험성을 추구하는데, 흥미가 쏠려 있었던 시기 중에 만나게 된 작품이었습니다. 그땐 국내 창작극 보다 해외극이 실험성에 있어 공부가 되는 요소들이 더 많아 번역극을 주로 택해 올렸었지요. 어쨌든 〈관객모독〉 공연 이후 76은 그동안의 '폐쇄성'에서 조금은 벗어나게 됩니다. 우리에게 신경쓰지 않았던 연극계의 선배님들이 신촌의 극장에 들르시게 됐죠.

Q 76을 따라다니던 소위 '제도권 밖'이란 꼬리표에 대해 말씀해 주셔야 할 것 같습니다.

A 저희에게 '언더그라운드의 황제', '앙팡테리블' 뭐 이렇게 부른 것은 알지만, 사실 저를 비롯한 우리 76은 '제도권 밖'을 지향한 것이 아닙니다. 다만 관심이 없었을 뿐이었죠. 우린 우리가 보기에 그냥 재미있고 하고 싶은 것을 했던 것일 뿐입니다. 아

예 관심이 없었단 게 맞죠. 나중에 생긴 한국연극협회 제명 일도 회비를 오랫동안 안 내다보니, 발생한 일이었고. 신경을 쓰지 않았던 거죠.

Q 재정적으로 신촌소극장이 넘어간 이후로 76단은 거점을 어디로 삼았습니까?

A 80년대까지 이대 근처에 있던 사무실을 거점삼아 신촌에 머물렀었지요. 물론 공연은 대학로에서 했었구요.

Q 어쨌든 76은 선배의 영향력이 없이 자생적으로 발생한 특유의 문화 속에서 쌓인 공력으로, 80년대 〈햄릿〉 연작을 발표하며 연극계와 사회에 강렬한 충격을 주게 됩니다. 첫 〈햄릿〉을 81년에 발표하신 이후 91년까지 10년에 걸쳐 다섯 번 발표하셨는데요. 좀 설명해 주시겠어요.

A 81년 5월에 국립극장에 올라간 것이 〈햄릿1〉, 83년 문예회관에 올라간 것이 〈햄릿2〉, 87년도 역시 문예회관에서 〈햄릿3〉을 올렸으며, 88년도 대학로 극장에서 네 번째를 하고, 91년도 문예회관 대극장에서 서울연극제에 참가했던 것이 마지막 〈햄릿 5〉입니다. 〈햄릿〉을 처음 생각한 것은 10.26 사태에서의 충격 때문이었습니다. 박정희 대통령 시해사건이 터졌을 때, 전 그때 극장 근처에서 자취를 했었습니다. 그런데 12월 28일인가 집에서 나와 극장에 가는데, 집집마다 태극기가 걸려 있더라구요. 무슨 일인가 했더니, 대통령이 시해당했다 라고 주변에서 말해주더라구요. 전후 상황 모르는 상태에서 대통

령의 죽음 소식만 듣고 제일 먼저 떠오른 생각은 부산과 마산의 시민들이 올라와서 살해한 것인가, 하는 생각이었습니다. 그만큼 증오심의 대상이었으니까요. 그런데 알고 보니 자신의 바로 밑에 부하에 의해 시해당한 것이더라구요. 그것을 알게 된 순간, 갑자기 너무 허무해졌습니다. 그렇게 쉽게 가버려야 할 대상이 아닌데 가버리다니, 아무것도 해결해 주지 않는 죽음이란 생각이 들었던 거죠. 그래서 햄릿을 읽으면서 정치적 시역 사건으로 가보자 결심하게 된 것이죠. 현실에서 일어난 시역대로 〈햄릿〉도 측근에 의해 살해당하는 이야기 아닌가 했던 겁니다. 그때는 심의에 걸렸기 때문에 각색을 할 수 없었습니다. 그래서 같은 장면을 반복시키는 방식을 택한 겁니다. 〈햄릿1〉은 살해 장면이 세 번 반복됩니다. 원작대로 햄릿이 클로디어스를 살해하는 장면, 암전 후에 두 번째는 왕 뒤에 있던, 군복을 입은 호레이쇼가 클로디어스를 단검으로 죽이는 장면, 암전 후에 마지막으론 민간인 호레이쇼가 객석에서 무대로 뛰어올라와 총을 발사하죠. 그렇게 하면, 관객들이 이 연극이 무슨 이야기를 하고자 하는 것인지 알 것 같았거든요.

Q 당시 엄청난 파장을 일으켰을 것 같습니다. 그것도 국립극장에서 공연됐는데….

A 자평을 하자면, 형식에 대한 충격이 일단 컸을 겁니다. 그때 내가 욕심이 많아 무대와 객석을 구조물이 노출된 상태로 완전히 오픈했었거든요. 아는 후배들을 데려와 무대 위에 앉히기도 하고 세우기도 하고 그랬었죠. 하지만 미학적으로 좀더 정

돈되고 안정될 만한 상황을 도저히 만들 수가 없어서 작품이 매우 거칠었기도 했습니다. 지금 생각해보면, 좀 안타깝기도 낯 뜨겁기도 합니다. 돈이 너무 없어서 배우들 의상도 제각각이었거든요. 나중에 한상철 선생님께서 현실의 노란 우비를 그냥 입힌 것은 너무했다고 다음엔 그러지 말라고 말리시더라구요.

Q 전 76단의 별칭을 '사회문화연구소'라 알고 있는데요. 〈햄릿〉 시리즈는 극단의 그같은 방향성에서 나온 작품인 것입니까?

A 별칭이라기보다 제가 가진 꿈입니다. 89년도에 삼청동에 사무실을 갖고 있을 때부터 전 '사회문화연구소'라는 것을 만들고 싶었습니다. 지금까지 전 그것을 만들고 싶어요. 연극이 동시대 사람들을 관통하는 욕망을 보여줘야 한다고 생각하기 때문이죠. 그들이 어떻게 살고, 어떻게 생각하는지를 극장이 보여줘야 한다고 생각하며, 때문에 그것을 체계적으로 뒷받침해 줄 연구가 필요하다고 생각합니다. 개인적 소망이지요.

Q 30년이란 76단의 시간은 76의 배우 출신으로서 현재 대학로에서 극작가이자 연출가로 활동 중인 박근형과 김낙형을 통해 이어지고 있는 것 같습니다. 76단은 또 올해 김낙형 연출가로 대표를 바꾸고, 대학로에 '스튜디오 76'을 개관하며 새로운 변화를 꾀하고 있기도 한데요. 마지막으로 선생님께서 생각하고 계신 연극관이라는지, 또 앞으로의 방향에 대해 말씀해 주세요.

A 전 연극에서 배우를 가장 중요하게 생각합니다. 근형이나 낙형이에게도 이것이 이어져 '빈 무대에서 역동적으로 만들어지는 에너지'란 이야기를 듣기도 하는 것 같아요. 연극의 빈 곳을 채우는 것이 배우이며, 객석과의 접점을 이루는 것은 그들이라 생각하거든요. 내가 우리 배우들에게 강조하는 것은 전인적 자세입니다. 전체 팀 작업과 함께 가야지 이기주의적으로 자기 욕망을 앞세우는 것은 진정한 자유추구가 아니라고 생각해요. '제도권 밖' 혹은 '언더그라운드' 등등 때문에 76단을 뭔가 '비뚤어진' 저항의 이미지로 생각하는 사람들이 많습니다. 하지만 오히려 전 사회와 인간을 믿는 사람입니다. 독일의 통일이 이뤄졌듯, 변화는 가능하며 그것을 위해 노력해야 합니다. 그러기 위해선 예술의 기본 교육에 충실해야겠지요. 현재는 그럴 때라 봅니다. 올 8월 대학로에 개관한 '스튜디오 76'은 새로운 젊음을 위한 76의 장소입니다. 현재 개인적으로 이스라엘 작가와의 작업을 계획 중에 있는데, 이곳에서 내년 쯤에 선보이지 않을까 생각합니다. 사실 연극하는 일은 처음 시작했던 30년 전과 똑같이 여전히 경제적으로 어렵고 힘듭니다. 제가 전에 작은 신화 사무실에 놀러갔다가 최용훈 연출이 앉아있던 작은 책상 위에 '이 시대 마지막 사회주의자를 꿈꾼다'란 말이 붙어있는 것을 보고 무척 웃었던 적이 있는데요. 개인적 삶의 규모를 줄여야지만, 연극을 할 수 있는 것이 자본주의가 극으로 간 시간 속에 살고 있는 현재의 연극장이들의 진실이겠지요. 하지만 그럼에도 자기를 보여주고 싶은 '그놈의 욕망' 때문에 난 여전히 이것저것 관심이 가고 하고 싶은 일이 많네요. 정

신없이 변해가는 사회 속에서, 그렇기 때문에 문제 의식을 가져야 할 곳도 많고, 자유롭게 놀 곳도 많은 것 같습니다.

(2006년 10월 28일, 대학로 학림 커피숍)

연극은 더 공동체로 나가야

연출가 원영오/ 극단 노뜰 대표

#2007 #원영오연출가 #국제교류

Q　얼마전 극단 노뜰은 '국제무대예술워크숍'(8월 1일~8월 10일)을 치른 것으로 알고 있다. 무용과 연극 분야에서 활동 중인 해외 예술가들과의 만남의 자리라니, 이채롭다. 올해 3회를 맞이한 노뜰의 워크숍은 어떻게 시작됐나?

A　우리는 해외 공연을 많이 다니는데, 해외 공연 갔을 때 그곳에서 만난 현지 예술가들에게 꼭 워크숍을 제안한다. 유명한 사람이든 그렇지 않든 자기 작업을 꾸준히 하는 사람과는 워크숍을 통해 만나고 싶다 생각하기 때문이다. 그렇게 할 때마다 만나게 되는 분들과 한국에서 더 밀도를 갖추면 어떨까 생각했다. 동시에 이런 과정들을 오픈해 우리 식구 외 한국의 예술가도 참여하면 좋겠다 생각해 시작된 것. 이런 작업의 아주 원초적 저의는 우리의 새로운 것에 대한 욕망 때문일 것이다. 우린 대학로에 있지 않기 때문에 다른 작업을 하는 분들의 공연

을 보러 갈 기회가 거의 없다. 때문에 예술가로서의 새로운 것에 대한 욕구가 되게 강하다. 우리 배우들을 늘 깨어있게 할 방법이 뭘까 해서 일종의 재교육 프로그램 중 하나로 워크숍을 생각한 것이며, 워크숍 자체의 밀도를 좀더 높여 유명하거나 뛰어난 역량 있는 예술가들을 불러 단원들을 교육시키자 그런데 그것을 축제처럼 즐겨보자고 생각한 것이다.

Q 안산문화예술의 전당에서 공연된 노뜰의 〈귀환〉(8월 18일~19일)을 마침 볼 수 있어 기뻤다. 미장센을 만들어내는 배우들간의 앙상블이 대단하다 느꼈는데, 극단 노뜰에 대해 소개해 달라.

A 1993년에 창단했다. 현재 단원은 10명. 여러 번 파산의 위기를 맞이하다 2000년 가을에 강원도 원주의 한 폐교(구 후용리 초등학교)로 들어가 '후용리공연예술센터'를 만들었다. 좋은 예술가들을 만날 수 있는 장치가 뭔가 필요했고, 그러려면 같이 살아야 한다 생각했다. 그러기 위해선 집이 좀 커야 되는 것 아닌가, 잠잘 데도 있어야 되고, 연습실도 커야 되고. 그러다보니 대안이 폐교밖에 없었다. 우리가 원대한 꿈이 있었던 것은 아니다. 그런 단순한 이유다.

Q 공동생활이 작품 창작에 미치는 영향이 있을 것 같다.

A 사는 방법하고 연극하는 것이 다른 것이 아니라 생각한다. 아침에 일어나서 밤에 잠들 때까지 그 안에 연습이 있고 사무적인 일들도 다 있고 하지만, 내부에서 일단 몇 년 살게 되면 어

디까지가 일이고 어디까지가 사적 생활인지 구별이 없어진다. 그게 단점이면서 장점인 듯. 그래서 연습 중에 잘 안되는 부분들, 연기자들에게 잘 안 되는 부분들에 대해 난 일상에서 발견을 하게 된다. 밥을 할 때 청소를 할 때 보여지는 모습들이 그대로 무대에서 나온다. 그래서 늘 문제를 이야기를 할 때에는 일상을 이야기 한다. "넌 칼질을 그렇게 하잖아. 그러니까 연기할 때도 숨을 그렇게 쉬어." 일상에서 칼질하다 손을 벤다는 건 무대에서 호흡을 잘 놓친다는 말도 된다. 무대에선 일정하게 숨 쉴 때 자유로운 움직임이 가능하니까 연습 중에도 "그렇다면 칼질을 바르게 해보자" 뭐 이런 식으로 우리는 이야기한다.

Q 삶과 연극이 하나가 된 것?

A 그게 특별한 게 아니라, 난 연출자니까 배우들을 관찰하는 것일 뿐이다. 요리할 때 청소할 때 밥할 때를 보면, 그게 정말 무대 위와 똑같다. 계속 치워가며 요리하는 사람이 있고, 벌려놓다 한꺼번에 치우는 사람이 있는데, 그들은 그렇게 자신의 호흡대로 무대에 선다. 그리고 우리는 식사 준비할 때 당번이 항상 한 사람이다. 한 사람이 밥부터 설거지까지 다 한다. 이것은 우리가 작품 만들 때, 연기도 사무일도 세트도 조명도 다 우리가 하는 것과 마찬가지다. 무대에서 배우는 늘 혼자이듯 한 사람이 요리를 만든다는 것은 싱크대를 아무것도 없었던 상태로 되돌려놓는 데까지가 온전한 그의 몫인 거다.

Q 은유적 표현을 즐기시는데, 그것이 노뜰 연극 스타일인가?

A 우리가 공연하면 관객들에게 가장 자주 듣는 얘기가 "어려운데 재밌어요"다. 그럴 때 난 "어려우면 원래 재밌는 거에요"라고 말한다. 어려우면 돌아가서 생각을 좀 더 해야 하니까. 시골에 간다고 해서 시골 관객들에게 작품을 맞출 필요는 없다 생각한다. 어디든 그렇지만, 평범한 시민들은 보다 유쾌한 공연을 보고 싶어한다. 악극을 보고 싶어 하고. 하지만 그분들도 경험해 보지 못했을 뿐이지 상상할 줄 알고 은유도 안다. 그분들의 일상의 언어 중에서도 상당히 시적인 것들도 있고. 그렇기 때문에 우리는 하고 싶은 거 하는 과정에서 소통의 창구를 찾으려 생각한다. 〈동방의 햄릿〉 부터 〈귀환〉, 〈보이첵〉까지 그냥 우리가 하던 방식대로 하다 어느 기간이 지나면, 관객들이 거기에 맞춰서 상상할 수 있겠다 그렇게 생각했다. 요즘엔 철물점 아줌마, 주유소 아저씨가 "공연 재밌다" 그런다. 동네 돌아다닐 때 할머니들이 보이첵이, 햄릿이 어떻고 저떻고 나한테 얘기하실 때 가장 유쾌하다. 나는 연극성, 그걸 좋아하는 편이다. 그것 자체가 실체가 없는 것 일수도 있지만, 그것이 갖고 있는 압축, 압축이 줄 수 있는 즐거움이 좋다. 그래서 압축을 시작으로 했을 때 연기자들이 재창조할 수 있는 여러 가지 기호들을 중심으로 고민하며, 그런 가능성을 보여주는 텍스트를 선택한다. 브레히트의 시 자체가 갖는 압축미가 좋아 만든 작품이 〈귀환〉이다. 그 안에 단순한 드라마도 있고, 그래서 이 정도면 연극성을 담아내기에 아주 유쾌하겠다 생각했다. 최근의 신작 〈보이첵〉은 '후용리공연예술센터' 앞뜰을 배경으로 한 야외공연이었다. 대부분의 보이첵 공연이 심리 묘사를 중심으

로 한 실내극장용이었다면, 이번 공연은 물과 밤하늘 같은 환경적 요소가 보이첵의 심리와 연결되는 site specific theatre를 만들고 싶었다.

Q 무대에서 배우가 할 수 있는 소통의 언어들, 그것을 찾는 과정이라면 당연히 우리의 '전통'과 만날 것 같은데, 어떤가?

A 나를 비롯한 노뜰의 원년 세대들은 탈춤반 출신이다. 전수도 오랫동안 받았고. 초기 노뜰의 배우 메소드도 전통적 호흡에 의한 걷기, 악기 다루기 등을 많이 했다. 그런데 그럴수록 움직여보라 말하면 배우들이 어깨춤을 추는 식의 형식으로만 다가왔다. 난 연극에서 전통적인 거 쓰는 것 별로 안 좋아하는 편이다. 왜냐하면 내가 생각하는 전통은 경지에 오르는 것이라 생각한다. 한국에서 우리나라에서 말하는 예술의 절대치는 자연과 합일점을 찾는 것이다. 소리를 하게 되면 소리가 정말 자연의 소리를 닮아야 되고, 꽹과리를 하게 되면 꽹과리의 경지는 나무 소리를 하게 되는 것이고, 춤을 추면 학이 날듯이 춤을 춰야 되는 것이다. 그렇기 때문에 그것을 형식적으로 따온다는 것은 어쩌면 창의적인 작업이 아닐 수도 있겠다 생각했다. 그렇다면 관건은 누가 얼마만큼의 경지에 오르느냐 아닌가 생각이 들어 누구처럼 장구를 칠 것이 아니면 관두자라고 맘 먹었다. 조상대대로 형식적으로 다듬어온 그 '전통'은 아이디어가 쉽게 고갈될 것이라 생각한다. 해외 나가면, 실제로 많은 공연단체가 다 비슷한 춤을 추고 비슷한 의상이다. 전통이 더 이상 개성의 요소가 아니라면, 결국 경지의 높낮이가 관건이다. 때

문에 우린 전통적인 것보다 조금 컨템퍼러리한 데서 아주 상대적으로 평가를 받고 싶다. 피나바우쉬와 우리를 비교한다치면, 전통이 아닌 지금 이 순간 아주 상대적인 부분에서 평가하는 것을 원한다. 때문에 현재 우리의 연기 메소드는 배우의 몸 만들기를 목표로 주로 아까 말한 워크숍을 통해 이뤄진다. 그때그때 우리가 관심있는 분야를 작업하고 있는 분을 튜터로 모시고, 그분과의 작업을 통해 아웃풋을 정리하는 과정으로.

Q 그렇다면, 노뜰의 작업은 해외를 겨냥해 만들어지는 것인가?

A 우리 작업에 특정 관객 대상층은 없다. 우리가 해외에 나갔을 때 그곳의 관객을 위해 현지어로 대사를 수정하는 등의 약간의 테크닉을 부리긴 하지만. 중국 같은 경우 의미 전달이 잘 안될 경우, 관객이 공연 중 나가버리더라. "왜 대학로에서 공연안 하세요?"란 질문을 자주 받는데, 그것은 거꾸로 대학로에서 공연을 할 필요가 없기 때문이다. 내가 공연을 하고 싶은 곳, 그곳이 중심이 아닌가. 나는 예술가는 존재하는 것 자체가 가치가 있다 생각한다. 나와 그 예술가가 소통을 하든 하지 않든 그것은 우리가 마치 일상에서 미술관을 잘 안 가더라도 자신의 경계 안에 갤러리가 있다라는 것이 주는 만족감이 분명히 있다는 것이다. 내 주변에 예술가 K가 있다라는 것이 주는 정신적 만족감. 가치를 평소에 모르고 있을 뿐이지 거꾸로 우리 주변에 갤러리가 극장이 하나도 없다 생각을 하면 정말 삭막한 것일 거다. 그건 되게 불안한 것이다. 그래서 존재가치가 있기 때문에 시골에서 우리가 우리 작업에 공을 다 들인다면 그것

으로서 이미 존재에 대한 의미 가치들은 충분하다 생각한다.

Q 노뜰의 행보는 상업적인 공연 제작 시스템을 벗어나기 위한 전략으로 보인다. 어떤가?

A 상업적인 프로덕션 시스템이야 전 세계적인 추세라 생각한다. 그건 그거대로 맞다고 생각한다. 다만 그럴수록 몇몇은 훨씬 더 고전적이고 더 아날로그적이며 더 극단의 미학을 쫓아야 한다고 생각한다. 철학을 공유하는 사람들끼리의 자신의 조직만의 미학, 그건 프로덕션 사람들 사이에서는 절대로 가질 수 없는 거니까. 그럴 때 이 두 개가 훨씬 더 자연스럽게 가지 않을까 생각한다. 그렇게 되면, 프로덕션 시스템에서도 자신의 구조를 유지하기 위해 다양한 협력 관계가 마련되지 않을까. 본인들도 알 것이다. 이런 제작 방식이 아예 없어지면, 프로덕션 자체도 없어질 것이란 것을. 마치 요즘 연극 배우들이 있어야 영화가 돌아가듯 말이다. 그런데 요즘은 오히려 거꾸로 연극배우들이 영화를 기웃거리며, 영화 언저리에 있다. 그러면 연극의 존재가 거기에 가 있게 된다. 그래서 누군가는 이쪽에서 훨씬 더 미학적으로 작업을 해야 될 것 같다. 내가 좋아하는 말이 '러시안 수프의 맛은 세월이, 재료가 바뀌어도 변하지 않는다'란 것이다. 기본적으로 레퍼토리 공연이 가능한 것은 극단의 조직 자체가 견고해야지만 가능한 일이다. 캐스트나 여러 가지 면이 바뀌어도 단체의 여러 가지 면이 견고하게 다져졌을 때는 언제든지 가능하다. 때문에 난 연극은 더 단체로, 극단으로 가야한다 생각한다. 공동체. 같이 살아서 공동체가 아

니고 생각과 철학이 맞아서 가는 공동체. 그랬을 때 작품이 재미가 있건 없건을 떠나 그 안에서 본인들의 사고와 철학이 더 밀도 있게 성장할 수 있을 거라 생각한다. 누구든 연극을 해서 부귀영화를 갖겠다는 사람은 없을 것 아닌가. 누구든 유명해지기 위해서 연극을 하는 게 아니라면, 그렇다면 자신들끼리만이라도 본인들의 철학과 사상을 더 견고히 하는 것, 만드는 것 자체로도 결국 연극은 완성의 단계라 생각한다.

Q 앞으로의 노뜰 계획에 대해 말해달라.

A 2003년 홍콩에서 시작된 다방면 예술가들의 협력체인 '리틀 아시아 크리에이터스 미팅'이 올해부터 작품 창작에 들어갔는데, 한국에서 극단 노뜰이 House Company로 전반적인 것들을 조율하고 있다. 곧 있을 서울 아트마켓에서 쇼케이스를 올릴 예정이다. 한국, 홍콩, 대만, 싱가폴, 호주의 예술가들 20여 명이 함께하고 있으며, 초연은 내년이다. 10년 뒤의 노뜰은 지금보다 훨씬 더 미학적이거나 예술적인 것에 대한 방향을 갖게 될 거 같다. 그러기 위해 다시 유랑을 떠나야 하지 않을까 생각한다. 그동안 한 곳에 정착하는 데 집중했다면, 이제는 연극을 통해 여행을 떠나야 할 때가 아닌가 생각한다. 스케줄대로의 체계적 여행이 아닌 새로운 것을 배우기 위한 유랑을. 세상이 변하고 있고, 빨라지고 있고, 연극도 예전에 비해 훨씬 더 상업적인 제작 시스템을 갖게 됐기 때문에, 우린 더 반대로 훨씬 더 고전적이고 심리적이고 아날로그적인, 물론 형식은 현대적이겠지만, 그렇게 작업을 진행할 것이다.

모순에서 빨려 들어가는 환영의 순간들

극단 몸꼴의 윤종연 대표 인터뷰

#2017 #윤종연연출가 #신체언어

2003년 창단한 극단 몸꼴은 국내의 대표적인 거리예술 전문 단체이다. 올해 극단 몸꼴의 〈불량충동〉은 〈오르페〉(제 1회 팜스 초이스 선정)와 〈리어카, 뒤집어지다〉(제 2회 팜스 초이스 선정)에 이어 세 번째로 팜스 초이스에 선정됐다. 문래동에 자리한 단체의 연습실을 찾아가 대표 윤종연 연출가(75년생)와 이야기를 나누었다.

Q 현재 안산국제거리극축제의 예술감독이시기도 한데, 생각했던 것보다 젊으신 것 같아요. 연극은 언제 어떻게 시작하셨나요?

A 스무 살 때 유진규 선생님의 워크숍을 들었어요. 당시 유진규 선생님이 잠시 접었던 마임을 다시 하신다고, 당시 공간소극장 옆에 있던 볼재스튜디오에서 워크숍을 여셨죠. 워크숍 후에 극단을 만든다고 하셔서 저도 극단의 막내로 1년 정도 함께했습니다. 그게 시작이었죠. 그 후 영국에 가서 3년 정도 코

포럴 마임을 공부했습니다. 돌아와서 1년 정도 후, 제가 스물아홉쯤에 극단 몸꼴을 만들었죠. 박종태 씨, 민기 씨, 정은 씨, 그리고 기획팀의 혜원 씨 등은 창단 혹은 거의 초기부터 함께 한 멤버들입니다.

Q 한국의 거리예술의 초창기부터 경험을 시작하셨어요.

A 당시 유진규 선생님이 시도했던 것이 바로 거리극이었어요. 시작은 단순했어요. 오브제의 변용과 지나가는 관객의 시선을 어떻게 잡아둘 것인가 이런 이야기들, 작은 화두를 갖고 시작을 했어요. 94년도에 그런 화두와 함께 극단 식구들, 마임협의회 분들과 춘천마임축제를 시작했죠. 처음에는 한국과 일본의 교류 형식으로 작게 시작했습니다. 당시 90년대 중반 즈음에 재미있는 야외의 작업들이 많았습니다. 연강홀의 로비에서 공연을 한 적도 있었고, 아르코예술극장에서는 무대에 비계를 설치하고, 객석에 인형들을 앉혀두고 관객들과 로비에서 시작해 무대로 돌아오는 공연을 하기도 했었죠. 또 실제 경복궁에서 명성왕후 시해 사건을 공연했던 적도 있어요. 당시 허가를 받지 않았고, 궁궐 여기저기를 도망 다니면서 했어요. 지금은 '이름 없는 공연팀'에 계신 신영철 연출가의 작업이었죠. 그때 이렇게도 공연을 할 수 있구나 란 충격을 여러 번 받았죠. 한국의 거리예술의 역사에 대해 이야기할 때 과천축제나 안산축제 이전 시기의 작업들에 대해서 짚어볼 필요가 있다고 생각합니다. 그런 시도가 더 풍성하게 바라볼 수 있는 관점을 제공할 수 있어요.

Q　풍성한 자산을 바탕으로 극단 몸꼴이 만들어졌군요.

A　처음에는 새절역의 연습실에서 시작했어요. 혈기왕성하고 폼 잡는 거 좋아했던 시절이라 영국에서 스튜디오 만들었던 경험을 살려 마룻바닥을 다 직접 깔았었죠. 나중에 결국 다 뜯고 나가야 했는데, 그때 10년쯤 된 여기 문래동을 우연히 발견했죠. 대학로 근처로 가고 싶었지만, 돈 문제가 있었고요. 지금은 그래도 예술가들이 많이 들어와 있는데, 그때에는 좀 삭막했죠. 1층엔 공장이 가동되고 2층들은 거의 쓰레기나 폐자재들이 차 있는 공간들이 대부분이었는데. 여기도 대공사를 하고 들어와 지금까지 이르렀네요. 주변의 분들도 자연스럽게 공간에 찾아왔을 때 무슨 일이 생길까 해서 열심히 꾸몄습니다. 유학을 가기 전에는 진실, 정의 같은 저에게는 다소 모호한 언어들보다 보다 외형적인 것들, 내용을 뒷받침할 수 있는 형식적인 기술들, 장식적인 것들을 배우고 싶었죠. 신체 언어에 있어서도 내용보다는 우연에 의해 만들어진 어떤 모양들이 중요했고, 그것을 보여줄 수 있는 트레이닝을 지속했어요. 단체의 이름에 '꼴'이 들어간 것도 형태, 외형적인 것들을 중시하기 때문이었죠. 물론 이러한 생각은 차차 변화해요.

Q　어떤 계기가 있었나요?

A　여러 이유가 있겠지만 거리극도 그 계기가 되었던 것 같아요. 초기의 〈오르페〉나 〈리어카, 뒤집어지다〉의 경우 극장, 즉 실내에서 작업을 했어요. 하지만 거리극을 하면서 여러 다양한 삶을 마주하게 되고 인터뷰 하면서 연극보다 더 연극적인 시

간들을 경험하고 도시 위에서 부유하고 있는 듯한 일종의 환영 같은 것들을 보면서 생각이 많이 바뀌게 되었어요. 사람들을 만나며 사람들 간의 관계는 무엇이며, 무엇이 사람들을 움직이게 하는 힘인가, 하는 식으로 생각이 이동하니 자연스럽게 사회나 지금 이 시대, 혹은 우리의 이야기에 관심이 간 것이죠.

Q 저는 우연히 몸꼴의 작업을 축제에서 만났을 때, 탁월한 신체언어와 대규모의 미장센 등이 인상적이었어요.

A 초창기에는 정말 혹사에 가깝게, 몸을 밀어붙이며 훈련했었죠. 그때에는 그것이 가장 중요했으니까. 배우들의 단순한 움직임의 테크닉뿐만 아니라, 몸이 물체와 어떻게 만날 것인지 만남에서 어떤 모순들을 만들어낼 것인지를 끝없이 탐구했어요. 저는 공간적인 모순, 시간적인 모순들이 익숙한 사물들을 낯선 시각으로 보게 만들고 그것이 시적인 순간들, 영험한 순간들을 찾아오게 만든다고 생각하거든요. 이때 관객들도 연극적인 환영들로 빠져 들어가게 되죠. 배우가 어느 순간에 침대 속으로 빨려 들어가고, 그 순간 침대는 마치 늪에 빠져 들어가는 것처럼 변하고 침대가 섬처럼 보이기도 하고, 그런 변화의 순간들을 많이 찾아내려 했어요. 집요하게 가져가려 했던 몸, 훈련들이 몸꼴의 저력이 된다고 생각해요. 그 이후로는 거기에서 빠져나와 일상이나 사회, 삶, 시대로 고민의 방향이 옮겨간 것이죠. 사실 초창기 작업으로 주목받은 이후에, 욕심을 많이 내서 한 대규모의 작품들 중에서는 제가 생각하기에 조금

부끄러운 작품들도 있어요. 물론 대규모를 소화하며 얻은 나름의 중요한 성과도 있죠. 지금은 무조건 다수나 군중 혹은 몇 명을 만나느냐보다, 어디에서 누구를 만나는 것인가가 중요하다고 생각해요. 물론 먼 거리의 시각적으로 화려한 작품들도 좋지만, 또 사람들을 더 가깝게 만나는 작품들도 좋아지기도 하고요.

〈불량충동〉에 대해

Q 〈불량충동〉은 어떤 작품인가요?

A 2014년 서울거리예술창작센터 오픈 스튜디오 때 제작 지원을 받고 쇼케이스 형태로 발표를 처음 했어요. 완성된 작품으로 작년에 하이서울페스티벌과 고양호수예술축제에서 발표했구요. 축제 후에 규모가 좀 작아진 작은 버전으로, 완성도 있는 형태로 만들었습니다. 축제에서 보였던 것과는 다르게, 섬세한 질감들, 공기의 질감 즉 밀도를 색다르게 컨트롤해 나가며 바꿔놓는 것을 보실 수 있을 거예요. 거대하게 화려한 스펙터클에서 빠져나와 내밀한 움직임을 찾아가는 것이죠. 처음 시작은 〈오르페〉였어요. 그런데 우리만의 향수로 십년 전 작품을 이 시대에 갖다 놓으려니 뭔가 어기적거리는 게 많은 거예요. 그래서 그때 도구들, 소재들은 그대로 놓고 지금 우리의 불만들을 얹혀보자 해서 나온 게 〈불량충동〉이에요. 〈불량충동〉의 오브제인 사다리가 갖는 의미들, 그 흔들림이 갖는 의미들 그 안에서 열망이나 욕망들이 높아지면 높아질수록 채워지지

못하는 다른 부분들, 그러면서 생기는 불안들, 불안 때문에 만들어지는 충동들, 즉 극단적으로 퇴행적인 행동들을 보여주기도 하고 극단적으로 자살을 선택하기도 하는 모습들, 안에서 어긋나는 질서들 그런 것들을 이야기해보자 하고 만들게 된 작품이죠. 이번에 저도 함께 출연해요. 저는 원래 시작이 배우였던 사람이라, 함께 안에서 움직이니까 이전에 못했던 소통들을 할 수 있는 것 같아 좋아요.

Q 몸꼴에는 오랜 기간 함께한 배우들이 있죠?

A 저한테는 정말 그런 배우들이 일당백의 역할을 하는 것 같아요. 창단초기부터 가졌던 극단의 미션이나 방향을 충분히 공유하고 있는 사람들이고, 그러면서 지금 하고 있는 작업들이 어디를 바라보고 어디쯤에 있는지를 정확히 꿰뚫고 있는 사람들이니까 많은 설명을 안 해도 같이 작업할 수 있죠. 워크숍이나 메소드를 통해 새로운 배우들을 만나 새로운 시선들을 만나려 했던 시기도 있었는데, 우리가 켜켜이 쌓아놓은 시간의 흔적과 거기에 숨겨진 힘들을 이제야 발견하고 있어요.

Q 대형 오브제의 남다른 활용은 몸꼴의 또 다른 특징일 것 같은데요. 〈불량충동〉의 사다리 오브제에 대해 말씀해 주시겠어요.

A 어떤 오브제를 선택할 것인가를 생각할 때 가장 중요한 것은 사실 배우에요. 오브제나 사물만 생각하면 아무런 영감이 떠오르지 않거든요. 거기에 오브제가 있을 때 배우는 어디에 위치해 있을 것인가를 따졌을 때 효과적인 연극적 장치들이 나

오더라구요. 〈불량충동〉의 사다리는 그렇게 나왔어요. 보통 사다리가 고정적이고 안정적이어야 오를 수 있는데, 안정적이지 못한 불안정한 사다리를 선택해서 극을 만들었죠. 〈리어카, 뒤집어지다〉의 경우에는 리어카를 운용하면서 몸이 혹은 배우의 위치가 일상과는 다른 방식으로 배치되는 순간을 상상하면서 리어카라는 오브제를 선택할 수 있었고요.

다양해진 시선들

Q 국내의 대표적인 거리예술 단체의 대표로서 거리예술의 미래에 대해 전망하는 것이 있다면요.

A 거리예술은 변화와 발전의 시기를 거쳐 정책적으로도 관심의 대상이 되었고, 그러면서 거리예술을 바라보는 시각들도 다양해진 것 같아요. 거리예술이란 단어나 형식이 정확히 정립되지 않은 상태에서 이러한 변화들이 일어났는데요. 저는 오히려 지금 우리가 하는 것들을 공고히 하는 것이 아니라, 더 넓게 다양한 형식들, 접근들을 더 안아주거나 담아줄 수 있어야 하지 않나 싶어요. 원래 '거리'란 광의의 개념이기 때문이죠. 다양한 영역에서 더 확장할 수 있도록 해석해 줘야 한다고 생각하고, 그래야 예를 들어 힙합 씬이나, 미술 쪽에서의 다양한 접근, 시민 사회의 영역들도 더 적극적으로 읽힐 수 있고, 또 다른 미래가 보일 거라 생각합니다.

Q 몸꼴의 앞으로의 계획은요?

A 올해에는 〈멀리 있는 무덤〉이란 작품을 서울국제공연예술제, 하이서울페스티벌, 고양호수예술축제에서 발표할 예정이에요. 극장과 야외의 환경에 맞게 작품을 변형해서요. 또 작년부터 이어진 태국의 비플로 씨어터 팀과의 협력 작업도 역시 이어갈 예정이에요. 거기의 강예라는 연출가가 '검열'이란 주제에 관심이 많습니다. 태국은 군사정권에 왕권, 종교 때문에 예술가가 할 수 있는 말들이 아주 제한적이더라구요. 그래서 거기에 대해 관심이 많아요. 조사도 많이 했고요. 그런 주제로 작년에는 저희가 주도적으로 작품을 만들어 방콕축제에 참가했었고, 올해에는 그쪽이 주도가 돼 작품을 만들 거에요. 내년에는 둘의 시선이 어떻게 만날 수 있을까 하는 것까지, 장기적으로 보고 있습니다.

Q 팜스에 올해로 세 번째로 선정되었는데요. 그동안의 생각의 변화가 있다면요.

A 선정이 되어 혜택을 많이 받았어요. 사실 처음에는 마켓이 열리고, 작품을 세일즈 한다는 것 자체가 상당히 낯설고 불편한 것이 있었죠. 하지만 해외 공연을 다니면서 느낀 점이 있었어요. 이것은 예술감독직을 겸하면서도 많이 배웠는데요. 작품을 잘 만드는 것도 중요하지만, 작품을 통해 극단이나 축제 등이 어디로 가려는지 등의 비전을 공유하고 어떻게 관계를 맺어야 하는지 이런 것들이 중요하다는 것을요. 저희가 만들어내는 것이 재화나 물건이 아닌 이상, 작품을 통해 어떤 의미를 나눌 것인가가 중요한 것이죠.

늘 모험하는 아티스트 그룹 '창작그룹 노니'

'창작그룹 노니'의 대표 김경희 연출가 인터뷰

#2013 #김경희연출가 #실험성 #공간에주목하다

공연을 만들며 늘 새로운 것을 찾는 마음을 유지하기는 쉽지 않다. '창작그룹 노니'는 창단한 지 10년 내내 이러한 자세로 길을 걷고 있고, 그간 다양한 색채와 색다른 결들의 작업으로 관객과 만나왔다. '노니'의 대표이자 연출가인 김경희를 만나 작업의 방향과 여러 가지 생각에 대해 이야기를 나누었다.

다양한 아티스트들의 창작 그룹

Q '창작그룹 노니'는 꽤 오래된 팀이다(2006년 창단). 어떻게 시작되었나.

A 2005년 겨울에 〈꼭두〉란 작업이 먼저 나왔다. 그때 모였던 사람들은 거의 다 학생들로 연극연기, 전통연희 각 한 명씩이였고 무대미술 열 명 정도로 구성되어 있었다(현재의 '노니'에서 남

아있는 이는 김경희 대표와 소경진 연희감독). 당시 기획도 연기도 제작도 모든 것을 스스로 해보며, 각자의 영역에서 생각해왔던 역할과 작업을 벗어나 시도하고, 함께 작업하는 것에 제일 초점을 뒀다. 특히 무대미술의 경우, 시스템 안에서 주어진 작업을 해 나아가는 것이 통념인데, '스스로 판을 벌일 수 있는 무대미술가, 능동적인 창작자로서 작업을 해보자'란 결심과 시스템 바깥 쪽으로 넘나들 수 있는 작업의 확장 등을 고민했다. 경진도 비슷한 맥락에서 전통연희를 재미있고 새롭게 하는 것에 관심이 있었고. 결국 저와 경진이 주축이 돼 이 생각을 지속하려다보니 다양한 아티스트들의 그룹 '창작그룹 노니'의 창단으로 이어졌다.

Q 다양한 아티스트들이 새로운 작업을 시도한다는 의미 아닌가.

A 그것은 새로운 관계나 구조에서부터 시작된다고 생각한다. 기존의 극단 시스템에선 새로운 작업이 나오기 어렵지 않을까라 생각했다. 하지만 새로운 작업을 위한 '창작그룹 노니'의 새로운 관계 모색은 처음부터 지금까지, 여전히 쉽지 않다. 기본적으로는 프로젝트 그룹이기 때문에 프로젝트의 진행에 따라 '흩어 모여'를 하기도 하고, 여러 아티스트들이 각자가 할 수 있는 것을 최대한 해보거나 혹은 다른 역할도 적극적으로 해보면서 시도한다. 프로젝트 내부에서 1인 2역 정도는 대개 하고 있지만 여전히 각자의 영역에서 해오던 것들에서 벗어나면 어색하게 느끼는 부분이 있어 지금은 중도의 방식을 취하고 있다.

Q ‘노니’의 작업은 시간이 흐를수록 전통의 색채가 줄어든 변화가 있는 것 같다.

A 줄어들었다고 생각하지 않는다. 처음부터 전통의 요소 안에 잠재되어있는 가능성과 훈련된 신체에 관심이 있었고, 전통연희 역시 하나의 재료였다. 여전히 전통 안에 즐거움이 있다는 신뢰가 있고 작품의 가장 기본적인 부분에 어떠한 형태로든 깔려있다. 그것이 때에 따라 연극이나 파쿠르, 사운드 등의 장르와 만났고 작업에서 표면으로 드러나지 않을 뿐이다. 너무 익숙하고 편한 방식으로 드러내지 않으려는 고민도 담겨있는 것.

‘관통하는 것’을 찾아가기

Q 올해까지 팜스에 세 번 선정되었다. 〈꼭두〉(2006), 〈추락樂남매〉(2013), 〈기억하는 사물들〉(2015)까지. ‘노니’는 출발부터 지금까지 해외 공연이 잦은 편이다.

A 〈꼭두〉가 제일 많이 나갔고, 투어도 다녔다. 독일, 중국, 인도를 갔었는데, 주로 해외의 축제에 초청을 많이 받았다. 독일이나 인도의 경우 축제 안에서 도시들을 묶어 투어를 하는 방식도 있었고. 축제에 초청되면 가급적 워크숍을 병행하려 노력했다. 〈꼭두〉를 하던 초반에는 대부분 전통연희자로 구성되어 있다 보니, 탈춤, 타악, 소리 등을 현지 아티스트나 관심 있는 현지인들 대상으로 진행했다. 몇 번 해외에 다녀보니 한국을 여전히 생소한 곳으로 생각하는 걸 느껴 공연에 대한 집중

도 높이고 다양한 부분에서 더 가까이서 소통하고 싶어 진행해 왔다.

Q 나라마다 작품에 대한 반응이 다른가.

A 다르면서 같기도 하다. 그런 반응들을 알아가는 것도 국제 작업의 즐거움일 수 있다. 문화적 차이는 있지만, 신기하게도 좋아하는 대목은 대개 같은 순간이었다. 작품과 딱 만나게 되는, 관통하는 점은 비슷하다고 느끼는 순간이 있다. 제3의 언어를 찾은 느낌이라 반갑고 연결되는 듯한 느낌을 받게 된다.

Q 관통, '서로 통하는 점을 찾는 것'을 중요하게 생각하는 것 같다.

A 작업의 이유는 기본적으로 소통, 만나려고 하는 것 아닐까 생각한다. 그게 아니면 관객 없는 골방에서 혼자 하면 된다고 생각한다. 서로 딱 맞아지는 순간, 만나지는 데서 큰 기쁨을 느낀다. 그 순간을 찾아가는 과정이 하나의 작업이고, 전체적으론 각자의 언어가 만나는 지점과 방식을 점차 찾아가는 것이다. 비슷한 맥락에서 국제적 협업도 흥미로운 점이 많다. 바로 얼마 전 작업인 〈역:STATION:驛〉의 경우 프랑스 서커스 예술가들과 협업했는데, 그런 감각의 확장으로 재밌으면서도 쉽지는 않았다. 어쨌든 자주 편하게 만나야 결과물이 나오는데, 이제 서로 알 만하니까 떠날 시간이라 아쉬움이 있었다.

이야기는 이미 공간에 있다

Q 〈기억하는 사물들〉은 어떤 작품인가.

A 〈기억하는 사물들〉은 공간에 대한 애정과 관심이 드러난 작업이다. 공간에는 원래 충분히 이야기가 담겨있다고 생각한다. 느껴지고 보이는 대로의, '공간이 담고 있는 이야기'를 여러 사람들이 공통적으로 볼 수 있고 느낄 수 있게 하려면 빛이나 소리, 오브제 등을 통해 확장시키고 방향성을 잡아줄 수 있는 장치가 필요하다. 사실 동일하고 젊은 건축들이 지배하는 서울 시내에서 이 같은 흥미로운 에너지를 뿜어대는 공간을 만나기란 어려운 일이다. 작년 〈기억하는 사물들〉이 공연된 문화역 서울284(구:서울역)나, 이번의 공간인 서울거리예술창작센터(구:구의취수장)를 만난 것은 매우 흥분되는 일이자 행운이다. 가급적 공간에서 많은 시간들을 보내면서 공간을 관찰하며 작업을 진행하고 있다. 관객들이 어떻게 느끼느냐가 가장 중요하겠지만 이번 작업은 또 함께하는 작업자들에게 의미 있는 작업이 될 것 같다. 서울거리예술창작센터에서는 2013년에 〈템페스트〉를 공연했다. 그때 함께 작업했던 파쿠르(parkour)의 몇몇 퍼포머들이 이번 〈기억하는 사물들〉에도 참여한다. 2013년에 〈템페스트〉를 한 경험들이 이번에 2015년의 〈기억하는 사물들〉에서 어떻게 영향을 줄지, 어떤 것들을 표현해줄지 기대하고 있다. 그때 이후 공간도 공사를 통해 많이 바뀌었고, 이들도 그 시간과 함께 많이 성장하고 변했으니까.

Q　특히 〈템페스트〉부터 작품 속의 '물질성'이 특별한 의미를 갖게 되는 것 같다.

A　무대미술 베이스의 작업자로서 아무래도 재료가 익숙하고 관심이 많다. 그 전부터 인형이나 오브제가 가지고 있는 가능성에 관심이 많았다. 〈템페스트〉이전의 작품 〈몽키댄스〉까지는 프로젝트 구성원들이 가장 잘할 수 있는 것을 파악하고 그 부분에 중점을 둬서 작업이 기획되고 제작되었다. 〈템페스트〉부터는 좀 더 관심을 개인의 내면으로 가져가게 된 것 같다. 하지만 첫 작품인 〈꼭두〉부터 지금까지 반복되는 관심과 주제는 죽음이나 굿 등의 제의식이다. 사실 죽음은 인간을 물질로 되돌리는 일이기도 하다. 모든 유한할 수밖에 없는 존재는 살며 활동하면서도, 동시에 물질이기도 하다. 그 물질의 '운동성(키네틱)'이란 질문으로 오게 된 것이 〈몽키댄스〉였고, 공간과 물질의 관계에서 발생하는 이야기, 그 안에서 몸과 일상 오브제들로 물질의 '운동성(키네틱)'을 구현해보려 시작한 것이 〈템페스트〉부터라고 볼 수 있을 것 같다. 지금도 '운동성(키네틱)'으로 삶과 죽음의 관계, 그리고 물질성을 확인하는 작업들은 계속되고 있다.

하고 싶은 대로, 선입관을 깨는

Q　'노니'는 '극장 안'의 작업과 '극장 밖', 축제 등의 야외 장소나 극장이 아닌 공간 양쪽 모두 관심을 갖고 있다.

A　무대미술가로서 극장 안은 제약이 좀 있긴 하지만 무척 편한

공간이다. 모든 것이 공연을 위해 준비되어 있으니, 좀 더 모험적이며 재밌는 요소들이 많은 곳을 찾아 밖으로 가는 면도 있다. 극장 안은 빈 캠퍼스여서 이야기를 쌓아 건축을 해야 한다면, 극장 밖은 이미 이야기가 쌓여 있는, 발굴 가능한 매력적인 공간이다. 이것은 노니작업에서 중요한 요소인 미술부분(시각언어)과 직결되어 있다. 극장 밖 작업의 큰 이유는 공간 이외에도 관객이 있다. 극장 '안'관객과 '밖'관객은 여러 부분에서 다르다. 그런 데서 어떤 방식의 작업을 해야 하는가가 고민되고 결정되기도 한다. '노니'는 기존의 장르 등을 신경 쓰지 않고 작업하는데, 오히려 보는 이들이 구분하고 분류하려는 면이 있는 것 같다. '극장 밖'의 작업은 공공공간에서 주로 작업하기 때문에 더 강한 선입관과 제약이 있어 실제로 작업을 실행하기는 더 어렵다. 공공공간의 관계자들과 작업에 대해 일일이 소통하고 설명하기도 쉽지 않고. 극장 바깥의 작업은 단순히 극장 안의 작업이 극장 바깥으로 나간 것이 아니라, 가지고 있던 모든 것을 깨뜨려야 가능한 일이다. 요새는 극장 밖에서 작업하는 동료들이 많아서 관객의 인식 변화도 느껴지고, 점점 더 변화하고 있다고 생각한다.

Q 앞으로의 작업 계획과 바라는 점이 있다면.

A 내년 봄에 〈역: STATION: 驛〉이 프랑스에서 공연될 예정이다. 이들이 가을에 한국에서 더 많은 곳에서 많은 관객들과 만날 수 있는 기회를 가졌으면 좋겠다. 저희의 작업은 일정한 공간에서 안정적으로 리허설을 거쳐서 이뤄지는 작업이 아니다.

그것에 대한 인식과 더불어 상당히 가변적인 상황에 따라 변화하는 작업의 특성에 맞는 지원이 이뤄졌으면 한다. 처음에도 재밌는 작업을 꿈꿨던 것과 마찬가지로, 신나고 즐거워지는 작업을 했으면 좋겠다.